말씀으로
성령을 숨쉬며
산다

창세기

일러두기
이 책에서 성경 본문은 『새번역 성경』을 사용했습니다.

말/숨/삶
말씀으로 성령을
숨쉬며 산다

창세기

Book of Genesis

말/숨/삶 시리즈를

발간하며

우리는 먹어야 사는 존재입니다. 공급받아 살도록 지어졌습니다. 몸도 그렇고 영은 더욱 그렇습니다. 각자 자기 소견이 옳다고 주장하는 혼란스러운 시대일수록, 우리는 더욱 하나님께 집중하고 '말씀 먹기'에 우선해야 하겠습니다. 매일 말씀 묵상을 통해 개인적으로 그리스도의 제자로 자라고, 제자로서 이 세상에서 소금과 빛으로 살아가기를 소망합니다.

우리 그리스도인의 삶에는 두 개의 생명줄이 있습니다. 하나는 하나님의 말씀이고 다른 하나는 하나님의 영입니다. 말씀과 성령은 둘이면서 하나입니다. 영이 없는 말씀은 우리의 영혼을 구속하고 결박하여 질식시키고, 말씀이 없는 영은 우리의 영혼을 표류하고 방황하게 만듭니다. 우리의 영이 생명력으로 충만하여 하나님의 자녀요 예수 그리스도의 제자로 살려면 말씀을 통해 성령을 호흡해야 합니다. 목숨은 코숨으로 살고, 생명은 영혼의 숨으로 삽니다.

그래서 '말/숨/삶'입니다. 말씀을 통해 성령을 숨 쉬어 매일을 살아가자는 뜻입니다.

이 시리즈는 주석과 큐티의 중간에 위치해 있습니다. 정해진 본문의 '해설'은 성서신학자가 학문적인 연구를 소화한 바탕에서 제공하는 최소한의 정보입니다. 이어지는 '묵상'은 그날의 본문 안에 담긴 여러 주제 중 하나를 택하여 오늘의 삶에 적용한 묵상입니다. 매일 한 꼭지를 읽고 묵상하도록 글의 분량을 최소로 제한했습니다.

혼자 성경을 읽는 분들에게도, 매일 새벽기도회 시간에 성경을 차례대로 읽어나가는 교회의 인도자들에도, 이 시리즈는 옆에서 도움을 주는 좋은 친구가 될 것입니다. 성경 읽기를 돕는 책이 많지만, 그중에 제일은 말/숨/삶 시리즈일 것입니다.

다시, 말씀입니다.

편집인 김정수

말/숨/삶

―

사용법

이 책은 독자의 말씀 묵상을 도와 매일 하나님의 영을 숨 쉬며 살아가도록 마련했습니다. 이 책을 어떻게 사용할지는 독자 개인이 판단할 일이지만, '거룩한 독서'(Lection Divina)를 위한 도구로 사용할 때 가장 유익할 것입니다.

'거룩한 독서'는 기독교 역사를 거쳐 오면서 가장 유익한 말씀 연구 방법으로 인정받았습니다. 이성을 활용하여 본문을 이해하고 그 핵심 메시지를 내면에 받아들여 존재의 양분으로 삼는 묵상법입니다.

거룩한 독서는 '읽기' → '묵상하기' → '기도하기' → '관상하기'로 구성됩니다.

'**읽기**'(렉시오, Lectio)는 이성을 활용해 본문의 의미를 파악하는 과정입니다. 여기서는 독해력이 필요합니다. 역사적 배경에 비추어 본문을 문법적으로 읽으며 의미를 파악합니다. 본문을 두세 번 반복해 읽으면 더 좋습니다. 말씀 필사는 고래로부터 경전 공부의 왕도로 인정받아 왔습니다.

'**묵상하기**'(메디타치오, Meditatio)는 본문 중에서 지금 자신에게 울리는 말씀이 무엇인지 찾는 과정입니다. 성령의 조명이 필요한 지점입니다. 본문을 충분히 숙지한 후에 눈을 감고 말씀이 떨어질 때까지 기다립니다. 묵상 후에 생각을 글로 옮기는 작업은 좋은 습관입니다. 말은 말을 부르고, 글은 글을 부릅니다. 이것이 습관이 되면 묵상이 깊어지고, 묵상의 시간이 즐겁습니다.

'**기도하기**'(오라치오, Oratio)는 묵상하는 동안 마음에 떨어진 말씀을 삼키는 과정입니다. 묵상 과정에서 빛을 비추어 주신 주님께 감사드리고, 주신 말씀에 신실하게 응답하기를 다짐하며 기도합니다.

'**관상하기**'(컨템플라치오, Contemplatio)는 조금 어려운 개념입니다만, '말씀을 품고 살아가기'로 생각하면 쉽게 이해할 수 있습니다. 묵상하고 기도하여 받아들인 말씀을 삶에서 육화하는 과정입니다.

이 책을 '거룩한 독서'로 읽기 위해 다음의 자세로 실행하기를 제안합니다.

- 최소한 30분 정도의 시간을 할애하십시오.
  다른 일에 방해받지 않고 말씀 묵상에 집중하도록 정리하십시오.

- 책을 펴기 전에 기도하십시오.
  성령께서 함께하신다는 사실을 기억하고 내면에 빛을 비추어 주시기를 청하십시오.

- 성경 본문을 읽으십시오.
  읽으면서 중요한 단어나 표현에 표시하십시오.

- 첫 부분 ✐ ("…다"체로 설명한 부분)을 읽으십시오.
  첫 부분은 본문의 의미를 이해하도록 돕는 '해설'입니다.
  다 읽고 나서 성경 본문을 한 번 더 읽으면 도움이 됩니다.

- 충분히 이해했다 싶으면 눈을 감고 묵상하십시오.
  본문 내용을 통해 성령께서 지금 나에게 무슨 말씀을 하시는지 잠잠히 기다리십시오.

- 생각의 실마리가 떠오르면 글로 적으십시오.

- 묵상이 끝나면 둘째 부분 ("…습니다"체로 된 부분)을 읽으십시오. 이 부분은 묵상을 더 풍요롭게 합니다.

- 기도로 묵상을 마무리합니다.

- 묵상한 주제를 마음에 품고 살아갑니다.

이 모습이 '말/숨/삶', 즉 말씀을 통해 성령을 숨 쉬며 사는 삶입니다.

이런 인생을 살 때 우리의 존재는 시냇가에 심은 나무(시 1편)와 같으며, 하나님의 정원에 심긴 백향목(시 92장)처럼 되고, 줄기에 든든히 붙어 있는 포도나무 가지(요 15장)가 됩니다. 더불어 성령께서 우리를 변화시켜 하나님의 자녀답게 살게 하시고, 우리의 짠맛은 나날이 진해지고 광도는 강해질 것입니다.

차례

말/숨/삶 시리즈를 발간하며 — 04
말/숨/삶 사용법 — 06
창세기 묵상에 들어가며 — 16

1장 1~25절
우주와 생명의 시작 — 24

1장 26~31절
파괴자가 아니라 관리자로! — 31

2장 1~17절
땅에서 났으나 하늘에 속한 존재 — 37

2장 18~25절
사귐의 존재 — 43

3장 1~13절
스스로 하나님이 되기를 선택하다 — 49

3장 14~19절
실낙원 — 55

3장 20~24절
타락, 그 이후 — 60

4장 1~16절
죄를 이기는 힘 — 64

4장 17~26절
예배자가 나타나다 — 70

5장
하나님과 동행하는 삶 — 75

6장 1~8절
마음 아파하시는 하나님 — 81

6장 9~22절
위로자로 살기 — **87**

7장
한 몸으로 지어진 세상 — **91**

8장
죄 속에서 사는 인간 — **96**

9장
무지개와 십자가 — **102**

10장
역사 속의 인간 — **108**

11장 1~9절
동쪽으로만 가기를 원하는 사람들 — **112**

11장 10~26절
포기를 모르는 하나님의 사랑 — **116**

11장 27~32절
떠날 수 있는 용기 — **120**

12장 1~3절
믿는다는 것 — **124**

12장 4~9절
현실은 시험이다 — **128**

12장 10~20절
이주민의 두려움 — **132**

13장
상처가 안겨 준 선물 — **136**

14장
원형 제사장 멜기세덱 — **141**

15장
민음으로 얻는 의 — **146**

16장
보시는 하나님, 들으시는 하나님 — **152**

17장
앞서 행하시는 하나님 — **158**

18장 1~15절
우리 곁에 계신 하나님 — **164**

18장 16~33절
하나님의 플랜 A — **170**

19장 1~29절
영향력 없는 믿음 — **176**

19장 30~38절
폐허 가운데 피어나는 희망 — **184**

20장
변함없는 하나님의 약속 — **188**

21장 1~7절
언약을 지키시는 하나님 — **194**

21장 8~21절
불의한 현실에서 하나님을 신뢰하기 — **198**

21장 22~34절
영원하신 하나님 — **204**

22장
주님, 제가 여기 있습니다 — **207**

23장
구름에 달 가듯이 — **214**

24장
일상 가운데 일하시는 하나님 — **220**

25장 1~11절
선택과 축복 — **230**

25장 12~18절
만민의 주님 — **234**

25장 19~26절
예정이냐 자유냐? — **238**

25장 27~34절
운명을 바꾸고 싶은 열망 — **242**

26장 1~25절
밀려난 곳으로 찾아가시는 하나님 — **247**

26장 26~33절
하나님이 함께하시는 증거 — **253**

26장 34절~27장 46절
축복을 나누는 삶 — **257**

28장 1~9절
거룩한 수동성 — **265**

28장 10~22절
인생의 전환점 — **269**

29장 1~14절
하나님 체험의 의미 — **275**

29장 15~30절
건기를 지내는 믿음 — **280**

29장 31~35절
하나님의 은혜에 눈뜰 때 — **286**

30장 1~24절 진정한 복	— 290
30장 25~43절 약자를 편드시는 하나님	— 295
31장 믿음의 훈련장	— 300
32장 져 주시는 하나님	— 309
33장 용서의 능력	— 316
34장 이주민의 딜레마	— 322
35장 고난은 있다	— 329
36장 선민의 의미	— 336
37장 고난은 하나님의 손이다	— 342
38장 역사를 빚어가시는 하나님의 손길	— 349
39장 믿음, 일관된 신실함	— 357
40장 은밀하게 행하시는 하나님	— 363
41장 믿는 사람의 존재 가치	— 368

42장
용서는 과정이다 — **376**

43장
용서와 화해 — **383**

44장
사람을 고쳐 쓰시는 하나님 — **389**

45장
상처가 꽃이 되는 법 — **395**

46장
하나님의 때, 하나님의 방법 — **402**

47장 1~12절
아무것도 없으나 모든 것을 가진 사람 — **409**

47장 13~26절
선한 의도, 악한 유산 — **414**

47장 27~31절
"살라" 하는 명령 — **418**

48장
하나님의 큰 그림 — **423**

49장 1~28절
누가 제사장인가? — **429**

49장 29절~50장 14절
야곱의 임종과 장례 — **434**

50장 15~21절
누구의 꿈인가? — **439**

50장 22~26절
하나님의 약속 — **443**

창세기 묵상을 마치며 — **447**

창세기 묵상에

―

들어가며

1.

창세기는 '세상 창조에 대한 기록'이라는 뜻입니다. 이 제목은 이 책의 첫 두 장에만 해당한다고 할 수 있습니다. 영어 성경도 이 책의 제목을 'Genesis'라고 했습니다. 히브리어 성경에서는 '베레시트'(태초에)라고 이름을 붙였습니다. 책의 첫 글자를 제목으로 삼는 히브리인의 관습에서 나왔습니다. 헬라어로 성경을 번역한 사람들은 헬라어 '게네시스'를 제목으로 잡았는데, 이는 '기원' 혹은 '시작'을 의미합니다. 영어 성경에서 첫 책을 Genesis라고 부르게 된 이유입니다.

창세기 내용은 크게 두 부분으로 나뉩니다.

- **1~11장 우주와 인류의 기원과 그 이후의 이야기**

    1~2장 : 창조 이야기

    3~5장 : 타락 이야기

    6~9장 : 심판 이야기(노아)

    10~11장 : 흩어짐의 이야기(바벨탑)

- **12~50장 선민을 통한 구원 이야기(족장들의 이야기)**

    12~23장 : 아브라함 이야기

    24~26장 : 이삭 이야기

    27~36장 : 야곱 이야기

    37~50장 : 요셉 이야기

지면(誌面) 할애를 보면, 인류의 기원과 그 후의 이야기보다 이스라엘 족장들 이야기에 더 비중을 두고 있습니다.

그렇게 보면 '창세기'라는 이름이 적절하지 않습니다. 내용상 '족장기'가 더 어울립니다. 이 책은 하나님께서 왜 한 민족을 선택해 제사장 나라로 삼으셨는지 설명합니다. 저자의 초점이 족장사에 있다는 뜻입니다. 하나님과 족장들 사이에서 일어난 이야기들은 하나님의 존재와 성품이 어떠한지 보여 줍니다. 아울러 이스라엘 백성이 왜 이집트로 내려가 노예로 살았는지 설명합니다.

2.

창세기의 내용은 '역사 이야기'(historical narratives)입니다. 엄밀한 의미의 역사 기록이 아니라 역사에 기초한 이야기라는 뜻입니다. 현대 독자들은 실증적 역사관에 물들어 있어서 역사 이야기를 읽을 때 본능적으로 "이 기록이 역사적 사실을 정확하게 전달하고 있는가?"라는 질문을 합니다. 역사 교과서는 실제 일어난 일을 정확하게 전달하기 위해 쓰인 것이기에 그렇게 읽는 것이 맞습니다. 하지만 성경의 이야기들은 과거의 사건을 정확히 전달하는 데 관심 있지 않습니다. 그 사건들을 통해 나타난 하나님의 성품, 인간 본성, 하나님의 계획과 그에 대한 인간의 반응 같은 중요 주제들에 관심을 둡니다.

우리는 보통 역사를 '과거의 사건에 대한 지식'이라고 생각합니다. 그렇게 보면 역사 공부는 과거사에 대한 정보를 습득하는 것입니다. 이러한 인식에 대해 역사학자 E. H. 카아는 "역사는 과거와 현재의 끊임없는 대화"라는 대안적인 인식을 가르쳐 줍니다. 좋은 이야기는 독자로 하여금 자신이 누구인지를 생각하고 나아갈 방향을 찾도록 돕습니다. 성경 이야기들은 독자의 현재에 말을 건다는 점에서 '역사'의 성격을 가지며, 독자에게 자신이 누구이며 어떻게 살아야 하는지 고민하게 한다는 점에서 '좋은 이야기'의 특징을 가집니다.

이런 까닭에 성경 이야기들은 묵상을 청합니다. 묵상이란 E. H. 카아의 말을 빌린다면 "읽은 내용을 마음에 품고 대화를 나누는 과정"입니다. 좋은 대화는 좋은 질문으로 시작합니다. 본문은 이야기를 들려준 뒤 침묵합니다. 때문에 독자는 질문도 하고 대답도 해야 합니다. 바른 답을 얻기 위해서는 바른 질문을 해야 합니다. 바른 질문이란 본문이 담고 있는 단서에서 나옵니다. 만일 본문과 상관없는 질문을 하면 답도 본문과 상관없는 것이 나옵니다.

창세기 1~2장을 읽으면서 우주와 생명 창조의 과학적 원리를 찾는 것이 바르지 못한 질문의 대표 사례입니다. 창세기 저자는 과학적 사실에 전혀 관심이 없습니다. 과학이라는 개념 자체가 당시에 존재하지 않았습니다. 저자는 이야기를 통해 독자가 하나님의 사랑을 받는 피조물인 자신을 발견하고 우주와 생명에 대한 창조주의 뜻을 발견하기 기대합니다. 우주와 생명 창조의 과학적 원리는 과학자들이 밝혀낼 영역입니다. 성경은 우주와 생명 창조의 이유와 의미를 전합니다.

창세기는 태초의 시점부터 야곱의 가족이 이집트로 이주한 시기까지를 그리고 있습니다. 야곱의 가족이 이집트로 이주한 시기를 대략 주전 1,600년 정도로 잡습니다. 따라서 창세기의 이야기들은 장구한 세월 동안 일어난 일들에 대한 몇 장의 기록 사진에 불과합니다. 등장인물로 보더라도 그들의 긴 인생 여정에 비하면 기록된 이야기들은 몇 장의 스냅 사진과 같습니다. 그러니 그 자료를 사용해 과거사를 재구성하려는 시도는 처음부터 불가능한 일입니다. 우리는 창세기 전체를 통해 드러난 하나님의 구원사를 보고, 이야기 하나 하나에 담긴 의미를 찾아야 합니다. 그렇게 읽는다면 창세기 묵상은 영적 여정에 매우 유익합니다.

3.

족장들의 이야기를 읽을 때 염두에 둘 점은, 그들은 가나안 땅에서 이주민이요 소수자였다는 사실입니다. 아브라함이 가나안에 도착하여 야곱이 요셉의 초청에 이집트로 떠날 때까지 약 270년 정도가 걸렸습니다. 그 기간에 법적으로 그들의 소유가 된 땅은 묘지 용도로 사들인 막벨라 굴뿐이었습니다. 300년 가까운 세월 동안 가나안 땅에서 3대를 이어가며 살았지만, 그들은 끝내 이주민 신세를 벗어나지 못했습니다. '히브리인'(하비루)이라는 말이 '강 건너 온 사람들' 혹은

'유랑하는 사람들'이라는 의미에서 나왔다는 사실은 족장들의 실존 상황에서 비롯되었다고 할 수 있습니다.

따라서 족장들 이야기를 제대로 이해하려면 이주민 소수자들의 상황과 심정을 알아야 합니다. 자신의 땅에서 다수자의 신분으로 살아온 사람들은 이주민 소수자의 상황과 심리를 이해하기 어렵습니다. 다수자의 시각으로 족장들의 이야기를 읽으면 오해와 오역을 낳을 수밖에 없습니다. 미국에서 이주민으로 20년 넘게 살아보니, 한국에서 다수자로 사는 동안 족장들의 이야기를 읽으며 생각했던 것이 얼마나 피상적이었는지 알겠습니다. 미국에서 이주민 소수자로 산다고 해서 소수자의 상황과 심정을 모두 이해하는 것은 아닙니다. 한국에서 다수자로 산다 해도 이주민들의 상황을 공감하고자 애쓴다면 그들의 심정을 이해할 수 있습니다. 그렇게 이해하는 깊이 만큼 족장들의 이야기에 공감할 수 있습니다.

유대교인들이 구약성경을 읽는 것과 그리스도인들이 읽는 것은 근본적으로 차이가 있습니다. 유대교인들은 '구약성경'이라는 이름 자체를 인정하지 않습니다. 그들은 그 책들을 '타낙'(the Tanakh)이라고 부르고, 일반적으로는 '히브리 성서'(the Hebrew Bible)라고 부릅니다. 그들에게는 아브라함과 모세와 다윗에게 주신 언약이 여전히 유효합니다. 반면 그리스도인들에게는 '옛 언약'이 되었습니다. 예수 그리스도를 통해 새 언약이 왔기 때문입니다. 따라서 그리스도인들은 새 언약의 자리에서 구약성경을 읽습니다. 창세기도 마찬가지입니다.

새 언약의 자리에서 구약성경을 읽는다는 말은, 구약의 본문을 읽고 해석한 다음 그리스도 안에서 완성된 새 계약의 빛에서 묵상한다는 뜻입니다. 이것이 묵상이 필요한 또 다른 이유입니다. 비유하자면 구약의 본문을 있는 그대로 읽고 해석한 후에 새 언약이라는 안경을 쓰고 다시 읽는 것입니다. 지금 읽은 본문이 예수의 구원 역사와 어떤 관련이 있는지 생각하는 것입니다. 이 과정을 생략하면 그 사람은 '히브리 성서'를 읽은 것이지 '구약성경'을 읽은 것이 아닙니다.

새 언약의 자리에서 창세기 이야기들을 읽고 해석하고 묵상하면, 창조에서부터 종말에 이르는 장구한 구원 역사의 흐름이 보일 것입니다. 그 거대한 하나님의 구원 드라마에 내가 참여하고 있다는 사실은 가슴 설레는 일입니다. 그 신령한 가슴 설렘을 이제 경험해 보기 바랍니다.

저자 김영봉

묵상의 시간으로

우주와
생명의 시작

창세기 1장 1~25절

1 태초에 하나님이 천지를 창조하셨다. 2 땅이 혼돈하고 공허하며, 어둠이 깊음 위에 있고, 하나님의 영은 물 위에 움직이고 계셨다. 3 하나님이 말씀하시기를 "빛이 생겨라" 하시니, 빛이 생겼다. 4 그 빛이 하나님 보시기에 좋았다. 하나님이 빛과 어둠을 나누셔서, 5 빛을 낮이라고 하시고, 어둠을 밤이라고 하셨다. 저녁이 되고 아침이 되니, 하루가 지났다. 6 하나님이 말씀하시기를 "물 한가운데 창공이 생겨, 물과 물 사이가 갈라져라" 하셨다. 7 하나님이 이처럼 창공을 만드시고서, 물을 창공 아래에 있는 물과 창공 위에 있는 물로 나누시니, 그대로 되었다. 8 하나님이 창공을 하늘이라고 하셨다. 저녁이 되고 아침이 되니, 이튿날이 지났다. 9 하나님이 말씀하시기를 "하늘 아래에 있는 물은 한 곳으로 모이고, 뭍은 드러나거라" 하시니, 그대로 되었다. 10 하나님이 뭍을 땅이라고 하시고, 모인 물을 바다라고 하셨다. 하나님 보시기에 좋았다. 11 하나님이 말씀하시기를 "땅은 푸른 움을 돋아나게 하여라. 씨를 맺는 식물과 씨 있는 열매를 맺는 나무가 그 종류대로 땅 위에서 돋아나게 하여라" 하시니, 그대로 되었다. 12 땅은 푸른 움을 돋아나게 하고, 씨를 맺는 식물을 그 종류대로 나게 하고, 씨 있는 열매를 맺는 나무를 그 종류대로 돋아나게 하였다. 하나님 보시기에 좋았다. 13 저녁이 되고 아침이 되니, 사흗날이 지났다. 14 하나

님이 말씀하시기를 "하늘 창공에 빛나는 것들이 생겨서, 낮과 밤을 가르고, 계절과 날과 해를 나타내는 표가 되어라. 15 또 하늘 창공에 있는 빛나는 것들은 땅을 환히 비추어라" 하시니, 그대로 되었다. 16 하나님이 두 큰 빛을 만드시고, 둘 가운데서 큰 빛으로는 낮을 다스리게 하시고, 작은 빛으로는 밤을 다스리게 하셨다. 또 별들도 만드셨다. 17 하나님이 빛나는 것들을 하늘 창공에 두시고 땅을 비추게 하시고, 18 낮과 밤을 다스리게 하시며, 빛과 어둠을 가르게 하셨다. 하나님 보시기에 좋았다. 19 저녁이 되고 아침이 되니, 나흗날이 지났다. 20 하나님이 말씀하시기를 "물은 생물을 번성하게 하고, 새들은 땅 위 하늘 창공으로 날아다녀라" 하셨다. 21 하나님이 커다란 바다 짐승들과 물에서 번성하는 움직이는 모든 생물을 그 종류대로 창조하시고, 날개 달린 모든 새를 그 종류대로 창조하셨다. 하나님 보시기에 좋았다. 22 하나님이 이것들에게 복을 베푸시면서 말씀하시기를 "생육하고 번성하여 여러 바닷물에 충만하여라. 새들도 땅 위에서 번성하여라" 하셨다. 23 저녁이 되고 아침이 되니, 닷샛날이 지났다. 24 하나님이 말씀하시기를 "땅은 생물을 그 종류대로 내어라. 집짐승과 기어다니는 것과 들짐승을 그 종류대로 내어라" 하시니, 그대로 되었다. 25 하나님이 들짐승을 그 종류대로, 집짐승도 그 종류대로, 들에 사는 모든 길짐승도 그 종류대로 만드셨다. 하나님 보시기에 좋았다.

"태초"(1절)는 우주와 인류의 역사가 시작된 최초의 시점, 즉 하나님께서 창조 활동을 시작하신 시점을 가리킨다. 이에 비하면 요한복음 1장 1절의 "태초"는 '태초 이전의 태초' 즉 시간이 창조되기 이전의 영원 시점을 가리킨다. 성부, 성자, 성령, 삼위의 하나님은 처음도 끝도 없는 영원하신 분이다. 그분께서 우주와 인류의 역사를 시작하신 것이다.

  기독교 전통에서는 하나님의 창조가 '무(無)에서의 창조'라고 가르쳐 왔다. 하지만 1~2절을 보면 하나님의 창조 행위 이전에 "땅"과 "어둠"과 "물"이 있었던 것처럼 보인다. 그런 까닭에 하나님의 창조는 이미 존재했던 물질세계에 행한 일이었다고 설명하는 사람들이 있었다. 창조 활동 이전에 존재했던 물질세계는 악한 신이 창조한 것이라고 주장하는 이단도 있었다. 1~2절은 창조 활동 이전 상태를 말하는 것이 아니라 3절 이하에서 서술한 창조 과정의 짧은 요약이라고 보는 것이 옳다. 따라서 하나님은 무에서 온 우주와 생명을 창조하셨다고 봐야 옳다. 첫 두 절은 카메라 앵글에 우주 전체를 담고서 "이 모든 것을 하나님께서 창조하셨다"고 선언하는 장면이다.

  3절부터 카메라는 앵글을 좁혀 지구와 그 주변에 초점을 맞춘다. 하나님의 창조는 6일 동안 진행된다. 여기서 말하는 '하루'가 오늘 우리가 경험하는 24시간인지에 대해서는 의견이 분분하다. 전능하신 하나님에게 24시간은 어마어마하게 긴 시간일 수 있으므로 24시간을 의미한다고 생각해도 큰 문제는 없다. 하지만 태양이 넷째 날 창조되었음(14~19절)을 감안한다면, 첫째 날에 생겨난 빛은 태양 빛과는 다른 빛이라고 봐야 한다. "저녁이 되고 아침이 되니, 하루가 지났다"(5절)라는 말도 태양을 중심으로 계산하는 24시간이 아님이 분명하다.

첫날 생겨난 빛이 어떤 것인지 추측할 수 있는 단서가 성경 안에 있다. 요한은 세상 모든 것이 '그 말씀'(성자 하나님)에 의해 창조되었다고 하면서 "창조된 것은 그에게서 생명을 얻었으니, 그 생명은 사람의 빛이었다. 그 빛이 어둠 속에서 비치니, 어둠이 그 빛을 이기지 못하였다"(요 1:3~5)라고 했고, 예수님이 육신을 입고 오신 것에 대해서는 "그 빛이 세상에 와서 모든 사람을 비추고 있다"(요 1:9)고 했다. 요한계시록에는 새 하늘과 새 땅을 묘사하면서 그곳에는 "해나 달이 빛을 비출 필요가 없습니다. 그것은, 하나님의 영광이 그 도성을 밝혀 주며, 어린 양이 그 도성의 등불이시기 때문입니다"(계 21:23)라고 쓰여 있다.

따라서 첫째 날의 빛은 창조된 것이 아니라 하나님에게서 발산된 빛이다. "빛이 있으라"라는 말은 '빛이 비치라'는 뜻이었다.

하나님의 빛은 모든 존재의 근거다. 이어지는 창조 작업에서 하나님은 어떤 구상을 하고 그대로 되라고 명령하신다. 하나님이 계획하고 의도하고 명령하시면 그대로 이루어졌다. 내공이 강한 사람 중에는 무엇인가를 의도하는 것만으로도 그런 일이 일어나게 만드는 사람이 있다. 인간에게도 부분적으로 그런 일이 가능하다면 전능하신 하나님은 더더욱 그러실 수 있다.

하나님은 지구 환경과 대기 환경을 조성하신 다음에 그 안에서 살아갈 온갖 생명을 창조하신다. 이 창조 과정을 깊이 들여다보면 '빅뱅우주론과 생명진화론은 창조 기사에서 영감을 얻어 발전시킨 것이 아닐까?' 하는 생각이 든다.

현재까지 과학자들이 추산한 우주의 나이는 138억 년입니다. 아무것도 없는 상태에서 어마어마한 에너지가 응축된 한 점에서 폭발이 일어나 지금의 우주로 팽창해 왔다는 것입니다. 우주는 지금도 매우 느린 속도로 팽창하고 있다고 합니다. 우리가 속한 은하계 안에는 최소한 1천억 개의 행성이 있고, 태양계와 같은 은하계는 1천7백억 개 이상이 있다고 합니다. 그러니까 우주 안에 존재하는 항성과 행성의 수가

10만 조 이상이 된다는 뜻입니다. 지금까지의 관측 방법으로 확인한 것이 그 정도니, 앞으로 얼마나 더 많은 것이 드러날지 모릅니다. 우주의 규모는 상상만 해도 숨이 막힐 만큼, 경이로움 그 자체입니다.

더 놀라운 것은 그 많은 행성 중에 생명체가 존재하는 행성은 지구뿐이라는 사실입니다. 우주의 기본 상태는 죽음입니다. 모든 것이 죽어 있습니다. 그런데 유독 지구에만 생명이 존재합니다. 생명이 존재하려면 수억 가지의 조건이 갖추어져야 합니다. 이 어마어마한 우주 안에 모든 것이 죽어 있는데 오직 지구만이 그 조건을 갖추고 있습니다. 물론 우리가 닿을 수 없는 어느 공간에 지구와 같은 조건의 행성이 존재하는지는 알 수 없습니다. 그런 행성이 있다 해도 놀라운 일은 아닙니다. 하지만 지금 인간이 관측할 수 있는 범위 내에서도 헤아릴 수 없이 많은 항성과 행성이 있지만, 생명체를 가진 행성은 아직 발견하지 못했습니다.

현재 가장 유력한 이론인 빅뱅우주론과 생명진화론은 우주의 움직임과 생명 현상의 일부를 설명할 수 있습니다. 하지만 우주 기원과 생명의 시작은 설명하지 못합니다. 그저 우주와 생명은 우연히, 저절로 존재하게 되었다고 설명합니다.

"우주와 생명이 어떻게 우연히 시작될 수 있느냐?"는 질문에 대해 그들은 무한에 가까운 우주의 나이를 이유로 듭니다. 지금의 우주와 생명체가 우연히 생겨날 확률은 제로에 가깝지만, 그것이 무한대의 시간 동안 반복되다 보니 제로에 가까운 확률이 실현되었다는 것입니다. 컴퓨터의 부속품을 상자 안에 넣고 그 상자를 흔들어서 우연히 컴퓨터로 조립되어 작동하게 할 확률은 제로에 가깝지만, 흔드는 일을 무한히 반복하면 그런 일이 일어날 수 있다는 주장입니다.

얼핏 생각하면 그럴듯하게 들립니다. 하지만 상자 안에 아무것도 들어있지 않다면, 영겁이 지나도록 흔들어도 그런 일은 일어날 수 없습니다. 아무것도 없는 상태에서 무언가가 우연히 생겨날 확률은 제로입니다. 무신론 과학자들은 창조자를 전제하지 않아도 우주와 생명 현상을 충분히 설명할 수 있다고 하지만, 우주의 기원과 생명의 기원은 도무지 설명할 수 없습니다.

무신론 과학자들은 "어떻게 창조자를 상상할 수 있느냐?"고 묻지만, 우리는 그들에게 "어떻게 창조자 없이 이 모든 것이 시작될 수 있느냐?"고 묻습니다.

파괴자가 아니라
관리자로!

창세기 1장 26~31절

26 하나님이 말씀하시기를 "우리가 우리의 형상을 따라서, 우리의 모양대로 사람을 만들자. 그리고 그가, 바다의 고기와 공중의 새와 땅 위에 사는 온갖 들짐승과 땅 위를 기어다니는 모든 길짐승을 다스리게 하자" 하시고, 27 하나님이 당신의 형상대로 사람을 창조하셨으니, 곧 하나님의 형상대로 사람을 창조하셨다. 하나님이 그들을 남자와 여자로 창조하셨다. 28 하나님이 그들에게 복을 베푸셨다. 하나님이 그들에게 말씀하시기를 "생육하고 번성하여 땅에 충만하여라. 땅을 정복하여라. 바다의 고기와 공중의 새와 땅 위에서 살아 움직이는 모든 생물을 다스려라" 하셨다. 29 하나님이 말씀하시기를 "내가 온 땅 위에 있는 씨 맺는 모든 채소와 씨 있는 열매를 맺는 모든 나무를 너희에게 준다. 이것들이 너희의 먹거리가 될 것이다. 30 또 땅의 모든 짐승과 공중의 모든 새와 땅 위에 사는 모든 것, 곧 생명을 지닌 모든 것에게도 모든 푸른 풀을 먹거리로 준다" 하시니, 그대로 되었다. 31 하나님이 손수 만드신 모든 것을 보시니, 보시기에 참 좋았다. 저녁이 되고 아침이 되니, 엿샛날이 지났다.

하나님의 창조 활동은 인간의 창조에서 절정을 이룬다. 그래서 인간을 '만물의 영장'이라고 부른다. 26절은 신학사에서 매우 중요한 두 가지 표현을 담고 있다.

하나는 일인칭 복수 대명사 "우리"가 사용되고 있다는 점이다. 이 현상에 대해 학자들은 여러 가지 제안을 내놓았다. 그중 하나는 매우 큰 것을 표현할 때 복수형 명사를 사용하는 히브리적 어법을 따른 것이라는 제안이다. 예컨대 히브리인들은 바다를 '물들'이라고 표현하고, 하늘을 '하늘들'이라고 표현한다. 이런 어법으로 본다면 하나님에게 '나'라는 대명사보다는 '우리'라는 대명사가 더 어울린다. 또 어떤 학자들은 하나님께서 천사들에게 하신 말씀이기 때문에 "우리"라고 했다고 해석한다. 반면 예수 그리스도의 부활 승천 이후에 기독교인들은 이 표현에서 '단일체 신'이 아니라 '삼위일체 신'을 읽어 왔다. 요한이 서문에서 밝힌 것처럼 예수 그리스도는 태초부터 하나님과 함께 계셨다. 우리가 믿는 하나님이 성부, 성자, 성령, 삼위의 하나님이시라는 사실은 하나님의 구원 역사가 진행되면서 단계적으로 드러난 계시의 결론이다.

다른 하나는 "우리의 형상을 따라서, 우리의 모양대로"라는 표현의 의미가 무엇인지에 대한 질문이다. 이 표현을 26

절과 27절에 반복하고 있다. 그만큼 중요하다는 뜻이다. 성서학자들은 이 표현의 의미에 대해서도 많은 제안을 해 왔는데, 그를 통해 우리는 두 가지의 결론을 얻는다.

첫째는 인간이 하나님의 속성을 따라 지어졌다는 의미다. 태양 빛의 속성을 따라 전구 빛을 만든 것처럼, 하나님의 속성(사랑, 정의, 진실, 거룩, 의 등)이 인간에게 주어졌다는 뜻이다. 둘째, 그렇기 때문에 인간은 하나님의 대리자로 지음받았다는 뜻이다. 로마 황제는 어느 나라를 정복하면 그곳에 자신의 동상을 세웠다. 그것은 그 땅이 자신의 통치 영역 안에 있다는 의미였다. 그 지역을 다스리는 총독은 로마 황제의 얼굴이 그려진 깃발을 들고 부임했다. 이는 황제를 위해 대신 통치한다는 뜻을 담고 있다. 이처럼 인간은 하나님의 대리자로서 이 땅을 다스리도록 지음받았다.

하나님은 사람을 "남자와 여자로 창조하셨다."(27절) 남자와 여자의 창조 과정은 2장에서 자세히 묘사하고 있다. 하나님은 "생육하고 번성하여 땅에 충만하여라"(28절)라는 말씀으로 그들을 축복하신다. 그리고 땅을 정복하고 모든 생명체를 다스리라고 하신다. 이것은 모든 생명체에 대한 유린과 착취를 허락하신 것이 아니다. 창조주의 뜻을 따라 생명체를 돌보라는 뜻이다. 하나님은 당신의 형상을 따라 사람을 지으시고 당신의 피조물을 인간에게 맡기셨다. 하나님의 정원 관리자로 인간이 위임받은 것이다. 그 소임을 다하기 위해 채

소와 과일들을 먹거리로 삼도록 허락하셨다(29~30절). 인간의 죄가 시작되기 전에는 음식을 얻기 위해 다른 동물의 피를 흘리는 일이 없었다.

창세기 1장에는 "하나님 보시기에 좋았다"는 표현이 여섯 번 나온다(4, 10, 12, 18, 21, 25절). 그리고 여섯째 날, 인간을 창조하고 당신의 피조 세계를 위임하시고는 "보시기에 참 좋았다"(31절)라고 말씀하신다. '좋다'로 해석된 히브리어 '토브'는 각자가 자신의 위치에서 서로 조화롭게 살아가는 모습을 의미한다. 하나님의 창조는 이렇듯 모든 것이 제 자리에서 자신의 기능을 다하며 서로 조화와 균형을 이루어 하나가 되었다. 그것이 태초의 평화요, 행복이었다.

지구의 환경 오염과 훼손 문제가 심각합니다. 미래학자들은 이대로 방치하면 2050년에는 더는 인간이 생존할 수 없는 지경에 이른다고 전망합니다. 이 전망이 너무 낙관적이라고 주장하는 학자도 있습니다. 지구 환경을 되돌릴 만한 골든 타임이 이미 지났다고 말하는 이도 있습니다. 이제 인류에게 남은 선택지는 파국의 날을 조금 늦추는 것밖에 없다고 말합니다.

수년 전만 해도 그런 전망이 하나의 이론에 그쳤는데, 이제는 파국의 징조들을 자주 경험합니다. 이 문제는 지구촌에 사는 모든 이가 마음을 합하여 중대한 변화를 도모해야 해결할 수 있습니다. 하지만 당장 먹고 사는 일을 우선으로 두는 까닭에 괄목할 만한 국제적인 움직임이 일어나지 않고 있습니다. 훼손된 지구 환경에서 살아갈 후손들을 생각하면 마음이 아픕니다.

이 모든 것은 결국 인간의 '죄성' 때문입니다. 창조주 하나님은 인간을 지으시면서 당신의 성품을 부여하셨습니다. 그 성품을 따라 살았다면 하나님께서 맡기신 피조 세계를 아름답게 관리하고 가꾸었을 것입니다. 하지만 인류는 하나님께 반역하기를 선택했고, 그로 인해 하나님의 성품이 깨어졌습니다. 그분에게 부여받은 귀한 속성들 — 사랑, 진리, 정의, 의, 거룩, 자비 등 — 이 일부 남아 있기에 우리는 때로 의롭고 선하고 거룩하게 살기에 힘을 씁니다. 하지만 자신에게 해롭다는 생각이 드는 순간, 그 모든 속성을 감추고 죄성을 따릅니다. 죄로 인해 우리의 마음이 이기적으로 왜곡되어 있기 때문입니다. 죄 된 인류는 만물의 영장으로서의 지위를 섬김의 기회로 여기지 않고 착취의 능력으로 여겼습니다. 죄로 인해 자신의 식욕을 채우기 위해 다른 짐승의 생명을 해친 것이 죄성의 한 예입니다.

바울 사도가 "모든 피조물이 이제까지 함께 신음하며, 함께 해산의 고통을 겪고 있다는 것을, 우리는 압니다"(롬 8:22)라고 말한 이유가 여기에 있습니다. 하나님의 정원 '관리자'로 위임받은 인류가 죄로 인해 하나님의 정원 '파괴자'가 되었기에, 모든 피조물이 인류의 온전한 구원을 갈망하며 신음하고 있습니다.

새 하늘과 새 땅에서 모든 생명이 온전히 해방될 것을 갈망하고 있습니다. 그 미래를 믿고 갈망한다면, 오늘 주변에 있는 생명들을 사랑으로 가꾸면서 지구 환경이 더 망가지지 않도록 힘써야 할 것입니다.

땅에서 났으나
하늘에 속한 존재

창세기 2장 1~17절

1 하나님은 하늘과 땅과 그 가운데 있는 모든 것을 다 이루셨다. 2 하나님은 하시던 일을 엿샛날까지 다 마치시고, 이렛날에는 하시던 모든 일에서 손을 떼고 쉬셨다. 3 이렛날에 하나님이 창조하시던 모든 일에서 손을 떼고 쉬셨으므로, 하나님은 그 날을 복되게 하시고 거룩하게 하셨다. 4 하늘과 땅을 창조하실 때의 일은 이러하였다. 주 하나님이 땅과 하늘을 만드실 때에, 5 주 하나님이 땅 위에 비를 내리지 않으셨고, 땅을 갈 사람도 아직 없었으므로, 땅에는 나무가 없고, 들에는 풀 한 포기도 아직 돋아나지 않았다. 6 땅에서 물이 솟아서, 온 땅을 적셨다. 7 주 하나님이 땅의 흙으로 사람을 지으시고, 그의 코에 생명의 기운을 불어넣으시니, 사람이 생명체가 되었다. 8 주 하나님이 동쪽에 있는 에덴에 동산을 일구시고, 지으신 사람을 거기에 두셨다. 9 주 하나님은 보기에 아름답고 먹기에 좋은 열매를 맺는 온갖 나무

를 땅에서 자라게 하시고, 동산 한가운데는 생명나무와 선과 악을 알게 하는 나무를 자라게 하셨다. 10 강 하나가 에덴에서 흘러나와서 동산을 적시고, 에덴을 지나서는 네 줄기로 갈라져서 네 강을 이루었다. 11 첫째 강의 이름은 비손인데, 금이 나는 하윌라 온 땅을 돌아서 흘렀다. 12 그 땅에서 나는 금은 질이 좋았다. 브돌라라는 향료와 홍옥수와 같은 보석도 거기에서 나왔다. 13 둘째 강의 이름은 기혼인데, 구스 온 땅을 돌아서 흘렀다. 14 셋째 강의 이름은 티그리스인데, 앗시리아의 동쪽으로 흘렀다. 넷째 강은 유프라테스이다. 15 주 하나님이 사람을 데려다가 에덴 동산에 두시고, 그 곳을 맡아서 돌보게 하셨다. 16 주 하나님이 사람에게 명하셨다. "동산에 있는 모든 나무의 열매는, 네가 먹고 싶은 대로 먹어라. 17 그러나 선과 악을 알게 하는 나무의 열매만은 먹어서는 안 된다. 그것을 먹는 날에는, 너는 반드시 죽는다."

2장 1~3절은 1장에서 이어지는 내용이다. 엿새 동안 모든 것을 창조하신 하나님은 이렛날에 쉬셨다. 여기서 "쉬셨다" 혹은 "모든 일에서 손을 떼고"라는 말은 창조가 완성되었다는 의미다. '완성되었다'라는 말은 '끝났다'는 뜻이 아니다. 정원을 가꾸는 사람이 계획대로 땅을 일구고 온갖 나무를 심고 씨앗을 뿌리는 작업을 마친 것과 같은 완성을 의미한다. 이제 온 우주와 모든 생명체가 하나님께서 의도하신 대로 자라고 꽃피고 열매 맺도록 준비 완료된 것이다.

그런 다음 하나님께서 일곱째 날을 "복되게 하시고 거룩하게 하셨다"(3절)라고 전한다. 이미 창조된 것들을 축복하고 감사하고 즐거워했다는 뜻이다. 그것이 창조의 목적이었다. 나중에 하나님은 모세를 통하여 일곱째 날을 안식일로 지키라고 명령하신다(출 20:8~11). 안식일은 하나님께서 창조하신 것으로 만족하고 감사하며 서로 축복하고 나누며 즐거워하는 날이다.

2장 4~25절의 내용은 앞의 내용과 여러 가지 점에서 차이가 있다. 그래서 이것을 '두 번째 창조 이야기'라고 부르기도 한다. 하지만 창세기 저자의 손에서 두 본문은 서로 보완적인 역할을 하도록 통합되었다. 1장부터 2장 3절까지는 창조 이야기를 거시적 관점에서 그린 것이고, 2장 4절부터 25

절까지는 인간 중심으로 카메라 앵글을 좁혀서 그린 것이다.

인간이 창조되기 전에 이 세상은 관리자가 없는 정원처럼 황량한 상태에 있었다(5~6절). 하나님은 "땅의 흙으로 사람을 지으시고, 그의 코에 생명의 기운을 불어넣으셨다(7절)." 히브리어로 사람은 '아담'이고, 흙은 '아다마'다. 인간 존재가 하나님이 창조하신 세상과 깊은 연관성을 가진다는 뜻이다. 그런데 그 흙덩어리가 생명체가 될 수 있었던 것은 '생명의 기운' 즉 하나님의 영이 들어갔기 때문이다. 인간 존재의 본질은 하나님이 불어 넣으신 영에 있다는 뜻이다. 인간과 다른 생명체와의 근본적인 차이점이 여기에 있다.

하나님은 에덴이라는 곳에 동산을 일구시고 아담을 그곳에 두셨다. 하나님은 그 동산을 아무 부족함 없는 낙원으로 조성하시고 아담에게 관리하게 하셨다. 그곳에는 수많은 과실나무가 있었는데, 그중에 "생명나무"와 "선과 악을 알게 하는 나무"(9절)도 있었다. 에덴 동산에는 강 하나가 흘렀는데 그 강은 에덴을 흘러나와 네 지류로 갈라져 흘렀다.

하나님은 아담에게 에덴 동산의 관리를 맡기시고 선과 악을 알게 하는 나무의 열매만 따 먹지 말라는 조건 아래 모든 자유를 허락하신다. 하나님은 "그것을 먹는 날에는, 너는 반드시 죽는다"(17절)라고 엄중히 경고하신다. 그것은 피조물로서의 한계를 넘지 말라는 경고였다.

어거스틴에게 어떤 청년이 찾아와 "천지를 창조하기 전에 하나님은 무엇을 하셨습니까?"라고 물었다고 합니다. 질문을 받은 어거스틴은 잠시 생각하더니 "바로 자네 같은 사람을 위해 지옥을 짓고 계셨네"라고 답했다고 합니다. 창조 이야기를 읽으면서 우리가 알고 싶은 문제를 캐묻지 말아야 한다는 뜻입니다.

창세기 이야기는 하나님과 피조 세계, 인간 존재에 대해 저자가 전하고 싶은 것만을 전하고 있습니다. 따라서 창세기를 읽으면서 알고 싶은 것을 캐묻기보다 저자가 전하고자 하는 진실을 찾아야 합니다. "이것은 하나님과 인간에 대해 무엇을 말하고 있는가?" 물어야 한다는 뜻입니다.

창조 이야기는 하나님께서 인간에게 부여하신 특별한 지위를 생각하게 합니다. 하나님은 아담을 특별한 방식으로 지으셨습니다. 다른 생명들은 말씀으로 명령하여 존재하게 하셨는데, 사람은 직접 공들여 지으셨습니다. 그것은 인간을 향한 하나님의 특별한 관심을 보여줍니다. 또한 인간은 모든 생명체 중에서 하나님의 영을 부여받은 유일한 존재입니다. 다른 생명체들은 전적으로 땅에 속해 있지만, 인간은 땅에 속한 동시에 하나님께 속해 있는 존재로 지어졌습니다. 그렇기에 하나님은 인간에게 당신의 창조 세계를 맡아 관리하는 임무를 부여하셨습니다. 앞에서 말한 것처럼, 인간은 하나님의 피조 세계에서 하나님의 대리자로 세워졌습니다.

일찍이 다윗은 인간 존재의 무가치성에 눈 뜬 동시에 하나님이 부여하신 특별한 지위를 생각하면서 하나님 앞에 무릎 꿇었습니다(시 8편). 이것이 하나님의 창조 이야기를 읽으며 우리가 눈 떠야 하는 사실입니다.

하나님 앞에서 우리는 무한히 작은 존재입니다. 하지만 그 하찮은 존재에게 하나님은 영원하고 절대적인 가치를 부여하셨습니다. 하나님 안에서 그 가치를 발견하고 그런 존재로 회복될 때까지 인간은 온전히 창조되었다고 할 수 없습니다. 죄로 인해 하나님이 주신 형상은 깨어지고 존재의 근원에서 떨어져 나갔기 때문입니다. 죄의 문제를 해결하여 존재의 근원이신 하나님의 자녀로 회복되고 깨어진 하나님의 형상을 회복하도록 길을 열어주신 분이 바로 예수 그리스도이십니다.

사귐의 존재

창세기 2장 18~25절

18 주 하나님이 말씀하셨다. "남자가 혼자 있는 것이 좋지 않으니, 그를 돕는 사람, 곧 그에게 알맞은 짝을 만들어 주겠다." 19 주 하나님이 들의 모든 짐승과 공중의 모든 새를 흙으로 빚어서 만드시고, 그 사람에게로 이끌고 오셔서, 그 사람이 그것들을 무엇이라고 하는지를 보셨다. 그 사람이 살아 있는 동물 하나하나를 이르는 것이 그대로 동물들의 이름이 되었다. 20 그 사람이 모든 집짐승과 공중의 새와 들의 모든 짐승에게 이름을 붙여 주었다. 그러나 그 남자를 돕는 사람 곧 그의 짝이 없었다. 21 그래서 주 하나님이 그 남자를 깊이 잠들게 하셨다. 그가 잠든 사이에, 주 하나님이 그 남자의 갈빗대 하나를 뽑고, 그 자리는 살로 메우셨다. 22 주 하나님이 남자에게서 뽑아 낸 갈빗대로 여자를 만드시고, 여자를 남자에게로 데리고 오셨다. 23 그 때에 그 남자가 말하였다. "이제야 나타났구나, 이 사람! 뼈도 나의 뼈, 살도 나의 살, 남자에게서 나왔으니 여자라고 부를 것이다." 24 그러므로 남자는 아버지와 어머니를 떠나, 아내와 결합하여 한 몸을 이루는 것이다. 25 남자와 그 아내가 둘 다 벌거벗고 있었으나, 부끄러워하지 않았다.

이어서 하나님은 홀로 있는 남자를 위해 여자를 지으신다. "남자가 혼자 있는 것이 좋지 않으니"(18절)라는 말은 인간 존재의 본질을 드러낸다. 하나님이 삼위의 하나님이시듯, 인간도 홀로 존재할 수 없다. "좋지 않다"라는 표현은 앞 장에서 후렴처럼 반복된 "하나님 보시기에 좋았다"라는 표현을 생각나게 한다. 하나님 보시기에 피조 세계에 한 가지 결함이 있었다는 것이다. 그것은 아담이 인격적인 사귐을 나누며 살아갈 대상이 없다는 사실이다.

남자의 외로움을 덜어 주기 위해 하나님은 "들의 모든 짐승과 공중의 모든 새"(19절)와 소통하며 인격적인 사귐을 경험하게 하신다. 인간이 타락하기 이전에는 모든 생명과 소통할 수 있었다. 예수님이 광야에서 40일 동안 금식하며 기도하시는 동안 "들짐승들과 함께 지내셨는데"(막 1:13)라는 기록은 타락 이전의 인간 영성에 대한 하나의 단서다. 남자는 짐승들에게 이름을 지어주었다. 상대방에게 이름을 짓고 그 이름을 불러주는 것은 양자 사이에 인격적 사귐을 불러일으킨다. 하지만 그는 짐승들과의 사귐에서 온전한 만족을 얻지 못했다.

결국 하나님은 남자를 위해 여자를 창조하신다. "깊이 잠들게 하셨다"(21절)라는 말은 여자가 창조되는 과정을 남자가 알지 못했다는 의미다. 남자는 하나님이 여자를 데려오셨을 때야 그의 존재를 알았다. "남자의 갈빗대로 여자를 만들었다"(22절)라는 말은 남자와 여자가 인격적으로 동등하며 친밀한 관계에 있다는 의미로 봐야 한다. "갈빗대"를 뜻하는 히브리어는 '옆구리'로 번역할 수도 있기 때문이다. 외로움을 표현할 때 우리 말로 "옆구리가 시리다"라고 하는데, 마치 22절을 알고 한 말처럼 들린다. 인종과 문화가 달라도 인간의 근본적인 실존에 대한 통찰에 있어 통하는 점이 있다.

여자를 지으실 때 하나님은 "그를 돕는 사람, 곧 그에게 알맞는 짝"(18절)을 만들겠다고 하신다. 여기서의 "돕는"은 단순히 허드렛일을 도와주는 차원이 아니다. 히브리어 '에제르'는 인간에게 없어서는 안 될 하나님의 도움을 가리킬 때 사용하는 단어다. 따라서 여자(아내)는 남자(남편)의 조수가 아니라 서로의 인간 됨을 충만하게 하려고 창조되었다. 그래서 여자를 보자마자 남자는 자신의 분신임을 직감적으로 깨닫고 감탄한다.

24절은, 18~23절까지의 묘사를 통해 저자가 전하고자 한 것이 결혼임을 암시한다. 인간은 홀로 살 수 없다. 성삼위 하나님이 공동체로 존재하는 것처럼, 인간도 공동체로 살 때 제대로 살 수 있다. 공동체로 존재해야 하는 인간의 가장 기본 조건이 결혼이다. 남편과 아내는 서로 곁을 내어 주는 존재이며, 서로에게 하나님의 역할을 하는 존재이고, 연합하여 비로소 온전해지는 존재들이다. "아내와 결합하여"(24절)에서 사용된 히브리어는 '들러붙다'라고 번역해야 할 정도로 강한 의미다. 결혼은 느슨한 계약 관계가 아니라 상대방에 대한 철저한 헌신이어야 한다는 뜻이다. 그렇게 온전히 하나 될 때 "둘 다 벌거벗고 있었으나, 부끄러워하지 않았다"(25절)라는 말이 현실이 된다.

여자의 창조 이야기는 인간 실존에 대한 중요한 진실을 전합니다. 하나님은 사귐을 위해 우주와 생명을 창조하셨습니다. 1장에서 창조의 단계마다 "좋다!"고 감탄하신 이유는 당신의 의도대로 창조되었기 때문만이 아니라 피조물과의 사귐에서 얻는 기쁨 때문이기도 했습니다. 작곡가가 자신의 작품을 연주하며 즐거워하고 조경사가 정원을 가꾸며 즐기듯이, 창조주 하나님은 피조 세계와 함께 즐거워하십니다. 멀리서 지켜보는 것이 아니라 피조물과 함께 숨 쉬면서 즐거워하십니다. 처음부터 삼위일체로 사귐을 누리셨던 하나님은 사귐을 더 풍성히 하기 위해 우주와 모든 생명과 인간을 지으셨습니다.

하나님은 사람에게 당신의 형상을 부여하셔서 다른 생명

들과는 다른 차원으로 높여 주셨습니다. 모든 피조물을 대신해 창조주와 사귐을 나누는 영예를 부여하셨습니다.

하지만 육신을 입은 인간은 영이신 하나님과의 사귐에 만족하지 못했습니다. 모든 짐승과 공중의 모든 새와 소통할 수 있었지만, 그의 외로움은 채워지지 않았습니다. 그래서 하나님은 인격적인 사귐이 가능한 상대를 창조하셨습니다. 남자는 여자를 보고 자신의 분신임을 알아차렸고, 그와 하나 되어야 온전한 존재가 될 수 있음을 알았습니다. 여자를 보고 "뼈도 나의 뼈, 살도 나의 살!"(23절)이라고 한 말은 곧 "당신이 없이는 내 존재가 비어 있습니다"라는 고백이었습니다.

현대 의학자들은 외로움이 인간의 정신과 육신에 가장 해로운 질병이라고 말합니다. 인격적인 사귐이 실존의 근본 조건이라는 뜻입니다. 불행하게도 죄성은 서로에게 상처를 주어 사귐을 멀리하게 만듭니다. 상처가 깊을수록 자신만의 동굴로 숨으려 합니다. 절대 고독은 죽음의 다른 이름이라는 사실을 기억해야 합니다. 절대 고독은 살아서 매일 죽음을 경험하는 것이라 할 수 있습니다.

외로움을 극복하기 위해 하나님이 마련해 주신 것이 가정입니다. 부부관계로 시작하는 가정은 서로를 인격적으로 대하고 깊은 사귐을 나누면서 하나님의 형상을 회복하도록 돕는 공동체입니다. 그것은 서로를 향한 철저한 헌신이 있을 때 가능합니다.

그렇게 사귐의 가치를 알고 사귐의 능력을 키우면 사회에 나가서도 낯선 이들에게 손을 내밀고 사귐을 넓혀갈 수 있습니다. 인격적인 사귐은 한 개인이 점점 큰 개인으로 확장되는 과정입니다. 그것이 곧 하나님을 닮는 과정입니다.

스스로 하나님이
되기를 선택하다

창세기 3장 1~13절

1 뱀은, 주 하나님이 만드신 모든 들짐승 가운데서 가장 간교하였다. 뱀이 여자에게 물었다. "하나님이 정말로 너희에게, 동산 안에 있는 모든 나무의 열매를 먹지 말라고 말씀하셨느냐?" 2 여자가 뱀에게 대답하였다. "우리는 동산 안에 있는 나무의 열매를 먹을 수 있다. 3 그러나 하나님은, 동산 한가운데 있는 나무의 열매는, 먹지도 말고 만지지도 말라고 하셨다. 어기면 우리가 죽는다고 하셨다." 4 뱀이 여자에게 말하였다. "너희는 절대로 죽지 않는다. 5 하나님은, 너희가 그 나무 열매를 먹으면, 너희의 눈이 밝아지고, 하나님처럼 되어서, 선과 악을 알게 된다는 것을 아시고, 그렇게 말씀하신 것이다." 6 여자가 그 나무의 열매를 보니, 먹음직도 하고, 보암직도 하였다. 그뿐만 아니라, 사람을 슬기롭게 할 만큼 탐스럽기도 한 나무였다. 여자가 그 열매를 따서 먹고, 함께 있는 남편에게도 주니, 그도 그것을 먹었다.

7 그러자 두 사람의 눈이 밝아져서, 자기들이 벗은 몸인 것을 알고, 무화과나무 잎으로 치마를 엮어서, 몸을 가렸다. 8 그 남자와 그 아내는, 날이 저물고 바람이 서늘할 때에, 주 하나님이 동산을 거니시는 소리를 들었다. 남자와 그 아내는 주 하나님의 낯을 피하여서, 동산 나무 사이에 숨었다. 9 주 하나님이 그 남자를 부르시며 물으셨다. "네가 어디에 있느냐?" 10 그가 대답하였다. "하나님께서 동산을 거니시는 소리를, 제가 들었습니다. 저는 벗은 몸인 것이 두려워서 숨었습니다." 11 하나님이 물으셨다. "네가 벗은 몸이라고, 누가 일러주더냐? 내가 너더러 먹지 말라고 한 그 나무의 열매를, 네가 먹었느냐?" 12 그 남자는 핑계를 대었다. "하나님께서 저와 함께 살라고 짝지어 주신 여자, 그 여자가 그 나무의 열매를 저에게 주기에, 제가 그것을 먹었습니다." 13 주 하나님이 그 여자에게 물으셨다. "너는 어쩌다가 이런 일을 저질렀느냐?" 여자도 핑계를 대었다. "뱀이 저를 꾀어서 먹었습니다."

창세기 2장과 3장 사이에는 거대한 시간적 간격이 있다. 성경을 읽을 때 하나의 이야기와 다음 이야기 사이에 시간 간격을 상정해야 하는 경우가 다반사다. 때로는 수일, 수개월, 수년 혹은 수백 년의 간격을 전제해야 한다. 하나님의 창조 이후 에덴의 완전한 평화와 행복이 얼마간 지속됐는지 우리는 알 수 없다. 3장의 사건이 일어나기 전에 아담과 하와는 하나님께서 허락하신 자유를 만끽하면서 낙원을 즐겼을 것이다.

그 '무한 자유'에 권태를 느낄 즈음, 아담과 하와는 하나님이 금지하신 '선악을 알게 하는 나무'에 관심을 가지기 시작했을 것이다. 처음에는 쳐다보지도 않았으나 시간이 지나면서 그 나무에 자꾸만 눈길이 갔을 것이다.

"뱀은, 주 하나님이 만드신 모든 들짐승 가운데서 가장 간교하였다"(1절)라는 말은 소통 능력이 다른 짐승보다 뛰어났다는 뜻이다. 타락 이전에 인간은 다른 생명체와 소통할 수 있었다. 뱀은 아담과 하와의 마음에 죄를 향한 욕망이 형성되고 있음을 눈치채고 그들의 마음을 흔든다. 뱀의 질문에 대한 하와의 대답(2~3절)에는 선악과를 따 먹지 못하게 하신 하나님에 대한 원망이 담겨 있다.

하나님을 신뢰하는 하와의 마음을 흔들 수 있다고 판단한

뱀은 하나님의 의도에 의혹을 제기한다(4~5절). 뱀의 말은 절반의 진실을 담고 있다. 선과 악을 알고 판단하는 것은 전지의 능력을 가진 하나님에게만 가능한 일이다. 따라서 선과 악을 아는 능력을 가지면 하나님처럼 될 수 있다. 하지만 인간은 피조물이기에 선과 악을 제대로 알 수 없다. 인간은 선과 악을 부분적으로만 알 수 있다. 그러므로 선과 악을 판단하는 일은 하나님께 맡기고 그분을 의지하며 따라가야 한다.

뱀의 말에 혹하니 선악과를 보는 하와의 눈이 달라진다. 뱀의 말에 용기를 얻어 제대로 쳐다보니, 맛있어 보였고 보기에 아름다웠으며 먹으면 지혜로워질 것 같았다. 그는 욕망을 제어하지 못하고 열매를 따서 먹고 아담에게도 주어 먹게 한다. 그러자 두 사람의 눈이 밝아져 서로 벌거벗었다는 사실을 알고 나뭇잎으로 치마를 엮어 몸을 가린다. 열매를 먹고 나서 그들이 처음 경험한 악은 수치심이었고, 수치심은 사랑으로 하나 되었던 두 사람을 분리시켰다.

또한 그들의 죄는 하나님과의 친밀한 사귐을 깨뜨렸다. "주 하나님이 동산을 거니시는 소리를 들었다"(8절)라는 표현은 그분이 사귐을 위해 다가오심을 의미한다. 하지만 두 사람은 하나님을 피해 숨는다. 하나님은 아담에게 "네가 어디에 있느냐?"(9절)라고 물으셨는데, 이는 "왜 거기에 있느냐?"라는 뜻이다. 그러자 아담은 벗은 상태이기에 숨어 있다고 자백한다(10절).

하나님은 아담이 사고를 쳤음을 아시고 확인차 물으신다. 두려움에 질린 나머지 아담은 얼떨결에 "하나님께서 저와 함께 살라고 짝지어 주신 여자, 그 여자가…"라고 말하며 책임을 하와와 하나님께 돌린다(12절). 그러자 하나님은 하와에게 물으시고, 하와는 뱀을 핑계 삼는다.

선악을 알게 하는 나무의 정체와 그것을 에덴에 심어 두신 하나님의 뜻이 무엇인지 많은 사람이 궁금해합니다. 얼핏 생각하면 선악을 알게 하는 나무는 좋은 나무처럼 생각됩니다. 선과 악을 판단할 수 있는 능력을 얻을 수 있기 때문입니다. 하지만 피조물에게는 선과 악을 판단할 능력이 없습니다. 피조물이 판단할 수 있는 선은, 다만 '지금 여기서 자신에게 유익해 보이는 것'뿐입니다. 그것은 진정한 선이 아닙니다. 진정한 선은 지금뿐 아니라 미래에도(언제나), 여기에서뿐 아니라 저기서도(어디서나), 자신에게뿐 아니라 다른 사람에게도(모두에게), 선하게 보일 뿐 아니라 진짜 선해야 합니다. 그런 절대 선과 악을 아는 일은 오직 하나님만 가능합니다.

그러므로 선악과를 따 먹는다는 말은 하나님의 자리를 탐한다는 뜻입니다. 그 점에서 뱀의 말은 옳았습니다. 스스로 선과 악을 판단하며 살겠다는 말은 피조물로서의 한계를 부정하는 것입니다. 선악과를 먹지 말라는 명령은 아담과 하와에게 피조물로서의 자리를 지키라는 뜻이었습니다.

하나님이 의도하신 에덴에서의 삶은 창조 질서에 따라 사는 것이었습니다. 위로 하나님을 모시고 아래로 모든 피조 생명을 관리하면서 마음에서 느껴지는 대로 행하면 그것이 의가 되고 선이 되었습니다. 하나님과 완전히 하나 됨으로 아담과 하와는 "하나님의 뜻이 무엇일까?" 묻지 않아도 되었습니다. 마음 끌리는 대로 살면 그것이 곧 하나님의 뜻이 되었습니다.

그렇게 사는 것에 권태를 느낀 아담과 하와는 하나님이 되고 싶었습니다. 선악을 알게 하는 나무의 열매를 따 먹은 행위는 하나님의 명령을 거역하는 동시에 스스로 하나님이 되기를 선택한 것이었습니다. 하나님에 대한 독립 선언이었습니다. 이 행동은 완벽했던 에덴의 평화와 의와 사랑에 균열을 일으켰습니다. 자동차 유리에 금이 가면 서서히 번지다가 결국 전체가 무너지는 것처럼, 첫 사람들의 죄는 그렇게 하나님의 아름다운 피조 세계를 망가뜨렸습니다.

실낙원

창세기 3장 14~19절

14 주 하나님이 뱀에게 말씀하셨다. "네가 이런 일을 저질렀으니, 모든 집짐승과 들짐승 가운데서 네가 저주를 받아, 사는 동안 평생토록 배로 기어다니고, 흙을 먹어야 할 것이다. 15 내가 너로 여자와 원수가 되게 하고, 너의 자손을 여자의 자손과 원수가 되게 하겠다. 여자의 자손은 너의 머리를 상하게 하고, 너는 여자의 자손의 발꿈치를 상하게 할 것이다." 16 여자에게는 이렇게 말씀하셨다. "내가 너에게 임신하는 고통을 크게 더할 것이니, 너는 고통을 겪으며 자식을 낳을 것이다. 네가 남편을 지배하려고 해도 남편이 너를 다스릴 것이다." 17 남자에게는 이렇게 말씀하셨다. "네가 아내의 말을 듣고서, 내가 너에게 먹지 말라고 한 그 나무의 열매를 먹었으니, 이제, 땅이 너 때문에 저주를 받을 것이다. 너는, 죽는 날까지 수고를 하여야만, 땅에서 나는 것을 먹을 수 있을 것이다. 18 땅은 너에게 가시덤불과 엉겅퀴를 낼 것이다. 너는 들에서 자라는 푸성귀를 먹을 것이다. 19 너는 흙에서 나왔으니, 흙으로 돌아갈 것이다. 그 때까지, 너는 얼굴에 땀을 흘려야 낟알을 먹을 수 있을 것이다. 너는 흙이니, 흙으로 돌아갈 것이다."

하나님은 뱀에게 창조 질서를 깨뜨린 죄를 물으며 세 가지의 저주를 내리신다. 첫째는 평생 배로 기어 다니고, 둘째는 흙을 먹고 살며, 셋째는 여자의 자손과 원수가 된다는 저주였다(14~15절). 뱀을 징그럽게 여기는 인간의 집단 무의식의 뿌리가 여기에 있다 싶다.

뱀이 사탄을 상징한다고 여기는 사람들은 "여자의 자손"을 그리스도에 대한 예언으로 해석한다. 그리스도는 사탄의 세력에 치명상을 입히시지만, 그로 인해 그리스도 역시 "발꿈치를 상하는" 피해를 당하신다.

하나님은 여자에게 두 가지 저주를 내리신다. 하나는 해산의 고통이다(16절). 남녀 간의 성적 연합과 자녀 출산은 원창조의 원리였다. 그것이 없으면 "생육하고 번성하여 땅에 충만하여라"(1:28)라는 명령은 이루어질 수 없다. 따라서 죄로 인해 여인이 받은 벌은 해산하는 과정에서 겪는 고통이다. 다른 하나는 사랑의 관계가 지배권을 다투는 관계로 왜곡되는 것이다. "남편이 너를 다스릴 것이다"라는 말씀은 가부장 문화의 성서적 근거로 오용돼 왔다. 이는 성서의 의미를 왜곡하는 것이다. 남성 우위의 가부장 문화는 죄로 인해 생겨난 창조 질서의 왜곡이다. 싸움은 언제나 강한 쪽의 승리로 끝난다. 힘은 섬기는 도구로 주어진 것인데, 죄가 그것을 부리는 도구로 왜곡시켰다.

남자에게도 두 가지 저주가 내려진다. 먼저는 노동의 고통이다(17~18절). 노동은 저주가 아니다. 타락 이전에 노동은 놀이와 같았다. 하지만 죄로 인해 피조 질서에 균열이 발생했고, 균열은 피조 세계를 왜곡시켜 놓았다. 그로 인해 인간은 땀 흘려야만 양식을 얻을 수 있게 되었다. 다른 하나는 죽음의 운명이다. 하나님은 선악을 알게 하는 나무의 열매를 먹지 말라고 명령하시면서 "그것을 먹는 날에는, 너는 반드시 죽는다"(2:17)라고 경고하셨다. 이 경고는 으름장이 아니었다. 비록 당장 죽는 것은 아니었지만, 결국은 죽음의 운명을 당해야 했다.

1장과 2장은 하나님의 원창조의 원리가 무엇이고 우주와 모든 생명, 인간이 어떤 존재로 지어졌는지를 보여 줍니다. 창세기 3장의 타락 이야기는 하나님의 피조 세계와 인간이 왜 지금과 같은 실존 상태로 전락했는지를 알게 합니다.

그 모든 것은 죄에서 시작됩니다. 아담과 하와의 죄는 우선적으로 하나님의 명령을 거역한 것이고, 의미적으로는 하나님의 통치를 거부하고 스스로 하나님이 되고자 한 선택이었습니다. 전지전능하신 하나님만이 무엇이 선이고 악인지를 아시는데, 피조물 주제에 그것을 스스로 분별하고 선택할 수 있다고 생각한 것입니다.

선악과를 따 먹은 후에 아담과 하와는 선과 악을 분별하게 되었습니다. 하지만 그들은 지극히 자기중심적인 좁은 시각으로 세상을 보면서 선과 악을 분별했습니다. 그들이 택한 선은 다른 사람에게 악이 되었고, 그들이 선택한 악은 다른 사람에게 선이 되었습니다. 결국 세상 모든 사람이 신이 되어 자신에게 유익한 것을 택하며 살게 된 것입니다. 그것이 지금 우리가 사는 인간사회입니다.

인간의 죄는 하나님께서 부여하신 완전한 조화와 평화를 깨뜨려 버렸습니다. 사랑으로 하나 되었던 부부가 갈라지고, 인간과 피조 세계가 깨어지고, 인간과 하나님 사이에 불화가 발생했습니다. 타락 이전에 놀이였던 노동이 고역이 되고, 자신을 낮추어 섬기는 도구였던 힘은 다른 사람을 강제하고 지배하는 도구가 되었습니다. 인간과 모든 생명체는 생로병사의 굴레 안에 갇히고 말았습니다. 지난 세월 동안 인류가 혁파해 온 모든 제도 — 남성 중심의 가부장 문화, 왕정 제도, 계급 제도, 노예 제도 등 — 는 죄의 결과로 생겨난 왜곡 현상들이었습니다.

하나님은 이 모든 저주를 풀어 태초의 창조 질서로 회복시켜 주십니다. 예수님이 죄에 주목하신 이유가 여기에 있습니다. 당시 많은 사람은 로마의 정치적 억압이 가장 중요한 문제였다고 생각했습니다. 어떤 사람은 질병과 장애가 제일 중요한 문제라고 생각했고, 어떤 사람은 가난의 문제를 가장 크게 여겼습니다. 예수님은 그 모든 문제에 관심을 두셨지만, 결국 죄의 문제를 해결하는 일에 자신을 던지셨습니다. 모든 문제의 뿌리가 죄에 있다고 믿으셨기 때문입니다. 죄로 인해 우리를 속박하고 있는 온갖 저주와 불행은 예수 그리스도 안에서 죄의 문제를 해결할 때 비로소 벗겨질 수 있습니다.

타락, 그 이후

창세기 3장 20~24절

20 아담은 자기 아내의 이름을 하와라고 하였다. 그가 생명이 있는 모든 것의 어머니이기 때문이다. 21 주 하나님이 가죽옷을 만들어서, 아담과 그의 아내에게 입혀 주셨다. 22 주 하나님이 말씀하셨다. "보아라, 이 사람이 우리 가운데 하나처럼, 선과 악을 알게 되었다. 이제 그가 손을 내밀어서, 생명나무의 열매까지 따서 먹고, 끝없이 살게 하여서는 안 된다." 23 그래서 주 하나님은 그를 에덴 동산에서 내쫓으시고, 그가 흙에서 나왔으므로, 흙을 갈게 하셨다. 24 그를 쫓아내신 다음에, 에덴 동산의 동쪽에 그룹들을 세우시고, 빙빙 도는 불칼을 두셔서, 생명나무에 이르는 길을 지키게 하셨다.

모든 것이 지나간 후, 아담은 여자의 이름을 "하와"라고 짓는다(20절). 하와는 '살아 있음'(living)을 의미하는 히브리어인데, 그 이름이 헬라어와 라틴어로 음역되는 과정에서 '이브'가 되었다. 선악과를 먹은 후에 책임을 아내에게 전가하며 거리를 두었던 아담이 아내에게 다가가 인격적인 관계를 회복했다는 의미다. 한 존재에게 이름을 붙이고 그 이름으로 불러주는 일은 그를 자신의 삶 속에 초청한다는 뜻이다.

하나님은 에덴에서 쫓겨난 아담과 하와에게 두 가지 일을 행하신다. 먼저 가죽옷을 만들어 입히셨다(21절). 두 사람은 선악과를 따 먹은 후에 나뭇잎으로 부끄러운 곳을 가렸는데(7절), 그들에게 가죽옷을 만들어 입히셨다는 말은 두 사람을 향한 하나님의 사랑이 변하지 않았다는 의미다. 명령을 거역했다고 해서 버린 것은 아니라는 뜻이다.

다른 하나는 두 사람을 에덴 동산에서 쫓아내신 것이다(22절). 에덴 동산 중앙에는 생명나무와 선악을 알게 하는 나무가 있었다. 인간이 전지의 능력도 없으면서 스스로 신이 되어 선악을 판단하기를 택했으니, 죄는 피할 수 없는 인간의 실존 상태가 되었다. 그 상태로 영원히 산다면 죄는 한없이 증폭될 것이다. 그래서 하나님은 에덴 동산에서 그들을 쫓아내고 생명의 길이를 제한하셨다. 24절의 "동쪽"은 하나님에게서 멀어진 거리를 상징한다. 선악을 알게 하는 나무의 열매를 따 먹으면 "반드시 죽는다"(2:17)고 하셨는데, 왜 그렇게 말씀하셨는지가 여기서 드러난다.

하나님은 그들이 에덴 동산으로 돌아갈 수 없도록 그룹을 세우시고 빙빙 도는 불칼을 두신다(24절). "그룹"은 날개 달린 동물을 가리키는 히브리어인데, 천사와 같은 역할을 한다. 나중에 하나님은 성막에 둘 언약궤 위에 그룹을 만들어 붙이라고 명령하신다. 그렇게 함으로써 언약궤가 하나님의 임재 안에 있음을 보여 주려 하셨다.

3장의 타락 이야기는 예수 그리스도를 통해 이루어진 구원 사건을 이해하는 데 매우 중요합니다. 그리스도는 인간의 원죄로 인해 깨진 우주 질서를 회복하기 위해 오셨습니다. 그분 안에서 죄를 용서받고 죄성을 치유할 때, 우리는 하나님과의 깨진 관계를 회복할 수 있습니다. "그를 맞아들인 사람들, 곧 그 이름을 믿는 사람들에게는, 하나님의 자녀가 되는 특권을 주셨다"(요 1:12)라는 말씀은 3장의 타락 사건을 되돌린다는 의미입니다.

예수 안에서 하나님과의 관계가 회복되면 그로 인해 모든 피조 생명과의 관계가 회복됩니다. 더는 깨어진 관계에서 투쟁하며 살지 않고 화해의 은총 속에서 서로 섬기며 삽니다. 그것이 이 땅에서 경험하는 새 하늘과 새 땅으로, 예수님이 재림하실 때 완성됩니다. 에덴의 동쪽에서 살던 우리는 예수 그리스도 안에서 다시금 에덴으로 회복됩니다. 그리고 생명나무에 이르지 못하도록 세워 두신 그룹과 불칼을 예수님이 제거하시고 영원한 생명으로 인도하십니다.

성경의 첫 책 창세기와 마지막 책인 요한계시록은 수천 년의 시차를 두고 각기 다른 사람에 의해 쓰였고, 후대에 한 권의 성경으로 묶였습니다. 그런데 놀랍게도 창세기의 첫 세 장과 요한계시록의 마지막 세 장이 정확히 대칭을 이룹니다.

원창조	창세기 1~2장
원창조와 타락	창세기 3~4장
타락과 구원의 드라마	창세기 5장~요한계시록 17장
타락한 세상에 대한 심판	요한계시록 18~20장
원창조의 회복	요한계시록 21~22장

이를 '수미쌍관법'이라고 부릅니다. 한 저자가 쓴 글이라면 저자가 그렇게 의도했다고 할 수 있습니다. 하지만 이 경우는 '우연의 일치' 외에 달리 설명할 도리가 없습니다. 믿는 이들은 '우연'을 '하나님의 섭리'라고 부릅니다. 하나님이 하시는 일이 우리에게 우연처럼 보이는 것입니다. 바로 이런 까닭에 "성경의 실제 저자는 성령이시다"라고 말합니다.

죄를 이기는 힘

창세기 4장 1~16절

1 아담이 자기 아내 하와와 동침하니, 아내가 임신하여, 가인을 낳았다. 하와가 말하였다. "주님의 도우심으로, 내가 남자 아이를 얻었다." 2 하와는 또 가인의 아우 아벨을 낳았다. 아벨은 양을 치는 목자가 되고, 가인은 밭을 가는 농부가 되었다. 3 세월이 지난 뒤에, 가인은 땅에서 거둔 곡식을 주님께 제물로 바치고, 4 아벨은 양 떼 가운데서 맏배의 기름기를 바쳤다. 주님께서 아벨과 그가 바친 제물은 반기셨으나, 5 가인과 그가 바친 제물은 반기지 않으셨다. 그래서 가인은 몹시 화가 나서, 얼굴빛이 달라졌다. 6 주님께서 가인에게 말씀하셨다. "어찌하여 네가 화를 내느냐? 얼굴빛이 달라지는 까닭이 무엇이냐? 7 네가 올바른 일을 하였다면, 어찌하여 얼굴빛이 달라지느냐? 네가 올바르지 못한 일을 하였으니, 죄가 너의 문에 도사리고 앉아서, 너를 지배하려고 한다. 너는 그 죄를 잘 다스려야 한다." 8 가인이 아우 아벨에게 말하였다. "우리, 들로 나가자." 그들이 들에 있을 때에, 가인이 그의 아우 아벨을 쳐죽였다. 9 주님께서 가인에게 물으셨다. "너의 아

우 아벨이 어디에 있느냐?" 그가 대답하였다. "모릅니다. 제가 아우를 지키는 사람입니까?" 10 주님께서 말씀하셨다. "네가 무슨 일을 저질렀느냐? 너의 아우의 피가 땅에서 나에게 울부짖는다. 11 이제 네가 땅에서 저주를 받을 것이다. 땅이 그 입을 벌려서, 너의 아우의 피를 너의 손에서 받아 마셨다. 12 네가 밭을 갈아도, 땅이 이제는 너에게 효력을 더 나타내지 않을 것이다. 너는 이 땅 위에서 쉬지도 못하고, 떠돌아다니게 될 것이다." 13 가인이 주님께 말씀드렸다. "이 형벌은, 제가 짊어지기에 너무 무겁습니다. 14 오늘 이 땅에서 저를 쫓아내시니, 하나님을 뵙지도 못하고, 이 땅 위에서 쉬지도 못하고, 떠돌아다니게 될 것입니다. 그렇게 되면, 저를 만나는 사람마다 저를 죽이려고 할 것입니다." 15 주님께서 그에게 말씀하셨다. "그렇지 않다. 가인을 죽이는 자는 일곱 갑절로 벌을 받을 것이다." 주님께서는 가인에게 표를 찍어 주셔서, 어느 누가 그를 만나더라도, 그를 죽이지 못하게 하셨다. 16 가인은 주님 앞을 떠나서, 에덴의 동쪽 놋 땅에서 살았다.

1~3장과 4장 사이에는 큰 간격이 있다. 1~3장은 현재 인간이 처한 실존 상황에 이르게 된 과정을 이야기하고, 4장 이하는 타락 후 인간의 현 실존이 확정된 이후에 일어난 일을 그리고 있다. 창세기를 영화로 만든다면 1~3장의 이야기는 현실도 아니고 비현실도 아닌, 신비적인 분위기로 장면을 연출하고, 4장부터는 현실적인 분위기로 연출해야 할 것이다.

아담과 하와에게서 가인과 아벨, 두 아들이 태어났다. 후에 보면 둘 사이에 더 많은 자녀가 생겼다. 930년을 산 아담은 130세에 첫아들을 낳고 나서 800년 동안 아들딸을 낳았다(5:3~5). 가인과 아벨은 처음 태어난 자녀들이다. 가인은 자라서 농사를 짓고, 아벨은 양들을 쳤다. 그들은 자신이 노동하여 얻은 것으로 하나님께 제사를 드렸다. 그런데 하나님은 아벨의 제물만 받으시고 가인의 제물은 받지 않으셨다. 7절에 따르면 가인의 제사가 올바르지 못했기 때문이었다. 제물에 문제가 있었는지, 제사를 드리는 태도에 문제가 있었는지는 확실하지 않다.

자신의 제물만 받아들여지지 않자 가인은 하나님께 분노한다. 하나님은 그런 가인에게, 올바르지 않은 제물을 드린 그에게 잘못이 있음을 밝히시면서 분노가 죄로 흐르지 않도록 하라고 경고하신다(6~7절).

불행하게도 가인은 하나님의 경고를 가볍게 여긴다. 분노에 압도된 그는 동생을 돌로 쳐 죽이고 숨어 버린다. 하나님께서 아벨이 어디 있느냐고 물으시자, 가인은 "모릅니다. 제가 아우를 지키는 사람입니까?"라고 반문한다. 그러자 하나님은 그의 죄를 꾸짖으시며 그 죄로 인해 무거운 형벌을 받으리라고 말씀하신다(10~12절). 그제야 자신이 얼마나 무서운 죄를 지었는지 자각한 가인은 하나님께 자비를 호소한다.

하나님은 가인에게 표를 주셔서 누구를 만나든지 그를 해치지 못하게 하신다. 가인은 주님의 낯을 피해 에덴의 동쪽에 있는 놋 땅으로 이주하는데, 이 대목에서 "저를 만나는 사람마다"(14절) 혹은 "가인을 죽이는 자"(15절)라는 표현에 의문을 가지는 이들이 많다. 지금까지의 이야기를 액면 그대로 받아들이면 지구상에는 아담과 하와, 가인만 존재하기 때문이다. 여기서의 이 말씀은 아담과 하와 그리고 그의 자녀들을 통해 기하급수적으로 불어날 미래를 두고 하신 것으로 이해해야 한다.

하나님이 가인에게 하신 "죄가 너의 문에 도사리고 앉아서, 너를 지배하려고 한다"(7절)라는 말씀이 마음에 큰 울림을 줍니다. 죄 자체는 인격적인 존재가 아닙니다. 하지만 우리는 죄를 인격적인 존재로 경험합니다. 사탄이 마음을 교란시켜 죄를 탐하게 만들기 때문입니다. 아담과 하와의 범죄로 인해 우리의 존재는 죄성에 깊이 오염되어 있습니다. 그것은 마치 죄가 우리 '존재의 문'에 도사리고 앉아서 언제라도 들어와 사로잡으려는 형국입니다. 사탄은 그것을 고리로 삼아 우리를 죄로 이끕니다. 그렇기에 우리는 늘 경계하면서 죄에 사로잡히지 않도록 조심해야 합니다.

문제는 조심하는 것으로 충분하지 않다는 데 있습니다. 우리는 사탄의 공격을 홀로 당해 낼 수 없습니다. 자연인인 우리는 죄의 공격에 너무도 무력하게 넘어집니다. 내 존재를 성령께 내어 드려 그분의 능력에 사로잡히지 않으면 죄를 이길 수도, 죄성을 치료할 수도 없습니다.

그래서 예수님은 '주기도'를 통해 "우리를 시험에 들지 않게 하시고, 악에서 구하여 주십시오"라고 기도하라고 하셨습니다(마 6:13).

여기서의 '악'은 중성 명사 또는 남성 명사로 번역할 수 있는데, 대부분의 신약학자들은 남성 명사로 번역해야 한다고 생각합니다. 그렇다면 "악한 자에게서 구하여 주십시오"라고 번역해야 합니다. 만일 이 명사가 복수로 사용되었다면 '악한 사람들'을 의미하지만, 단수 명사로 사용되었습니다. 따라서 '악한 자'는 바로 사탄을 의미합니다.

이것이 바울 사도가 말한 영적 싸움입니다. 사탄의 교란에 넘어가지 않도록 늘 깨어 있어야 합니다. 죄의 유혹을 가벼이 여기지 말아야 합니다. 자신의 능력을 과신하지도 말아야 합니다. 스스로의 영력을 시험하지 말아야 합니다. 우리 존재의 문지방에 죄가 도사리고 있음을 의식하면서 늘 성령께 의지해야 합니다.

예배자가
나타나다

창세기 4장 17~26절

17 가인이 자기 아내와 동침하니, 아내가 임신하여 에녹을 낳았다. 그 때에 가인은 도시를 세우고, 그 도시를 자기 아들의 이름을 따서 에녹이라고 하였다. 18 에녹은 이랏을 낳고, 이랏은 므후야엘을 낳고, 므후야엘은 므드사엘을 낳고, 므드사엘은 라멕을 낳았다. 19 라멕은 두 아내와 함께 살았다. 한 아내의 이름은 아다이고, 또 한 아내의 이름은 씰라이다. 20 아다는 야발을 낳았는데, 그는 장막을 치고 살면서, 집짐승을 치는 사람의 조상이 되었다. 21 그의 아우의 이름은 유발인데, 유발은 수금을 타고 퉁소를 부는 모든 사람의 조상이 되었다. 22 또한 씰라는 두발가인이라는 아이를 낳았다. 그는 구리나 쇠를 가지고, 온갖 기구를 만드는 사람이다. 두발가인에게는 나아마라고 하는 누이가 있었다. 23 라멕이 자기 아내들에게 말하였다. "아다와 씰라 내 말을 들어라. 라멕의 아내들은, 내가 말할 때에 귀를 기울여라. 나에게 상처를 입힌 남자를 내가 죽였다. 나를 상하게 한 젊은 남자를 내가 죽였다. 24 가인을 해친 벌이 일곱 갑절이면, 라멕을 해치는 벌은 일흔일곱 갑절이다." 25 아담이 다시 자기 아내와 동침하였다. 마침내, 그의 아내가 아들을 낳고 말하였다. "하나님이, 가인에게 죽은 아벨 대신에, 다른 씨를 나에게 허락하셨구나." 그의 아내는 아이의 이름을 셋이라고 하였다. 26 셋도 아들을 낳고, 아이의 이름을 에노스라고 하였다. 그 때에 비로소, 사람들이 주님의 이름을 불러 예배하기 시작하였다.

4장 16절과 17절 사이에도 상당한 시간 간격이 있다. 가인이 아내를 만난 것은 아담과 하와를 통해 자손이 번성한 후의 일이었을 것이다. 5장 3~5절에 따르면 아담은 930년을 살았는데, 백서른 살부터 자녀를 낳기 시작했다고 한다. 백 년의 시간이면 한 부부를 통해 태어난 자손이 마을을 이룰 정도로 번성한다.

가인은 "에덴의 동쪽 놋 땅"(16절)에서 자리를 잡는다. '놋'은 '떠돌아다님'이라는 뜻이다. 가인의 실존 상태를 상징하는 말이다. 그는 아내를 얻어 결혼한 후에 정착한다. 둘 사이에 아들이 태어났고, 가인은 그를 에녹이라고 이름 짓는다. 그는 정착을 영구화하기 위해 도시를 세우고 아들의 이름을 붙여 준다(17절).

18절은 에녹에게서 라멕에게 이르는 족보다. 성경의 족보에서 사용하는 "낳고"라는 말은 반드시 부모 관계를 의미하지 않는다. 때로는 "낳고"라는 표현으로 수 대를 뛰어넘기도 한다.

이름만 나열하던 저자는 라멕에게서 멈추어 자세히 설명한다. 라멕은 두 아내를 둔다(19절). 이 사실을 통해 저자는, 죄가 증폭되어 하나님의 창조 질서가 망가진 예의 하나를 보여 준다. 죄는 결혼 제도까지 왜곡시킨다.

라멕은 두 아내에게서 세 아들을 얻었다. 저자는 그들에게서 인류 문화와 문명이 시작되었다고 전한다. "장막을 치고 살면서, 집짐승을 치는 사람의 조상이 되었다"(20절)라는 말은 유목 문화를 가리키고, "수금을 타고 퉁소를 부는 모든 사람의 조상이 되었다"(21절)라는 말은 예술 문화를 가리키며, "구리나 쇠를 가지고, 온갖 기구를 만드는"(22절) 것은 물질문명을 가리킨다. 인류가 발전시켜 온 산업과 예술과 문명은 실존적 불안을 해결하고자 한 노력의 결과로 만들어졌다는 뜻이다.

라멕은 세 아들을 통해 도시를 번성시키고 세력을 얻자, 기고만장하여 거침없이 악을 행하고 그것을 자랑삼아 떠든다. 인간의 죄는 물질문명을 낳고, 물질문명은 인간의 죄를 더욱 증폭시킨다. 죄의 악순환이 점점 심해지는 것이다.

아벨이 죽은 후에 아담과 하와는 아들을 얻고 '셋'이라고 이름 짓는다. 앞에서 언급한 것처럼, 그 이후에도 아담과 하와는 계속 자녀를 낳는다. 셋은 자라서 아들을 낳고 그 이름을 에노스라고 부른다. 여기서 저자는 "그 때에 비로소, 사람들이 주님의 이름을 불러 예배하기 시작하였다"(26절)라고 적는다. 가인의 자손들이 거대한 도시를 세우고 산업과 예술과 문명을 발전시킬 때, 하나님을 예배하는 사람들이 생겨났다는 뜻이다.

죄의 결과 중 하나가 불안입니다. 죄는 하나님을 부정하고 그분을 떠나는 것입니다. 피조물인 인간 존재의 뿌리는 하나님께 있습니다. 나무가 대지에서 뿌리 뽑히거나 물고기가 물 밖으로 나온 것과 같은 현상이 죄를 선택한 인간에게 일어난 것입니다. 하나님을 떠남으로 인간은 우주의 미아가 되었고, 이것이 우리가 겪는 존재론적인 불안의 원인입니다.

　아담과 하와는 죄를 범하고 나서 "에덴의 동쪽"(3:24)에 거주했고, 가인은 동생을 죽이고 나서 "에덴의 동쪽 놋 땅"(4:16)으로 도피했습니다. 여기서 "에덴의 동쪽"은 하나님에게서 멀어진 상태에 대한 비유로 사용되었습니다. 아담과 하와의 죄로 인해 하나님에게서 멀어졌는데, 동생을 죽인 가인은 더 멀리 도피했다는 뜻입니다. 가인이 정착한 땅 '놋'의 뜻은 '떠돌아다님'입니다. 죄로 인해 하나님을 떠난 사람은 불안을 안고 살게 된다는 의미입니다.

　가인은 존재론적인 불안을 해결하기 위해 도시를 세웠습니다. 그가 세운 에녹 시는 하나님께서 세우신 에덴 동산과 대비되었습니다. 에덴 동산은 모든 필요가 채워진 곳으로, 안식과 만족과 평안이 있었습니다. 반면 가인이 세운 에녹 시는 모든 것이 결핍되었습니다. 결핍은 불안을 더 심화시켰고, 가인의 후손은 산업과 문화와 문명을 발전시켜 결핍을 해결하려 했습니다. 결핍이 해결되면 불안이 해결될 줄 알았는데, 불안감은 더욱 깊어지고 강해졌습니다. 깊어지고 강해진 불안감은 더 크고 흉악한 죄로 비화했습니다. 죄로 인해 인간은 악순환의 고리에 갇혀 버렸습니다.

그즈음에 불안감의 원인이 어디에 있는지 알고 예배하는 이들이 생겨났습니다. 절대다수의 사람이 물질문명에 희망을 두고 살 때, 소수의 사람이 모여 하나님을 예배했습니다. 비록 에덴의 동쪽에 살고 있지만, 그곳에서 하나님을 찾고 다시 그분 안에 뿌리를 두려는 노력이었습니다.

하나님과
동행하는 삶

창세기 5장

1 아담의 역사는 이러하다. 하나님이 사람을 창조하실 때에, 하나님의 형상대로 사람을 만드셨다. 2 하나님은 그들을 남자와 여자로 창조하셨다. 그들을 창조하시던 날에, 하나님은 그들에게 복을 주시고, 그들의 이름을 '사람'이라고 하셨다. 3 아담은 백서른 살에 자기의 형상 곧 자기의 모습을 닮은 아이를 낳고, 이름을 셋이라고 하였다. 4 아담은 셋을 낳은 뒤에, 팔백 년을 살면서 아들딸을 낳았다. 5 아담은 모두 구백삼십 년을 살고 죽었다. 6 셋은 백다섯 살에 에노스를 낳았다. 7 셋은 에노스를 낳은 뒤에, 팔백칠 년을 살면서 아들딸을 낳았다. 8 셋은 모두 구백십이 년을 살고 죽었다. 9 에노스는 아흔 살에 게난을 낳았다. 10 에노스는 게난을 낳은 뒤에, 팔백십오 년을 살면서 아들딸을 낳았다. 11 에노스는 모두 구백오 년을 살고 죽었다. 12 게난은 일흔 살에 마할랄렐을 낳았다. 13 게난은 마할랄렐을 낳은 뒤에, 팔백사십 년을 살면서 아들딸을 낳았다. 14 게난은 모두 구백십 년을 살고 죽었다. 15 마할랄렐은 예순다섯 살에 야렛을 낳았다. 16 마할랄렐은 야렛을 낳은 뒤에, 팔백삼십 년을 살면서 아들딸을 낳았다. 17 마할랄

렐은 모두 팔백구십오 년을 살고 죽었다. 18 야렛은 백예순두 살에 에녹을 낳았다. 19 야렛은 에녹을 낳은 뒤에, 팔백 년을 살면서 아들딸을 낳았다. 20 야렛은 모두 구백육십이 년을 살고 죽었다. 21 에녹은 예순다섯 살에 므두셀라를 낳았다. 22 에녹은 므두셀라를 낳은 뒤에, 삼백 년 동안 하나님과 동행하면서 아들딸을 낳았다. 23 에녹은 모두 삼백육십오 년을 살았다. 24 에녹은 하나님과 동행하다가 사라졌다. 하나님이 그를 데려가신 것이다. 25 므두셀라는 백여든일곱 살에 라멕을 낳았다. 26 므두셀라는 라멕을 낳은 뒤에, 칠백팔십이 년을 살면서 아들딸을 낳았다. 27 므두셀라는 모두 구백육십구 년을 살고 죽었다. 28 라멕은 백여든두 살에 아들을 낳았다. 29 그는 아들의 이름을 노아라고 짓고 말하였다. "주님께서 저주하신 땅 때문에, 우리가 수고하고 고통을 겪어야 하는데, 이 아들이 우리를 위로할 것이다." 30 라멕은 노아를 낳은 뒤에, 오백아흔다섯 살을 살면서 아들딸을 낳았다. 31 라멕은 모두 칠백칠십칠 년을 살고 죽었다. 32 노아는 오백 살이 지나서, 셈과 함과 야벳을 낳았다.

하나님의 창조, 아담과 하와, 가인과 아벨의 이야기로 창세기의 1막은 끝이 난다. 6장부터 창세기의 2막이 시작되고, 5장은 1막과 2막을 연결 짓는 다리 역할을 한다. 형에게 살해당한 아벨을 대신하여 얻은 셋에서부터 노아에 이르는 장구한 역사 이야기를 성경 저자는 족보로 대신한다.

많은 사람이 5장의 족보와 11장의 족보를 결합하여 인류의 연대기를 추산한다. 그렇게 계산하면 아담에서부터 우리 시대까지의 연대가 6천 년이 조금 넘는다. 하지만 이 연대 계산에는 여러 난점이 있다. 앞에서 언급한 대로 "누가 누구를 낳았다"는 표현은 때로 수 대를 건너뛴 때도 있기 때문이다.

족보를 시작하면서 저자는 창세기 1장과 2장을 요약한다(1~2절). 이 요약문에서 가장 중요한 것은 "하나님은 그들에게 복을 주시고"(2절)라는 말씀이다. 저자는 3절부터 이어지는 족보를 통해 아담과 하와에게 주신 복이 대대손손 이어짐을 전하고자 했기 때문이다.

이런 점에서 독자는, 4장에 나오는 가인의 가계와 비교해 셋의 족보를 읽을 필요가 있다. 하나님의 뜻을 어긴 가인의 가계에는 하나님의 축복이 보이지 않지만, 셋의 가계는 다산과 장수의 복이 넘쳐난다. 5장에 나오는 아담의 자손은 365년을 산 에녹 외에 적게는 5백 년, 많게는 천 년 가까이 살았다. 이것도 거룩한 가계에 부어진 하나님의 축복이다.

동시에 이 족보는 죄를 지은 후에 아담에게 주어진 죽음의 운명이 어김없이 이루어지고 있음을 보여 준다. 그런데 "하나님과 동행"(22절)하면서 365년을 산 에녹에 대해 저자는 "하나님이 그를 데려가신 것이다"(24절)라고 적어 놓았다. "데려가다"로 번역된 히브리어 '라카'는 죽음을 의미할 수 있다. 하지만 히브리서 저자는 죽음의 단계를 거치지 않고 데려감을 당한 것이라고 해석한다(히 11:5). 다른 사람의 경우에는 "죽었다"(5, 8, 11, 14, 17, 20, 27, 31절)라고 표현한 반면, 에녹에 대해서만 "하나님이 데려가셨다"라고 표현했기 때문이다.

에녹은 다른 사람들에 비하면 3분의 1도 못 살았다. 시간의 양으로 보면 짧게 살았다. 하지만 저자는 "삼백 년 동안 하나님과 동행하면서"(22절)라는 표현을 통해 그의 지상 삶이 결코 짧지 않았음을 강조한다. 핵심은 이 땅에서 얼마나 오래 사느냐에 있지 않다. 그는 성경의 기록상 가장 오래 산 므두셀라(969년)보다 더 충만하게 살았다고 할 수 있다.

족보는 결국 노아에 이른다. 노아라는 이름의 뜻은 '위로'다(29절). 그의 아버지 라멕은 "주님께서 저주하신 땅 때문에, 우리가 수고하고 고통을 겪어야 하는데, 이 아들이 우리를 위로할 것이다"(29절)라고 말한다. 장차 무슨 일이 일어날지도 모른 채 장차 일어날 일을 예언한 것이다.

홍수 이전 시대를 산 사람들의 수명은 매우 길었다. 아이를 낳기 시작한 연령도 꽤 늦었다. 아담은 130세에, 셋은 105세에, 에노스는 90세에 아이를 낳기 시작했다. 이에 홍수 이전 시대의 사람들은 수명이 길었던 반면에 신체 변화의 속도가 느렸던 것으로 추측된다. 그것은 생태계가 홍수 이후에 크게 바뀐 까닭이라고 추정할 수 있다.

동서고금을 막론하고 장수와 다산은 모두가 선망하는 복입니다. 저자는 "하나님은 그들에게 복을 주시고"(2절)라는 말로 셋의 족보를 소개하면서 장수와 다산으로 하나님의 축복이 이루어졌음을 보여 줍니다. 반면 4장에 나오는 가인의 족보(17~24절)에서는 죄가 증폭되고 악화되는 모습이 강조되고 있습니다. 에노스 이후에 비로소 "사람들이 주님의 이름을 불러 예배하기 시작"(4:26)했는데, 그 후손에게는 복을 주겠다고 하신 하나님의 약속이 이루어진 것입니다.

하지만 장수와 다산보다 더 큰 복이 있습니다. 그것은 하나님과 동행하는 것입니다. 저자는 에녹이 다른 사람에 비해 3분의 1밖에 살지 못했지만 평생 하나님과 동행했다고 말합니다. 그의 나이가 365세였다는 사실이 흥미롭습니다. 1년이 365일이니, 365년은 충만한 시간을 의미합니다. 에녹의 삶이 하나님과의 동행으로 충만했다는 뜻으로 풀 수 있습니다. 5장에 열거된 모든 사람 가운데 에녹이 가장 귀하고 값진 축복을 받은 셈입니다.

믿음의 삶이란 하나님과 동행하는 삶입니다. 히브리서 저자가 모세에 대해 말한 대로 "보이지 않는 분을 마치 보는 듯이 바라보면서"(히 11:27) 살아가는 것입니다. 하나님과 깊이 사귀고 그분과 동행하면, "에덴의 동쪽"(하나님의 임재에서 멀어진 상태)에 살고 있지만 실은 에덴에서 사는 셈입니다. 아삽은 "하나님께 가까이 있는 것이 나에게 복이니"(시 73:28)라고 고백했습니다. 우리 믿음의 목표는 이 땅에 사는 동안 하나님과 동행하고 죽어서 그분의 품에 안기는 것입니다.

그렇기에 하나님과 동행하는 사람에게 죽음은 비극이나 파멸이 아닙니다. 지상에 사는 동안 추구했던 바를 온전히 이루는 것입니다. 바울 사도가 "나에게는, 사는 것이 그리스도이시니, 죽는 것도 유익합니다"(빌 1:21)라고 한 이유가 여기에 있습니다.

마음 아파하시는
하나님

창세기 6장 1~8절

1 사람들이 땅 위에 늘어나기 시작하더니, 그들에게서 딸들이 태어났다. 2 하나님의 아들들이 사람의 딸들의 아름다움을 보고, 저마다 자기들의 마음에 드는 여자를 아내로 삼았다. 3 주님께서 말씀하셨다. "생명을 주는 나의 영이 사람 속에 영원히 머물지는 않을 것이다. 사람은 살과 피를 지닌 육체요, 그들의 날은 백이십 년이다." 4 그 무렵에, 그 후에도 얼마 동안, 땅 위에는 네피림이라고 하는 거인족이 있었다. 그들은 하나님의 아들들과 사람의 딸들 사이에서 태어난 자식들이었다. 그들은 옛날에 있던 용사들로서 유명한 사람들이었다. 5 주님께서는, 사람의 죄악이 세상에 가득 차고, 마음에 생각하는 모든 계획이 언제나 악한 것뿐임을 보시고서, 6 땅 위에 사람 지으셨음을 후회하시며 마음 아파 하셨다. 7 주님께서는 탄식하셨다. "내가 창조한 것이지만, 사람을 이 땅 위에서 쓸어 버리겠다. 사람뿐 아니라, 짐승과 땅 위를 기어다니는 것과 공중의 새까지 그렇게 하겠다. 그것들을 만든 것이 후회되는구나." 8 그러나 노아만은 주님께 은혜를 입었다.

6장 1~4절에 서술된 내용은 지금 우리로서는 무엇인지 정확히 알 수 없는, 우리의 생태 환경과는 다른 환경에서 일어난 일이다. 따라서 이 내용에 대해서는 '알 수 있는 것'보다 '알지 못할 것'이 더 많다. 알지 못할 것을 알아내려고 노력하는 것은 좋지만, 자기 생각을 유일한 해석으로 고집하는 일은 매우 위험하다. 성경을 읽고 묵상할 때 알지 못할 것을 신비로 남겨 두는 것은 매우 중요하다. 성경의 의미를 모두 정확히 알아내려는 노력은 인간의 본분을 넘어서는 교만이라 할 수 있다.

저자는 1절에서 인구가 계속하여 증가했다는 사실을 전한다. 이 한 문장으로 장구한 세월을 요약한다. 그즈음에 중요한 사건이 일어난다. "하나님의 아들들"이 "사람의 딸들"과 결혼을 한 것이다(2절). "하나님의 아들들"이 누구를 가리키는지 여러 해석이 제기되어 왔다. 그중 두 가지가 유력한데, 하나는 타락한 천사를 가리킨다는 해석이다. 이렇게 풀이하면 "사람의 딸들"은 인간을 의미한다. 그렇게 보면 그들 사이에 태어난 네피림(4절)은 천사와 인간 사이의 이종 교배의 산물이 된다.

"하나님의 아들들"이 셋의 자손을 가리킨다고 보는 사람들도 있다. 4장 26절에서 셋의 자손이 "주님의 이름을 불러 예배하기 시작하였다"라고 했다. "하나님의 아들들"은 '경건한 사람' 혹은 '거룩한 사람들'을 의미하는 비유다. 이렇게 해석한다면 "사람의 딸들"은 가인의 자손을 가리키는 비유다. 하나님을 예배하며 거룩하게 살던 사람들이 가인의 자손들이 사는 모습을 보고 매료되어 통혼을 시작했다는 뜻이다. 네피림은 에노스(예배하는 사람)와 라멕(죄를 탐하는 사람)의 후손들이 통혼하여 태어난 사람들이다.

둘 중 어떤 해석을 취하든, 저자가 전하려는 메시지는 동일하다. 이미 시작된 인간의 죄성이 더 심해졌다는 사실이다. 그로 인해 하나님은 인간의 수명을 120년으로 단축하신다(3절). 죄성에 물든 인간이 오래 사는 일은 죄를 더할 뿐이었기 때문이다. 수명의 단축은 생태계 변화를 통해 서서히 이루어졌다. 인류의 자연 수명이 120세를 넘지 못한다는 통계는 성경 본문이 하나님의 계시를 담고 있다는 반증이라 할 수 있다.

죽음은 죄를 선택한 인간에 대한 하나님의 처방이다. 죽음이 개인에게는 불행처럼 보이지만 인류 전체에게는 축복이다. 만일 과학 문명의 힘으로 수명을 한없이 연장한다면, 인류 전체는 큰 재앙을 만날 것이다. 죽음을 극복하여 영생을 도모하는 일은 그야말로 창조주 하나님에 대한 최악의 죄다.

5~7절에서 저자는 증폭되는 인간의 죄를 보고 하나님이

슬퍼하고 후회하며 탄식하시는 모습을 그린다. 6절의 하나님이 "후회하시며 마음 아파하셨다"라는 묘사는 놀랍다. 전지전능하신 하나님이 실수하셨다는 뜻으로 해석될 수 있기 때문이다. 여기서 사용된 히브리어 '인나헴'은 보통 '후회하다'라는 뜻으로 사용되지만 '아파하다', '슬퍼하다'라는 의미로도 쓰인다. 자신이 한 일에 대해 '후회할 정도로 아파했다'는 뜻으로 풀 수 있다. 하나님께서 인간 창조를 실수로 여기신 것이 아니라 속절없이 죄에 빠지는 인간들을 보며 마음 아파하셨다.

전지전능하신 하나님께서 "후회하시며 마음 아파 하셨다"(6절)라는 표현은 꽤 놀랍습니다. 하나님이시라면 과거와 현재, 미래의 모든 것을 아셔야 마땅하고, 그런 분이라면 후회할 일을 하지 않으실 것이기 때문입니다.

우리는 이 표현을 인간의 타락성을 강조하는 반어법으로 읽어야 합니다. 자신의 행동이 실수였음을 뒤늦게 자각했다는 뜻이 아니라, 하나님께서 그렇게 느낄 정도로 인간의 타락이 깊었다는 의미입니다. 또한 이 대목은 하나님의 인격성을 강조합니다. 성경을 통해 계시된 하나님은 인간과의 친밀한 관계 안에서 일하시는 분입니다. 그래서 때로 기뻐하고 때로 슬퍼하며 때로 마음 아파하십니다.

AI 로봇 개발이 빠르게 발전하고 있습니다. 집마다 도우미 AI 로봇을 하나씩 두고 살 날이 멀지 않았습니다. 하지만 로봇 개발자들은 AI 로봇이 스스로 알아서 선택하고 행동할까 두려워합니다. 그렇게 되면 인간에게 커다란 위협이 되기 때문입니다. 지금 AI 로봇 개발자들의 가장 큰 고민은 로봇의 자유 의지를 어떻게 원천적으로 차단하느냐에 있습니다. 인간은 자유 의지를 가진 로봇을 원치 않습니다.

이 상황을 생각하면, 창조주 하나님께서 인간에게 자유 의지를 허락하신 것이 매우 놀랍습니다. 만일 불순종할 가능성을 허락하지 않으셨다면 인간은 로봇이 되었을 것입니다. 인간을 짓고 자유 의지를 부여하실 때, 하나님은 인간의 타락 가능성을 열어 놓으셨습니다. 그렇게 하지 않으면 사랑에 근거한 인격적인 관계가 불가능하기 때문입니다. 하나님은 도구로 인간을 지으시지 않았습니다. 사랑하는 대상으로 지으셨습니다. 사랑의 전제조건은 자유 의지입니다. 사랑하지 않을 수도 있는데 사랑하기를 기꺼이 선택할 때, 그 사랑에 가치가 있습니다. 하나님은 그러한 사랑을 우리에게 주셨고, 우리도 그 사랑으로 주님을 대하기 원하십니다.

불행하게도 인간은 불순종을 선택했습니다. 그로 인해 하나님은 후회할 만큼 마음 아파하셨습니다. 그 아픔이 쌓이고 쌓여 당신의 아들을 십자가에 내어 주기까지 하셨습니다. 우리를 향한 당신의 사랑을 알아보고 사랑을 회복하게 하시려는 뜻이었습니다.

그 사랑을 알아보고 응답한 사람들이 바로 우리입니다. 그래서 감사합니다. 그리고 그 사랑 안에서 성숙해감으로 그분의 기쁨이 되기를 기도합니다.

위로자로 살기

창세기 6장 9~22절

9 노아의 역사는 이러하다. 노아는 그 당대에 의롭고 흠이 없는 사람이었다. 노아는 하나님과 동행하는 사람이었다. 10 노아는 셈과 함과 야벳, 이렇게 세 아들을 두었다. 11 하나님이 보시니, 세상이 썩었고, 무법천지가 되어 있었다. 12 하나님이 땅을 보시니, 썩어 있었다. 살과 피를 지니고 땅 위에서 사는 모든 사람들의 삶이 속속들이 썩어 있었다. 13 하나님이 노아에게 말씀하셨다. "땅은 사람들 때문에 무법천지가 되었고, 그 끝날이 이르렀으니, 내가 반드시 사람과 땅을 함께 멸하겠다. 14 너는 잣나무로 방주 한 척을 만들어라. 방주 안에 방을 여러 칸 만들고, 역청을 안팎에 칠하여라. 15 그 방주는 이렇게 만들어라. 길이는 삼백 자, 너비는 쉰 자, 높이는 서른 자로 하고, 16 그 방주에는 지붕을 만들되, 한 자 치켜올려서 덮고, 방주의 옆쪽에는 출입문을 내고, 위층과 가운데층과 아래층으로 나누어서 세 층으로 만들어라. 17 내가 이제 땅 위에 홍수를 일으켜서, 하늘 아래에서 살아 숨 쉬는 살과 피를 지닌 모든 것을 쓸어 없앨 터이니, 땅에 있는 것들은 모두 죽을 것이다. 18 그러나 너하고는, 내가 직접 언약을 세우겠다. 너는 아들들과 아내와 며느리들을 모두 데리고 방주로 들어가거라. 19 살과 피를 지닌 모든 짐승도 수컷과 암컷으로 한 쌍씩 방주로 데리고 들어가서, 너와 함께 살아 남게 하여라. 20 새도 그 종류대로, 집짐승도 그 종류대로, 땅에 기어다니는 온갖 길짐승도 그 종류대로, 모두 두 마리씩 너에게로 올 터이니, 살아 남게 하여라. 21 그리고 너는 먹을 수 있는 모든 먹거리를 가져다가 쌓아 두어라. 이것은, 너와 함께 있는 사람들과 짐승들의 먹거리가 될 것이다." 22 노아는 하나님이 명하신 대로 다 하였다. 꼭 그대로 하였다.

5장 28~32절에서 저자는 라멕과 노아를 간단히 소개한다. 라멕은 힘들게 수고해야 하는 인간을 위로해 달라는 뜻으로, 아들의 이름을 '노아'라고 짓는다. 노아는 오백 살이 지나서야 자녀를 낳기 시작한다. 인류의 타락상을 묘사하던 저자는 6장 8절에서 "그러나 노아만은 주님께 은혜를 입었다"라고 적는다. 그런 다음 노아 이야기를 자세히 기록한다.

먼저 저자는 세 가지 단어로 노아를 소개한다. 그는 "의롭고" "흠이 없는" 사람이며 "하나님과 동행"했다(9절). '의로움'(짜디크)은 그의 존재 상태에 대한 묘사고, '흠이 없음'(타밈)은 행동에 관한 묘사다. 의롭고 흠 없는 삶이 가능한 이유는 하나님과 동행했기 때문이다. 그것은 에녹이 추구한 삶의 방식이기도 하다(5:24).

이어 저자는 6장 서두에서 간단히 묘사한 인류의 죄악상이 한계에 도달했음을 밝힌다(11~12절). '썩었다'는 단어를 세 번 반복하며 타락의 정도를 묘사한다. 썩은 주체로 세 대상(세상, 땅, 사람들)을 지목함으로써 총체적으로 부패했음을 전한다. 하나님의 피조 세계는 유기적으로 연관되어 있기에 인간의 타락은 다른 피조물들에 악영향을 미친다.

하나님은 노아에게 심판의 계획을 알려 주신 뒤, 방주를 만들라고 하신다. 길이는 대략 140미터, 폭 23미터, 높이 14

미터의 크기로, 3층의 통배(지붕 덮힌 배)를 지으라고 하신다 (14~16절). 하나님은 노아에게 가족 모두를 데리고 방주 안으로 들어가라고 하신다. 그 외의 모든 인류를 홍수로 멸하실 것이기 때문이다. 더불어 모든 종류의 동물을 한 쌍씩 데리고 들어가고, 그 짐승들이 먹을 음식도 준비하게 하신다.

마지막에 저자는 "노아는 하나님이 명하신 대로 다 하였다. 꼭 그대로 하였다"(22절)라고 기록함으로써 노아가 하나님의 명령을 정확히 지켰음을 강조한다.

인간사회에 죄가 들어온 후, 하나님을 예배하며 동행하기를 힘쓰는 사람들은 언제나 소수였습니다. 에노스가 그랬고, 에녹이 그랬으며, 노아가 그랬습니다. 절대다수가 하나님을 외면하고 욕망을 따라 죄를 즐길 때, 세상 한쪽에서 잠잠히 하나님을 예배하며 거룩하게 살아가는 사람들이 있었습니다.

그것은 결코 쉬운 일이 아닙니다. 그들에게도 죄성이 있어서 자주 죄를 즐기고 싶은 유혹에 흔들립니다. 또한 '죄 권하는 세상'은 다르게 사는 사람들을 그냥 두지 못합니다. 온갖 압력과 회유로 거룩한 삶을 방해합니다. 그 모든 유혹과

압력에도 흔들리지 않고 하나님과 동행할 수 있는 이유는 그러한 삶이 복된 삶이기 때문입니다. 하나님과 동행하기를 힘쓸 때 우리 존재의 모든 영역은 올바른 상태로 자리 잡습니다. 그것이 '의로움'(짜디크)입니다. 그렇게 될 때, 위로 하나님을 섬기고 옆으로 이웃을 사랑하며 아래로 모든 생명을 돌보며 살아갑니다. 그것이 '흠이 없음'(타밈)입니다.

이는 하나님이 지으신 창조의 원상태를 회복하는 것입니다. 몸은 "에덴의 동쪽"에 살고 있지만 실제로는 에덴에서의 삶의 방식을 회복한 것입니다. 그럴 때 비로소 인간은 진정한 위로와 안식을 얻습니다. 그리고 그를 통해 위로와 안식이 세상으로 흘러나갑니다. 노아가 세상을 위로하는 존재가 된 것은 홀로 하나님과 동행하며 의롭고 흠 없이 살기를 힘썼기 때문입니다.

하나님은 오늘도 노아처럼 당신과 동행하며 삶으로 세상을 위로할 사람들을 찾고 계십니다.

한 몸으로
지어진 세상

창세기 7장

1 주님께서 노아에게 말씀하셨다. "내가 보니, 이 세상에 의로운 사람이라고는 너밖에 없구나. 너는 식구들을 다 데리고, 방주로 들어가거라. 2 모든 정결한 짐승은 수컷과 암컷으로 일곱 쌍씩, 그리고 부정한 짐승은 수컷과 암컷으로 두 쌍씩, 네가 데리고 가거라. 3 그러나 공중의 새는 수컷과 암컷 일곱 쌍씩 데리고 가서, 그 씨가 온 땅 위에 살아남게 하여라. 4 이제 이레가 지나면, 내가 사십 일 동안 밤낮으로 땅에 비를 내려서, 내가 만든 생물을 땅 위에서 모두 없애 버릴 것이다." 5 노아는 주님께서 명하신 대로 다 하였다. 6 땅 위에서 홍수가 난 것은, 노아가 육백 살 되던 해이다. 7 노아는 홍수를 피하려고, 아들들과 아내와 며느리들을 데리고, 함께 방주로 들어갔다. 8 정결한 짐승과 부정한 짐승과, 새와 땅 위를 기어다니는 모든 것도, 9 하나님이 노아에게 명하신 대로, 수컷과 암컷 둘씩 노아에게로 와서, 방주로 들어갔다. 10 이레가 지나서, 홍수가 땅을 뒤덮었다. 11 노아가 육백 살 되는 해의 둘째 달, 그 달 열이렛날, 바로 그 날에 땅 속 깊은 곳에서 큰 샘들이 모두 터지고, 하늘에서는 홍수 문들이 열려서, 12 사십 일 동안 밤낮으로 비가 땅 위로 쏟아졌다. 13 바로 그 날, 노아와, 노아의 세 아들 셈과 함과 야벳과, 노아의 아내와, 세 며느리가, 함께 방주로 들어

갔다. 14 그들과 함께, 모든 들짐승이 그 종류대로, 모든 집짐승이 그 종류대로, 땅 위를 기어다니는 모든 길짐승이 그 종류대로, 날개 달린 모든 날짐승이 그 종류대로, 방주로 들어갔다. 15 살과 피를 지닌 살아 숨쉬는 모든 것들이 둘씩 노아에게 와서, 방주로 들어갔다. 16 하나님이 노아에게 명하신 대로, 살과 피를 지닌 살아 숨쉬는 모든 것들의 수컷과 암컷이 짝을 지어 방주 안으로 들어갔다. 마지막으로 노아가 들어가니, 주님께서 몸소 문을 닫으셨다. 17 땅 위에서는 홍수가 사십 일 동안 계속되었다. 물이 불어나서, 방주가 땅에서 높이 떠올랐다. 18 물이 불어나서 땅에 크게 넘치니, 방주가 물 위로 떠다녔다. 19 땅에 물이 크게 불어나서, 온 하늘 아래에 있는 모든 높은 산들이 물에 잠겼다. 20 물은 그 높은 산들을 잠그고도, 열다섯 자나 더 불어났다. 21 새와 집짐승과 들짐승과 땅에서 기어다니는 모든 것과 사람까지, 살과 피를 지니고 땅 위에서 움직이는 모든 것들이 다 죽었다. 22 마른 땅 위에서 코로 숨을 쉬며 사는 것들이 모두 죽었다. 23 이렇게 주님께서는 땅 위에 사는 모든 생물을 없애 버리셨다. 사람을 비롯하여 짐승까지, 길짐승과 공중의 새에 이르기까지, 땅 위에서 모두 없애 버리셨다. 다만 노아와 방주에 들어간 사람들과 짐승들만이 살아 남았다. 24 물이 불어나서, 백오십 일 동안이나 땅을 뒤덮었다.

드디어 방주가 완성되자 노아는 가족과 함께 방주로 들어간다. 6장 19~20절에서 모든 동물을 암수 한 쌍씩을 데리고 들어가라고 했는데, 정결한 짐승은 암수 일곱 쌍씩 데리고 가라고 한다(2~3절). 정결한 짐승은 먹이로 삼아도 되는 짐승을 말한다. 이 구분은 모세의 율법에서 비로소 명문화된다(레 11장). 따라서 정결한 짐승 일곱 쌍을 데리고 들어가라고 하신 이유는 육식 동물의 먹이를 위한 것이었다고 할 수 있다. 홍수가 끝나고 나서 제사드릴 때 사용할 짐승도 필요했다(8:20). 저자는 다시금 노아가 주님께서 명하시는 대로 행했다고 적는다.

모두 방주 안에 들어가자 일주일 만에 홍수가 땅을 뒤덮었다(6~10절). 그때 노아는 육백 살이었다(11절). 저자는 노아 가족과 모든 짐승이 "방주로 들어갔다"라는 말을 거듭 반복해 강조한다(13, 14, 15, 16절). 이 홍수는 이례적이었다. 하늘에서는 장대 같은 비가 쏟아지고, 땅에 고여 있던 지하수가 터져 올라왔기 때문이다. 그렇게 40일 동안 밤낮으로 비가 내리고 물이 터져 올라왔다(17~20절).

하나님께서 창조의 둘째 날과 셋째 날에 하신 일이 잠시 해체되었다. 방주 바깥의 모든 생명이 사망했다. 물은 150일 동안 땅을 뒤덮었다.

오늘 우리는 물질주의적 세계관과 개인주의적 가치관으로 인해 피조 세계 안에 존재하는 깊은 연대성을 자각하지 못하고 삽니다. 물리적으로 분리돼 있으면 상관없다 여기고, 내 운명은 너와 다르다고 생각합니다. 하지만 하나님은 인간과 모든 생명과 우주를 한 몸으로 지으셨습니다. 우리 눈에는 서로 다르고 별개처럼 보이지만 깊은 차원에서 우리는 하나의 운명으로 연결돼 있습니다. 그렇기에 아담과 하와가 죄를 지었을 때 땅이 함께 저주받은 것이고, 땅에 속한 생명이 그 운명에 참여한 것입니다. 이러한 운명적 연대성은 노아의 홍수에서 극명하게 드러납니다. 인간들의 죄 때문에 죄 없는 수많은 생명이 희생당해야 했습니다.

이 사실을 두고 하나님의 처사를 이해할 수 없다고 말하는 사람들이 있습니다. 인간의 죄에 대한 징벌에 죄 없는 생명까지 포함시키는 것은 하나님답지 않다는 것입니다. 하지만 그것은 성경을 오독한 것입니다. 우리는 이 대목을 읽으면서 모든 생명이 공유하는 깊은 연대성을 보아야 합니다. 인간의 죄가 인간만의 문제가 아님을 깨닫고 끔찍하게 여겨야 합니다.

지금 우리는 또 다른 차원에서 그와 같은 연대성 혹은 공동 운명성을 경험하고 있습니다. 인간의 무분별한 탐욕과 훼손 때문에 지구 환경이 심각하게 망가지고, 그로 인해 인간보다 동식물이 더 고통당하고 있습니다. 점점 녹아 없어지는 빙하 위에서 파리하게 야위어 가는 북극곰을 보며, 또 죽은 고래 뱃속에서 나온 폐비닐 더미를 보면서 우리는 죄의 끔찍한 결과를 봅니다.

반면 예수 그리스도를 통해 주어진 구원은 인간만이 아니라 온 피조 세계의 구원으로 이어집니다. 바울 사도는 모든 피조물이 완전한 구원의 날을 기다리며 신음하고 있다고 말합니다(롬 8:22). 또한 사도 요한이 본 환상에서는 마지막 날에 새 하늘과 새 땅이 임하고 모든 생명이 구원을 누립니다. 예수 그리스도는 인간만의 구원자가 아니라 모든 생명의 구원자시며 나아가 온 우주의 구원자이십니다. 만일 외계 생명이 존재한다면, 그 생명까지도 예수님의 구원에 참여할 것입니다.

죄 속에서 사는 인간

창세기 8장

1 그 때에 하나님이, 노아와 방주에 함께 있는 모든 들짐승과 집짐승을 돌아보실 생각을 하시고, 땅 위에 바람을 일으키시니, 물이 빠지기 시작하였다. 2 땅 속의 깊은 샘들과 하늘의 홍수 문들이 닫히고, 하늘에서 내리는 비도 그쳤다. 3 땅에서 물이 줄어들고 또 줄어들어서, 백오십 일이 지나니, 물이 많이 빠졌다. 4 일곱째 달 열이렛날에, 방주가 아라랏 산에 머물러 쉬었다. 5 물은 열째 달이 될 때까지 줄곧 줄어들어서, 그 달 곧 열째 달 초하루에는 산 봉우리들이 드러났다. 6 사십 일이 지나서, 노아는 자기가 만든 방주의 창을 열고서, 7 까마귀 한 마리를 바깥으로 내보냈다. 그 까마귀는 땅에서 물이 마르기를 기다리며, 이리저리 날아다니기만 하였다. 8 그는 또 비둘기 한 마리를 내보내서, 땅에서 물이 얼마나 빠졌는지를 알아보려고 하였다. 9 그러나 땅이 아직 모두 물 속에 잠겨 있으므로, 그 비둘기는 발을 붙이고 쉴 만한 곳을 찾지 못하여, 그냥 방주로 돌아와서, 노아에게 왔다. 노아는 손을 내밀어 그 비둘기를 받아서, 자기가 있는 방주 안으로 끌어들였다. 10 노아는 이레를 더 기다리다가, 그 비둘기를 다시 방주에서 내보냈다. 11 그 비둘기는 저녁때가 되어서 그에게로 되돌아왔는데, 비둘기가 금방 딴 올리브잎을 부리에 물고 있었으므로, 노아는 땅 위에서 물이 빠진 것을 알았다. 12 노아는 다시 이레를 더 기다리다가,

그 비둘기를 내보냈다. 그러나 이번에는 그 비둘기가 그에게로 다시 돌아오지 않았다. 13 노아가 육백한 살 되는 해 첫째 달, 곧 그 달 초하룻날, 땅 위에서 물이 다 말랐다. 노아가 방주 뚜껑을 열고, 바깥을 내다보니, 땅바닥이 말라 있었다. 14 둘째 달, 곧 그 달 스무이렛날에, 땅이 다 말랐다. 15 하나님이 노아에게 말씀하셨다. 16 "너는 아내와 아들들과 며느리들을 데리고 방주에서 나가거라. 17 네가 데리고 있는, 살과 피를 지닌 모든 생물들, 곧 새와 집짐승과 땅 위에서 기어다니는 모든 길짐승을 데리고 나가거라. 그래서 그것들이 땅에서 생육하고 땅에서 번성하게 하여라." 18 노아는 아들들과 아내와 며느리들을 데리고 나왔다. 19 모든 짐승, 모든 길짐승, 모든 새, 땅 위를 기어다니는 모든 것도, 그 종류대로 방주에서 바깥으로 나왔다. 20 노아는 주님 앞에 제단을 쌓고, 모든 정결한 집짐승과 정결한 새들 가운데서 제물을 골라서, 제단 위에 번제물로 바쳤다. 21 주님께서 그 향기를 맡으시고서, 마음 속으로 다짐하셨다. "다시는 사람이 악하다고 하여서, 땅을 저주하지는 않겠다. 사람은 어릴 때부터 그 마음의 생각이 악하기 마련이다. 다시는 이번에 한 것 같이, 모든 생물을 없애지는 않겠다. 22 땅이 있는 한, 뿌리는 때와 거두는 때, 추위와 더위, 여름과 겨울, 낮과 밤이 그치지 아니할 것이다."

40일 동안 밤낮으로 하늘에서는 비가 내리고 땅에서는 지하수가 솟구쳐 150일 동안 지상에 물이 가득 차 있었다. 방주 안에 갇힌 노아의 가족과 모든 짐승을 위해 하나님께서 "땅 위에 바람을 일으키시니"(1절) 물이 빠지기 시작한다. 비가 그치고 지하수가 멈추자 물이 빠지고 방주는 아라랏 산에 걸려 떠다니기를 멈춘다. 아라랏 산은 지금의 터키 지방에 있는 가장 높은 산으로 알려져 있다.

그로부터 40일이 지났을 때 물이 얼마나 줄었는지 알아보기 위해 까마귀를 날려 보냈는데, 공중을 날아다니기만 했다. 얼마 후 노아는 비둘기를 날려 보냈는데, 쉴 곳을 찾지 못한 비둘기는 방주로 돌아왔다. 일주일 후 다시 날려 보냈고, 그 비둘기는 금방 딴 올리브 나뭇잎을 물고 돌아왔다. 일주일이 더 지나 또다시 비둘기를 날려 보내니 돌아오지 않았다(10~12절).

때가 되자 땅이 마르기를 기다린 노아에게 하나님은 모든 짐승을 데리고 나가 "땅에서 생육하고 땅에서 번성하게 하여라"(17절) 하고 명령하신다. 아담과 하와에게 주신 명령을 반복하신 것이다. 방주를 나온 노아는 제단을 쌓고 정결한 짐승을 잡아 번제를 드린다. 하나님은 번제물의 향기를 맡으시면서 다시는 땅을 저주하지 않기로 정하신다. "마음속으로 다짐하셨다"(21절)라는 표현 역시 "후회하시며 마음 아파하셨다"(6:6)처럼 하나님의 인격성을 강조한 표현이다. 하나님의 인격성을 강조하면 마치 하나님의 위엄을 깎아내리는 것처럼 느껴진다. 그것이 언어가 가진 한계다.

하나님은 인간의 경험적 언어로 만족스럽게 표현할 수 있는 분이 아니다. 그렇기에 하나님을 언어로 표현하면 늘 모순이 느껴진다. 구약성경을 읽는 동안 우리는 늘 이 사실을 염두에 두어야 한다. 우리는 하나님에 대해 어쩔 수 없이 언어를 사용하지만, 언어에 그분의 절대성과 초월성, 영원성을 제대로 담아낼 수 없다. 이 말을 뒤집으면 인간의 언어로 깔끔하게 설명할 수 있다면 그것은 우상이지 창조주 하나님은 아니라는 뜻이다.

마지막에 하나님이 하신 "사람은 어릴 때부터 그 마음의 생각이 악하기 마련이다"(21절)라는 말씀은 깊은 묵상을 요구합니다. 하나님은 노아가 완전한 인간이어서 그와 그의 가족만 남겨 두신 것이 아닙니다. 당대에 가장 의로운 사람이었지만 그에게도 죄성이 있었습니다. 그의 자손은 더 말할 것도 없습니다. 이 사실은 9장에서 여실히 드러납니다.

죄성이 없는 인간 역사를 의도하셨다면 노아와 그 가족까지 멸하고 새로 창조하셔야 했습니다. 그렇게 했다면 인간은 자유로운 인격체가 아니라 로봇 같은 존재가 되었을 것입니다. 하나님은 그것을 원치 않으셨습니다. 홍수 심판은 속속들이 썩은 역사를 청산하고자 함이었지 새로운 인류 창조가 목적이 아니었습니다.

우리는 죄 가운데 살면서 거룩하기를 힘씁니다. 때로 죄의 속박이 심하게 느껴지면 내 안에 있는 죄성을 깨끗이 씻어내고 싶다는 소원이 듭니다. 또한 성령의 깊은 감화 가운데 거할 때면 죄성이 말끔히 치료된 것 같은 느낌을 가집니다. 하지만 그런 상태는 오래가지 않습니다. 그래서 우리는 죄성이 뻣뻣이 고개를 들거나 죄에 넘어질 때마다 좌절합니다. 죄 없이 살기를 소망하는 사람일수록 영적 좌절감과 패배감에 쉽게 휩싸입니다.

그것은 인간의 본성을 잊어서입니다. 인간을 과대평가해서입니다. 육신을 입고 이 땅에 사는 한 우리는 죄성에서 벗어날 수 없습니다. 우리의 영적 목표는 죄 없는 삶이 아니라 죄 가운데서 거룩하게 사는 것입니다. 육체적으로도 무균 상태가 좋지 않습니다. 세균이 있는 환경에 살면서 면역성을 키울 때 몸이 건강해집니다.

영적인 상태도 마찬가지입니다. 영적 무균 상태가 아니라 죄 가운데서 죄를 이기는 삶을 추구해야 합니다. 때로 영적으로 약해지면 죄에 넘어질 수 있습니다. 하지만 곧 추스르고 일어나 다시 거룩하게 살고자 해야 합니다. 내 안에서 죄가 자라나지 않도록, 그리하여 속속들이 썩지 않도록 늘 자신을 돌아보는 것이 영적 생활의 초점입니다.

무지개와
십자가

창세기 9장

1 하나님이 노아와 그의 아들들에게 복을 주시며 말씀하셨다. "생육하고 번성하여 땅에 충만하여라. 2 땅에 사는 모든 짐승과, 공중에 나는 모든 새와, 땅 위를 기어다니는 모든 것과, 바다에 사는 모든 물고기가, 너희를 두려워하며, 너희를 무서워할 것이다. 내가 이것들을 다 너희 손에 맡긴다. 3 살아 움직이는 모든 것이 너희의 먹거리가 될 것이다. 내가 전에 푸른 채소를 너희에게 먹거리로 준 것 같이, 내가 이것들도 다 너희에게 준다. 4 그러나 고기를 먹을 때에, 피가 있는 채로 먹지는 말아라. 피에는 생명이 있다. 5 생명이 있는 피를 흘리게 하는 자는, 내가 반드시 보복하겠다. 그것이 짐승이면, 어떤 짐승이든지, 그것에게도 보복하겠다. 사람이 같은 사람의 피를 흘리게 하면, 그에게도 보복하겠다. 6 사람은 하나님의 형상대로 지음을 받았으니, 누구든지 사람을 죽인 자는 죽임을 당할 것이다. 7 너희는 생육하고 번성하며 땅에 편만하여, 거기에서 번성하여라." 8 하나님이 노아와 그의 아들들에게 말씀하셨다. 9 "이제 내가 너희와 너희 뒤에 오는 자손에게 직접 언약을 세운다. 10 너희와 함께 있는 살아 숨쉬는 모든 생물, 곧 너와 함께 방주에서 나온 새와 집짐승과 모든 들짐승에게도,

내가 언약을 세운다. 11 내가 너희와 언약을 세울 것이니, 다시는 홍수를 일으켜서 살과 피가 있는 모든 것들을 없애는 일이 없을 것이다. 땅을 파멸시키는 홍수가 다시는 일어나지 않을 것이다." 12 하나님이 말씀하셨다. "내가, 너희 및 너희와 함께 있는 숨쉬는 모든 생물 사이에 대대로 세우는 언약의 표는, 13 바로 무지개이다. 내가 무지개를 구름 속에 둘 터이니, 이것이 나와 땅 사이에 세우는 언약의 표가 될 것이다. 14 내가 구름을 일으켜서 땅을 덮을 때마다, 무지개가 구름 사이에서 나타나면, 15 나는, 너희와 숨쉬는 모든 짐승 곧 살과 피가 있는 모든 것과 더불어 세운 그 언약을 기억하고, 다시는 홍수를 일으켜서 살과 피가 있는 모든 것을 물로 멸하지 않겠다. 16 무지개가 구름 사이에서 나타날 때마다, 내가 그것을 보고, 나 하나님이, 살아 숨쉬는 모든 것들 곧 땅 위에 있는 살과 피를 지닌 모든 것과 세운 영원한 언약을 기억하겠다." 17 하나님이 노아에게 말씀하셨다. "이것이, 내가, 땅 위의 살과 피를 지닌 모든 것과 더불어 세운 언약의 표다." 18 방주에서 나온 노아의 아들은 셈과 함과 야벳이다. 함은 가나안의 조상이 되었다. 19 이 세 사람이 노아의 아들인데, 이들에게서 인류가 나와서, 온 땅 위에 퍼져 나갔다. 20 노아는, 처음으로 밭을 가는 사람이 되어서, 포도나무를 심었다. 21 한 번은 노아가 포도주를 마시고 취하여, 자기 장막 안에서 아무것도 덮지 않고, 벌거벗은 채로 누워 있었다. 22 가나안의 조상 함이 그만 자기 아버지의 벌거벗은 몸을 보았다. 그는 바깥으로 나가서, 두 형들에게 알렸다. 23 셈과 야벳은 겉옷을 가지고 가서, 둘이서 그것을 어깨에 걸치고, 뒷걸음쳐 들어가서, 아버지의 벌거벗은 몸을 덮어 드렸다. 그들은 아버지의 벌거벗은 몸을 보지 않으려고 얼굴을 돌렸다. 24 노아는 술에서 깨어난 뒤에, 작은 아들이 자기에게 한 일을 알고서, 25 이렇게 말하였다. "가나안은 저주를 받을 것이다. 가장 천한 종이 되어서, 저의 형제들을 섬길 것이다." 26 그는 또 말하였다. "셈의 주 하나님은 찬양받으실 분이시다. 셈은 가나안을 종으로 부릴 것이다. 27 하나님이 야벳을 크게 일으키셔서, 셈의 장막에서 살게 하시고, 가나안은 종으로 삼아서, 셈을 섬기게 하실 것이다." 28 홍수가 있은 뒤에도, 노아는 삼백오십 년을 더 살았다. 29 노아는 모두 구백오십 년을 살고 죽었다.

하나님은 아담에게 해 주셨던 말로 노아와 그의 가족을 축복해 주신다. 또한 채소만이 아니라 육식까지 허락하신다. 다만 고기를 먹을 때 피까지 먹지 말라고 하신다. 피에는 생명이 있기 때문이다(4절). 생명은 오직 하나님께만 속해 있다. 피조물은 누구도 다른 생명의 소유자가 될 수 없다.

어떤 생명도 다른 생명을 해치지 말아야 한다. 누구라도 다른 생명을 해치면 생명의 주인이신 하나님께서 그 죄를 물으실 것이다. 그중에서도 인간의 생명이 가장 중요하다. 하나님의 형상을 닮아 지어졌기 때문이다. 따라서 인간의 생명을 해치는 것은 더없이 큰 죄다(6~7절).

그런 다음 하나님은 노아와 그 자손에게 언약을 세우신다. 이는 노아와 그의 가족에게 맡긴 모든 생명과 맺는 언약으로, 다시는 물로 지상의 모든 생명을 멸절시키는 심판을 하지 않겠다는 약속이다. 그러면서 하나님은 무지개를 볼 때마다 그 언약을 생각하라고 하신다(11~17절).

이제 지상에는 노아와 그 아내, 세 아들 부부만이 남았다. 그들을 통해 자손이 퍼져 오늘날의 인류가 되었다(19절). 홍수 후에 노아는 밭을 가는 농부가 되어 포도나무를 가꾼다. 그러던 어느 날 노아는 포도주에 취하여 벌거벗은 채로 잠이 든다(21절). 그 모습을 둘째 아들 함이 목격했는데, 그는 아버지의 추한 모습을 그대로 두고 형들에게 알린다. 앞뒤 맥락을 보면 함이 아버지의 추태를 비웃었던 것 같다. 셈과 야벳은 옷을 가지고 뒷걸음질로 가서 아버지의 벗은 몸을 가려준다(23절).

술에서 깨어난 노아는 이 사실을 알고 가나안에게 저주를 선언한다. 10장 6절에 보면 가나안은 함의 아들 중 하나다. 저자가 함 대신 가나안을 저주한 것으로 기록한 이유는 당시 가나안 족속의 불행 원인이 조상의 죄에 기인한다는 사실을 암시하기 위함인 듯하다. 이어서 노아는 셈과 야벳을 축복한다(25~27절). 홍수 후에 노아는 350년을 더 살다가 죽는다.

과거 백인들이 아프리카 흑인들을 노예로 부릴 때, 흑인을 멸시하고 억압하는 도구로 이 본문을 오용했다. 함이 지금의 아프리카 사람들의 조상으로, 노아의 저주를 받은 민족이라고 해석한다. 따라서 흑인들이 가난한 것은 당연하고 셈의 후손(동양인)과 야벳의 후손(유럽인)의 다스림을 받으며 살아야 할 운명이라고 가르쳤다.

불행하게도 이 해석이 오늘날까지 바른 해석처럼 전해져 오고 있다. 이것은 성서학적으로 근거가 전무하고 인류학적으로도 어불성설이다. 조상의 죄가 극심했다 해도 그 영향은 3~4대를 넘지 못한다. 반면 조상의 선한 삶은 수천 대 자손에까지 이른다(출 20:6~7). 하나님이 중요하게 보시는 것은 '지금 그 사람이 어떻게 살고 있느냐'다.

어릴 적 한국에서 장마를 겪어 보아 압니다. 며칠 동안 끝도 없이 비가 내리면 얼마나 견디기 힘들던지요! 그러다가 비가 그치고 환한 햇살 속에서 무지개가 뜨면 한순간 모든 것을 보상받듯 마음이 환해집니다.

하나님을 믿는 사람들에게 주님의 은총이 그렇습니다. 때로 하나님이 낯을 숨기신 것 같을 때가 있습니다. 또 나를 징계하시는 것처럼 느껴질 때도 있습니다. 그 기간이 견디기 힘들 정도로 길어지기도 합니다. 그러나 결국 그분의 환한 얼굴이 햇살처럼 내리쬐고 은총이 무지개처럼 피어납니다. 그럴 때면 우리는 한없는 감격과 감사로 하나님을 찬양합니다. 하나님의 낯을 보는 것만으로도 살 것 같습니다.

노아의 홍수 이야기는 하나님의 심판의 엄중함을 일깨우는 동시에 그분의 은총을 더 선명하게 보여 줍니다. 무지개는 "주님의 진노는 잠깐이요, 그의 은총은 영원하니, 밤새도록 눈물을 흘려도, 새벽이 오면 기쁨이 넘친다"(시 30:5)라는 말씀을 기억나게 합니다.

구약에 무지개가 있다면, 신약에는 십자가가 있습니다. 무지개가 '하나님의 진노는 잠깐이다'라는 징표라면, 십자가는 '하나님의 사랑은 영원하다'는 징표입니다. 무지개는 인류 심판 후에 주어진 언약의 징표인 반면, 십자가는 인류의 죄를 하나님 자신이 담당하고 맺어 주신 언약의 징표입니다. 무지개는 비가 갤 때 가끔 나타나고 손이 닿을 수 없는 먼 곳에 있지만, 십자가는 우리 앞에 항상 가까이 서 있습니다. 무지개는 우리를 변화시키지 못하지만, 십자가는 우리를 새사람으로 만듭니다. 그래서 우리의 희망은 오직 십자가에 있습니다.

역사 속의 인간

창세기 10장

1 다음은 노아의 아들들의 족보이다. 노아의 아들은 셈과 함과 야벳이다. 홍수가 난 뒤에, 그들이 아들들을 낳았다. 2 야벳의 자손은 고멜과 마곡과 마대와 야완과 두발과 메섹과 디라스이다. 3 고멜의 자손은 아스그나스와 리밧과 도갈마이다. 4 야완의 자손은 엘리사와 스페인과 키프로스와 로도스이다. 5 이들에게서 바닷가 백성들이 지역과 언어와 종족과 부족을 따라서 저마다 갈라져 나갔다. 6 함의 자손은 구스와 이집트와 리비아와 가나안이다. 7 구스의 자손은 쓰바와 하윌라와 삽다와 라아마와 삽드가이다. 라아마의 자손은 스바와 드단이다. 8 구스는 또 니므롯을 낳았다. 니므롯은 세상에 처음 나타난 장사이다. 9 그는 주님께서 보시기에도 힘이 센 사냥꾼이었다. 그래서 "주님께서 보시기에도 힘이 센 니므롯과 같은 사냥꾼"이라는 속담까지 생겼다. 10 그가 다스린 나라의 처음 중심지는, 시날 지방 안에 있는 바빌론과 에렉과 악갓과 갈레이다. 11 그는 그 지방을 떠나 앗시리아로 가서, 니느웨와 르호보딜과 갈라를 세우고, 12 니느웨와 갈라 사이에는 레센을 세웠는데, 그것은 아주 큰 성이다. 13 이집트는 리디아와 아남과 르합과 납두와 14 바드루스와 가슬루와 크레타를 낳았다. 블레셋이 바로 크레타에게서 나왔다. 15 가나안은 맏아들 시돈을 낳고, 그 아래로, 헷과 16 여부스와 아모리와 기르가스와 17 히위와 알가와

신과 18 아르왓과 스말과 하맛을 낳았다. 그 뒤에 가나안 족은 사방으로 퍼져 나갔다. 19 가나안의 경계는 시돈에서 그랄을 지나서, 멀리 가사에까지 이르렀고, 거기에서 소돔과 고모라와 아드마와 스보임을 지나서, 라사에까지 이르렀다. 20 이 사람들이 종족과 언어와 지역과 부족을 따라서 갈라져 나간 함의 자손이다. 21 야벳의 형인 셈에게서도 아들딸이 태어났다. 셈은 에벨의 모든 자손의 조상이다. 22 셈의 자손은 엘람과 앗수르와 아르박삿과 룻과 아람이다. 23 아람의 자손은 우스와 훌과 게델과 마스이다. 24 아르박삿은 셀라를 낳고, 셀라는 에벨을 낳았다. 25 에벨은 두 아들을 낳았는데, 한 아들의 이름은, 그의 시대에 세상이 나뉘었다고 해서 벨렉이라고 하였다. 벨렉의 아우 이름은 욕단이다. 26 욕단은 알모닷과 셀렙과 하살마과 예라와 27 하도람과 우살과 디글라와 28 오발과 아비마엘과 스바와 29 오빌과 하윌라와 요밥을 낳았다. 이 사람들이 모두 욕단의 자손이다. 30 그들이 사는 곳은 메사에서 스발에 이르는 동쪽 산간지방이다. 31 이 사람들이 종족과 언어와 지역과 부족을 따라서 갈라져 나간 셈의 자손이다. 32 이들이 각 종족의 족보를 따라 갈라져 나간 노아의 자손 종족이다. 홍수가 난 뒤에, 이 사람들에게서 여러 민족이 나와서, 세상으로 퍼져 나갔다.

창세기 저자는 노아 시대부터 바벨탑 시대까지의 장구한 이야기를 족보로 대신한다. 족보는 축약된 역사다. 이 족보는 무엇보다 노아와 그 가족에게 주신 하나님의 축복 선언, 즉 "생육하고 번성하여 땅에 충만하여라"(9:1)라는 말씀이 실현되었음을 증언한다. 하나님의 약속은 결국 이루어진다.

노아의 세 아들은 많은 자손을 얻고 각각 다른 지역으로 뻗어 나간다. 야벳은 지중해 북쪽과 서쪽으로 퍼져 나가 여러 민족을 이룬다(2~5절). 그러니 유럽 백인들이 야벳의 후손이라고 볼 수 있다. 반면 함의 자손은 팔레스타인과 아프리카 북쪽, 메소포타미아 지방으로 퍼져 여러 민족을 이룬다(6~20절).

족보를 소개하면서 저자는 니므롯(8~14절)을 자세히 설명한다. 이스라엘 역사에 가장 큰 아픔을 주었던 바벨론의 조상이기 때문이다. 저자는 그가 세상에 '처음 나타난 장사'였고, 주님께서 보시기에 '힘이 센 사냥꾼'이었다는 사실을 강조한다. 이를 통해 인간의 탁월한 힘이 하나님께 반역하는 원인이 되었음을 암시한다.

셈의 자손은 주로 팔레스타인과 시나이 반도로 퍼져가면서 여러 민족으로 갈라졌다(21~31절). 다음 장에서 보듯, 아브라함은 셈의 후손에서 나왔다.

이 족보에 기록된 여러 이름과 민족들을 생각합니다. 성경에는 이름 한 자 올라와 있지만, 그들 모두는 나름대로 한 세상을 살다간 사람들입니다. 그들의 삶을 들여다보면 수많은 이야기가 있을 것입니다. 또한 여기에 기록된 민족 중 대다수가 이제는 사라지고 없습니다. 그 민족들도 살아 있는 동안 나름대로 역사를 만들고 이어가기 위해 노력했을 것입니다. 그들은 그렇게 한 시대를 살다가 사라졌습니다.

수천 년이 지나 그들의 낯선 이름을 읽고 있는 우리 또한 그렇게 한 시대를 살다가 갈 것입니다. 그리고 몇십 년이 지나면 우리를 기억할 사람이 없을 것입니다. 이렇게 생각하면 겸허히 고개를 숙일 수밖에 없습니다. 인류의 장구한 역사에 비추었을 때 우리의 존재는 한 점도 되지 않습니다. 하물며 하나님의 영원에 비추어 보면 우리의 존재는 차마 '있다' 할 수도 없습니다. 그런 존재가 무엇이라도 된 양, 뭐 대단한 일을 할 것처럼 들레는 것은 얼마나 어리석은 일인지요!

그런데 그렇게 작고 덧없는 존재인 나를 영원하신 하나님께서 관심하고 기억하고 돌보십니다. 정말, 생각할수록 믿어지지 않는 진실입니다. 자연인으로서 나는 아무 값이 없지만, 하나님께서 관심하시는 대상이기에 무한한 값을 가집니다. 그렇기에 하나님 앞에 설 때마다 감사, 감격합니다.

동쪽으로만 가기를
원하는 사람들

창세기 11장 1~9절

1 처음에 세상에는 언어가 하나뿐이어서, 모두가 같은 말을 썼다. 2 사람들이 동쪽에서 이동하여 오다가, 시날땅 한 들판에 이르러서, 거기에 자리를 잡았다. 3 그들은 서로 말하였다. "자, 벽돌을 빚어서, 단단히 구워내자." 사람들은 돌 대신에 벽돌을 쓰고, 흙 대신에 역청을 썼다. 4 그들은 또 말하였다. "자, 도시를 세우고, 그 안에 탑을 쌓고서, 탑 꼭대기가 하늘에 닿게 하여, 우리의 이름을 날리고, 온 땅 위에 흩어지지 않게 하자." 5 주님께서 사람들이 짓고 있는 도시와 탑을 보려고 내려오셨다. 6 주님께서 말씀하셨다. "보아라, 만일 사람들이 같은 말을 쓰는 한 백성으로서, 이렇게 이런 일을 하기 시작하였으니, 이제 그들은, 하고자 하는 것은 무엇이든지, 하지 못할 일이 없을 것이다. 7 자, 우리가 내려가서, 그들이 거기에서 하는 말을 뒤섞어서, 그들이 서로 알아듣지 못하게 하자." 8 주님께서 거기에서 그들을 온 땅으로 흩으셨다. 그래서 그들은 도시 세우는 일을 그만두었다. 9 주님께서 거기에서 온 세상의 말을 뒤섞으셨다고 하여, 사람들은 그 곳의 이름을 바벨이라고 한다. 주님께서 거기에서 사람들을 온 땅에 흩으셨다.

노아의 아들들에게서 인구가 번성한 후에 일어난 한 이야기가 11장에 기록돼 있다. 이것은 창세기 전반부(1~11장)의 마지막 이야기다.

아직 언어가 하나일 때, 동쪽으로 이동하던 사람들은 시날 평야에 자리를 잡는다. 2절의 "동쪽에서 이동하여 오다가"는 오역에 가깝다. 개역개정("동방으로 옮기다가")의 번역이 맞다. 창세기에서 '동쪽으로 가다'라는 표현은 하나님에게서 멀어진다는 의미다. 그들은 건축 기술을 발전시켜 도시를 세우고, 도시 중심에 거대한 탑을 쌓는다. 중동 지방에서 발견된 '지구라트' 식의 탑이었을 것이다. 탑의 목적은 통치력을 강화시키기 위함이었다. "하늘에 닿게 하여"(4절)라는 말은 스스로 하나님이 되려는 의도였다. 이 과정에서 10장 8~14절에 나오는 니므롯 왕이 큰 역할을 했을 것이다.

그들을 지켜보시던 하나님은 "이제 그들은, 하고자 하는 것은 무엇이든지, 하지 못할 일이 없을 것이다"(6절)라고 탄식하시며 그들을 흩어버리기로 작정하신다. 여기서 하나님은 1장 26절과 3장 22절에서처럼 "우리"라는 복수 일인칭 대명사로 말씀하신다. 주님은 사람들의 언어를 혼잡하게 하셨고, 그로 인해 탑 공사는 중지된다. 그 이후로 그곳은 '바벨'이라는 이름으로 불린다(8~9절).

바벨탑 이야기는 아담과 하와가 선악과를 따 먹은 이야기와 닮은 점이 많습니다. 창세기 3장이 개인 타락에 관한 이야기라면, 11장의 바벨탑 이야기는 인류의 집단적 타락 이야기라고 할 수 있습니다. 아담과 하와가 선악과를 따 먹은 이유는 하나님처럼 되고자 함이었습니다. 마찬가지로 탑을 쌓아 올린 이유도 하늘에 닿기 위함이었습니다.

그들이 그렇게 한 이유는 '동쪽으로' 더 멀리 나아갔기 때문입니다. 하나님의 임재에서 멀어졌다는 뜻입니다. 하나님에게서 멀어지면 불안감과 두려움의 감정에 사로잡힙니다. 그들은 거대한 도시를 짓고 탑을 쌓아 올리며 그 감정을 해결하려 했습니다. 그러나 하나님은 언어를 혼잡하게 만들어 그 시도를 좌절시키셨습니다. 인간이 하나 되어 능력을 결집시키면 못할 일이 없을 것이고, 그것은 인류에게 행복이 아니라 불행을 가져올 것이 분명했기 때문입니다.

이것은 인류의 미래에 대한 무서운 예언처럼 들립니다. 요즈음 과학 문명이 만들어 내는 결과물을 보면 정말 못할 일이 없어 보입니다. 그 능력을 옳게 사용하면 하나님이 막으실 리 없습니다. 하지만 지난 역사가 증명하듯 인류에게는 주어진 능력을 선하게 사용할 실력이 없습니다. 능력은 제한이 없는 것 같은데, 그것을 선하게 사용할 실력은 모자랍니다. 그렇기에 인간의 무한한 능력은 결국 무한한 불행을 만들어 냅니다.

이것이 우리의 죄성이 늘 향하는 방향입니다. 아담과 하와가 하나님처럼 되고 싶어 금지한 열매를 따 먹었듯이, 인간의 마음에는 신이 되고픈 욕망이 잠재돼 있습니다. 인간에게 어떤 힘이 주어지면 그 욕망은 더 강력해집니다. 시날 광야에 세웠던 거대한 도시와 탑은 인류 역사에서 거듭 나타났다 사라졌고, 지금은 과학과 문명의 영역에서 다른 방식으로 실현되고 있습니다.

또한 바벨탑 사건은 사도행전 2장에 나오는 오순절 성령 강림 사건과 짝을 이룹니다. 예수님이 부활 승천하신 뒤, 120여 명의 신도가 모여 기도하던 중에 성령의 부으심을 경험합니다. 그때 그들은 각국의 방언으로 말하기 시작합니다. 시날 광야에서 소통 능력을 잃어버린 인류가 새로운 방식으로 소통할 능력을 얻은 것입니다. 하지만 그 소통의 능력은 인간을 하나님의 자리에 서게 하지 않습니다. 성령께서 부여하신 이 능력은 자신을 낮추어 하나님의 사랑을 전하는 도구로 사용하고자 함이었습니다.

포기를 모르는
하나님의 사랑

창세기 11장 10~26절

10 셈의 족보는 이러하다. 셈은, 홍수가 끝난 지 이 년 뒤, 백 살이 되었을 때에 아르박삿을 낳았다. 11 셈은 아르박삿을 낳은 뒤에, 오백 년을 더 살면서 아들딸을 낳았다. 12 아르박삿은 서른다섯 살에 셀라를 낳았다. 13 아르박삿은 셀라를 낳은 뒤에, 사백삼 년을 더 살면서 아들딸을 낳았다. 14 셀라는 서른 살에 에벨을 낳았다. 15 셀라는 에벨을 낳은 뒤에, 사백삼 년을 더 살면서 아들딸을 낳았다. 16 에벨은 서른네 살에 벨렉을 낳았다. 17 에벨은 벨렉을 낳은 뒤에, 사백삼십 년을 더 살면서 아들딸을 낳았다. 18 벨렉은 서른 살에 르우를 낳았다. 19 벨렉은 르우를 낳은 뒤에, 이백구 년을 더 살면서 아들딸을 낳았다. 20 르우는 서른두 살에 스룩을 낳았다. 21 르우는 스룩을 낳은 뒤에, 이백칠 년을 더 살면서 아들딸을 낳았다. 22 스룩은 서른 살에 나홀을 낳았다. 23 스룩은 나홀을 낳은 뒤에, 이백 년을 더 살면서 아들딸을 낳았다. 24 나홀은 스물아홉 살에 데라를 낳았다. 25 나홀은 데라를 낳은 뒤에, 백십구 년을 더 살면서 아들딸을 낳았다. 26 데라는 일흔 살에 아브람과 나홀과 하란을 낳았다.

저자는 바벨탑 이야기 후에 셈의 족보를 다시 기록한다. 셈의 족보는 10장 21~31절에도 기록돼 있는데, 여기서 다시 기록한다. 같은 내용을 반복해 기록한 것은 그만한 의도가 있었기 때문이다.

10장의 족보와 11장의 족보는 '에벨'에서 달라진다. 에벨에게는 두 아들이 있었는데, 10장의 족보는 에벨에게서 욕단의 가계를 따라가는 반면(25절 이하), 11장의 족보는 벨렉의 가계를 따라간다(16절 이하). 저자는 12장에서 시작될 족장의 역사를 전 역사와 연결시키기 위해 셈의 족보를 다시 썼다. 우리 식으로 표현하자면 아브람은 셈 가문의 벨렉 지파의 후손인 셈이다.

학자들은 '에벨'이라는 이름에서 '히브리'라는 이름이 나왔다고 본다. 저자가 10장 족보에서 에벨을 두 번(21, 25절) 언급한 것은 히브리 사람들에게 그만큼 중요한 조상이었기 때문이다.

10장의 족보에서는 수명을 언급하지 않았는데, 11장 족보에서는 각 사람의 수명을 언급하고 있다. 가인의 족보(4:17~24)에서도 수명을 언급하지 않았다. 반면 5장에 나오는 셋의 족보에는 수명이 기록돼 있다. 족보에 기록된 수명은 하나님에게서 받은 장수의 축복을 상징한다. 5장과 비교할 때 11장에 나오는 인물들의 수명은 절반 이하로 줄어든다. 인류의 수명을 120년으로 제한하겠다는 하나님의 계획(6:3)이 서서히 이루어지는 것이다.

창세기의 전역사(1~11장)에 기록된 이야기들에서 반복되는 패턴이 있습니다. 하나님이 사랑으로 어떤 일을 행하시면, 인간은 죄를 선택해 그 계획을 그르칩니다. 하나님은 죄 지은 인간에게 벌을 내리시나 실패한 인간들을 위해 또 다른 일을 도모하십니다.

아담과 하와는 선악과를 따먹은 까닭에 에덴에서 쫓겨나지만, 하나님은 그들에게 가죽옷을 지어 입히셨습니다. 가인이 아벨을 죽인 벌로 에덴의 동쪽에서 유랑하며 살게 되자, 하나님은 사람들에게 살해당하지 않도록 보호해 주셨습니다. 죄에 휩싸인 인류를 홍수로 심판하셨지만, 노아의 자손을 통해 인류의 역사를 이어가셨습니다. 시날 평야에서 일어난 인류의 집단적인 반역에 하나님은 언어를 분화시켜 흩어지게 하셨습니다. 하지만 에벨의 자손 아브람을 택하여 선민의 역사를 시작하셨습니다.

그 뒤로 이 패턴은 이스라엘의 역사에서도 반복됩니다.

인간은 끊임없이 하나님의 뜻을 그르치고, 하나님은 인간의 죄가 한도에 이를 때마다 징계하셨습니다. 하지만 징계는 하나님의 마지막 행동이 아니었습니다. 징계의 목적은 관계 청산이 아니라 깨진 관계를 회복하기 위함이었습니다. 그래서 하나님은 징계 후에 또다시 새로운 일을 행하셨습니다.

이 패턴이 수없이 반복된 끝에 예수 그리스도께서 오셨습니다. 그리스도의 출현은 아담과 하와에게 가죽옷을 지어 입히실 때 시작된 하나님의 구원 계획이 절정에 이른 것이었습니다.

성경에 기록된 이 장구한 구원 역사는 우리에게 하나님의 다함 없는 사랑을 보게 합니다. 어느 것 하나 부족한 것이 없는 하나님께서 왜 나 같은 존재를 이토록 사랑하시는지 도무지 이해할 수 없습니다. 그 이유는 오직 하나, 하나님은 사랑밖에 모르시는 분, 사랑하지 않고는 견디지 못하는 분이기 때문입니다. 그 사랑에 힘입어 오늘도 우리는 호흡하고 있고, 그 호흡이 멈출지라도 나를 향한 주님의 사랑은 끝나지 않을 것입니다.

떠날 수 있는 용기

창세기 11장 27~32절

27 데라의 족보는 이러하다. 데라는 아브람과 나홀과 하란을 낳았다. 하란은 롯을 낳았다. 28 그러나 하란은 그가 태어난 땅 바빌로니아의 우르에서 아버지보다 먼저 죽었다. 29 아브람과 나홀이 아내를 맞아들였다. 아브람의 아내의 이름은 사래이고, 나홀의 아내의 이름은 밀가이다. 하란은 밀가와 이스가의 아버지이다. 30 사래는 임신을 하지 못하여서, 자식이 없었다. 31 데라는, 아들 아브람과, 하란에게서 난 손자 롯과, 아들 아브람의 아내인 며느리 사래를 데리고, 가나안 땅으로 오려고 바빌로니아의 우르를 떠나서, 하란에 이르렀다. 그는 거기에다가 자리를 잡고 살았다. 32 데라는 이백오 년을 살다가 하란에서 죽었다.

저자는 셈의 족보를 소개하면서 전 역사에서 족장의 역사로 넘어간다. 그는 27절에서 카메라의 초점을 데라 가족에게 맞춘다. 데라의 이름은 이미 25절과 26절에서 언급했다.

데라는 세 아들(아브람, 나홀, 하란)을 둔다. 데라 가족이 가나안 땅으로 가던 길에 멈추어 정착한 지역도 하란이다(31절). 사람 이름 하란과 지명 하란의 음가는 동일한데, 문자 표기에는 차이가 있다. 데라는 바빌로니아 지방의 우르에서 살았는데, 그곳에서 하란은 롯과 밀가와 이스가를 낳고 일찍 세상을 떠난다(28~29절).

우르는 당시 중동 지방에서 가장 번화한 도시였다. 그곳에서 아브람은 이복 자매인 사래와 결혼하고, 나홀은 조카 밀가와 결혼한다. 당시 친족혼, 근친혼은 자연스러운 일이었다. 저자는 사래가 임신하지 못했다는 사실을 간단히 언급한다(30절).

그러던 중 데라는 가나안 땅으로 이민을 가기로 마음먹는다. 당대 최고의 도시인 우르에 비하면 가나안은 척박한 곳이었다. 무엇이 데라로 하여금 그곳으로 가게 했는지 본문은 밝히지 않는다. 그는 온 가족을 데리고 우르를 떠나 가나안으로 가던 길에 잠시 하란에 머문다. 무엇 때문에 그곳에서 멈추었는지 알지 못한다. 아마도 잠시 머물다가 가나안에 가려 했을 것이다. 하지만 그는 그곳에서 세상을 떠난다.

우리는 보통 아브람에게서 선민의 역사가 시작되었다고 생각합니다. 하지만 창세기 저자는 선민의 역사가 데라에서 시작되었다는 사실을 분명히 합니다. 아니, 실은 아담과 하와에게서 선민의 역사가 시작되었다고 해야 옳습니다. 저자가 5, 10, 11장의 족보를 통해 전하려 했던 메시지가 바로 이것입니다.

하나님의 계획을 거듭 망쳐 놓는 인류를 향한 하나님의 짝사랑이 결국 아브람을 통해 제사장의 백성을 일으키는 일로 이어집니다. 족보는 아담과 하와에게서 아브람으로 이어지는 구원사의 흐름을 보게 합니다.

하나님이 계획을 구체적으로 시작하신 때는 아브람이 아니라 데라부터였습니다. 데라가 우르를 떠나 가나안으로 이주하기로 마음먹은 것은 이례적입니다. 이민을 갈 경우, 보통 살던 곳보다 더 나은 곳으로 갑니다. 그런데 데라는 가장 번화한 도시에서 가장 척박한 곳으로 향합니다. 그러한 결정은 거역할 수 없는 부름에 따른 일일 가능성이 높습니다. 15장 7절에 보면, 하나님께서 아브람에게 "너를 바빌로니아의 우르에서 이끌어 내었다"라고 말씀하십니다. 데라를 불러내신 일은 아브람을 통해 시작하려는 구원 계획의 첫걸음이었습니다.

하나님은 왜 데라를 택하셨을까요? 그 의도를 정확히 알 수 없지만, 저자는 데라가 당한 상실의 상처들을 언급함으로써 힌트를 줍니다. 그는 아들 하란을 가슴에 묻었고, 며느리 사래는 불임의 아픔을 감당했습니다. 소중한 것을 잃어 본 사람이 고향을 떠날 용기를 낼 수 있습니다. 상실의 아픔을 딛고 일어선 사람만이 이주민으로 사는 고난을 견딜 수 있습니다.

가족을 데리고 가나안으로 가던 데라는 하란에서 멈춥니다. 하란은 우르보다 못했지만 그래도 살 만한 도시였습니다. 데라는 잠시 머물 계획으로 그곳에 자리를 잡습니다. 하지만 자신의 부름을 완수하지 못하고 하란에서 생을 마칩니다. 아버지가 다하지 못한 부름을 그의 아들 아브람이 이어 갑니다. 아브람이 하나님의 부름을 받고 떠날 수 있었던 것은 아버지가 남긴 정신적 유산 때문이었습니다.

믿는다는 것

창세기 12장 1~3절

1 주님께서 아브람에게 말씀하셨다. "너는, 네가 살고 있는 땅과, 네가 난 곳과, 너의 아버지의 집을 떠나서, 내가 보여 주는 땅으로 가거라. 2 내가 너로 큰 민족이 되게 하고, 너에게 복을 주어서, 네가 크게 이름을 떨치게 하겠다. 너는 복의 근원이 될 것이다. 3 너를 축복하는 사람에게는 내가 복을 베풀고, 너를 저주하는 사람에게는 내가 저주를 내릴 것이다. 땅에 사는 모든 민족이 너로 말미암아 복을 받을 것이다."

하란에 정착해 뿌리를 내릴 즈음, 하나님께서 아브람에게 나타나신다. 1~3절의 말씀은 '떠나라', '가라'라는 명령으로 시작하고 '그러면'이라는 종속문이 따라붙는다.

12장 1절은 22장 2절을 생각나게 한다. 하나님은 아브람에게 가라고 명령하면서 "내가 보여 주는 땅"을 목적지로 제시하신다. 정확히 번역하자면 "내가 보여 줄 땅"이라고 해야 한다. 그에게 아들 이삭을 바치라고 할 때도 "내가 너에게 일러주는 산"으로 가라 하신다. 이것도 역시 "내가 너에게 일러 줄 산"으로 번역해야 한다.

하나님은 아브람에게 "네가 살고 있는 땅"과 "네가 난 곳"과 "너의 아버지의 집"을 떠나라고 하셨는데, 22장에서는 "너의 아들", "네가 사랑하는 외아들"을 바치라고 하신다. 저자는, 아브람이 하란을 떠나는 것이 아들 이삭을 바치는 것만큼 어려운 일이었음을 암시한다.

하나님은 아브람에게 그 어려운 명령을 주시면서 일곱 가지 약속을 제시하신다. 첫째는 큰 민족이 되게 하겠다, 둘째는 복을 주겠다, 셋째는 크게 이름을 떨치게 하겠다, 넷째는 복의 근원이 되게 하겠다(2절), 다섯째와 여섯째는 아브람을 축복하는 사람에게는 복을 베풀고 저주하는 사람에게는 저주하겠다, 마지막 일곱째는 땅의 모든 민족이 그로 말미암아 복을 받을 것이라는 약속이다(3절). 이 약속들을 한마디로 요약하면 하나님이 미래를 책임지신다는 뜻이다. 즉, 하나님께서 장차 주실 것을 기대하면서 지금의 모든 것을 내려놓고 떠나라는 말씀이다.

이 짧은 말씀 속에 복에 대한 언급이 다섯 번 나온다. 아담과 하와가 죄를 범한 후 3장부터 11장까지 하나님의 주된 행동은 저주하고 징계하고 심판하시는 것이었다. 1~2장에서 흘러넘치던 복이 끊기고 화가 이어진다. 하나님은 아브람을 불러내시면서 끊겼던 복을 회복시켜 주겠다고 약속하신다. 아브람을 택하여 제사장 나라를 세우시면서 제한적이나마 태초의 복을 회복하고자 하신다.

히브리서 저자는 "믿음은 바라는 것들의 확신이요, 보이지 않는 것들의 증거입니다"(히 11:1)라고 말한 다음, 믿음으로 산 사람들에 대해 열거합니다. 그는, 아브라함이 가는 곳을 알지도 못하고 떠났다는 사실을 강조합니다. 그것이 가능했던 이유는 그가 "약속하신 분을 신실한 분으로 생각했기 때문"(히 11:11)이라고 말합니다. 신실하다는 말은 '믿을 만하다' 혹은 '끝까지 변함없다'는 뜻입니다. 약속을 틀림없이 지키는 분이라는 뜻입니다. 창세기 저자는 "아브람이 주님을 믿으니, 주님께서는 아브람의 그런 믿음을 의로 여기셨다"(15:6)라고 말합니다. 그런 믿음이 있었기에 아브람은 명령에 순종할 수 있었습니다.

믿음은 '믿는 대로 이루어진다'는 자기 확신이 아닙니다. 하나님은 약속을 반드시 지키는 신실한 분이라는 사실을 믿고 그 믿음대로 살아가는 것입니다. '믿음이 좋다'는 말은 하나님의 신실하심에 한결같이 의지하는 모습입니다. 그래서 요즈음에는 믿음(faith)을 신실함(faithfulness)으로 번역해야 한다는 주장이 힘을 얻습니다. 믿음은 어떤 교리를 지적으로 승인하는 것이 아니라 살아 계신 하나님을 한결같이, 끝까지, 변함없이 의지하는 것입니다.

하나님이 우리에게 신실하시니 우리도 신실하게 의지하고 살아갑니다. 구원받는다면 그것은 우리의 강한 의지 때문이 아닙니다. 우리를 향한 하나님의 신실하심 때문입니다.

아브람의 소명 이야기는 인간에게 가장 어려운 것이 하나님을 향한 믿음임을 깨닫게 합니다. 아브람을 '믿음의 조상'이라고 부르는 이유는, 하나님의 신실하심을 믿고 순종한 첫 사람이기 때문입니다.

현실은 시험이다

창세기 12장 4~9절

4 아브람은 주님께서 말씀하신 대로 길을 떠났다. 롯도 그와 함께 길을 떠났다. 아브람이 하란을 떠날 때에, 나이는 일흔다섯이었다. 5 아브람은 아내 사래와 조카 롯과 하란에서 모은 재산과 거기에서 얻은 사람들을 거느리고, 가나안 땅으로 가려고 길을 떠나서, 마침내 가나안 땅에 이르렀다. 6 아브람은 그 땅을 지나서, 세겜 땅 곧 모레의 상수리나무가 있는 곳에 이르렀다. 그 때에 그 땅에는 가나안 사람들이 살고 있었다. 7 주님께서 아브람에게 나타나셔서 말씀하셨다. "내가 너의 자손에게 이 땅을 주겠다." 아브람은 거기에서 자기에게 나타나신 주님께 제단을 쌓아서 바쳤다. 8 아브람은 또 거기에서 떠나, 베델의 동쪽에 있는 산간지방으로 옮겨 가서 장막을 쳤다. 서쪽은 베델이고 동쪽은 아이이다. 아브람은 거기에서도 제단을 쌓아서, 주님께 바치고, 주님의 이름을 부르며 예배를 드렸다. 9 아브람은 또 길을 떠나, 줄곧 남쪽으로 가서, 네겝에 이르렀다.

저자는 아브람이 하나님 명령에 즉시 순종했다는 사실을 강조한다(4절). 노아가 하나님의 명령에 우직하게 순종했음을 강조한 것과 같다(6:22, 7:5). 그때 그의 나이는 75세였고, 조카 롯도 데리고 갔다. 아버지 데라가 아직 살아 있을 때의 일이다. 그는 가나안 땅에 이르러 남쪽으로 내려가면서 정착할 땅을 찾았다.

그는 후에 사마리아로 불린 중부 지방의 세겜에 이른다. 그곳에 '상수리 나무'가 있었다는 말은 비옥한 땅이었음을 의미한다. 그는 그곳에 정착하려 했으나 뜻을 이루지 못한다. 가나안 사람들이 배척했던 것 같다. 이주민으로서 토착민들의 배척을 당하는 일은 존재의 기반을 흔드는 두려운 일이다. 아브람이 정착할 곳을 찾지 못하고 불안해할 때, 하나님께서 나타나 장차 그 땅을 자손에게 주겠다고 약속하신다. 아브람은 그곳에서 단을 쌓아 예배를 드린다(7절).

아브람은 남쪽으로 내려와 산간 지방에 자리를 잡는다. 그는 그곳에서도 제단을 쌓고 예배를 드린다. 하지만 얼마 뒤 그는 그곳을 떠나 네겝에 자리를 잡는다(8~9절). 네겝은 광야 지역이다. 평야 지대에서 배척받아 산악 지대에 정착했던 아브람이 다시 광야 사막 지대로 이주했다는 말은 상황상 그럴 수밖에 없었다는 뜻이다.

하나님의 부름에 안전지대를 떠난 아브람은 이주민 신세로 가나안 땅을 전전합니다. 우르 지방을 떠나 하란에 정착하면서 이주민이 겪는 차별과 냉대와 배척을 어느 정도 경험했을 것입니다. 하지만 그때는 아버지 데라의 보호 아래 있었습니다. 가나안 땅에 이른 아브람은 이주민으로서 겪어야 할 모든 차별과 냉대와 배척을 온몸으로 받아내야 했습니다. 가나안에 먼저 정착한 사람들은 그에게 정착할 틈을 허락하지 않습니다. 그래서 그는 평야 지방을 떠나 산악 지방에 임시 거처를 정합니다. 하지만 거기서도 오래 지내지 못하고 광야 사막 지방으로 밀려납니다.

간략하게 기록돼 있지만, 4~9절의 내용은 아브람 가족이 수년 동안 겪은 일의 요약입니다.

하나님의 신실하심을 믿고 안전지대를 떠나는 일은 한순간의 결단이면 됩니다. 하지만 떠난 뒤로 겪는 일상의 현실은 날마다 반복되고 지속됩니다. 하나님 말씀에 순종하여 떠나는 행위보다 순종의 결과로 차별과 냉대와 배척을 매일 겪는 것이 훨씬 더 벅찬 과제입니다. 하나님의 신실하심을 믿지 못하면 현실의 고난 가운데 믿음을 버릴 수도 있습니다. 하나님의 임재는 멀어 보이고 매일 겪어야 하는 고난은 가깝기 때문입니다.

하나님을 향한 아브람의 믿음은 고단한 삶의 여정 중에도 계속됩니다. 현실 상황이 점점 악화됨에도 불구하고 한결같이 하나님을 신뢰합니다. 그래서 가는 곳마다 제단을 쌓고 예배를 드립니다. 그에게 있어서 상수는 약속을 지키시는 하나님의 신실하심이었습니다. 어떤 변수도 그 상수를 흔들지 못했습니다. 그래서 끝까지 하나님께 신실할 수 있었습니다.

우리는 자주 내 상황을 상수로 두고 하나님의 임재를 변수로 둡니다. 좋은 일이 일어나면 하나님의 임재를 인정하다가도 어려운 일을 만나면 의심합니다. 그래서 우리의 믿음은 기복이 심합니다. 한결같지 않습니다. 이런 믿음을 보시고 예수님은 "인자가 올 때에, 세상에서 믿음을 찾아 볼 수 있겠느냐?"(눅 18:8)라고 물으셨습니다.

이주민의 두려움

창세기 12장 10~20절

10 그 땅에 기근이 들었다. 그 기근이 너무 심해서, 아브람은 이집트에서 얼마 동안 몸붙여서 살려고, 그리로 내려갔다. 11 이집트에 가까이 이르렀을 때에, 그는 아내 사래에게 말하였다. "여보, 나는 당신이 얼마나 아리따운 여인인가를 잘 알고 있소. 12 이집트 사람들이 당신을 보고서, 당신이 나의 아내라는 것을 알면, 나는 죽이고 당신은 살릴 것이오. 13 그러니까 당신은 나의 누이라고 하시오. 그렇게 하여야, 내가 당신 덕분에 대접을 잘 받고, 또 당신 덕분에 이 목숨도 부지할 수 있을 거요." 14 아브람이 이집트에 이르렀을 때에, 이집트 사람들은 아브람의 아내를 보고, 매우 아리따운 여인임을 알았다. 15 바로의 대신들이 그 여인을 보고 나서, 바로 앞에서 그 여인을 칭찬하였다. 드디어 그 여인은 바로의 궁전으로 불려 들어갔다. 16 바로가 그 여인을 보고서, 아브람을 잘 대접하여 주었다. 아브람은 양 떼와 소 떼와 암나귀와 수나귀와 남녀 종과 낙타까지 얻었다. 17 그러나 주님께서 아브람의 아내 사래의 일로 바로와 그 집안에 무서운 재앙을 내리셨으므로, 18 바로가 아브람을 불러서 꾸짖었다. "어찌하여 너는 나를 이렇게 대하느냐? 저 여인이 너의 아내라고, 왜 일찍 말하지 않았느냐? 19 어찌하여 너는 저 여인이 네 누이라고 해서 나를 속이고, 내가 저 여인을 아내로 데려오게 하였느냐? 자, 네 아내가 여기 있다. 데리고 나가거라." 20 그런 다음에 바로는 그의 신하들에게 명하여, 아브람이 모든 재산을 거두어서 그 아내와 함께 나라 밖으로 나가게 하였다.

얼마의 시간이 지나 네겝 지방에 기근이 든다. 기근이 매우 심했던지 아브람은 이집트로 잠시 피신하기로 하는데, 이집트에 가까이 이르자 두려운 마음이 들었다. 아내 사래의 미모 때문에 이집트 본토인들이 자신을 해칠 것만 같았다. 낯선 땅에 몸 붙여 살아야 하는 이주민이 가질 만한 두려움이었다.

그는 아내에게 자신을 남편이 아닌 오빠라고 부르라고 부탁한다. 실제로 사래는 아브람의 배다른 누이였으니 거짓말은 아니다(12~13절). 오누이로 속이고 잠시 머무르다가 가나안 땅으로 돌아갈 계획이었다.

이집트의 한 마을에 정착했을 때, 사래는 이국적인 미모로 인해 이집트인들의 주목을 받는다. 아브람은 가까스로 아내를 보호했으나, 그 소문이 바로에게까지 알려진다. 왕의 절대 권력 앞에서 아브람은 아내를 보호할 수 없었다. 바로는 사래를 후궁으로 삼았고, 그 대가로 아브람은 많은 재산을 얻는다(14~16절). 아내를 빼앗긴 아브람은 고통스러운 나날을 보냈을 것이고, 사래는 능욕을 당했을 것이다.

그 일로 바로의 집에 큰 재앙이 내린다(17절). 사래를 후궁 삼은 일로 일어난 재앙임을 단박에 느낄 정도로 심한 재앙이었다. 사래가 아브람의 아내인 것을 안 바로는 아브람을 심하게 꾸짖는다(18~19절). 다행히 그의 목숨을 해치지는 않았다. 그 일로 아브람과 그 가솔은 이집트에서 추방당한다.

때로 성경의 정직함에 놀라곤 합니다. 아브람은 이스라엘 사람들이 '믿음의 조상'으로 숭앙하는 인물입니다. 그런 인물의 이야기를 전하면서 가장 먼저 기록한 사건이 이토록 수치스러운 일입니다. 이것이 성경을 더 신뢰하게 만듭니다.

이집트에서 있었던 이야기를 읽으면서 사람들은 너무 쉽게 아브람의 비겁함을 탓합니다. 하지만 그것은 무력한 이주민이 되어 보지 않은 까닭에 가지는 오해입니다. 무작정 국경을 넘어 미국으로 이주하는 남미 사람들, 혹은 죽음을 각오하고 중국으로 넘어가 유랑하는 탈북민들을 상상하면 아브람의 행동을 탓할 수 없습니다. 게다가 당시는 야만적인 행위가 다반사로 일어나는 시대였습니다. 기근을 피해 이집트로 이주한 아브람은 토착민들의 수탈과 유린과 폭행을 각오해야 했습니다. 그가 아내를 누이라고 속인 것은 아내를 팔아서라도 살아보려는 얍삽한 생각이 아니라 어떻게든 아내를 지켜내려는 궁여지책이었습니다.

정착한 지방의 권력자와 부호들이 사래를 얻고자 여러 방법으로 아브람을 압박했을 것입니다. 다행히 한동안은 사래를 보호할 수 있었습니다. 하지만 절대권력자인 왕의 요구 앞에서는 어찌할 수 없었습니다. 바로의 요구에 아브람은 선택지가 없었습니다. 아내를 주지 않으면 죽음이었기 때문입니다. 후궁으로 살더라도 일단 목숨을 부지하는 것이 옳다 싶었을 것입니다. 바로는 사래를 후궁 삼는 대가로 많은 재산을 주었지만 아브람은 하나도 기쁘지 않았을 것입니다. 아내 생각에 잠을 못 이루었을 것입니다.

이 이야기를 읽으면서 오늘날 낯선 땅을 유리 방황하고 있는 이주민들을 생각하게 됩니다. 그들은 혹시나 해를 입지 않을까, 두려운 표정으로 두리번거리며 살아가고 있습니다. 그런 사람들을 '도둑놈, 강간범, 살인자'로 낙인찍으며 혐오를 부추기는 사람들을 보면 분노가 치밀어 오릅니다.

사래를 바로의 폭력에서 구해 주신 하나님께서 오늘의 이주민들을 살펴주시길 기도합니다. 그 마음으로 내 곁에 있는 이주민들을 돌아보기를 다짐합니다.

상처가 안겨 준 선물

창세기 13장

1 아브람은 이집트를 떠나서, 네겝으로 올라갔다. 그는 아내를 데리고서, 모든 소유를 가지고 이집트를 떠났다. 조카 롯도 그와 함께 갔다. 2 아브람은 집짐승과 은과 금이 많은 큰 부자가 되었다. 3 그는 네겝에서는 얼마 살지 않고 그 곳을 떠나, 이곳 저곳으로 떠돌아 다니다가, 베델 부근에 이르렀다. 그 곳은 베델과 아이 사이에 있는, 예전에 장막을 치고 살던 곳이다. 4 그 곳은 그가 처음으로 제단을 쌓은 곳이다. 거기에서 아브람은 주님의 이름을 부르며, 예배를 드렸다. 5 아브람과 함께 다니는 롯에게도, 양 떼와 소 떼와 장막이 따로 있었다. 6 그러나 그 땅은 그들이 함께 머물기에는 좁았다. 그들은 재산이 너무 많아서, 그 땅에서 함께 머물 수가 없었다. 7 아브람의 집짐승을 치는 목자들과 롯의 집짐승을 치는 목자들 사이에, 다툼이 일어나곤 하였다. 그 때에 그 땅에는, 가나안 사람들과 브리스 사람들도 살고 있었다. 8 아브람이 롯에게 말하였다. "너와 나 사이에, 그리고 너의 목자들과 나의 목자들 사이에, 어떠한 다툼도 있어서는 안 된다. 우리는 한 핏줄이 아니냐! 9 네가 보는 앞에 땅이 얼마든지 있으니, 따로 떨어져 살자. 네가 왼쪽으로 가면 나는 오른쪽으로 가고, 네가 오른쪽으로

가면 나는 왼쪽으로 가겠다." 10 롯이 멀리 바라보니, 요단은 들판이, 소알에 이르기까지, 물이 넉넉한 것이 마치 주님의 동산과도 같고, 이집트 땅과도 같았다. 아직 주님께서 소돔과 고모라를 멸망시키시기 전이었다. 11 롯은 요단의 온 들판을 가지기로 하고, 동쪽으로 떠났다. 이렇게 해서 두 사람은 따로 떨어져서 살게 되었다. 12 아브람은 가나안 땅에서 살고, 롯은 평지의 여러 성읍을 돌아다니면서 살다가, 소돔 가까이에 이르러서 자리를 잡았다. 13 소돔 사람들은 악하였으며, 주님을 거슬러서, 온갖 죄를 짓고 있었다. 14 롯이 아브람을 떠나간 뒤에, 주님께서 아브람에게 말씀하셨다. "너 있는 곳에서 눈을 크게 뜨고, 북쪽과 남쪽, 동쪽과 서쪽을 보아라. 15 네 눈에 보이는 이 모든 땅을, 내가 너와 네 자손에게 아주 주겠다. 16 내가 너의 자손을 땅의 먼지처럼 셀 수 없이 많아지게 하겠다. 누구든지 땅의 먼지를 셀 수 있는 사람이 있다면, 너의 자손을 셀 수 있을 것이다. 17 내가 이 땅을 너에게 주니, 너는 가서, 길이로도 걸어 보고, 너비로도 걸어 보아라." 18 아브람은 장막을 거두어서, 헤브론의 마므레, 곧 상수리나무들이 있는 곳으로 가서, 거기에서 살았다. 거기에서도 그는 주님께 제단을 쌓아서 바쳤다.

아브람은 이집트에서 추방당한 후 네겝으로 돌아가 그곳에서 큰 부자가 된다. 바로에게서 받은 선물(12:16)이 자산이 되었던 것 같다. 얼마 후 그는 처음 제단 쌓은 곳, 베델과 아이 사이에 있는 산간 지방으로 이주한다. 처음 그곳에 정착했을 때에 비해 아브람은 토착민들이 함부로 대할 수 없는 세력이 되었다. 그곳에서 제단을 쌓고 예배를 드린 아브람은 자기 몫의 재산을 키워가도록 조카 롯을 돕는다(4~5절).

아브람과 롯의 재산이 점점 불어나자, 종들 사이에 다툼이 자주 일어난다. 롯과의 불화를 염려한 아브람은 분가를 모색하며 롯에게 정착할 땅을 먼저 선택하라고 제안한다(8~9절).

이즈음 아브람의 나이는 80을 넘었을 것이고, 롯은 30~40대의 장년이었을 것이다. 그렇다면 롯이 작은아버지에게 양보했어야 마땅하다. 하지만 아브람의 제안을 받은 롯은 비옥한 동편 요단 평야를 택한다. 이에 아브람은 서쪽 산악 지역으로 이주하고, 롯은 요단 평야 여러 곳을 전전하다가 소돔 근처에 자리를 잡는다(10~12절). 롯은 눈에 보이는 비옥함과 물질적인 번영만을 보았을 뿐, 소돔이 얼마나 부패했는지는 생각하지 못했다.

롯이 떠난 후 하나님은 아브람에게 가나안 땅을 그의 자손에게 주며, 자손이 땅의 먼지처럼 많아질 것이라고 약속하신다. 아브람은 "헤브론의 마므레, 곧 상수리나무들이 있는 곳"(18절)으로 가서 정착한다. 당시 헤브론은 상당히 번영한 도시였는데, 그 도시로 들어가지 않고 변두리에 자리를 잡는다. 그곳에서도 아브람은 제단을 쌓고 하나님께 예배를 드린다.

아브람과 사래가 이집트에서 당한 일은 두고두고 트라우마로 남았을 것입니다. 아내를 지켜주지 못한 아브람은 미안한 마음이 컸을 것이고, 사래는 바로에게 유린당한 일에 수치심을 가졌을 것입니다. 지울 수 없는 수치심과 미안함 때문에 두 사람은 서먹한 관계로 살았을 것입니다.

두 사람은 큰 상처를 받았지만, 그 일로 인해 거부로 발돋움합니다. 사래를 후궁으로 삼은 바로가 아브람에게 큰 재산을 선물로 주었는데, 그들을 추방할 때 선물을 회수하지 않았습니다. 그래서 아브람은 토착민들 사이에서 살 수 있는 세력을 형성합니다. 비록 잊을 수 없는 상처를 얻었지만, 이집트에서의 사건은 가나안 땅에 자리 잡는 전기가 되었습니다.

인생이란 알 수가 없습니다. 계획대로 되지 않는 것이 우리 인생입니다. 하지만 짧게 보면 계획대로 되지 않는 일이 길게 보면 계획대로 되는 과정이었음을 알게 됩니다. 그것을 깨달은 사람은 인생길에서 더욱 겸손해지고 하나님을 깊이 신뢰합니다. 하나님을 신뢰하는 정도에 따라 기꺼이 양보하고 희생합니다. 내 인생은 내가 만드는 것이 아님을 알기 때문입니다.

아브람이 조카 롯을 대한 태도를 보면, 이집트 사건이 그에게 어떤 변화를 일으켰는지 알 수 있습니다. 그는 롯을 종처럼 부리지 않습니다. 라반이 조카 야곱을 14년 동안 노예로 부린 일을 보면, 아브람의 태도는 당연한 것이 아니었습니다. 그는 롯에게 자신의 재산을 나누어 주고 그것을 불려 가도록 배려합니다. 게다가 분가할 때가 되자 롯에게 먼저 선택하도록 기회를 줍니다. 아브람이 먼저 선택해도 나무랄 사람이 없습니다. 관계를 생각해도, 나이를 생각해도 롯이 아브람에게 먼저 선택하도록 양보했어야 합니다.

아브람이 이러한 통 큰 결단을 한 것은 인생사의 신비를 알고 하나님께 의탁하고 살아가는 비밀을 터득했기 때문이었습니다. 하나님 안에 머물러 사는 한, '상처는 언제나 선물과 같이 오는 법'이라는 진실을 여기에서 봅니다.

원형 제사장
멜기세덱

창세기 14장

1 시날 왕 아므라벨과, 엘라살 왕 아리옥과, 엘람 왕 그돌라오멜과, 고임 왕 디달의 시대에, 2 이 왕들이 소돔 왕 베라와, 고모라 왕 비르사와, 아드마 왕 시납과, 스보임 왕 세메벨과, 벨라 왕 곧 소알 왕과 싸웠다. 3 이 다섯 왕은 군대를 이끌고, 싯딤 벌판 곧 지금의 '소금 바다'에 모였다. 4 지난날에 이 왕들은 십이 년 동안이나 그돌라오멜을 섬기다가, 십삼 년째 되는 해에 반란을 일으켰던 것이다. 5 십사 년째 되는 해에는, 그돌라오멜이 자기와 동맹을 맺은 왕들을 데리고 일어나서, 아스드롯가르나임에서는 르바 사람을 치고, 함에서는 수스 사람을 치고, 사웨 기랴다임에서는 엠 사람을 치고, 6 세일 산간지방에서는 호리 사람을 쳐서, 광야 부근 엘바란까지 이르렀다. 7 그리고는, 쳐들어온 왕들은 방향을 바꿔서, 엔미스밧 곧 가데스로 가서, 아말렉 족의 온 들판과 하사손다말에 사는 아모리 족까지 쳤다. 8 그래서 소돔 왕과 고모라 왕과 아드마 왕과 스보임 왕과 벨라 왕 곧 소알 왕이 싯딤 벌판으로 출전하여, 쳐들어온 왕들과 맞서서 싸웠다. 9 이 다섯 왕은, 엘람 왕 그돌라오멜과 고임 왕 디달과 시날 왕 아므라벨과 엘라살 왕 아리옥, 이 네 왕을 맞서서 싸웠다. 10 싯딤 벌판은 온통 역청 수렁

으로 가득 찼는데, 소돔 왕과 고모라 왕이 달아날 때에, 그들의 군인들 가운데서 일부는 그런 수렁에 빠지고, 나머지는 산간지방으로 달아났다. 11 그래서 쳐들어온 네 왕은 소돔과 고모라에 있는 모든 재물과 먹거리를 빼앗았다. 12 아브람의 조카 롯도 소돔에 살고 있었는데, 그들은 롯까지 사로잡아 가고, 그의 재산까지 빼앗았다. 13 거기에서 도망쳐 나온 사람 하나가 히브리 사람 아브람에게 와서, 이 사실을 알렸다. 그 때에 아브람은 아모리 사람 마므레의 땅, 상수리나무들이 있는 곳에서 살고 있었다. 마므레는 에스골과는 형제 사이이고, 아넬과도 형제 사이이다. 이들은 아브람과 동맹을 맺은 사람들이다. 14 아브람은 자기 조카가 사로잡혀 갔다는 말을 듣고, 집에서 낳아 훈련시킨 사병 삼백열여덟 명을 데리고 단까지 쫓아갔다. 15 그 날 밤에 그는 자기의 사병들을 몇 패로 나누어서 공격하게 하였다. 그는 적들을 쳐부수고, 다마스쿠스 북쪽 호바까지 뒤쫓았다. 16 그는 모든 재물을 되찾고, 그의 조카 롯과 롯의 재산도 되찾았으며, 부녀자들과 다른 사람들까지 되찾았다. 17 아브람이 그돌라오멜과 그와 동맹을 맺은 왕들을 쳐부수고 돌아온 뒤에, 소돔 왕이 아브람을 맞아서, 사웨 벌판 곧 왕의 벌판으로 나왔다. 18 그 때에 살렘 왕 멜기세덱은 빵과 포도주를 가지고 나왔다. 그는 가장 높으신 하나님의 제사장이다. 19 그는 아브람에게 복을 빌어 주었다. "천지의 주재, 가장 높으신 하나님, 아브람에게 복을 내려 주십시오. 20 아브람은 들으시오. 그대는, 원수들을 그대의 손에 넘겨 주신 가장 높으신 하나님을 찬양하시오." 아브람은 가지고 있는 모든 것에서 열의 하나를 멜기세덱에게 주었다. 21 소돔 왕이 아브람에게 말하였다. "사람들은 나에게 돌려 주시고, 물건은 그대가 가지시오." 22 아브람이 소돔 왕에게 말하였다. "하늘과 땅을 지으신 가장 높으신 주 하나님께, 나의 손을 들어서 맹세합니다. 23 그대의 것은 실오라기 하나나 신발 끈 하나라도 가지지 않겠습니다. 그러므로 그대는, 그대 덕분에 아브람이 부자가 되었다고는 절대로 말할 수 없을 것입니다. 24 나는 아무것도 가지지 않겠습니다. 다만 젊은이들이 먹은 것과, 나와 함께 싸우러 나간 사람들 곧 아넬과 에스골과 마므레에게로 돌아갈 몫만은 따로 내놓아서, 그들이 저마다 제 몫을 가질 수 있게 하시기 바랍니다."

성경에 나오는 이야기를 읽을 때 항상 시간 간격을 고려해야 한다. 한 사람의 일생 가운데 단지 몇 가지 사건만을 기록했기 때문에 이야기와 이야기 사이에는 수년 혹은 수십 년의 시차가 있다.

13장과 14장 사이가 그 예다. 14장에 기록된 사건은 아브람이 마므레에 정착한 뒤 상당한 시간이 흘러 큰 세력으로 성장했을 때의 일이다. 소돔 가까이에서 살던 롯(13:12)은 그 사이 소돔 성에 이주해 정착에 성공한다.

저자는 아브람이 전쟁에 개입한 경위를 설명한다(1~7절). 당시에는 대다수 나라가 부족 국가 정도의 규모였을 것이다. '왕'은 부족 국가의 수장인 호족을 가리킨다. 다섯 나라의 연합군이 주변 국가들을 공격하자, 소돔 왕과 고모라 왕은 다른 왕들과 연합해 대항한다. 하지만 무력하게 패하고 만다. 연합군들은 소돔과 고모라를 약탈하며 주민들을 잡아간다. 소돔 시민으로 살던 롯 역시 전쟁 포로가 되어 재산을 모두 빼앗긴다.

이 소식이 아브람에게 전해졌고, 그는 조카를 구하기 위해 318명의 사병을 데리고 가 조카 롯을 구하고 재산까지 되찾아 온다. 그뿐 아니라 잡혀간 다른 포로들까지 찾아온다(13~16절).

아브람이 롯과 다른 포로들을 데리고 오자 살렘 왕 멜기세덱이 "빵과 포도주를 가지고"(18절) 그를 맞이한다. 성경은 멜기세덱을 "가장 높으신 하나님의 제사장"이라고 소개한다. 멜기세덱은 아브람을 축복하고, 아브람은 자신의 소유에서 열에 하나를 그에게 준다. 소돔 왕은 아브람에게, 포로들은 자신에게 돌려주고 전리품을 가지라고 제안한다(19~21절). 그러자 아브람은 실오라기 하나도 가지지 않겠다고 선언한다. 물질에 탐이 나서 전쟁에 참여한 것이 아님을 행동으로 보여 준 것이다. 다만, 전쟁에 참여한 젊은이들의 몫만은 기억해 달라고 부탁한다.

멜기세덱은 신비에 싸인 인물입니다. 제사장 제도는 모세가 시내산에서 율법을 받으면서 시작되었습니다. 이스라엘 최초의 제사장은 아론인데, 멜기세덱은 그보다 적어도 몇백 년 앞선 사람입니다. 당시에는 그를 제사장으로 세울 만한 제도가 존재하지 않았습니다. 말하자면 그는 '자칭' 제사장이었습니다. 하나님께 직접 제사장으로 부름받았기에, 제사장임을 인정하느냐 마느냐는 전적으로 각자의 판단에 따랐습니다.

아브람은 그가 진짜임을 인정했습니다. 그래서 그의 축복을 받아들였고 소유의 십 분의 일을 주었습니다.

여기서 우리는 두 거인의 만남을 봅니다. 진짜가 진짜를 알아보는 법입니다. 전쟁에서 승리한 아브람은 얼마든지 기고만장할 수 있었습니다. 그러나 멜기세덱의 영적 권위를 알아본 그는 그 앞에 고개 숙였습니다. 그것이 아브람의 또다른 위대함입니다.

히브리서 저자는 멜기세덱이 '원형 제사장'이고, 예수님은 "멜기세덱의 계통을 따라 임명받은 영원한 제사장"(5:6, 10 ; 6:20 ; 7:11, 17)이라고 말합니다. 모세의 율법에 따르면, 유다 지파 자손인 예수님은 제사장이 될 수 없었습니다. 제사장직은 레위 지파 중에서도 아론의 후손에게만 주어지는 특권이었기 때문입니다. 그럼에도 히브리서 저자는 예수님이 영원하고 완전한 제사장이라고 말합니다. 멜기세덱이 혈통이 아닌 하나님의 권위로 제사장이 된 것처럼, 예수님도 하나님의 전권적인 권위로 영원한 제사장이 되셨습니다.

영원하고 완전한 대제사장이신 예수님은 인간의 손으로 짓지 않은 성소에서 당신 자신의 피로 단번에 완전한 제사를 드리셨습니다(히 7~10장). 그 제사의 효력은 영원합니다. 이제는 인간의 손으로 지은 성소에서 짐승의 피로 제사 드릴 필요가 없습니다. 예수 그리스도 안에 사는 사람에게 제사의 효력은 항상 살아 있습니다.

믿음으로 얻는 의

창세기 15장

1 이런 일들이 일어난 뒤에, 주님께서 환상 가운데 아브람에게 말씀하셨다. "아브람아, 두려워하지 말아라. 나는 너의 방패다. 네가 받을 보상이 매우 크다." 2 아브람이 여쭈었다. "주 나의 하나님, 주님께서는 저에게 무엇을 주시렵니까? 저에게는 자식이 아직 없습니다. 저의 재산을 상속받을 자식이라고는 다마스쿠스 녀석 엘리에셀뿐입니다. 3 주님께서 저에게 자식을 주지 않으셨으니, 이제, 저의 집에 있는 이 종이 저의 상속자가 될 것입니다." 아브람이 이렇게 말씀드리니, 4 주님께서 그에게 말씀하셨다. "그 아이는 너의 상속자가 아니다. 너의 몸에서 태어날 아들이 너의 상속자가 될 것이다." 5 주님께서 아브람을 데리고 바깥으로 나가서 말씀하셨다. "하늘을 쳐다보아라. 네가 셀 수 있거든, 저 별들을 세어 보아라." 그리고는 주님께서 아브람에게 말씀하셨다. "너의 자손이 저 별처럼 많아질 것이다." 6 아브람이 주님을 믿으니, 주님께서는 아브람의 그런 믿음을 의로 여기셨다. 7 하나님이 아브람에게 말씀하셨다. "나는 주다. 너에게 이 땅을 주어서 너의 소유가 되게 하려고, 너를 바빌로니아의 우르에서 이끌어 내었다." 8 아브람이 여쭈었다. "주 나의 하나님, 우리가 그 땅을 차지하게 될 것을 제가 어떻게 알 수 있습니까?" 9 주님께서 말씀하셨다. "나에게 삼 년 된 암송아지 한 마리와 삼 년 된 암염소 한 마리와 삼 년 된 숫양 한 마리와 산비둘기 한 마리와 집비둘기 한 마리씩을 가지고 오

너라." 10 아브람이 이 모든 희생제물을 주님께 가지고 가서, 몸통 가운데를 쪼개어, 서로 마주 보게 차려 놓았다. 그러나 비둘기는 반으로 쪼개지 않았다. 11 솔개들이 희생제물의 위에 내려왔으나, 아브람이 쫓아 버렸다. 12 해가 질 무렵에, 아브람이 깊이 잠든 가운데, 깊은 어둠과 공포가 그를 짓눌렀다. 13 주님께서 아브람에게 말씀하셨다. "너는 똑똑히 알고 있거라. 너의 자손이 다른 나라에서 나그네살이를 하다가, 마침내 종이 되어서, 사백 년 동안 괴로움을 받을 것이다. 14 그러나 너의 자손을 종살이하게 한 그 나라를 내가 반드시 벌할 것이며, 그 다음에 너의 자손이 재물을 많이 가지고 나올 것이다. 15 그러나 너는 오래오래 살다가, 고이 잠들어 묻힐 것이다. 16 너의 자손은 사대째가 되어서야 이 땅으로 돌아올 것이다. 아모리 사람들의 죄가 아직 벌을 받을 만큼 이르지는 않았기 때문이다." 17 해가 지고, 어둠이 짙게 깔리니, 연기 나는 화덕과 타오르는 횃불이 갑자기 나타나서, 쪼개 놓은 희생제물 사이로 지나갔다. 18 바로 그 날, 주님께서 아브람과 언약을 세우시고 말씀하셨다. "내가 이 땅을, 이집트 강에서 큰 강 유프라테스에 이르기까지를 너의 자손에게 준다. 19 이 땅은 겐 사람과 그니스 사람과 갓몬 사람과 20 헷 사람과 브리스 사람과 르바 사람과 21 아모리 사람과 가나안 사람과 기르가스 사람과 여부스 사람의 땅을 다 포함한다."

저자는 "이런 일들이 일어난 뒤에"(1절)라는 표현으로 시간 간격을 상정한다. 조카 롯을 구하기 위해 전쟁에 참여했던 때에서 한참 시간이 흐른 후, 하나님께서 아브람에게 나타나신다.

주님은 먼저 "두려워하지 말아라"라는 말로 위로를 하신다. 뒤이어 나온 아브람의 응답을 보면, 이 두려움은 자식을 얻지 못한 일로 인한 감정이었다. 하나님은 아브람에게 당신이 그의 '방패'요 그가 받을 '지극히 큰 상급'임을 확인해 주신다.

아브람은 마음속에 숨겨 두었던 질문을 꺼낸다. 하나님은 아브람에게 자손을 "땅의 먼지처럼"(13:16) 많아지게 하겠다고 하셨는데, 아직까지 자식이 없다. 만일 자식이 태어나지 않는다면 가장 신뢰하는 종 엘리에셀을 상속자로 삼기로 마음먹고 있었다. 그러자 하나님은 "너의 몸에서 태어날 아들"(4절)이 상속자가 될 것이라고 답하시고는, 아브람에게 하늘의 별을 보여 주시며 그의 자손이 하늘의 별처럼 많아지리라고 약속하신다.

그가 처한 인간적인 조건에서는 하나님의 약속을 믿기 어렵다. 하지만 하나님이 어떤 분인지 직접 경험한 아브람은 그 약속을 믿었다. 그 믿음을 하나님은 의로 여기셨다(6절).

7~21절의 이야기는 1~6절의 이야기와 분리해 읽어야 한다. 자녀를 주신다는 약속을 받은 이후에 다시 한번 하나님과의 만남이 있었다. 이번에 하나님은 가나안 땅을 주겠다고 약속하신다. 아브람이 그 약속의 성취를 어떻게 알 수 있느냐고 묻자, 하나님은 여러 짐승을 반으로 쪼개서 서로 마주 보게 놓으라고 명하신다(7~9절). 아브람은 명령대로 행한다.

해 질 무렵에 아브람은 깊은 잠에 빠졌고 깊은 두려움과 공포가 그를 짓누른다(12절). 자신에게 일어나는 일들로 인해 심리적 압박을 받았던 것 같다.

그때 하나님이 나타나 장차 자손에게 일어날 일들을 예언해 주신다. 그의 자손이 다른 나라에서 400년 동안 종살이를 하겠지만 마침내 하나님께서 그 나라를 심판하고 구해 낼 것이라고 하신다(13~14절). 단 그때까지는 가나안 땅에 온전히 정착하지 못할 것이다. "아모리 사람들의 죄가 아직 벌을 받을 만큼 이르지는 않았기 때문이다."(16절) 즉 가나안 주민들의 죄악이 커져서 심판할 때가 되면 이스라엘 백성을 그 땅에 끌어들이겠다는 뜻이다.

해가 져서 캄캄해지자 불길이 나타나 쪼개 놓은 짐승 사이로 지나간다. 하나님께서 아브람과 맺은 언약에 인을 치신 것이다. 그런 뒤 아브람에게 가나안 땅을 소유로 주겠다는 약속을 다시 확인해 주신다(17~21절).

사래는 불임이었습니다. 만일 아브람에게 문제가 있었다면, 사래에게 바로의 아이가 들어섰을 것입니다. 그런 상황에서 하나님은 그들에게 아들을 주겠다고 약속하셨습니다. 그것은 이성적으로나 합리적으로 불가능해 보이는 일이었습니다. 그러나 아브람은 하나님의 약속과 능력을 믿었습니다. 하나님이 살아 계신다면 어떤 방식으로든 약속을 이루시리라 믿었고, 하나님은 이 믿음을 의로 여기셨습니다.

우리의 믿음도 마찬가지입니다. 예수 그리스도께서 죽은 자들 가운데서 부활하셨음을 믿는 것은 사래가 아기를 낳을 것이라고 믿는 일보다 훨씬 더 어렵습니다. 2천 년 전에 흘렸던 예수 그리스도의 보혈이 오늘날 내 죄를 씻는 능력이 된다는 사실도 이성적으로 납득하기 어렵습니다. 예수 그리스도를 주로 믿음으로써 새사람이 되고 영원한 생명을 누린다는 확신도 믿음으로만 가능합니다. 하나님은 그 믿음을 가장 값지게 여기십니다. 그래서 우리는 믿음으로 의롭다 함을 얻습니다(롬 4:3).

믿음의 대상은 교리가 아니라 하나님입니다. 믿음은 어떤 교리를 받아들이는 것이 아니라 하나님과 인격적인 관계를 맺는 것입니다. 주님께 인생을 맡기고 한결같이 신뢰하며 사는 것입니다.

좋은 일을 많이 해 주는 사람보다 내 선의를 한결같이 믿어주는 사람이 나를 가장 기쁘게 합니다. 때로 못되게 말하고 행동해도 '무슨 이유가 있겠지' 하며 믿어주는 사람 말입니다.

마찬가지로 우리가 하나님을 한결같이 믿고 신뢰할 때 가장 기뻐하십니다. 그분이 안 계신 것 같거나 그분에게 버림받은 것 같은 상황에서도 '무슨 이유가 있겠지' 하고 그분을 의지하는 것이 '구원할 만한 믿음'입니다.

보시는 하나님,
들으시는 하나님

창세기 16장

1 아브람의 아내 사래는 아이를 낳지 못하였다. 그에게는 하갈이라고 하는 이집트 사람 여종이 있었다. 2 사래가 아브람에게 말하였다. "주님께서 나에게 아이를 가지지 못하게 하시니, 당신은 나의 여종과 동침하십시오. 하갈의 몸을 빌려서, 집안의 대를 이어갈 수 있기를 바랍니다." 아브람은 사래의 말을 따랐다. 3 아브람의 아내 사래가 자기의 여종 이집트 사람 하갈을 데려다가 자기 남편 아브람에게 아내로 준 때는, 아브람이 가나안 땅에서 살아온 지 십 년이 지난 뒤이다. 4 아브람이 하갈과 동침하니, 하갈이 임신하였다. 하갈은 자기가 임신한 것을 알고서, 자기의 여주인을 깔보았다. 5 사래가 아브람에게 말하였다. "내가 받는 이 고통은, 당신이 책임을 지셔야 합니다. 나의 종을 당신 품에 안겨 주었더니, 그 종이 자기가 임신한 것을 알고서, 나를 멸시합니다. 주님께서 당신과 나 사이를 판단하여 주시면 좋겠습니다." 6 아브람이 사래에게 말하였다. "여보, 당신의 종이니, 당신 마음대로 할 수 있지 않소? 당신이 좋을 대로 그에게 하기 바라오." 사래가 하갈을 학대하니, 하갈이 사래 앞에서 도망하였다. 7 주님의 천사가 사막에 있는 샘 곁에서 하갈을 만났다. 그 샘은 수르로 가는 길 옆에 있다. 8 천사가 물었다. "사래의 종 하갈아, 네가 어디서 와서, 어디로

가는 길이냐?" 하갈이 대답하였다. "나의 여주인 사래에게서 도망하여 나오는 길입니다." 9 주님의 천사가 그에게 말하였다. "너의 여주인에게로 돌아가서, 그에게 복종하면서 살아라." 10 주님의 천사가 그에게 또 일렀다. "내가 너에게 많은 자손을 주겠다. 자손이 셀 수도 없을 만큼 불어나게 하겠다." 11 주님의 천사가 그에게 또 일렀다. "너는 임신한 몸이다. 아들을 낳게 될 터이니, 그의 이름을 이스마엘이라고 하여라. 네가 고통 가운데서 부르짖는 소리를 주님께서 들으셨기 때문이다. 12 너의 아들은 들나귀처럼 될 것이다. 그는 모든 사람과 싸울 것이고, 모든 사람 또한 그와 싸울 것이다. 그는 자기의 모든 친족과 대결하며 살아가게 될 것이다." 13 하갈은 "내가 여기에서 나를 보시는 하나님을 뵙고도, 이렇게 살아서, 겪은 일을 말할 수 있다니!" 하면서, 자기에게 말씀하신 주님을 "보시는 하나님"이라고 이름지어서 불렀다. 14 그래서 그 샘 이름도 브엘라해로이라고 지어서 부르게 되었다. 그 샘은 지금도 가데스와 베렛 사이에 그대로 있다. 15 하갈과 아브람 사이에서 아들이 태어나니, 아브람은, 하갈이 낳은 그 아들의 이름을 이스마엘이라고 지었다. 16 하갈과 아브람 사이에 이스마엘이 태어날 때에, 아브람의 나이는 여든여섯이었다.

가나안 정착 후 10년이 지났을 때, 사래는 아이가 생기지 않자 몸종 하갈을 통해 아들을 낳기로 계획한다. 하갈은 아브람이 이집트에서 얻은 종이었을 것이다. 사래로서는 대단한 희생을 각오한 결단이었기에, 이 선택을 불신앙의 행위로 비난하지 말아야 한다. 사래로서는 그것이 자신을 향한 하나님의 뜻이라고 생각했을지 모른다. 얼마 후, 사래의 기대대로 하갈이 임신을 한다.

아이가 들어선 후, 하갈의 태도가 달라진다. 몸종이었던 사람이 주인의 아내가 되어 아이까지 임신했으니 달라지지 않을 수 없다. 사래는 통 큰 결단으로 하갈에게 아내의 자리를 내주고 뒤로 물러난다. 하지만 하갈의 입지가 점점 확장되자 마음이 차가워진다. 두 사람의 갈등이 심각해지자, 사래는 아브람에게 문제 해결을 요청한다. 아브람은 사래에게 알아서 처리하도록 허락하고, 사래는 하갈을 드러내 놓고 학대한다. 얼마 못 가 학대를 견디지 못한 하갈은 집을 뛰쳐나간다(5~6절).

하갈은 헤브론에서 이집트로 가는 길 중간에서 걸음을 멈춘다. 그곳은 사막이었다. 정처 없이 집을 나왔으나, 미혼모 신세인 하갈은 고향으로 돌아갈 수 없었다. 샘물에서 목을 축인 그는 '어찌할까?' 생각하며 그것에 머무른다. 그때 하나님의 천사가 그를 방문해 "네가 어디서 와서, 어디로 가는 길이냐?"라고 묻는다. 하갈은 "나의 여주인 사래에게서 도망하여 나오는 길"(8절)이라고 답한다. 어디에서 온 지는 아는데 어디로 가야 할지 알지 못한 것이다.

하갈에게 주인집으로 돌아가라고 한 천사는 그의 자손이 번성하고 강인한 백성이 될 것이라고 약속한다. 그러면서 아들을 낳으면 '하나님이 들으신다'라는 뜻의 "이스마엘"로 이름을 지으라고 한다.

하갈은 아브람과 사래가 섬기는 하나님이 자신에게도 관심하실지 꿈에도 생각지 못했을 것이다. 광야에서 하나님을 처음 만난 그는 "보시는 하나님"(13절)이라고 부른다. 하나님이 자신을 지켜보고 계심을 깨달았기 때문이다. 하갈은 하나님을 만났던 샘의 이름을 "브엘라해로이"(14절)라고 부르는데, 그 뜻은 '나를 보시는 살아 있는 하나님의 샘'이다.

천사와의 만남 후 하갈은 집으로 돌아간다. 그러나 하갈의 태도는 이전과 달라졌을 것이다. 하나님이 자신의 뒷배로 계심을 알기에 이제는 웬만한 일은 참을 수 있었다.

아마도 사래는 하갈의 달라진 모습에 놀랐을 것이다. 더는 주인을 깔보지도, 함부로 행동하지도 않았다. 겸손히 순종하며 살았다. 그리고 아들을 낳은 하갈은 천사가 말한 대로 이스마엘이라고 이름을 짓는다. 아브람의 나이 86세 때의 일이다.

하갈은 아브람과 사래가 드리는 예배를 자주 보았을 것입니다. 다신교인 이집트의 종교적 전통에 따라 하갈은 주인이 섬기는 하나님은 자신과 상관없다고 생각했을 것입니다. 이집트에서 믿었던 자신의 신을 따로 섬기고 있었을 것입니다.

타국에서 몸종으로 살던 하갈에게 사래의 제안은 무척 기쁜 소식이었을 것입니다. 사래와 동등한 아내가 되어 아들을 낳으면 인생 역전이 가능하리라고 생각했을 것입니다.

바람대로 얼마 후 하갈에게 아기가 생겼습니다. 세상을 다 가진 것처럼 기뻤을 것입니다. 커지는 배를 쓰다듬으면서 '너만 있으면 된다'라고 생각했을 것이고, 그런 생각이 자신도 모르게 전과 다른 언행을 하게 만들었을 것입니다. 그로 인해 사래에게 혹독한 학대를 받았고, 결국 가출을 결행했습니다.

한 발자국도 뗄 수 없는 막다른 골목, 인생의 바닥에 쓰러져 있을 때 주님의 천사가 그에게 나타났습니다. 자신과는 상관없다고 여겼던 아브람과 사래의 하나님이 등장하신 것입니다. 뿐만 아니라 하나님이 자신의 고통을 보시고 부르짖음을 들으셨다고 하십니다. 나아가 미래까지 책임지겠다고 약속하십니다. 그날의 만남은 하갈의 인생 궤도를 확 바꾸어 놓습니다. 그는 모든 것을 '보고 들으시는 하나님'을 믿고 주인의 집으로 돌아갑니다.

우리가 믿는 하나님도 '보시는 하나님'입니다. 우리의 눈물을 보시고, 우리의 고민을 보시며, 우리의 죄악도 보십니다. 또한 우리의 하나님은 "들으시는 하나님"입니다. 우리의 기도를 들으시고, 우리의 찬양을 들으십니다. 우리가 이웃에게 하는 모든 말도 들으십니다.

보고 들으시는 하나님을 진실로 믿는다면 삶의 방식이 달라지지 않을 수 없습니다.

앞서 행하시는 하나님

창세기 17장

1 아브람의 나이 아흔아홉이 되었을 때에, 주님께서 그에게 나타나셔서 말씀하셨다. "나는 전능한 하나님이다. 나에게 순종하며, 흠 없이 살아라. 2 나와 너 사이에 내가 몸소 언약을 세워서, 너를 크게 번성하게 하겠다." 3 아브람이 얼굴을 땅에 대고 엎드려 있는데, 하나님이 그에게 말씀하셨다. 4 "나는 너와 언약을 세우고 약속한다. 너는 여러 민족의 조상이 될 것이다. 5 내가 너를 여러 민족의 아버지로 만들었으니, 이제부터는 너의 이름이 아브람이 아니라 아브라함이다. 6 내가 너를 크게 번성하게 하겠다. 너에게서 여러 민족이 나오고, 너에게서 왕들도 나올 것이다. 7 내가 너와 세우는 언약은, 나와 너 사이에 맺는 것일 뿐 아니라, 너의 뒤에 오는 너의 자손과도 대대로 세우는 영원한 언약이다. 이 언약을 따라서, 나는, 너의 하나님이 될 뿐만 아니라, 뒤에 오는 너의 자손의 하나님도 될 것이다. 8 네가 지금 나그네로 사는 이 가나안 땅을, 너와 네 뒤에 오는 자손에게 영원한 소유로 모두 주고, 나는 그들의 하나님이 될 것이다." 9 하나님이 또 아브라함에게 말씀하셨다. "너는 나와 세운 언약을 잘 지켜야 하고, 네 뒤에 오는 너의 자손도 대대로 이 언약을 잘 지켜야 한다. 10 너희 가운데서, 남자는 모두 할례를 받아야 한다. 이것은 너와 네 뒤에 오는 너의 자손과 세우는 나의 언약, 곧 너희가 모두 지켜야 할 언약이다. 11 너희는 포피를 베어서, 할례를 받게 하여라. 이것이 나와 너희 사이에 세우는 언약의 표이다. 12 대대로 너희 가운데서, 남자는 모두 난 지 여드레 만에 할례를 받아야 한다. 너희의 집에서 태어난 종들과 너희가

외국인에게 돈을 주고서 사온 종도, 비록 너희의 자손은 아니라 해도, 마찬가지로 할례를 받아야 한다. 13 집에서 태어난 종과 외국인에게 돈을 주고서 사온 종도, 할례를 받아야 한다. 그렇게 하여야만, 나의 언약이 너희 몸에 영원한 언약으로 새겨질 것이다. 14 할례를 받지 않은 남자 곧 포피를 베지 않은 남자는 나의 언약을 깨뜨린 자이니, 그는 나의 백성에게서 끊어진다." 15 하나님이 아브라함에게 또 말씀하셨다. "너의 아내 사래를 이제 사래라고 하지 말고, 사라라고 하여라. 16 내가 그에게 복을 주어, 너에게 아들을 낳아 주게 하겠다. 내가 너의 아내에게 복을 주어서, 여러 민족의 어머니가 되게 하고, 백성들을 다스리는 왕들이 그에게서 나오게 하겠다." 17 아브라함은 얼굴을 땅에 대고 엎드려, 웃으면서 혼잣말을 하였다. "나이 백 살 된 남자가 아들을 낳는다고? 또 아흔 살이나 되는 사라가 아이를 낳을 수 있을까?" 18 아브라함은 하나님께 아뢰었다. "이스마엘이나 하나님께서 주시는 복을 받으면서 살기를 바랍니다." 19 하나님이 말씀하셨다. "아니다. 너의 아내 사라가 너에게 아들을 낳아 줄 것이다. 아이를 낳거든, 이름을 이삭이라고 하여라. 내가 그와 언약을 세울 것이니, 그 언약은, 그의 뒤에 오는 자손에게도, 영원한 언약이 될 것이다. 20 내가 너의 말을 들었으니, 내가 반드시 이스마엘에게 복을 주어서, 그가 자식을 많이 낳게 하고, 그 자손이 크게 불어나게 할 것이다. 그에게서 열두 명의 영도자가 나오게 하고, 그가 큰 나라를 이루게 하겠다. 21 그러나 나는 내년 이맘때에, 사라가 너에게 낳아 줄 아들 이삭과 언약을 세우겠다." 22 하나님은 아브라함에게 말씀을 다 하시고, 그를 떠나서 올라가셨다. 23 바로 그 날에 아브라함은, 자기 아들 이스마엘과, 집에서 태어난 모든 종과, 돈을 주고 사온 모든 종 곧 자기 집안의 모든 남자와 함께, 하나님이 말씀하신 대로, 포피를 베어서 할례를 받았다. 24 아브라함이 포피를 베어서 할례를 받은 것은, 그의 나이 아흔아홉 살 때이고, 25 그의 아들 이스마엘이 포피를 베어서 할례를 받은 것은, 이스마엘의 나이 열세 살 때이다. 26 아브라함과 그의 아들 이스마엘은 같은 날에 할례를 받았다. 27 집에서 태어난 종과, 외국인에게서 돈을 주고 사온 종과, 아브라함 집안의 모든 남자가 아브라함과 함께 할례를 받았다.

16장과 17장 사이에 적어도 13년의 간격이 있다. 이스마엘 출생은 아브람 85세 때의 일이고, 17장에 기록된 이야기는 99세 때의 일이다.

거듭하는 말이지만 성경의 기록은 다른 이야기로 넘어갈 때 종종 상당한 시차를 뛰어넘는다. 그것을 무시하고 읽으면 해결하기 어려운 질문들이 생긴다.

아브람 99세 때에 하나님은 당신을 "전능한 하나님"(1절)이라고 소개하면서 순종하며 흠이 없이 살라고 권면하신다. "전능한 하나님"에 해당하는 원어는 '엘 샤다이'다. 하나님의 임재 앞에서 두려워 떨자, 하나님은 아브람을 여러 민족의 조상이 되게 하겠다고 약속하며 위로하신다.

그러면서 그의 이름을 "아브라함"으로 고쳐 주신다(5절). 아브람은 '존귀한 아버지'라는 뜻이고, 아브라함은 '많은 사람의 아버지'라는 뜻이다. 하나님은 아브라함과 그 자손이 번성하여 여러 민족을 이룰 것이며, 가나안 땅을 주겠다고 약속하신다(6~8절).

언약과 함께 하나님은 아브라함에게 모든 남자아기에게 할례를 행하라고 명하신다. 할례는 셈족 계통의 인종들 사이에서 성인식의 한 예식으로 행해졌다. 하나님은 할례를 낳은 지 8일째 되는 날에 행하고 종들에게도 행하라고 하시면서 할례받은 사람만이 하나님의 언약 백성으로 간주될 것이라고 하신다(12~14절). 이는 할례를 통해 어릴 때부터 언약 백성임을 기억하게 하라는 뜻이다.

하나님은 사래의 이름도 고쳐 주신다. 사래의 이름 뜻에는 의견이 분분하나, 사라는 '왕비'라는 뜻이다. 하나님은 사라가 장차 아들을 낳을 뿐 아니라 여러 민족의 어머니가 될 것이라고 약속하신다.

그때 아브라함은 얼굴을 땅에 대고 엎드려 있었는데, 사라가 아이를 낳게 된다는 말씀에 헛웃음을 터뜨린다. 그리고 "이스마엘이나 하나님께서 주시는 복을 받으면서 살기를 바랍니다"(18절)라고 답한다. 사라가 아들을 낳는다는 사실을 재차 확인시켜 주신 하나님은 그의 이름을 이삭으로 하라고 말씀하신다. 이삭은 '그가 웃다'라는 뜻이다. 아브라함은 하나님의 약속을 듣고 헛웃음을 지었지만 곧 아들을 얻고 기쁨에 겨워 웃을 것이다.

이어 하나님은 이스마엘 자손에게도 복을 주겠다고 약속하신다. 하지만 곧 또 다른 아들이 생긴다는 사실을 기억하라며, 그 아들과 '영원한 언약'을 맺겠다고 하신다(20~22절). 하나님이 떠나가신 후, 아브라함은 자신과 이스마엘, 자기에게 속한 모든 남자 식솔들에게 할례를 행한다.

아브라함의 이야기를 읽으면서 우리는 '앞서 행하시는 하나님'을 만납니다. 하나님이 아브라함을 하란에서 불러내신 일은 앞서 행하신 것입니다. 그 누구도 하나님께 요구하지 않았습니다. 하나님께서 그의 아버지 데라에게 나타나 그 길로 인도하셨습니다. 아브라함이 아내를 바로에게 빼앗겼을 때 개입하신 일도 하나님이 앞서 행하신 것입니다. 아브라함에게 나타나 많은 자손을 약속하신 것도 앞서 행하신 것입니다.

99세의 아브라함에게 나타나 언약을 맺어 주시고 할례를 명하면서 아들을 약속하신 것도 하나님이 앞서 행하신 것입니다. 하나님이 아들을 주겠다고 하시자 아브라함은 사양합니다. 하지만 하나님은 정한 일을 하겠다고 대답하십니다. 아브라함은 아직 하나님께 무엇을 해 달라고 구한 적이 없습니다. 그는 묵묵히 살아갑니다. 모든 것은 하나님이 정하시고 앞서 행하십니다. 요구한 적도 없는 일을 약속하시고 그 일을 이루십니다.

아브라함에게만 그렇게 하시는 것이 아닙니다. 하나님은 당신을 의지하고 따르는 모든 사람에게 그렇게 하십니다. 아니, 인정하지 않는 사람들에게도 그렇게 하십니다. 문제는 우리가 주님을 전적으로 신뢰하지 못하고 내 꿈과 계획에 그분이 맞춰 주시기를 바라는 데에 있습니다. 그분보다 내가 앞장서고, 내가 정한 대로 이루어 주시기를 기대합니다.

만일 하나님께서 내 꿈과 계획에 비할 바 없는 좋은 계획을 세우시고 나를 위해 앞서 행하시는 분이라는 사실을 안다면 미리 걱정할 일도, 고민할 일도 없을 것입니다. 그래서 예수님은 "하나님 너희 아버지께서는, 너희가 구하기 전에, 너희에게 필요한 것이 무엇인지를 알고 계신다"(마 6:8)라고 말씀하셨습니다.

이러한 하나님을 믿는다면, 우리는 날마다 주권을 그분께 내어드리고 인도하시는 손길에 예민하게 반응하고자 힘쓸 것입니다. 그렇게 믿는 사람들에게 예수님은 "너희는 먼저 하나님의 나라와 하나님의 의를 구하여라"(마 6:33)라고 하셨습니다. 그러면 우리를 통해 하나님의 뜻을 이루실 것입니다.

우리 곁에 계신 하나님

창세기 18장 1~15절

1 주님께서 마므레의 상수리나무 곁에서 아브라함에게 나타나셨다. 한창 더운 대낮에, 아브라함은 자기의 장막 어귀에 앉아 있었다. 2 아브라함이 고개를 들고 보니, 웬 사람 셋이 자기의 맞은쪽에 서 있었다. 그는 그들을 보자, 장막 어귀에서 달려나가서, 그들을 맞이하며, 땅에 엎드려서 절을 하였다. 3 아브라함이 말하였다. "손님들께서 저를 좋게 보시면, 이 종의 곁을 그냥 지나가지 마시기 바랍니다. 4 물을 좀 가져 오라고 하셔서, 발을 씻으시고, 이 나무 아래에서 쉬시기 바랍니다. 5 손님들께서 잡수실 것을, 제가 조금 가져 오겠습니다. 이렇게 이 종에게로 오셨으니, 좀 잡수시고, 기분이 상쾌해진 다음에 길을 떠나시기 바랍니다." 그들이 대답하였다. "좋습니다. 정 그렇게 하라고 하시면, 사양하지 않겠습니다." 6 아브라함이 장막 안으로 뛰어 들어가서, 사라에게 말하였다. "빨리 고운 밀가루 세 스아를 가지고 와서, 반죽을 하여 빵을 좀 구우시오." 7 아브라함이 집짐승 떼가 있는 데로 달려가서, 기름진 좋은 송아지 한 마리를 끌어다가, 하인에게 주니, 하인이 재빨리 그것을 잡아서 요리하였다. 8 아브라함이 엉긴 젖

과 우유와 하인이 만든 송아지 요리를 나그네들 앞에 차려 놓았다. 그들이 나무 아래에서 먹는 동안에, 아브라함은 서서, 시중을 들었다. 9 그들이 아브라함에게 물었다. "댁의 부인 사라는 어디에 있습니까?" 아브라함이 대답하였다. "장막 안에 있습니다." 10 그 때에 주님께서 말씀하셨다. "다음 해 이맘때에, 내가 반드시 너를 다시 찾아오겠다. 그 때에 너의 아내 사라에게 아들이 있을 것이다." 사라는, 아브라함이 등지고 서 있는 장막 어귀에서 이 말을 들었다. 11 아브라함과 사라는 이미 나이가 많은 노인들이고, 사라는 월경마저 그쳐서, 아이를 낳을 나이가 지난 사람이다. 12 그러므로 사라는 "나는 기력이 다 쇠진하였고, 나의 남편도 늙었는데, 어찌 나에게 그런 즐거운 일이 있으랴!" 하고, 속으로 웃으면서 중얼거렸다. 13 그 때에 주님께서 아브라함에게 말씀하셨다. "어찌하여 사라가 웃으면서 '이 늙은 나이에 내가 어찌 아들을 낳으랴?' 하느냐? 14 나 주가 할 수 없는 일이 있느냐? 다음 해 이맘때에, 내가 다시 너를 찾아오겠다. 그 때에 사라에게 아들이 있을 것이다." 15 사라는 두려워서 거짓말을 하였다. "저는 웃지 않았습니다." 그러나 주님께서 말씀하셨다. "아니다. 너는 웃었다."

중동 지방에서 "한창 더운 대낮"(1절)은 모두가 행동을 멈추는 시간이다. 아브라함도 장막에서 쉬고 있었는데, 낯선 사람 셋이 홀연히 자신의 장막 앞에 서 있었다. 저자는 "서 있었다"(2절)는 표현으로 독자들에게 그들이 범상한 사람들이 아님을 암시한다.

그들에게서 뭔가 특별한 것을 감지한 아브라함은 달려가 절을 하고 초청한다. 한 부족의 족장으로서 이례적인 행동이다. 손님들을 청한 아브라함은 빵을 굽고 송아지를 잡아 성찬을 대접한다. "고운 밀가루 세 스아"(6절)는 우리 식으로 측량하면 12되 정도의 많은 양이다. 아브라함은 손님들을 융숭하게 환대한다.

음식을 다 먹은 손님들은 사라를 찾는다(9절). 아브라함이 장막 안에 있다고 답하니, 그들 중 한 사람이 내년에 사라에게서 아들을 얻을 것이라고 예고한다. 새번역은 "주님께서 말씀하셨다"(10절)라고 번역했는데, 직역하면 "그 사람이 말했다"라고 해야 한다. 세 사람 중 하나가 주님을 대변해 말한 것이다.

이때 사라가 장막 안에서 그들의 말을 듣고 있었는데, 그의 나이가 89세고 생리가 끊긴 지도 오래되었다. 그런 상황에서 아들을 낳는다니 사라는 실소를 금치 못한다(11~12절).

이 행동을 알아차린 손님들은 주님께는 불가능한 일이 없으며 약속대로 이루어질 것이라고 아브라함에게 다시 강조한다. 그러자 사라가 장막에서 나와 자신은 웃지 않았다며 거짓말을 한다. 하지만 손님들은 "아니다. 너는 웃었다"(15절)라고 답한다.

우리에게는 하나님을 단면적으로 생각하는 경향이 있습니다. 하나님은 고정된 사물이 아니라 인격이십니다. 인격체로서의 인간은 다양한 면을 가지고 있습니다. 그것이 사물과 인격체의 차이입니다. 사물은 늘 같은 모습으로, 언제나 같은 반응을 합니다. 반면 인격체는 상황과 관계에 따라 다르게 행동하고 반응합니다. 때로는 울고 때로는 웃습니다. 분노할 때가 있는가 하면 기뻐할 때도 있습니다. 단단해진 마음 때문에 비정할 때도 있지만, 때로 부드러운 마음으로 자비와 관용을 베풉니다.

'하나님은 인격'이시라는 말은 상황과 관계에 따라 다르게 반응하고 행하신다는 뜻입니다. 다만 죄를 가진 인간은 공정하지 못하고 예측 불가능하며 부조리할 때가 많습니다. 자신도 이해하기 힘든 말이나 행동을 할 때도 있습니다. 죄성으로 인해 인격에 손상이 일어났기 때문입니다. 하지만 완전하신 하나님은 반응과 선택과 결정에 있어서 언제나 옳으십니다.

아브라함과 세 손님의 대화에서 만나는 하나님은 우리의 선입견을 흔드십니다. 그분은 초월자로 멀리 계신 분이 아니라 손님으로 변장해 우리의 일상에 찾아오시는 분입니다. 그래서 고대 히브리인들은 나그네 환대를 가장 중요한 미덕으로 여겼습니다.

히브리서 저자는 "나그네를 대접하기를 소홀히 하지 마십시오. 어떤 이들은 나그네를 대접하다가, 자기들도 모르는 사이에 천사들을 대접하였습니다"(히 13:2)라고 했습니다. 예수님은 가난하고 헐벗고 고통받는 이들에게 행한 것이 곧 당신에게 행한 것이라고 하셨습니다(마 25:31~46). 하나님은 모든 이 가운데 계시기 때문입니다(눅 17:21).

또한 하나님은 우리의 연약함을 아시고 긍휼히 보십니다. 아들을 약속받았을 때 아브라함도 그 말씀을 믿지 못하고 이스마엘이나 잘 자라게 해 달라고 응답했습니다(17:17~18). 이러한 아브라함의 불신과 회의를 책망하지 않으시고 약속을 재확인시켜 주셨습니다. 사라의 불신에도 주님은 동일하게 반응하셨습니다. 주님의 약속에 실소로 응답한 것도, 웃지 않았다고 거짓말한 것도 묵인하셨습니다. 마치 빙긋이 웃으시며 "네가 믿지 못하는 것은 당연하지. 하지만 내가 어떻게 하는지 기다려 보아라" 하고 말씀하시는 것 같습니다.

우리가 믿는 하나님은 이런 분이십니다. 예수 그리스도를 통해 당신을 "아빠!"라고 부르는 사람들에게 하나님은 아브라함과 사라를 대하듯 친밀하게 다가오셔서 함께 웃고 함께 울어주십니다. 우리의 연약함에 함께 아파하시며 사랑으로 감싸 주십니다(히 4:15). 그래서 우리는 "주님의 친절한 팔에 안기세"라고 찬송하는 것입니다.

하나님의 플랜 A

창세기 18장 16~33절

16 그 사람들이 떠나려고 일어서서, 소돔이 내려다보이는 데로 갔다. 아브라함은 그들을 바래다 주려고, 함께 얼마쯤 걸었다. 17 그 때에 주님께서 말씀하셨다. "내가 앞으로 하려고 하는 일을, 어찌 아브라함에게 숨기랴? 18 아브라함은 반드시 크고 강한 나라를 이룰 것이며, 땅 위에 있는 나라마다, 그로 말미암아 복을 받게 될 것이다. 19 내가 아브라함을 선택한 것은, 그가 자식들과 자손을 잘 가르쳐서, 나에게 순종하게 하고, 옳고 바른 일을 하도록 가르치라는 뜻에서 한 것이다. 그의 자손이 아브라함에게 배운 대로 하면, 나는 아브라함에게 약속한 대로 다 이루어 주겠다." 20 주님께서 또 말씀하셨다. "소돔과 고모라에서 들려 오는 저 울부짖는 소리가 너무 크다. 그 안에서 사람들이 엄청난 죄를 저지르고 있다. 21 이제 내가 내려가서, 거기에서 벌어지는 모든 악한 일이 정말 나에게까지 들려 온 울부짖음과 같은 것인지를 알아보겠다." 22 그 사람들은 거기에서 떠나서 소돔으로 갔으나, 아브라함은 주님 앞에 그대로 서 있었다. 23 아브라함이 주님께 가까이 가서 아뢰었다. "주님께서 의인을 기어이 악인과 함께 쓸어 버리시렵니까? 24 그 성 안에 의인이 쉰 명이 있으면, 어떻게 하시겠습니까? 그래도 주님께서는 그 성을 기어이 쓸어 버리시렵니까? 의인 쉰 명을 보시고서도, 그 성을 용서하지 않으시렵니까? 25 그처럼 의인을 악인과 함께 죽게 하시는 것은, 주님께서 하실 일이 아닙니다. 의인을 악인과 똑같이 보시는 것도, 주님께서 하실 일이 아닌 줄 압니다. 세

상을 심판하시는 분께서는 공정하게 판단하셔야 하지 않겠습니까?" 26 주님께서 대답하셨다. "소돔 성에서 내가 의인 쉰 명만을 찾을 수 있으면, 그들을 보아서라도 그 성 전체를 용서하겠다." 27 아브라함이 다시 아뢰었다. "티끌이나 재밖에 안 되는 주제에, 제가 주님께 감히 아룁니다. 28 의인이 쉰 명에서 다섯이 모자란다고 하면, 어떻게 하시겠습니까? 다섯이 모자란다고, 성 전체를 다 멸하시겠습니까?" 주님께서 대답하셨다. "내가 거기에서 마흔다섯 명만 찾아도, 그 성을 멸하지 않겠다." 29 아브라함이 다시 한 번 주님께 아뢰었다. "거기에서 마흔 명만 찾으시면, 어떻게 하시겠습니까?" 주님께서 대답하셨다. "그 마흔 명을 보아서, 내가 그 성을 멸하지 않겠다." 30 아브라함이 또 아뢰었다. "주님! 노하지 마시고, 제가 말씀드리는 것을 허락하여 주시기 바랍니다. 거기에서 서른 명만 찾으시면, 어떻게 하시겠습니까?" 주님께서 대답하셨다. "거기에서 서른 명만 찾아도, 내가 그 성을 멸하지 않겠다." 31 아브라함이 다시 아뢰었다. "감히 주님께 아룁니다. 거기에서 스무 명만 찾으시면, 어떻게 하시겠습니까?" 주님께서 대답하셨다. "스무 명을 보아서라도, 내가 그 성을 멸하지 않겠다." 32 아브라함이 또 아뢰었다. "주님! 노하지 마시고, 제가 한 번만 더 말씀드리게 허락하여 주시기 바랍니다. 거기에서 열 명만 찾으시면, 어떻게 하시겠습니까?" 주님께서 대답하셨다. "열 명을 보아서라도, 내가 그 성을 멸하지 않겠다." 33 주님께서는 아브라함과 말씀을 마치신 뒤에 곧 가시고, 아브라함도 자기가 사는 곳으로 돌아갔다.

아브라함을 방문했던 세 사람은 소임을 마치고 소돔 쪽으로 향한다. 아브라함도 그 길에 얼마쯤 동행하는데, 그때 하나님께서 그에게 두 가지를 알려 주신다.

첫째로 아브라함의 자손을 번성하게 하고 모든 민족이 그의 자손을 통해 복받게 하겠다고 약속하신다(17~19절). 그러기 위해 그의 자손은 주님의 뜻을 따라 옳고('쩨데크') 바르게('미쉬팟') 살아야 한다. 아브라함을 선택한 이유는 모든 인류를 복되게 하기 위함이었다.

둘째로 하나님은 소돔과 고모라의 죄악상을 살펴보겠다고 하신다(20~21절). 불의와 폭력으로 인해 고통받는 이들의 호소가 하나님께 이르렀기 때문이다.

이후 두 사람은 소돔으로 떠나고 주님의 대언자만 남는다. 아브라함도 소돔과 고모라의 죄악상을 알고 있었을 것이다. 두 도시가 심판을 피할 수 없음을 직감한 아브라함은 소돔에 사는 조카 롯을 생각하며 간청한다. "주님께 가까이 가서"(23절)에 사용된 히브리어는 변호사가 피고를 변호하기 위해 판사 앞에 나서는 행동을 묘사할 때 사용하는 단어다.

아브라함은 성 안에 의인이 쉰 명 있다 해도 심판하시겠느냐고 여쭌다. 여기서의 '의인'은 법정 용어로 사용될 때 '무고한 사람'(innocent)이라는 뜻을 가진다. 아브라함은, 아무리

수가 적다 해도 악인들의 심판을 위해 무고한 사람들을 희생시키는 일은 하나님의 의에 위배된다고 주장한다(24~25절). "주님께서 하실 일이 아닙니다"(개역개정 "부당하오며")라는 말을 두 번이나 하며 심판의 부당성을 강조한다. 놀랍게도 주님은 의인 쉰 명을 찾는다면 심판하지 않겠다고 답하신다.

이 응답에 아브라함은 당황했을 것이다. 그렇게 선선히 들어주실 줄 몰랐기 때문이다. 또한 하나님의 대답은 그를 불안하게 만들었을 것이다. 무고한 사람이 쉰 명도 되지 않으니 그렇게 답하신 것 같다고 생각했기 때문이다.

그는 다시 용기를 내어 무고한 사람이 마흔다섯 명만 있으면 어찌시겠냐고 여쭤본다. 주님은 그 청도 허락하신다(27~28절). 아브라함은 마치 물건값을 흥정하듯 인원수를 줄여가며 계속 제안한다. 하나님은 그럴 때마다 그러겠다고 답하시고, 마침내 열 명에서 합의를 이룬다. 아브라함은 '무고한 사람 열 명쯤은 있겠지' 하고 생각했을지 모른다.

아브라함은 소돔과 고모라의 심판을 막기 위해 최선을 다했지만, 왠지 불안한 마음은 어쩌지 못했을 것이다.

구약에는 인간의 죄에 분노하시는 하나님의 모습이 자주

나옵니다. 율법은 죄에 대한 가혹한 심판을 요구하고, 역사서에는 하나님의 징계와 심판 이야기가 주를 이루며, 예언자들은 하나님의 무서운 심판을 반복해 예고합니다. 시편에는 하나님의 심판으로 고통받는 이들의 탄식과 간청이 자주 나오고, 지혜서들은 하나님의 진노를 피할 길을 제시하는 것처럼 보입니다.

이런 이유로 인해 어떤 사람은 구약성경의 하나님은 신약성경의 하나님과 다른 분이라고 주장합니다. 그런 생각에 근거해 구약성경을 배격하는 사람들도 있습니다. 어떤 이들은 하나님의 '진화'를 주장하기도 합니다. 하나님이 인류와의 관계 속에서 변화되었다는 뜻입니다.

우주와 생명을 창조하신 하나님은 예수 그리스도께서 "아빠"라고 불렀던 분입니다. 아브라함을 불러 이스라엘을 제사장 나라로 삼으신 하나님은 당신의 아들을 보내 인류를 죄와 사망 가운데서 해방시키셨으며, 오순절에 성령을 부으셔서 교회라는 새로운 언약 백성을 일으키셨습니다.

예수님이 "아빠"라고 불렀던 하나님은 본성이 사랑이십니다. 사랑으로 온 우주를 창조하셨고, 사랑으로 당신의 아들을 주셨습니다. 그리고 사랑으로 새 하늘과 새 땅을 이루실 분입니다.

그렇다면 왜 하나님은 구약에서 이토록 무서운 분으로, 분기탱천한 분으로 보이는 것일까요?

그 이유는 훗날 성경을 읽는 독자들에게 교훈이 될 만한 이야기들을 선택해 기록했기 때문입니다. 개인 기록이든, 이스라엘 민족에 대한 기록이든, 그들이 실패한 이야기들이 주로 기록되었습니다. 예언자들도 마찬가지입니다. 이스라엘 백성이 거룩하고 의롭게 살 때는 예언자가 나타나지 않았습니다. 그들이 온갖 불의에 빠져 타락의 길을 갈 때 예언자를 보내셨습니다. 그래서 예언자들이 하나님의 분노와 심판을 전하는 사람들이 된 것입니다.

심판은 하나님의 '플랜 B'입니다. '플랜 A'는 언제나 사랑이며 용서이고 은혜이며 오래 참음입니다. 소돔과 고모라 심판을 두고 아브라함이 하나님과 나눈 대화에서 그 진실이 드러납니다. 하나님의 뜻은 심판이 아니라 사랑에 있습니다. 심판은 하나님의 사랑을 끝내 거절하는 사람에게 주어지는 몫입니다.

영향력 없는 믿음

창세기 19장 1~29절

1 저녁때에 두 천사가 소돔에 이르렀다. 롯이 소돔 성 어귀에 앉아 있다가, 그들을 보고 일어나서 맞으며, 얼굴을 땅에 대고 엎드려 청하였다. 2 "두 분께서는 가시는 길을 멈추시고, 이 종의 집으로 오셔서, 발을 씻고, 하룻밤 머무르시기 바랍니다. 내일 아침에 일찍 일어나셔서, 길을 떠나시기 바랍니다." 그들이 대답하였다. "아닙니다. 우리는 그냥 길에서 하룻밤을 묵을 생각입니다." 3 그러나 롯이 간절히 권하므로, 마침내 그들이 롯을 따라서 집으로 들어갔다. 롯이 그들에게, 누룩 넣지 않은 빵을 구워서 상을 차려 주니, 그들은 롯이 차려 준 것을 먹었다. 4 그들이 잠자리에 들기 전에, 소돔 성 각 마을에서, 젊은이 노인 할 것 없이 모든 남자가 몰려와서, 그 집을 둘러쌌다. 5 그들은 롯에게 소리쳤다. "오늘 밤에 당신의 집에 온 그 남자들이 어디에 있소? 그들을 우리에게로 데리고 나오시오. 우리가 그 남자들과 상관 좀 해야 하겠소." 6 롯은 그 남자들을 만나려고 바깥으로 나가서는, 뒤로 문을 걸어 잠그고, 7 그들을 타일렀다. "여보게들, 제발 이러지 말게. 이건 악한 짓일세. 8 이것 보게, 나에게 남자를 알지 못하는 두 딸이 있네. 그 아이들을 자네들에게 줄 터이니, 그 아이들을 자네들 좋을 대로 하게. 그러나 이 남자들은 나의 집에 보호받으러 온 손님들이니까, 그들에게는 아무 일도 저지르지 말게." 9 그러자 소돔의 남자들이 롯에게 비켜서라고 소리를 지르고 나서 "이 사람이, 자기도 나그네살이를 하는 주제에, 우리에게 재판관 행세를 하려고 하는구나. 어디, 그들보다 당신이 먼저 혼 좀 나 보시오" 하면서, 롯에게 달려들어 밀

치고, 대문을 부수려고 하였다. 10 안에 있는 두 사람이, 손을 내밀어 롯을 안으로 끌어들인 다음에, 문을 닫아걸고, 11 그 집 대문 앞에 모여든 남자들을 젊은이 노인 할 것 없이 모두 쳐서, 그들의 눈을 어둡게 하여, 대문을 찾지 못하게 하였다. 12 그 두 사람이 롯에게 말하였다. "식구들이 여기에 더 있습니까? 사위들이나, 아들들이나, 딸들이나, 딸린 가족들이 이 성 안에 더 있습니까? 그들을 다 성 바깥으로 데리고 나가십시오. 13 우리는 지금 이 곳을 멸하려고 합니다. 이 성 안에 있는 사람들을 규탄하는 크나큰 울부짖음이 주님 앞에 이르렀으므로, 주님께서 소돔을 멸하시려고 우리를 보내셨습니다." 14 롯이 나가서, 자기 딸들과 약혼한 사윗감들에게 이 사실을 알렸다. 롯이 그들에게 말하였다. "서두르게. 이 성을 빠져 나가야 하네. 주님께서 이 성을 곧 멸하실 걸세." 그러나 그의 사윗감들은 그가 농담을 한다고 생각하였다. 15 동틀 무렵에 천사들이 롯을 재촉하여 말하였다. "서두르시오. 여기에 있는 부인과 두 딸을 데리고, 여기를 떠나시오. 꾸물거리고 있다가는, 이 성이 벌을 받을 때에, 함께 죽고 말 것이오." 16 그런데도 롯이 꾸물거리자, 그 두 사람은 롯과 그의 아내와 두 딸의 손을 잡아끌어서, 성 바깥으로 안전하게 대피시켰다. 주님께서 롯의 가족에게 자비를 베푸신 것이다. 17 그 두 사람이 롯의 가족을 성 바깥으로 이끌어내자마자, 그 가운데 한 사람이 롯의 가족에게 말하였다. "어서 피하여 목숨을 건지시오. 뒤를 돌아보거나, 들에 머무르거나 하지 말고, 저 산으로 도피하시오. 그렇게 하지 않으면, 죽고 말 것이오." 18 이 때에 롯이 그들에게 말하였다. "다른 길을 말씀해 주시기 바랍니다. 19 두 분께서는 이 종을 좋게 보시고, 저에게 크나큰 은혜를 베푸셔서, 저의 목숨을 구해 주셨습니다. 그러나 제가 저 산까지 도피해 가다가는 이 재난을 피하지 못하고, 죽게 될까 두렵습니다. 20 보십시오, 저기 작은 성이 하나 있습니다. 저 성이면 가까워서 피할 만합니다. 그러니, 그리로 피하게 하여 주십시오. 아주 작은 성이 아닙니까? 거기로 가면, 제 목숨이 안전할 것입니다." 21 그 사람이 롯에게 말하였다. "좋소. 내가 그 청을 들어주겠소. 저 성은 멸하지 않겠소. 22 당신네가 거기에 이르기까지는, 내가 아무 일도 하지 않을 터이니, 빨리 그리로 가시오." 롯이 그 성을 '작다'고 하였으므로, 사람들은 그 성의 이름을 소알이라고 하였다. 23 롯이 소알에 이르렀을 때에, 해가 떠올라서 땅을 비췄다. 24 주님께서 하늘 곧 주님께서 계신 곳으로부터, 소돔과 고모라에 유황과 불을 소나기처럼 퍼 부으셨다. 25 주님께서는 그 두 성과, 성 안에 사는 모든 사람과, 넓은 들과, 땅에 심은 채소를 다 엎어 멸하셨다. 26 롯의 아내는 뒤를 돌아보았으므로, 소금 기둥이 되었다. 27 다음날 아침에 아브라함이 일찍 일어나서, 주님을 모시고 서 있던 그 곳에 이르러서, 28 소돔과 고모라와 넓은 들이 있는 땅을 내려다보니, 거기에서 솟아오르는 연기가 마치 옹기 가마에서 나는 연기와 같았다. 29 하나님은, 들에 있는 성들을 멸하실 때에, 아브라함을 기억하셨다. 그래서 하나님은, 롯이 살던 그 성들을 재앙으로 뒤엎으실 때에, 롯을 그 재앙에서 건져 주신 것이다.

아브라함의 장막에서 머물렀던 세 사람 중 두 사람이 소돔을 찾아간다. 18장에서는 그들을 "사람"이라고 불렀는데, 19장에서는 "천사"(1절)라고 부르고 있다. 우리는 천사를 떠올릴 때 날개 달린 신비한 존재로 상상하는 경향이 있다. 천사는 하나님의 뜻을 행하도록 보냄 받은 존재다.

해 질 무렵 그들은 소돔 성으로 들어가다가 롯을 만난다. "롯이 소돔 성 어귀에 앉아" 있었다는 말은 소돔의 원로로서 재판장 역할을 했음을 암시한다. 롯은 그들이 특별한 존재임을 알아채고 집안으로 초대한다(2~3절). 아브라함은 송아지를 잡고 많은 양의 빵을 만들어 대접한 반면, 롯은 "누룩 넣지 않은 빵"을 구워 대접한다.

그들이 잠자리에 들기 전, 각 마을에서 남자들이 롯의 집에 몰려온다. 그들은 롯에게 두 손님을 자신들에게 내어 달라고 요구한다. 5절에 나오는 "상관"은 성행위를 의미한다. 고대 사회에서는 이방인들에게 집단적인 폭행을 가함으로써 우위를 점하려는 관습이 있었다. 한 남성이 다른 남성에게 가하는 성폭행은 최악의 모욕이었다. 여러 남성이 한 남성에게 가하는 집단 성폭행은 인간이 저지를 수 있는 최악의 죄였다.

소돔 사람들은 그 정도로 심하게 부패했다. 여기서 우리는 소돔과 고모라를 하나님이 심판하실 수밖에 없다는 사실을 확인한다.

롯은 아직 처녀인 두 딸을 내어 줄 테니 손님들에게는 아무 일도 하지 말라고 간청한다(6~8절). 고대 사회에서 자녀는 부모의 소유물처럼 취급되었는데, 롯도 그런 사고방식을 가지고 있었다. 위기 앞에서 분별력을 잃은 것이다.

소돔 사람들은 그 제안을 거부한다. 롯은 소돔 성의 원로로 대접받고 있었는데, 막상 이해관계가 갈리자 주민들은 "자기도 나그네살이를 하는 주제"라며 롯을 깔봤다. 롯은 그 공동체에 속해 있다고 생각했지만, 그들은 그를 이방인으로 여기고 있었다. 그들의 목적은 성적 쾌락이 아니라 이방인들에게 모욕과 폭행을 가하고자 함이었기에 롯에게도 무력을 행사한다. 그러자 두 천사가 롯을 잡아 집안으로 끌어들이고는 행패 부리는 사람들의 눈을 어둡게 해 사태를 잠재운다(10~11절).

두 천사는 롯에게 곧 재앙이 닥칠 것이니 가족을 모으라고 한다. 롯은 두 딸과 약혼한 사위들을 찾아가 그 사실을 알리지만, 그들은 그 말을 곧이듣지 않는다. 날이 밝아지자 두 천사는 서두르라고 재촉하나, 결단하지 못한 롯은 미적거린다. 결국 두 사람은 롯과 가족들을 끌어내어 소돔 성 바깥 안전한 곳으로 피신시킨다.

안전한 곳에 이르자 두 사람은 롯과 가족에게 뒤를 돌아보지 말고 멀리 있는 산으로 피하라고 명령한다. 하지만 롯은 가까운 동네로 피하게 해 달라고 간청한다. 도시의 삶에 익숙했기에 산으로 피하기 두려웠던 것이다. 두 사람은 간청을 받아들여 근처의 작은 성으로 피하게 한다(18~22절).

그들이 소알이라는 성에 피신한 후, 소돔과 고모라에는 엄청난 재앙이 내린다. 롯의 아내는 천사의 말을 무시하고 뒤를 돌아보았다가 소금 기둥이 되어버린다. 다음 날, 아브라함은 소돔과 고모라의 멸망을 목도한다(27~28절). 롯과 그의 딸들을 살려주신 것은 하나님께서 아브라함을 생각하셨기 때문이다.

롯 이야기에서 우리는 잘못된 가치관과 그에 근거한 선택이 얼마나 참담한 결과를 가져오는지 확인합니다.

롯은 하나님을 믿는 사람이었습니다. 하지만 그의 믿음은 생각과 가치관과 행동 방식에 깊이 스며들지 못했습니다. 그래서 척박한 산악 지대보다 비옥하고 번영했던 소돔을 주거지로 택했습니다. 아브라함과 헤어졌을 때, 그는 "평지의 여러 성읍을 돌아다니면서 살다가, 소돔 가까이에 이르러서 자리를"(13:12) 잡았습니다. 그는 조심스럽게 소돔 성으로 접근

했고 결국 소돔 주민이 되었습니다. 사건이 일어날 즈음에는 소돔 성에서 중요한 역할을 하고 있었습니다.

소돔 선택에서 드러난 그의 사고방식과 행동 패턴은 끝까지 변하지 않았습니다. 천사들을 대접하는 태도에서 아브라함과 큰 차이를 드러냅니다.

나그네 환대가 중요함을 알았지만 롯은 정성을 다하지 않았습니다. 남자들이 몰려와서 나그네들을 내놓으라고 했을 때, 그는 분별없이 딸들을 주겠다고 협상했습니다. 천사들이 소돔을 떠나라고 할 때에는 미련을 버리지 못해 미적거렸습니다. 또 먼 산으로 피신하라고 하자 가까운 동네로 피하게 해 달라고 청합니다. 롯의 사위들은 장인의 말을 곧이듣지 않았는데, 영적인 사람으로서 감화력이 있었다면 그렇게 무시당하지 않았을 것입니다. 아내도 돌아보지 말라는 천사의 말을 어겨 소금 기둥이 되었습니다.

모든 책임을 롯에게 떠안기려는 것은 아닙니다. 각자의 죄는 각자의 책임입니다. 하지만 믿음의 사람은 적어도 가족에게 거룩한 영향력을 미칠 수 있어야 합니다. 위기에 처했을 때 혼비백산, 허둥지둥하는 모습은 영적으로 허약함을 증명합니다. 믿음의 사람으로서 살아온 모든 순간이 가족에게 교훈이 되고 지침이 되어 전승되는 법입니다. 그뿐 아니라 믿음의 사람은 가족을 넘어 자신이 사는 사회에 선한 영향력을 끼칩니다.

롯은 그 점에서 처절하게 실패했습니다. 소돔 성에서 신분 상승은 이루었을지 몰라도 자신의 영향력으로 가족조차 변화시키지 못했습니다. 믿음의 사람이었다 해도 믿음의 영향력은 없었습니다.

 두렵습니다. 믿음의 사람으로서 나는 어떤 사람인지 생각하면 두렵고 떨립니다. 롯처럼 신분 상승을 위한 노력과 안전하게 살기만을 도모한 것은 아닌지 반성합니다. 이 세상에서 소금으로, 빛으로 살고 있는지 반성하는 아침입니다.

폐허 가운데
피어나는 희망

창세기 19장 30~38절

30 롯은 소알에 사는 것이 두려워서, 두 딸을 데리고 소알을 떠나, 산으로 들어가서, 숨어서 살았다. 롯은 두 딸들과 함께 같은 굴에서 살았다. 31 하루는 큰 딸이 작은 딸에게 말하였다. "우리 아버지는 늙으셨고, 아무리 보아도 이 땅에는 세상 풍속대로 우리가 결혼할 남자가 없다. 32 그러니 우리가 아버지께 술을 대접하여 취하게 한 뒤에, 아버지 자리에 들어가서, 아버지에게서 씨를 받도록 하자." 33 그 날 밤에 두 딸은 아버지에게 술을 대접하여 취하게 한 뒤에, 큰 딸이 아버지 자리에 들어가서 누웠다. 그러나 아버지는, 큰 딸이 와서 누웠다가 일어난 것을 전혀 알아차리지 못하였다. 34 이튿날, 큰 딸이 작은 딸에게 말하였다. "어젯밤에는 내가 우리 아버지와 함께 누웠다. 오늘 밤에도 우리가 아버지께 술을 대접하여 취하시게 하자. 그리고 이번에는 네가 아버지 자리에 들어가서, 아버지에게서 씨를 받아라." 35 그래서 그 날 밤에도 두 딸은 아버지에게 술을 대접하여 취하게 하였고, 이번에는 작은 딸이 아버지 자리에 들어가 누웠다. 그러나 이번에도 그는, 작은 딸이 와서 누웠다가 일어난 것을 전혀 알아차리지 못하였다. 36 롯의 두 딸이 드디어 아버지의 아이를 가지게 되었다. 37 큰 딸은 아들을 낳고, 아기 이름을 모압이라고 하였으니, 그가 바로 오늘날 모압 사람의 조상이다. 38 작은 딸도 아들을 낳고, 아기 이름을 벤암미라고 하였으니, 그가 바로 오늘날 암몬 사람의 조상이다.

소알 성으로 피신하여 목숨을 건진 롯은 지독한 피해망상에 시달린다. 요즘 말로 하면 '외상 후 스트레스 장애'(PTSD)다. 천사들이 산으로 피신하라고 할 때, 롯은 소알 성으로 가게 해 달라고 청했다(19:20). 도시 생활에 익숙한 까닭에 산에 숨어드는 것이 두려웠기 때문이다. 하지만 이제는 제 발로 산속으로 숨어들었다. 소알 성 주민들이 자신의 정체를 알면 죽일지 모르고, 소알 성이 소돔과 고모라처럼 심판받을지 모른다는 두려움 때문이었다.

산에서의 생활이 길어지자 두 딸은 자손을 잇기 어려운 처지를 염려한다. 당시 문화에서 여성에게 가장 큰 힘은 자녀였고, 종족 보존을 가장 큰 과제로 여겼기 때문이다. 남편을 둘 수 없다는 두려움이 들자, 두 딸은 아버지를 통해 대를 잇기로 한다. 그들은 아버지를 술에 취하게 만들어 차례로 동침한다. "아버지 자리에 들어가서"(33, 34절)라는 말은 성관계를 에둘러 표현한 말이다. 구약성경에서 이 표현은 성폭행을 묘사할 때 사용한다. 딸들은 아버지의 의지를 무시한 채 행동했다.

이렇게 하여 첫째 딸의 아들에게서 모압 백성이 나왔고, 둘째 딸 아들에게서는 암몬 백성이 나왔다(36~38절). 두 민족은 두고두고 아브라함 자손과 적대 관계로 지냈다.

롯은 창세기에 나오는 인물 가운데 조연급이지만, 그의 마지막은 강렬한 인상을 남깁니다. 요즘 말로 하면 창세기의 '신 스틸러'(scene stealer, 잠시 출연하지만 주연급 이상으로 강렬한 인상을 남기는 인물)입니다.

하나님은 아브라함을 생각해 롯과 두 딸을 살아남게 하셨지만, 그 이후의 삶은 차라리 죽는 편이 더 나았겠다고 생각할 만큼 참담했습니다. 롯에게 불의 심판 가운데 홀로 살아남은 현실은 축복이 아니라 무거운 짐이었습니다. 눈만 감으면 소돔과 고모라에 내린 유황불 소나기가 나타나 그를 괴롭혔습니다. 정신이 돌아오면 소알 성 사람들에게 정체가 발각돼 살해당하는 것은 아닌지 불안했습니다. 롯은 결국 두 딸을 데리고 산속으로 피신했습니다. 자연 동굴이 많은 팔레스타인의 돌산을 거처로 삼았습니다.

하지만 그 동굴은 큰 비극의 온상이 되어버립니다. 두 딸은 폐인처럼 지내는 아버지마저 죽으면 어찌 살아갈지 염려했습니다. 자녀라도 있으면 나을 것 같은데, 자신들을 아내로 맞을 사람을 찾을 수 없었습니다. 아버지를 통해서라도 자식을 얻어야겠다고 생각한 큰딸은 동생과 일을 꾸몄습니다. 얼마 후 롯은 점점 불러오는 두 딸의 배를 보고 상황을 짐작했을 것입니다. 두 아이가 자라는 동안 아들도 아니고 손자도 아닌 아이들을 차마 대면하지 못했을 것입니다. 끊을 수 없는 목숨을 간신히 붙들고 살다가 한 많은 인생을 마쳤을 것입니다.

마지막에 저자는 첫째 딸의 아들은 모압 백성의 조상이 되고 둘째 딸 아들은 암몬 백성의 조상이 되었다고 기록함으로써 롯의 사망 후 두 딸에게 일어난 일을 상상하게 합니다. 하나님은 두 딸과 그 아들들을 살아남게 하셨습니다. 롯의 거듭된 패착으로 풍비박산되었지만, 그 폐허 가운데서 새로운 싹이 돋게 하셨습니다.

때로 인생은 이렇게 참담하게 망가질 수 있습니다. 살아남으려는 의지는 때로 넘어서는 안 될 선을 넘게 합니다. 선의로 행한 선택이 비극을 낳기도 합니다. 그것이 인생사요 세상사입니다. 하나님은 인간들이 만들어 내는 다양한 실패와 패착과 오판과 비극을 엮어 역사를 이어가십니다.

변함없는
하나님의 약속

창세기 20장

1 아브라함은 마므레에서 네겝 지역으로 옮겨 가서, 가데스와 수르 사이에서 살았다. 아브라함은 그랄에 잠시 머문 적이 있는데, 2 거기에서 아브라함이 자기 아내 사라를 사람들에게 자기 누이라 소개하였으므로, 그랄 왕 아비멜렉이 사람을 보내서, 사라를 데려갔다. 3 그런데 그 날 밤에 하나님이 꿈에 아비멜렉에게 나타나셔서 말씀하셨다. "네가 이 여자를 데려왔으니, 너는 곧 죽는다. 이 여자는 남편이 있는 여자다." 4 아비멜렉은, 아직 그 여인에게 가까이하지 않았으므로, 주님께 이렇게 아뢰었다. "주님, 주님께서 의로운 한 민족을 멸하시렵니까? 5 아브라함이 저에게, 이 여인은 자기 누이라고 하지 않았습니까? 또 이 여인도 아브라함을 오라버니라고 말하지 않았습니까? 저는 깨끗한 마음으로 떳떳하게 이 일을 하였습니다." 6 하나님이 꿈에 또 그에게 말씀하셨다. "그렇다. 나는, 네가 깨끗한 마음으로 이렇게 한 줄을 잘 안다. 그러므로 내가 너를 지켜서, 네가 나에게 죄를 짓지 못하도록 한 것이다. 그 여인을 건드리지 못하게 한 이유도 바로 여기

에 있다. 7 이제 그 여인을 남편에게로 돌려보내어라. 그의 남편은 예언자이므로, 너에게 탈이 나지 않게 하여 달라고 기도할 것이고, 너는 살 것이다. 그러나 그 여인을 돌려보내지 않으면, 너와 너에게 속한 사람들이 틀림없이 다 죽을 줄 알아라." 8 다음날 아침에 아비멜렉은 일찍 일어나서, 신하들을 다 불렀다. 그들은 왕에게 일어난 일을 다 듣고서, 매우 두려워하였다. 9 아비멜렉은 아브라함을 불러들여서, 호통을 쳤다. "당신은 어찌하여 우리에게 이렇게 하였소? 내가 당신에게 무슨 잘못을 저질렀기에, 나와 내 나라가 이 크나큰 죄에 빠질 뻔하게 하였느냐 말이오? 당신은 나에게 해서는 안 될 일을 한 거요." 10 아비멜렉이 또 아브라함에게 말하였다. "도대체 어째서 이런 일을 저지른단 말이오?" 11 아브라함이 대답하였다. "이 곳에서는 사람들이 아무도 하나님을 두려워하지 않으니까, 나의 아내를 빼앗으려고 할 때에는, 사람들이 나를 죽일 것이라고 생각하였습니다. 12 그러나 사실을 말씀드리면, 나의 아내가 나의 누이라는 것이 틀린 말은 아닙니다. 아내는 나와는 어머니는 다르지만 아버지는 같은 이복 누이이기 때문입니다. 13 하나님이 나를, 아버지 집에서 떠나서 여러 나라로 두루 다니게 하실 때에, 내가 아내에게 부탁한 말이 있습니다. '우리가 어느 곳으로 가든지, 사람들이 나를 두고서 묻거든, 그대는 나를 오라버니라고 하시오. 이것이 그대가 나에게 베풀 수 있는 은혜요' 하고 말한 바 있습니다." 14 아비멜렉이 아브라함에게 양 떼와 소 떼와 남종과 여종을 선물로 주고, 아내 사라도 아브라함에게 돌려보냈다. 15 아비멜렉이 아브라함에게 말하였다. "나의 땅이 당신 앞에 있으니, 원하는 곳이 어디이든지, 가서, 거기에서 자리를 잡으시오." 16 그리고 사라에게는 이렇게 말하였다. "나는 그대의 오라버니에게 은 천 세겔을 주었소. 이것은, 그대와 함께 있는 여러 사람에게서 그대가 받은 부끄러움을 조금이나마 덜어보려는 나의 성의의 표시요. 그대가 결백하다는 것을, 모두가 알게 될 것이오." 17 아브라함이 하나님께 기도하니, 하나님이, 아비멜렉과 그의 아내와 그의 여종들이 다시 아이를 가질 수 있도록 태를 열어주셨다. 18 아비멜렉이 아브라함의 아내 사라를 데려간 일로, 주님께서는 전에 아비멜렉 집안의 모든 여자의 태를 닫으셨었다.

아브라함은 마므레에서 네겝 지역으로 이사하는 중에 그랄 지방에 잠시 머물렀다. 그런데 그곳에서도 아브라함은 아내 사라를 누이라고 소개한다. 13절에 보면 그것은 이주민의 삶을 시작하면서 아브라함과 사라가 택한 생존 전략이었다. 그 덕분에 이집트에서 모두 살아남을 수 있었다.

그로부터 20여 년이 흐른 뒤, 그랄에서 두 사람은 또다시 그런 상황을 만난다. 사라를 아브라함의 누이로 안 아비멜렉이 후궁으로 삼고자 데려간다. 여기서의 "데려갔더니"(2절)는 강압적인 탈취 행위를 뜻한다. 당시 권력자들은 자기 영역 안에 들어온 사람들을 이같은 방식으로 길들였다.

이 위기에 하나님은 다시 개입하신다(3~7절). 아비멜렉이 사라와 동침하기 전 그의 꿈에 나타나 책망하신다. 남편 있는 사라를 취한 일로 죽게 될 것이라고 말씀하시고, 아비멜렉 집안의 모든 태를 닫으셨다(18절).

아비멜렉은 아내를 누이라고 속인 아브라함과 사라에게 잘못이 있다고 항변한다. 하나님은 그 사실을 인정하시면서 그래서 죄짓기 전에 막은 것이라고 말씀하신다. 이어 하나님은 아브라함을 "예언자"(7절)로 소개하면서 사라를 남편에게 돌려보내라고 명령하신다.

다음 날 아비멜렉은 아브라함을 불러 크게 호통을 친다.

그러자 아브라함은 "이 곳에서는 사람들이 아무도 하나님을 두려워하지 않으니까"(11절) 사라로 인해 자신이 죽을 수 있다고 판단해 그랬다며 자신의 행동을 변호한다. 사실 그것은 당시에 흔한 일이었다. 그리고 실제로 사라는 아브라함의 이복 누이였기에 틀린 말이 아니었다.

아비멜렉은 사라를 아브라함에게 돌려보내면서 많은 재산을 준다. 일종의 위자료인 셈이다. 그리고 사라에게 사과의 마음을 전한다. 이에 아브라함은 아비멜렉과 그의 가족, 백성을 위해 축복을 빌어준다(14~17절). 아브라함의 이 기도를 들으신 하나님은 아비멜렉 가문의 태를 다시 열어주신다.

그랄에서 있었던 이야기를 읽으면서 우리는 '이즈음이면 아브라함은 이런 실수는 하지 말았어야 하는 것 아닌가?'라는 생각을 하기 쉽습니다. 그동안 아브라함은 하나님의 전적인 개입을 여러 번 경험해 왔기 때문입니다.

하지만 그의 이야기가 시작된 12장부터 20장까지의 이야기들은 20년이 넘는 세월 동안 일어난 일임을 기억해야 합니다. 시차를 고려하지 않고 읽으면 하나님이 아브라함에게 자주 나타나신 것처럼 보입니다. 하지만 하나님의 개입은 그에게도 예외적인 일이었고, 대부분의 시간 동안 아브라함은 "보이지 않는 분을 마치 보는 듯이 바라보면서"(히 11:27) 살기에 힘썼을 것입니다.

믿음은 한순간에 소유할 수 있는 무언가가 아닙니다. 날마다 보이지 않는 하나님을 보는 듯이 믿고 의지하며 살아가는 것입니다. 믿고 산 세월이 길다고 해서 그만큼 믿음이 쌓이는 것이 아닙니다. 믿음은 관계이기에 매일 새롭게 해야 합니다. 그렇게 하지 않으면 믿음은 어느 순간 휘발되어 사라집니다.

눈에 보이는 현실은 두려운데 보이지 않는 하나님은 까마득히 멀어 보이면, 아무리 대단한 체험을 했다 해도 어리석은 선택을 하게 됩니다. "믿음으로 살아가지, 보는 것으로 살아가지 아니합니다"(고후 5:7)라고 고백하던 사람도 때로 "보는 것"에 사로잡힐 수 있습니다. 그랄에서 아브라함이 범한 잘못을 두고 뭐라 할 수 없는 이유입니다. 우리 역시 그랬을 것이기 때문입니다.

누구나 언제든 실수할 수 있고 잘못할 수 있습니다. 하나님도 그것을 잘 아십니다. 그래서 우리의 잘못을 애정 어린 시선으로 바라보십니다. 그런 주님이시기에 아브라함이 두려움에 사로잡혀 당신을 잊었을 때도 적극 개입하여 사라를 구해 주셨습니다. 아브라함에게 하신 언약을 기억하여 그를 위해 행동하셨습니다.

이것을 두고 '하나님은 우리의 잘못에 상관하지 않으신다'라고 오해하지 말아야 합니다. 하나님께는 용서하시지 못할 정도로 큰 죄가 없지만, 문제 되지 않을 정도로 작은 죄도 없습니다. 하지만 그분은 당신의 언약 안에 있는 사람들에게 약속을 지키십니다. 잘못은 분명 뼈아프게 회개할 일이지만, 그 때문에 우리를 향한 약속을 취소하지는 않으십니다. 예수 그리스도의 언약 안에 있는 사람들을 향한 하나님의 사랑은 상황에 따라 변하지 않습니다.

우리를 향한 그분의 사랑은 영원합니다. 그 사랑 안에 든든히 자리 잡고 살아갈 때, 부끄러운 잘못과 실수에서 온전히 벗어나는 은혜를 입습니다.

언약을 지키시는 하나님

창세기 21장 1~7절

1 주님께서는 말씀하신 대로 사라를 돌보셨다. 사라에게 약속하신 것을 주님께서 그대로 이루시니, 2 사라가 임신하였고, 하나님이 아브라함에게 약속하신 바로 그 때가 되니, 사라와 늙은 아브라함 사이에서 아들이 태어났다. 3 아브라함은 사라가 낳아 준 아들에게 이삭이라는 이름을 지어 주었다. 4 이삭이 태어난 지 여드레 만에, 아브라함은, 하나님이 분부하신 대로, 그 아기에게 할례를 베풀었다. 5 아브라함이 아들 이삭을 보았을 때에, 그의 나이는 백 살이었다. 6 사라가 혼자서 말하였다. "하나님이 나에게 웃음을 주셨구나. 나와 같은 늙은이가 아들을 낳았다고 하면, 듣는 사람마다 나처럼 웃지 않을 수 없겠지." 7 그는 말을 계속하였다. "사라가 자식들에게 젖을 물리게 될 것이라고, 누가 아브라함에게 말할 엄두를 내었으랴? 그러나 내가 지금, 늙은 아브라함에게 아들을 낳아 주지 않았는가!"

드디어 때가 되어 아브라함은 사라를 통해 아들을 얻는다. 저자는 1절에서 주님이 약속을 이행하셨음을 두 번 강조한다. "돌보셨다"로 번역된 단어 '파카드'는 '방문하셨다'로도 번역할 수 있는데, 이것은 주님께서 어떤 대상에게 구체적인 행동을 하실 때 사용한다.

또한 저자는 그들의 출산이 불가능한 일이었음을 거듭 강조한다. 2절에서 "늙은 아브라함"이라고 하고, 5절에서는 그의 나이가 백 살임을 강조하며, 6~7절에서는 사라의 독백을 통해 불가능한 일이 일어났다고 강조한다. 7절에 나오는 사라의 질문은 수사적 의문문이다. "사라가 자식들에게 젖을 물리게 될 것이라고, 누가 아브라함에게 말할 엄두를 내었으랴?"라는 질문은 '그럴 사람은 하나도 없다'는 뜻을 내포한다.

아브라함은 하나님이 명령하신 대로 아들을 이삭이라 이름 짓고 여드레 만에 할례를 베푼다(3~4절).

아브라함과 사라는 아들을 주겠다는 하나님의 약속을 거

듭 의심했습니다. 약속의 실현이 늦어지자 사라는 자구책을 써서 이스마엘을 아브라함에게 안겨 줍니다. 성장하는 이스마엘을 보며 더는 바랄 것이 없었을 것입니다. 그러면서 하나님께서 약속을 지키려 해도 이젠 너무 늦었다고 생각했을 것입니다. 사라는 생리가 끊겼고 아브라함은 늙어서 마른 나무처럼 되었습니다. 하지만 하나님은 결국 약속을 성취하셨습니다. 아브라함과 사라의 의심과 불신은 하나님께 전혀 문제되지 않았습니다.

하나님은 우리가 믿고 따르기를 기대하십니다. 주의 말씀대로 행하기 원하시고, 그렇게 하도록 인도하고 돌보십니다. 하지만 우리는 믿음으로 살지 못합니다. 하나님의 존재를 자주 의심하고, 그분의 뜻을 수시로 무시합니다. 인간적인 시각에서 판단하고, 보이는 것을 기준으로 결정합니다. 때문에 하나님의 뜻은 까마득하고 우리의 생각이 늘 앞장섭니다. 그래서 그분 뜻을 알면서도 내 뜻을 따릅니다. 주의 약속이 이루어질 때까지 인내하지 못하고 수단과 방법을 가리지 않고 씁니다.

그럼에도 하나님은 우리를 위해 정하신 일을 이루어 주십니다. 우리의 회의와 의문과 불신이 문제 되지 않는 것처럼 행동하십니다. 우리가 육신 안에 사는 한 언제든 넘어질 수 있는 존재임을 잘 아시기 때문입니다. 간혹 우리의 언행을 보시고 계획을 바꾸기도 하십니다.

하지만 그것은 예외적인 일입니다. 하나님은 우리의 언행 심사를 불꽃 같은 눈으로 지켜보시지만, 그에 따라 이랬다저랬다 하지 않으십니다. 그래서 구약에서는 그분의 성품을 '헤세드'로, 신약에서는 '아가페'로 표현합니다. 두 단어 모두 '한결같은 사랑'으로 번역할 수 있습니다.

우리를 향한 그분의 사랑은 한결같습니다. 예수 그리스도의 언약 안에 들어온 사람에게는 더욱 그렇습니다. 우리의 구원이 가능한 것은 하나님의 믿음(faithfulness, 한결같은 사랑) 때문입니다. 내 믿음으로 구원받았다면 그 구원은 언제든 위협받을 수 있습니다. 우리의 구원이 전능하신 하나님의 언약에 있기에 마음 든든합니다.

불의한 현실에서
하나님을 신뢰하기

창세기 21장 8~21절

8 아기가 자라서, 젖을 떼게 되었다. 이삭이 젖을 떼는 날에, 아브라함이 큰 잔치를 벌였다. 9 그런데 사라가 보니, 이집트 여인 하갈과 아브라함 사이에서 태어난 아들이 이삭을 놀리고 있었다. 10 사라가 아브라함에게 말하였다. "저 여종과 그 아들을 내보내십시오. 저 여종의 아들은 나의 아들 이삭과 유산을 나누어 가질 수 없습니다." 11 그러나 아브라함은, 그 아들도 자기 아들이므로, 이 일로 마음이 몹시 괴로웠다. 12 하나님이 그에게 말씀하셨다. "그 아들과 그 어머니인 여종의 일로 너무 걱정하지 말아라. 이삭에게서 태어나는 사람이 너의 씨가 될 것이니, 사라가 너에게 말한 대로 다 들어 주어라. 13 그러나 여종에게서 난 아들도 너의 씨니, 그 아들은 그 아들대로, 내가 한 민족이 되게 하겠다." 14 다음날 아침에 일찍, 아브라함은 먹거리 얼마와 물 한 가죽부대를 가져다가, 하갈에게 주었다. 그는 먹거리와 마실 물을 하갈의 어깨에 메워 주고서, 그를 아이와 함께 내보냈다. 하갈은

길을 나서서, 브엘세바 빈 들에서 정처없이 헤매고 다녔다. 15 가죽부대에 담아 온 물이 다 떨어지니, 하갈은 아이를 덤불 아래에 뉘어 놓고서 16 "아이가 죽어 가는 꼴을 차마 볼 수가 없구나!" 하면서, 화살 한 바탕 거리만큼 떨어져서, 주저앉았다. 그 여인은 아이 쪽을 바라보고 앉아서, 소리를 내어 울었다. 17 하나님이 그 아이가 우는 소리를 들으셨다. 하늘에서 하나님의 천사가 하갈을 부르며 말하였다. "하갈아, 어찌 된 일이냐? 무서워하지 말아라. 아이가 저기에 누워서 우는 저 소리를 하나님이 들으셨다. 18 아이를 안아 일으키고, 달래어라. 내가 저 아이에게서 큰 민족이 나오게 하겠다." 19 하나님이 하갈의 눈을 밝히시니, 하갈이 샘을 발견하고, 가서, 가죽부대에 물을 담아다가 아이에게 먹였다. 20 그 아이가 자라는 동안에, 하나님이 그 아이와 늘 함께 계시면서 돌보셨다. 그는 광야에 살면서, 활을 쏘는 사람이 되었다. 21 그가 바란 광야에서 살 때에, 그의 어머니가 그에게 이집트 땅에 사는 여인을 데려가서, 아내로 삼게 하였다.

7절과 8절 사이에 3년 정도의 시차가 있다. 유대 전통에서는 세 살 정도에 젖을 뗐기 때문이다. 유아 사망률이 높았던 시대에 수유를 끝내는 일은 크게 축하할 일이었다. 그래서 아브라함은 큰 잔치를 벌인다(8절).

그때 문제가 생기는데, 그 발단에 대해 저자는 "이집트 여인 하갈과 아브라함 사이에서 태어난 아들이 이삭을 놀리고 있었다"(9절)라고 적는다. 이 표현으로 사라의 태도에 변화가 있음을 암시한다. 이삭이 생기기 전, 사라는 이스마엘을 자기 아들로 여겼다. 하지만 친자가 생기니 하갈의 아들로 보이기 시작했고, 이스마엘의 모든 행동이 거슬렸다.

사라는 아브라함에게 하갈과 이스마엘을 내보내라고 요구한다(10절). 그냥 두면 맏아들의 권리에 따라 아브라함의 재산을 나누어 주어야 했기 때문이다. 아브라함은 사라의 부당한 요구에 괴로워한다(11절). 그는 하나님의 뜻을 여쭈었고, 놀랍게도 하나님은 사라의 말대로 하라고 하신다. 그러면서 그 아들도 한 민족이 될 것이라고 약속하신다. 이때 이스마엘의 나이는 16세쯤 되었다.

"다음날 아침에 일찍"(14절) 아브라함은 가죽 부대에 물을 담고 빵을 준비해 하갈에게 건넨다. "내보냈다"라는 표현은 이혼을 암시한다(신 22:19). 열여섯 살 된 이스마엘에게 짐을 주지 않은 것을 보면, 아브라함이 그를 아꼈던 것 같다. 하갈이 이스마엘을 데리고 "브엘세바 빈 들에서 정처없이 헤매고 다녔다"는 말은 갈 바를 모르고 방황했다는 뜻이다.

정처없이 방황하는 동안 물이 떨어지고 만다. 하갈은 허기와 갈증에 지쳐 기진맥진하는 이스마엘을 보며 절망에 빠진다. "덤불 아래에 뉘어 놓고서"(15)라는 표현은 '죽기를 기다린다'는 뜻이다. 아들이 죽는 꼴을 차마 볼 수 없었던 하갈은 화살이 날아가는 거리만큼 떨어져 앉아 아들 쪽을 바라보며 통곡한다. 어머니의 통곡을 들은 이스마엘도 슬피 운다.

그때 천사가 하갈에게 다시 나타나, 하나님이 아이의 울음소리를 들으셨으며 장차 그를 통해 큰 민족을 일으키실 것이니 아들을 달래라고 전한다(17~18절). 천사의 위로를 듣고 고개를 들어보니 하갈의 눈에 샘이 보인다. 가죽 부대에 물을 담아 아들에게 먹이고는 바란 광야로 가서 그곳에 정착한다.

이 대목에서 저자는 "그 아이가 자라는 동안에, 하나님이 그 아이와 늘 함께 계시면서 돌보셨다"(20절)라고 적는다. 하나님은 이삭만을 사랑해 이스마엘을 내치신 것이 아니다. 이삭을 향한 계획이 있으시듯, 이스마엘에게도 나름의 계획이 있으셨다. 그는 바란 광야에서 강인한 남성으로 성장했고, 혼기가 차자 하갈은 이집트에서 며느리를 구해 결혼시킨다(21절).

사라와 하갈의 관계에서 하나님이 하시는 일은 분별을 잃은 노인의 편애처럼 보입니다. 하지만 그것이 불의한 사회 구조와 인간들 사이에서 당신의 뜻을 이루어 가시는 하나님의 방법입니다.

　사라는 매정하고 욕심 많은 여주인이고, 아브라함은 사라에게 휘둘리는 줏대 없이 남편입니다. 하갈과 이스마엘을 향한 그들의 처사는 책망받아 마땅합니다. 요즘 말로 하면 갑질을 한 것입니다.

　이 일로 아브라함이 고민하며 기도할 때 하나님은 사라의 말을 들어 주라고 하십니다. 정의와 공평의 하나님과 어울리지 않습니다. 하지만 하나님은 하갈과 이스마엘을 위한 대책을 세워 두고 계셨습니다. 이스마엘을 통해 큰 민족을 이루는 계획이 성취되려면 지금의 고난을 감수해야 합니다. 분명 사라의 소행은 잘못이지만, 그 잘못을 사용해 하나님은 당신의 '빅 픽처'를 만들어 가십니다.

　임신 중인 하갈이 쫓겨났을 때, 하나님은 그에게 사라의 집으로 돌아가 인내하며 살라고 하셨습니다. 그때는 이해할 수 없었는데, 이제 보니 그것은 이스마엘이 청년으로 성장할 때까지 아브라함의 보호를 받게 하시려는 계획이었습니다. 사라의 하나님은 곧 하갈의 하나님이시고, 이삭의 하나님은 곧 이스마엘의 하나님이셨습니다.

세상사를 보면 '하나님의 정의는 과연 살아 있는가?' 의문에 사로잡힐 때가 많습니다. 개인사도 마찬가지입니다. 우리는 때로 너무 억울하고 부당한 일을 겪습니다. 하갈과 이스마엘이 당한 일이 딱 그랬습니다. 하지만 그 후의 이야기를 읽으면서 우리는 인간의 실수와 악행을 통해 빅 픽처를 그려 가시는 하나님의 섭리를 깨닫습니다.

이 사실을 믿는다면 우리는 때로 당하는 부당한 일들을 견딜 수 있습니다. 악한 현실에 침묵하고 견디기만 하라는 뜻은 아닙니다. 부당한 현실을 고칠 수 있으면 고치도록 힘써야 합니다. 하지만 모든 악을 제거할 수는 없습니다. 개인적이든 국가적이든, 당하고 견디는 수밖에 없는 경우가 있습니다. 그럴 때 하나님이 보고 계시고 듣고 계시며 내가 당하는 고난을 통해 큰 그림을 이루어 가심을 믿는다면, 하갈처럼 절망의 자리에서 일어날 힘을 얻을 수 있습니다. 나아가 하나님이 빚어가시는 희망의 미래를 볼 수 있습니다.

영원하신 하나님

창세기 21장 22~34절

22 그 무렵에 아비멜렉과 그의 군사령관 비골이 아브라함에게 말하였다. "하나님은, 당신이 무슨 일을 하든지, 당신을 도우십니다. 23 이제 여기 하나님 앞에서, 당신이 나와 나의 아이들과 나의 자손을 속이지 않겠다고 맹세하십시오. 당신이 나그네살이를 하는 우리 땅에서, 내가 당신에게 한 것처럼, 당신도 나와 이 땅 사람들에게 친절을 베풀어 주시기 바랍니다." 24 아브라함이 말하였다. "맹세합니다." 25 이렇게 말하고 나서, 아브라함은, 아비멜렉의 종들이 우물을 빼앗은 것을 아비멜렉에게 항의하였다. 26 그러나 아비멜렉은 이렇게 말하였다. "누가 그런 일을 저질렀는지, 나는 모릅니다. 당신도 그런 말을 여태까지 나에게 하지 않았습니다. 나는 그 일을 겨우 오늘에 와서야 들었습니다." 27 아브라함이 양과 소를 끌고 와서, 아비멜렉에게 주고, 두 사람이 서로 언약을 세웠다. 28 아브라함이 양 떼에서 새끼 암양 일곱 마리를 따로 떼어 놓으니, 29 아비멜렉이 아브라함에게 물었다. "새끼 암양 일곱 마리를 따로 떼어 놓은 까닭이 무엇입니까?" 30 아브라함이 대답하였다. "내가 이 우물을 파 놓은 증거로, 이 새끼 암양 일곱 마리를 드리려고 합니다." 31 이 두 사람이 여기에서 이렇게 맹세를 하였으므로, 그 곳을 브엘세바라고 한다. 32 아브라함과 아비멜렉이 브엘세바에서 언약을 세운 다음에, 아비멜렉과 그의 군사령관 비골은 블레셋 사람의 땅으로 돌아갔다. 33 아브라함은 브엘세바에 에셀 나무를 심고, 거기에서, 영생하시는 주 하나님의 이름을 부르며 예배를 드렸다. 34 아브라함은 오랫동안 블레셋 족속의 땅에 머물러 있었다.

20장의 기록에서 보듯, 아브라함은 아비멜렉이 다스리는 그랄 지방에 정착한다. 아비멜렉은 사라의 일로 아브라함을 선대하고, 그러는 사이 아브라함은 크게 번창한다. 아브라함의 세력이 계속 확장되자 아비멜렉의 종들이 경계하기 시작하고, 그로 인해 종들 사이에 잦은 분쟁이 일어난다.

분쟁이 큰 불행으로 비화할 가능성을 염려한 아비멜렉은 군사령관 비골과 함께 아브라함을 찾아와 평화 협정을 제안한다. 아브라함은 제안을 받아들이면서, 아비멜렉 종들이 우물을 빼앗은 일에 대해 항의한다(24~25절). 그러자 아비멜렉은 전혀 아는 바가 없었다며 발뺌한다.

아브라함은 양과 소를 끌고 와서 아비멜렉과 평화 협정을 맺는다. 그리고 새끼 암양 일곱 마리를 아비멜렉에게 선물로 주면서 빼앗긴 우물을 돌려받는다(28~30절). 두 사람이 계약 맺은 곳은 '브엘세바'(맹세의 우물)로 불리게 되었다.

계약 후 아비멜렉은 비골과 함께 자기 땅으로 돌아가고, 아브라함은 브엘세바에 자리를 잡는다. 그곳에서 예배를 드리며 하나님을 "영생하시는 주 하나님"(엘 올람)으로 부른다. 그 땅은 나중에 블레셋이라고 불렸는데, 아브라함은 그곳에 오래 머물렀다.

아브라함이 브엘세바에서 예배드리며 부른 '엘 올람' 즉 "영생하시는 주 하나님"은 개역개정 성경의 "영원하신 하나님"으로 번역하는 것이 더 낫습니다. 이로써 아브라함이 고백하고자 한 것은 '영원히 사시는 하나님'이 아니라 '영원히 약속을 지키시는 하나님'이었기 때문입니다.

아브라함은 그랄 땅으로 이주해 나그네 생활을 했는데, 하나님은 그곳에서 번성하게 하셨습니다. 아브라함에게 일어난 일들을 지켜본 아비멜렉은 함부로 대해서는 안 될 사람이라고 여겼습니다. 그가 섬기는 하나님이 그를 돌보아 주심을 부정할 수 없었기 때문입니다. 그래서 자청하여 평화 협정을 맺자고 제안했고, 그로 인해 아브라함은 안전하게 그랄 땅(블레셋)에 정착하고 번성할 수 있었습니다.

이는 인간의 지략 덕분이 아니라 하나님의 신실하심 때문입니다. 하나님은 아브라함에게 하신 약속을 이루기 위해 그를 돌보고 인도하셨습니다. 그 사실을 깨달은 아브라함은 "엘 올람"이라고 부르며 예배드렸습니다. 나그네 인생길에서 믿고 의지할 분은 영원히 신실하신 하나님뿐임을 깨달은 것입니다.

주님,
제가 여기 있습니다

창세기 22장

1 이런 일이 있은 지 얼마 뒤에, 하나님이 아브라함을 시험해 보시려고, 그를 부르셨다. "아브라함아!" 하고 부르시니, 아브라함은 "예, 여기에 있습니다" 하고 대답하였다. 2 하나님이 말씀하셨다. "너의 아들, 네가 사랑하는 외아들 이삭을 데리고 모리아 땅으로 가거라. 내가 너에게 일러주는 산에서 그를 번제물로 바쳐라." 3 아브라함이 다음 날 아침에 일찍이 일어나서, 나귀의 등에 안장을 얹었다. 그는 두 종과 아들 이삭에게도 길을 떠날 준비를 시켰다. 번제에 쓸 장작을 다 쪼개어 가지고서, 그는 하나님이 그에게 말씀하신 그 곳으로 길을 떠났다. 4 사흘 만에 아브라함은 고개를 들어서, 멀리 그 곳을 바라볼 수 있었다. 5 그는 자기 종들에게 말하였다. "내가 이 아이와 저리로 가서, 예배를 드리고 너희에게로 함께 돌아올 터이니, 그 동안 너희는 나귀와 함께 여기에서 기다리고 있거라." 6 아브라함은 번제에 쓸 장작을 아들 이삭에게 지우고, 자신은 불과 칼을 챙긴 다음에, 두 사람은 함께 걸었다. 7 이삭이 그의 아버지 아브라함에게 말하였다. 그가 "아버지!" 하고 부르자, 아브라함이 "애야, 왜 그러느냐?" 하고 대답하

였다. 이삭이 물었다. "불과 장작은 여기에 있습니다마는, 번제로 바칠 어린 양은 어디에 있습니까?" 8 아브라함이 대답하였다. "얘야, 번제로 바칠 어린 양은 하나님이 손수 마련하여 주실 것이다." 두 사람이 함께 걸었다. 9 그들이, 하나님이 말씀하신 그 곳에 이르러서, 아브라함은 거기에 제단을 쌓고, 제단 위에 장작을 벌여 놓았다. 그런 다음에 제 자식 이삭을 묶어서, 제단 장작 위에 올려놓았다. 10 그는 손에 칼을 들고서, 아들을 잡으려고 하였다. 11 그 때에 주님의 천사가 하늘에서 "아브라함아, 아브라함아!" 하고 그를 불렀다. 아브라함이 대답하였다. "예, 여기 있습니다." 12 천사가 말하였다. "그 아이에게 손을 대지 말아라! 그 아이에게 아무 일도 하지 말아라! 네가 너의 아들, 너의 외아들까지도 나에게 아끼지 아니하니, 네가 하나님 두려워하는 줄을 내가 이제 알았다." 13 아브라함이 고개를 들고 살펴보니, 수풀 속에 숫양 한 마리가 있는데, 그 뿔이 수풀에 걸려 있었다. 가서 그 숫양을 잡아다가, 아들 대신에 그것으로 번제를 드렸다. 14 이런 일이 있었으므로, 아브라함이 그 곳 이름을 여호와이레라고 하였다. 오늘날까지도 사람들은 '주님의 산에서 준비될 것이다'는 말을 한다. 15 주님의 천사가 하늘에서 두 번째로 아브라함을 불러서, 16 말하였다. "주님의 말씀이다. 내가 친히 맹세한다. 네가 이렇게 너의 아들까지, 너의 외아들까지 아끼지 않았으니, 17 내가 반드시 너에게 큰 복을 주며, 너의 자손이 크게 불어나서, 하늘의 별처럼, 바닷가의 모래처럼 많아지게 하겠다. 너의 자손은 원수의 성을 차지할 것이다. 18 네가 나에게 복종하였으니, 세상 모든 민족이 네 자손의 덕을 입어서, 복을 받게 될 것이다." 19 아브라함이 그의 종들에게로 돌아왔다. 그들은 브엘세바 쪽으로 길을 떠났다. 아브라함은 브엘세바에서 살았다. 20 이런 일이 있은 지 얼마 뒤에, 아브라함은 밀가가 자식들을 낳았다는 말을 들었다. 밀가와 아브라함의 동생 나홀 사이에서 아들들이 태어났는데, 21 맏아들은 우스이고, 그 아래로 부스와 (아람의 아버지) 그므엘과 22 게셋과 하소와 빌다스와 이들랍과 브두엘과 같은 동생들이 태어났다. 23 브두엘은 리브가의 아버지이다. 이 여덟 형제는 아브라함의 동생 나홀과 그 아내 밀가 사이에서 태어났다. 24 나홀의 첩 르우마도 데바와 가함과 다하스와 마아가 등 네 형제를 낳았다.

22장은 "이런 일이 있은 지 얼마 뒤에"(1절)라고 시작하지만, 실은 십수 년 뒤의 일이다. 이삭이 장작을 짊어지고 산을 오를 정도면 적어도 10대 중반은 되었을 것이다.

그때 하나님께서 "아브라함을 시험해 보시려고" 그를 부르신다. "전지전능하신 하나님이 굳이 시험해 보셔야 했느냐?"라는 질문은 관계 안에서 일하시는 하나님의 방법을 모르고 하는 질문이다. "예, 여기에 있습니다"는 히브리어로 '힌네니'인데, 이는 전적인 순종의 자세다. 아브라함은 그동안의 시험들을 통해 하나님을 철저하게 신뢰하고 무슨 처분이든 따를 만큼 영적으로 성장해 있었다.

그런 아브라함에게 하나님은 최대, 최악의 시험을 안겨 주신다. 하나밖에 없는 아들 이삭을 번제물로 바치라고 하신다. "너의 아들, 네가 사랑하는 외아들"(2절)이라는 표현은 그가 아브라함에게 얼마나 귀한 존재인지를 강조한다. 번제물로 바치라는 말은 그를 죽여서 재만 남을 때까지 태우라는 뜻이다. 온전한 성정의 사람이라면 상상조차 못할 명령이다.

아브라함은 "다음날 아침에 일찍이 일어나서"(3절) 아들을 깨워 준비시키고 장작을 쪼개어 길을 떠난다. 아무 생각 없이 순종했다는 뜻이 아니다. 이해할 수 없는 명령에 괴로워서 잠 못 이루다가, 동이 트자 일단 길을 나선 것이다.

사흘 길을 가는 동안 하나님의 명령을 두고 수많은 생각을 했을 것이다. '하나님을 믿고 떠난 자신에게 25년이 지나서야 달랑 아들 하나 주시더니 이제 와서 번제로 바치라는 이유는 무엇일까?' '어떻게 아들을 제 손으로 죽여서 바치라는 것인가?' 이민족들이 사람을 제물로 바친다는 이야기를 들으면서 아브라함은 하나님에 대해 자부심을 가졌을 것이다. 그가 믿는 하나님은 사람을 제물로 요구하는 야만적인 신이 아니었기 때문이다. 그런데 이제 와서 자신의 아들을 잡아 바치라고 하신다. 아브라함은 이러한 하나님을 정말 믿어야 하는지 고민되었을 것이다. 지난 세월 하나님이 행하신 일들을 보면 믿어야 하는데, 당장 주어진 명령을 생각하면 믿을 수가 없다.

모리아 산에 도착해서도 아브라함은 결론을 내지 못했을 것이다(4절). 그는 동행한 두 종을 산 아래에서 기다리게 한 뒤, 이삭에게 장작을 지게 하고 산을 오른다. 산에 오르는 동안에 사정을 알지 못하는 이삭은 제물로 쓸 짐승은 어디에 있느냐고 묻는다. 아브라함은 당황하여 "얘야, 번제로 바칠 어린 양은 하나님이 손수 마련하여 주실 것이다"(8절)라고 대답한다. 엉겁결에 한 대답이었지만 예언이 되었다.

목적지에 도착한 아브라함은 아들을 묶어 제단 장작 위에 올려놓는다. 어떤 사람들은 이때 이삭이 아무 말 없이 아버지의 처분을 따랐다고 해석하지만, 그렇지 않았을 가능성이 더 크다. 어린 이삭은 저항하다가 결국 결박되어 제단 위에서 엉엉 울었을지 모른다. 아버지도 울고 아들도 울었을 것이다. 결국 아브라함은 아들의 목을 향해 칼을 든다(10절). 그의 팔이 부들부들 떨렸을 것이다. '어디, 하나님이 원하시는 대로 끝까지 한번 해 보자!'는 심산이었을지 모른다.

그때 하늘에서 아브라함을 부르는 음성이 들린다. 그러자 아브라함은 또다시 "예, 여기 있습니다"(11절)라고 답한다. 천사는 아이에게 손대지 말라고 하면서 "네가 하나님 두려워하는 줄을 내가 이제 알았다"(12절)라고 말한다. 그 말을 듣고 고개를 들어보니 숫양 한 마리가 보여, 그 양을 잡아 번제를 드린다. 그래서 아브라함은 그곳의 이름을 '여호와이레'라고 짓는다(14절). 주님의 천사는 아브라함을 처음 불렀을 때 주신 축복의 약속을 다시 확인시킨다.

이 이야기 다음에 저자는 아브라함의 동생 나홀 자손을 소개한다(20~24절). 그들은 아브라함과 달리 하란 땅에 그대로 남아 살았다. 나홀 자손을 소개한 이유는 이삭의 아내 리브가 때문이다.

믿음 생활은 보이지 않는 하나님을 '보이는 듯' 신뢰하고 살아가는 과정입니다. '신뢰함'은 살아 계신 하나님이 내 삶을 주관하심을 믿고 그분의 손에 맡기는 것입니다. 내 존재를 포함한 모든 것을 하나님 처분에 맡기고 "주님, 마음대로 하십시오"('힌네니', 1, 11절) 하고 말씀드리는 것입니다. 내게 가장 좋은 것이 무엇인지 제대로 아시는 분은 하나님뿐입니다.

하지만 이렇게 실천하기란 쉽지 않습니다. 일이 잘 풀릴 때는 하나님의 돌보심에 감사하지만, 일이 잘 풀리지 않으면 몹시 불안해집니다. 이럴 때 하나님께 맡기고 기다리기보다 내 힘과 수단으로 문제를 해결하려 합니다. 그렇게 하는 것이 더 나아 보이기 때문입니다. 하지만 나중에 그것이 문제를 더 그르쳤음을 깨닫습니다. 그런 실수를 반복하면서 우리는 철저한 신뢰를 배워 갑니다.

우리는 아브라함이 하나님의 부름을 받고 고향을 떠나 지낸 40년 세월 동안 어떤 일들을 겪었는지 다 알지 못합니다. 12~21장까지의 내용은 작은 일부에 불과합니다.

그 내용을 통해 짐작하는 바는 하나님을 신뢰하며 떠난 아브라함도 하나님을 철저히 신뢰하며 사는 법을 익히기까지 수많은 시험을 거쳤다는 것입니다. 그 결과 하나님 앞에 "예, 제가 여기에 있습니다. 처분대로 따르겠습니다"라고 말씀드리는 수준에 이르렀습니다. 그 철저한 신뢰가 인간으로서 감당할 수 없는 최악의 시험을 통과하면서 완성되는 장면을 이 장에서 봅니다.

하나님을 향한 철저한 신뢰, 이것은 매우 어려운 숙제이며 우리를 자주 넘어지게 하는 시험입니다. 그래서 오늘도 기도합니다.

"주님, 제가 여기 있습니다. 주님 뜻대로 인도하소서. 주님의 처사가 도무지 이해되지 않을 때조차 주님을 신뢰하고 따르게 하소서."

구름에 달 가듯이

창세기 23장

1 사라는 백 년 하고도 스물일곱 해를 더 살았다. 이것이 그가 누린 햇수이다. 2 그는 가나안 땅 기럇아르바 곧 헤브론에서 눈을 감았다. 아브라함이 가서, 사라를 생각하면서, 곡을 하며 울었다. 3 아브라함은 죽은 아내 옆에서 물러나와서, 헷 사람에게로 가서 말하였다. 4 "나는 여러분 가운데서 나그네로, 떠돌이로 살고 있습니다. 죽은 나의 아내를 묻으려고 하는데, 무덤으로 쓸 땅을 여러분들에게서 좀 살 수 있게 해주시기를 바랍니다." 5 헷 족속 사람들이 아브라함에게 대답하였다. 6 "어른께서는 우리가 하는 말을 들어 보시기 바랍니다. 어른은, 하나님이 우리 가운데 세우신 지도자이십니다. 우리의 묘지에서 가장 좋은 곳을 골라서 고인을 모시기 바랍니다. 어른께서 고인의 묘지로 쓰시겠다고 하면, 우리 가운데서 그것이 자기의 묘 자리라고 해서 거절할 사람은 없습니다." 7 아브라함이 일어나서, 그 땅 사람들, 곧 헷 사람들에게 큰 절을 하고, 8 그들에게 말하였다. "여러분이, 내가 나의 아내를 이 곳에다 묻을 수 있게 해주시려면, 나의 청을 들어 주시고, 나를 대신해서, 소할의 아들 에브론에게 말을 전해 주시기 바랍니다. 9 그가 자기의 밭머리에 가지고 있는 막벨라 굴을 나에게 팔도록 주선하여 주시기 바랍니다. 값은 넉넉하게 쳐 드릴 터이니, 내가 그 굴을 사서, 여러분 앞에서 그것을 우리 묘지로 삼도록 해주시기 바랍니다." 10 헷 사람 에브론이 마침 헷 사람들 틈에 앉아 있다가, 이 말을 듣고, 성문 위에 마을 회관에 앉아 있는 모든 헷 사람들이 듣는 데

서 아브라함에게 대답하였다. 11 "그러실 필요가 없습니다. 제가 드리는 말씀을 들어 보시기 바랍니다. 제가 그 밭을 드리겠습니다. 거기에 있는 굴도 드리겠습니다. 나의 백성이 보는 앞에서, 제가 그것을 드리겠습니다. 거기에다가 돌아가신 부인을 안장하시기 바랍니다." 12 아브라함이 다시 한 번 그 땅 사람들에게 큰 절을 하고, 13 그들이 듣는 데서 에브론에게 말하였다. "좋게 여기신다면, 나의 말을 들으시기 바랍니다. 그 밭값을 드리겠습니다. 저에게서 그 값을 받으셔야만, 내가 나의 아내를 거기에 묻을 수 있습니다." 14 에브론이 아브라함에게 대답하였다. 15 "저의 말을 들어 보시기 바랍니다. 그 땅값을 친다면, 은 사백 세겔은 됩니다. 그러나 어른과 저 사이에 무슨 거래를 하겠습니까? 거기에다가 그냥 돌아가신 부인을 안장하시기 바랍니다." 16 아브라함은 에브론의 말을 따라서, 헷 사람들이 듣는 데서, 에브론이 밝힌 밭값으로, 상인들 사이에서 통용되는 무게로 은 사백 세겔을 달아서, 에브론에게 주었다. 17 그래서 마므레 근처 막벨라에 있는 에브론의 밭, 곧 밭과 그 안에 있는 굴, 그리고 그 밭 경계 안에 있는 모든 나무가, 18 마을 법정에 있는 모든 헷 사람이 보는 앞에서 아브라함의 것이 되었다. 19 그렇게 하고 나서, 비로소 아브라함은 자기 아내 사라를 가나안 땅 마므레 근처 곧 헤브론에 있는 막벨라 밭 굴에 안장하였다. 20 이렇게 하여, 헷 사람들은 그 밭과 거기에 있는 굴 묘지를 아브라함의 소유로 넘겨 주었다.

이야기는 다시 20여 년의 시간을 뛰어넘어 이어진다. 사라는 127세에 세상을 떠난다. 이삭을 낳은 지 37년 후의 일이요, 모리아 산 사건이 있은 지 20여 년 후의 일이다.

아내가 세상을 떠나자 아브라함은 "곡을 하며"(2절) 울었다. 그만큼 사라는 소중한 사람이었다. 애도의 시간을 보낸 아브라함은 헷 사람에게로 가서 무덤으로 사용할 땅을 사게 해 달라고 부탁한다. "나는 여러분 가운데서 나그네로, 떠돌이로 살고 있습니다"(4절)라는 표현에서 알 수 있듯, 아브라함은 땅 한 떼기도 가지고 있지 않았다. 아브라함의 요청에 헷 사람들은 아무 곳이든 마음대로 사용하라고 한다. 그들은 아브라함을 영적인 인물로 존경하고 있었다(6절).

그러자 아브라함은 감사의 뜻으로 절을 하고는 구체적인 요구사항을 말한다. 팔레스틴 지역에는 돌산이 많았기에 자연 동굴이나 인조 동굴을 무덤으로 사용했다. 아브라함은 막벨라 굴을 아내의 묘지 자리로 점 찍어 두고 있었는데, 그곳은 에브론의 소유였다. 아브라함은 헷 사람들에게, 에브론을 설득하여 막벨라 굴을 자신에게 팔게 해 달라고 부탁한다(7~9절). 땅 주인 에브론이 그들 중에 있었는데 아브라함은 그 사실을 몰랐다.

에브론은 원하는 굴과 딸린 밭까지 모두 무상으로 주겠다고 제안하나 아브라함은 정당한 값을 치르게 해 달라며 사정한다. 에브론은 다시 무상으로 가지라고 말하지만, 아브라함은 고집을 꺾지 않고 은 4백 세겔에 땅과 굴을 매입한다(10~16절).

아브라함은 헷 사람들이 지켜보는 앞에서 토지 매매 절차를 이행하고 아내를 장사 지낸다. 이렇게 하여 가나안 땅에 처음으로 아브라함 소유의 땅이 생긴다. 나중에 아브라함도 이곳에 묻힌다.

이 무덤은 아브라함 자손에게 하나의 이정표가 된다. 흉년을 피해 이집트로 이사한 야곱은 세상을 떠날 때 자신의 시신을 막벨라 굴에 묻으라고 유언한다(49:29). 낯선 땅에서 조상이 묻힌 무덤은 자손들에게 이정표가 된다는 사실을 여기서 본다.

헷 사람들과의 협상 과정에서 우리는 영적으로 완숙함의 경지에 오른 아브라함을 만납니다.

아마도 모리아 산에서의 체험이 그를 다른 사람으로 만들었을 것입니다. 아들 이삭을 번제로 바치는 시험은 감당하기 어려운 것이었지만, 그렇기에 그의 영성과 인격을 새로운 차원으로 옮겨 놓았을 것입니다.

이 이야기는 모리아 산 이후에 아브라함이 어떻게 살았는지 보여 주는 하나의 스냅 사진 같습니다. 그는 이방 민족들에게조차 하나님이 세우신 지도자로 인정받았습니다. 하지만 그는 그 인정과 존경을 누리려 하지 않았습니다. 고집을 부리며 끝내 제값을 치르고 밭과 굴을 사는 모습에서 알 수 있습니다.

그뿐 아니라 가나안 땅에 도착한 후 60년이 넘도록 땅 한 뙈기도 소유하지 않고 떠돌아다녔다는 사실도 놀랍습니다. 이민자들에게 가장 안정감을 주는 것은 토지입니다. 그렇기에 이민자들은 어떻게든 집이나 땅을 사려고 합니다. 고향에서 벗어났다는 불안감을 토지 소유로 달래는 것입니다. 아브라함도 다르지 않았을 터인데, 그는 사라가 죽을 때까지 무덤으로 쓸 만한 땅조차 소유하지 않았습니다.

그가 그럴 수 있었던 까닭은 모리아 산에서 아들 이삭에게 매여 있던 희망의 줄을 끊었기 때문입니다. 하나님만 믿고 고향을 떠났던 아브라함은 이삭을 낳은 후로 이삭을 믿기 시작했습니다. 하나님은 이삭에 대한 믿음 줄을 끊도록 시험을 주셨던 것입니다. 그런 시험을 통과하며 영적으로 도약했기에 그는 땅 소유에 목을 매지 않았습니다. 하나님을 의지하며 유랑민처럼 살 수 있었습니다. 그랬기에 막벨라 굴을 거저 가지라는 데도 극구 사양했습니다.

하나님을 믿는 사람들은 모두 "땅에서는 길손과 나그네 신세"(히 11:13)입니다. 우리는 영원한 고향이 따로 있는 사람들입니다. 이 땅에서 소유하고 사용하는 모든 것은 잠시 빌려 쓰는 것입니다. 결국은 다 놓고 떠나야 합니다.

우리가 누릴 영원한 소유물은 하나님 나라에 있습니다. 그것은 이 땅에서 가질 수 있는 것들과는 비교도 할 수 없습니다. 그 믿음과 소망으로, 이 땅에서, 하나님이 허락하신 시간 동안 '구름에 달 가듯이' 자유롭게 사는 것이 완숙한 믿음의 사람이 사는 방법입니다.

일상 가운데
일하시는 하나님

창세기 24장

1 아브라함은 이제 나이가 많은 노인이 되었다. 주님께서는, 아브라함이 하는 일마다 복을 주셨다. 2 아브라함이 자기 집 모든 소유를 맡아 보는 늙은 종에게 말하였다. "너의 손을 나의 다리 사이에 넣어라. 3 나는 네가, 하늘의 하나님, 땅의 하나님이신 주님을 두고서 맹세하기를 바란다. 너는 나의 아들의 아내가 될 여인을, 내가 살고 있는 이곳 가나안 사람의 딸들에게서 찾지 말고, 4 나의 고향, 나의 친척이 사는 곳으로 가서, 거기에서 나의 아들 이삭의 아내 될 사람을 찾겠다고 나에게 맹세하여라." 5 그 종이 아브라함에게 물었다. "며느님이 되실 여인이 저를 따라오지 않겠다고 거절하면, 어떻게 해야 합니까? 제가 주인 어른의 아드님을 데리고, 주인께서 나오신 그 고향으로 가야 합니까?" 6 아브라함이 그에게 말하였다. "절대로 나의 아들을 그리로 데리고 가지 말아라. 7 주 하늘의 하나님이 나를 나의 아버지 집, 내가 태어난 땅에서 떠나게 하시고, 나에게 말씀하시며, 나에게 맹세하여 이르시기를 '내가 이 땅을 너의 씨에게 주겠다' 하셨다. 그러니 주님께서 천사를 너의 앞에 보내셔서, 거기에서 내 아들의 아내 될 사람을 데려올 수 있도록 도와 주실 것이다. 8 그 여인이 너를 따라오려고 하지 않으면, 너는 나에게 한 이 맹세에서 풀려난다. 다만 나의 아들을 그리로 데리고 가지만은 말아라." 9 그래서 그 종은 손을 주인 아브라함의 다리 사이에 넣고, 이 일을 두고 그에게 맹세하였다. 10 그 종은

주인의 낙타 가운데서 열 마리를 풀어서, 주인이 준 온갖 좋은 선물을 낙타에 싣고 길을 떠나서, 아람나하라임을 거쳐서, 나홀이 사는 성에 이르렀다. 11 그는 낙타를 성 바깥에 있는 우물 곁에서 쉬게 하였다. 해가 뉘엿뉘엿 지고 있었다. 여인들이 물을 길으러 나오는 때였다. 12 그는 기도하였다. "주님, 나의 주인 아브라함을 보살펴 주신 하나님, 오늘 일이 잘 되게 하여 주십시오. 나의 주인 아브라함에게 은총을 베풀어 주십시오. 13 제가 여기 우물 곁에 서 있다가, 마을 사람의 딸들이 물을 길으러 나오면, 14 제가 그 가운데서 한 소녀에게 '물동이를 기울여서, 물을 한 모금 마실 수 있게 하여 달라' 하겠습니다. 그 때에 그 소녀가 '드십시오. 낙타들에게도 제가 물을 주겠습니다' 하고 말하면, 그가 바로 주님께서 주님의 종 이삭의 아내로 정하신 여인인 줄로 알겠습니다. 이것으로써 주님께서 저의 주인에게 은총을 베푸신 줄을 알겠습니다." 15 기도를 미처 마치기도 전에, 리브가가 물동이를 어깨에 메고 나왔다. 그의 아버지는 브두엘이고, 할머니는 밀가이다. 밀가는 아브라함의 동생 나홀의 아내로서, 아브라함에게는 제수뻘이 되는 사람이다. 16 그 소녀는 매우 아리땁고, 지금까지 어떤 남자도 가까이하지 아니한 처녀였다. 그 소녀가 우물로 내려가서, 물동이에 물을 채워 가지고 올라올 때에, 17 그 종이 달려가서, 그 소녀를 마주 보고 말하였다. "이 물동이에 든 물을 좀 마시게 해주시오." 18 그렇게 하니, 리브가가 "할아버지, 드십시오" 하면서, 급히 물동이를 내려, 손에 받쳐들고서, 그 노인에게 마시게 하였다. 19 소녀는 이렇게 물을 마시게 하고 나서, "제가 물을 더 길어다가, 낙타들에게도, 실컷 마시게 하겠습니다" 하고 말하면서, 20 물동이에 남은 물을 곧 구유에 붓고, 다시 우물로 달려가서, 더 많은 물을 길어 왔다. 그 처녀는, 노인이 끌고 온 모든 낙타들에게 먹일 수 있을 만큼, 물을 넉넉히 길어다 주었다. 21 그렇게 하는 동안에 노인은, 이번 여행길에서 주님께서 모든 일을 과연 잘 되게 하여 주시는 것인지를 알려고, 그 소녀를 말없이 지켜보고 있었다. 22 낙타들이 물 마시기를 그치니, 노인은, 반 세겔 나가는 금 코걸이 하나와 십 세겔 나가는 금팔찌 두 개를 소녀에게 주면서 23 물었다. "아가씨는 뉘 댁 따님이시오? 아버지 집에, 우리가 하룻밤 묵어갈 수 있는 방이 있겠소?" 24 소녀가 노인에게 대답하였다.

"저의 아버지는 함자가 브두엘이고, 할머니는 함자가 밀가이고, 할아버지는 함자가 나홀입니다." 25 소녀는 말을 계속하였다. "우리 집에는, 겨와 여물도 넉넉하고, 하룻밤 묵고 가실 수 있는 방도 있습니다." 26 일이 이쯤 되니, 아브라함의 종은 머리를 숙여서 주님께 경배하고 27 "나의 주인 아브라함을 보살펴 주신 하나님, 주님을 찬양합니다. 나의 주인에게 주님의 인자와 성실을 끊지 않으셨으며, 주님께서 저의 길을 잘 인도하여 주셔서, 나의 주인의 동생 집에 무사히 이르게 하셨습니다" 하고 찬양하였다. 28 소녀가 달려가서, 어머니 집 식구들에게 이 일을 알렸다. 29 리브가에게는 라반이라고 하는 오라버니가 있는데, 그가 우물가에 있는 그 노인에게 급히 달려왔다. 30 그는, 자기 동생이 코걸이와 팔찌를 하고 있는 것을 보고, 또 노인이 누이에게 한 말을 누이에게서 전해 듣고, 곧바로 달려나와서, 우물가에 낙타와 함께 있는 노인을 만났다. 31 라반이 그에게 말하였다. "어서 들어가시지요. 할아버지는 주님께서 주시는 복을 받으신 분이십니다. 어찌하여 여기 바깥에 서 계십니까? 방이 준비되어 있고, 낙타를 둘 곳도 마련되어 있습니다." 32 노인은 그 집으로 들어갔다. 라반은 낙타의 짐을 부리고, 낙타에게 겨와 여물을 주고, 노인과 그의 동행자들에게 발 씻을 물을 주었다. 33 그런 다음에, 노인에게 밥상을 차려 드렸다. 그런데 노인이 말하였다. "제가 드려야 할 말씀을 드리기 전에는, 밥상을 받을 수 없습니다." 라반이 대답하였다. "말씀하시지요." 34 노인이 말하였다. "저는 아브라함 어른의 종입니다. 35 주님께서 나의 주인에게 크게 복을 주셔서, 주인은 큰 부자가 되셨습니다. 주님께서는 우리 주인에게 양 떼와 소 떼, 은과 금, 남종과 여종, 낙타와 나귀를 주셨습니다. 36 주인 마님 사라는 노년에 이르러서, 주인 어른과의 사이에서 아들을 낳으셨는데, 주인 어른께서는 모든 재산을 아드님께 주셨습니다. 37 주인 어른께서 저더러 말씀하시기를 '너는, 내 아들의 아내가 될 여인을, 내가 사는 가나안 땅에 있는 사람의 딸들에게서 찾지 말고, 38 나의 아버지 집, 나의 친족에게로 가서, 나의 며느리감을 찾아보겠다고 나에게 맹세하여라' 하셨습니다. 39 그래서 제가 주인 어른에게 여쭙기를 '며느님이 될 규수가 저를 따라오지 않겠다고 하면, 어떻게 해야 합니까?' 하였습니다. 40 주인 어른은 '내가 섬기는 주님께서 천사를 너와 함께 보내셔서, 너의 여행길에서 모든 일이 다 잘 되게 해주실 것이며, 네가 내 아들의 아내 될 처녀를, 나의 친족, 나의 아버지 집에서 데리고 올 수 있게 도와 주실 것이다. 41 네가 나의 친족에게 갔을 때에, 그들이 딸을 주기를 거절하면, 나에게 한 이 맹세에서 너는 풀려난다. 그렇다. 정말로 네가 나에게 한 이 맹세에서 네가 풀려난다' 하고 말씀하셨습니다. 42 제가 오늘 우물에 이르렀을 때에, 저는 이렇게 기도하였습니다. '주님, 나의 주인 아브라함을 보살펴 주신 하나님, 주님께서 원하시면, 제가 오늘 여기에 와서, 하는 일이 잘 이루어지게 하여 주십시오. 43 제가 여기 우물 곁에 서 있다가, 처녀가 물을 길으러 오면, 그에게 항아리에 든 물을 좀 마시게 해 달라고 말하고, 44 그 처녀가 저에게 마시라고 하면서, 물을 더 길어다가 낙타들에게도 마시게 하겠다고 말하면, 그가 바로 주님께서 내 주인의 아들의 아내로 정하신 처녀로 알겠습니다' 하고 기도하였습니다. 45 그런데 제가 마음 속에 기도를 다 마치기도 전에, 리브가가 물동이를 어깨에 메고 나왔습니다. 그는 우물로 내려가서, 물을 긷고 있었습니다. 그래서 제가 그에게 '마실 물을 좀 주시오' 하였더니, 46 물동이를 어깨에서 곧바로 내려놓고 '드십시오. 낙타들에게도 제가 물을 주겠습니다' 하고 말하였습니다. 그래서 제가 물을 마셨습니다. 따님께서는 낙타에게도 물을 주었습니다. 47 제가 따님에게 '뉘 댁 따님이시오?' 하고 물었더니, 따님께서는 '아버지는 함자가 브두엘이고, 할아버지는 함자가 나홀이고, 할머니는 함자가 밀가입니다' 하고 말하였습니다. 저는 따님의 코에는 코걸이를 걸어 주고, 팔에는 팔찌를 끼워 주었습니다. 48 일이 이쯤 된 것을 보고, 저는 머리를 숙여서 주님께 경배하고, 제 주인 아브라함을 보살펴 주신 주 하나님을 찬양하였습니다. 주님은 저를 바른 길로 인도하셔서, 주인 동생의 딸을 주인 아들의 신부감으로 만날 수 있게 하여 주셨습니다. 49 이제 어른들께서 저의 주인에게 인자하심과 진실하심을 보여 주시려거든, 저에게 그렇게 하겠다고 말씀을 해주시고, 그렇게 하지 못하시겠거든, 못하겠다고 말씀을 해주시기 바랍니다. 그렇게 하셔야, 저도 어떻게 결정을 내려야 할지를 생각해 볼 수 있을 것입니다." 50 라반과 브두엘이 대답하였다. "이 일은 주님이 하시는 일입니다. 우리로서는 좋다거나 나쁘다거나 말할 수가 없습니다. 51 여기에 리브가가 있으니, 데리고 가서, 주님이 지시하신 대로, 주인 아들의 아내로 삼으십시오." 52 아브라함의 종은 그들이 하는 말을 듣고서, 땅에 엎드려 주님께 경배하고, 53 금은 패물과 옷가지들을 꺼내서 리브가에게 주었다. 그는 또 값나가는 선물을 리브가의 오라버니와 어머니에게도 주었다. 54 종과 그 일행은 비로소 먹고 마시고, 그 날 밤을 거기에서 묵었다. 다음날 아침에 모두 일어났을 때에, 아브라함의 종이 말하였다. "이제 주인에게로 돌아가겠습니다. 떠나게 해주십시오." 55 리브가의 오라버니와 어머니는 "저 애를 다만 며칠이라도, 적어도 열흘만이라도, 우리와 함께 더 있다가 떠나게 해주십시오" 하고 간청하였다. 56 그러나 아브라함의 종은 그들에게 이렇게 대답하였다. "저를 더 붙잡지 말아 주십시오. 주님께서 이미 저의 여행을 형통하게 하셨으니, 제가 여기에서 떠나서, 저의 주인에게로 갈 수 있게 해주시기 바랍니다." 57 그들이 말하였다. "아이를 불러다가 물어 봅시다." 58 그들이 리브가를 불러다 놓고서 물었다. "이 어른과 같이 가겠느냐?" 리브가가 대답하였다. "예, 가겠습니다." 59 그래서 그들은 누이 리브가와 그의 유모를 아브라함의 종과 일행에게 딸려보내면서, 60 리브가에게 복을 빌어 주었다. "우리의 누이야, 너는 천만 인의 어머니가 되어라. 너의 씨가 원수의 성을 차지할 것이다." 61 리브가와 몸종들은 준비를 마치고, 낙타에 올라앉아서, 종의 뒤를 따라 나섰다. 그래서 아브라함의 종은 리브가를 데리고서, 길을 떠날 수 있었다. 62 그 때에 이삭은 이미 브엘라해로이에서 떠나서, 남쪽 네겝 지역에 가서 살고 있었다. 63 어느 날 저녁에 이삭이 산책을 하려고 들로 나갔다가, 고개를 들고 보니, 낙타 행렬이 한 떼 오고 있었다. 64 리브가는 고개를 들어서 이삭을 보고, 낙타에서 내려서 65 아브라함의 종에게 물었다. "저 들판에서 우리를 맞으러 오는 저 남자가 누굽니까?" 그 종이 대답하였다. "나의 주인입니다." 그러자 리브가는 너울을 꺼내서, 얼굴을 가렸다. 66 그 종이 이제까지의 모든 일을 이삭에게 다 말하였다. 67 이삭은 리브가를 어머니 사라의 장막으로 데리고 들어가서, 그를 아내로 맞아들였다. 이렇게 해서, 리브가는 이삭의 아내가 되었으며, 이삭은 그를 사랑하였다. 이삭은 어머니를 여의고 나서, 위로를 받았다.

아내 사라가 죽은 후에 아브라함은 아들 이삭의 결혼을 서두른다. 이때 이삭은 마흔이 넘었을 것이다. 늦은 나이가 되도록 결혼하지 못한 이유는 가나안 사람들에게서 신붓감을 찾지 않았기 때문이다. 당시는 친족간의 결혼이 관례였다.

아브라함은 신뢰하는 종을 불러, 맹세의 엄중성을 상징하는 관습대로 자신의 다리 사이에 손을 넣게 한 뒤 다짐하게 한다. 그는 종에게 자신의 고향인 하란으로 가서 이삭의 신붓감을 데리고 오라고 명령한다(2~4절). 그러면서 하란에 이삭과 함께 가지는 말라고 한다. 네겝보다 하란이 훨씬 번영한 도시이기에 이삭을 데리고 가면 그곳에 머물기를 원할 수도 있다. 롯이 범한 실수를 아들도 범할까 두려웠다. 그렇게 된다면 데라에서부터 시작한 하나님의 계획이 수포로 돌아갈 것이다.

종은 아브라함의 말대로 맹세하고 낙타 열 마리에 선물들을 싣고 먼 여행을 떠난다(9~10절).

하란 가까이에 이른 종은 우물 곁에서 잠시 휴식한다. 그는 쉬면서 생각한다. 우물은 저녁 때 여인들이 물을 길으러 오는 곳이다. 그곳에 있으면 분명 여러 여인을 만날 것이다. 여인들에게 물을 좀 달라고 부탁하면 반응하는 태도로 성품을 알 수 있을 것 같았다. 만일 물을 좀 마시게 해 달라고 했는데 자신뿐 아니라 낙타에게도 물을 마시게 한다면 틀림없이 훌륭한 성품의 여인일 것이다. 종은 하나님께 그런 여인을 만나면 그를 이삭의 신붓감으로 허락하시는 줄 알겠다고 기도한다(12~14절).

종이 기도를 마치기 전에 한 여인이 물을 길으러 다가온다. 그에게 물을 부탁하자 사람만이 아니라 낙타에게도 물을 길어다 마시게 한다.

"달려가서"(20절)라는 표현을 씀으로써 저자는 여인이 최선을 다하고 있음을 전한다. 열 마리의 낙타에게 물을 먹이려면 상당한 노력이 필요하다. 나중에 안 일이지만, 여인은 아브라함의 동생인 나홀의 손녀 리브가였다. 하나님의 응답으로 여긴 종은 여인에게, 그의 집에서 하룻밤 묵어갈 수 있는지 묻는다. 리브가는 가능하다고 대답하고는 집으로 달려간다. 종은 하나님께서 인도하고 계심을 확신하고는 머리를 숙여 경배한다(25~27절).

집에 도착한 리브가가 가족들에게 종과의 일을 알리자 오빠 라반이 우물가로 달려간다. 라반은 종을 초청하고, 집에 도착하자 융숭하게 대접한다. 종이 자신의 소임을 말하기 전에는 대접받지 않겠다고 하자, 라반은 말해 보라고 한다. 종은 그 집에 온 사연을 자세하게 설명한 뒤(34~48절), 라반과 브두엘에게 리브가를 이삭의 아내로 보내 달라고 청한다. 라반과 브두엘은 "이 일은 주님이 하시는 일입니다. 우리로서는 좋다거나 나쁘다거나 말할 수가 없습니다"(50절)라고 답하면서 리브가를 데리고 가도록 허락한다. 종은 엎드려 주께 경배하고는 가지고 온 선물을 가족들에게 주고 대접을 받는다. 다음 날 종이 고향으로 돌아가겠다고 전하자 가족들은 딸과 며칠이라도 함께 지내게 해달라고 간청한다. 하지만 리브가는 바로 떠나겠다고 말한다(55~58절). 브두엘과 가족은 리브가에게 축복을 빌어 주고 떠나 보낸다.

이때 이삭은 네겝 지역에 살았는데, 종이 리브가와 함께 집에 도착할 즈음 "산책을 하려고 들로 나갔다가"(63절) 그들을 맞는다. 이삭은 어머니를 여의고 외로운 나날을 보내고 있었다. 종은 이삭에게 그동안 있었던 이야기를 들려주었고, 이삭은 "어머니 사라의 장막으로"(67절) 리브가를 데리고 들어가 아내로 맞아들인다. 비로소 이삭은 어머니를 떠나보낸 뒤에 겪었던 외로움을 해소할 수 있었다.

24장의 이야기는 아름다운 한 편의 동화 같습니다. 감동을 주는 사랑 이야기요, 완숙한 믿음의 이야기입니다. 주인공들은 모두 하나님의 보이지 않는 손길을 분별하며 그분 뜻을 따랐습니다.

저자는 종의 이름을 밝히지 않았습니다. 그는 아브라함이 전적으로 신뢰하는 사람이었습니다. 며느릿감을 찾는 일은 수일 동안 다니며 잘 분별해야만 가능한 일이었기에, 정직하고 진실한 종이 아니면 맡길 수 없었습니다. 신뢰받은 종은 아브라함 집에 살면서 하나님을 섬기고 그 뜻을 따르는 법을 배웠습니다. 일상의 일들 가운데서 하나님의 손길을 분별하는 법을 배웠습니다. 그가 생각한 신붓감 기준은 하나님의 마음에 합했습니다. 그리고 하나님께서 원하시는 사람인지 단박에 알아보았습니다.

우리는 리브가를 만나고 그의 가족을 대하는 종의 태도에서 그가 완숙한 믿음의 사람임을 발견합니다.

리브가 가족은 종을 통해 하나님의 계획에 참여하게 되었고, 종은 리브가 가족에게 하나님의 손길을 전하는 통로가 되었습니다. 라반과 브두엘은 종의 이야기를 들으며 하나님이 하시는 일임을 깨달았습니다. 나중에 드러나지만, 라반은 그리 좋은 사람은 아니었습니다. 하지만 이 사건에서는 하나님의 손길을 부정할 수 없었습니다. 그들은, 주님이 하시는 일에는 좋거나 나쁘거나 할 수 없음을 알고 있었습니다. 그것이 지금은 나빠 보여도 하나님의 큰 그림 안에서는 좋은 일이기 때문입니다. 그런 믿음이 있었기에 그들은 하나님의 손길에 순종했습니다.

리브가가 지체하지 않고 바로 종을 따라가겠다고 한 것도 하나님의 손길을 느꼈기 때문입니다. 인간적으로는 가족과 며칠이라도 함께 있고 싶었을 것입니다. 처음 보는 사람에게 인생을 맡기는 모험은 결코 쉬운 일이 아닙니다. 하지만 하나님이 하시는 일임을 확신한 리브가는 더 미적거려서는 안 된다고 생각했습니다.

우리는 매일 분주하게, 허둥대며, 경황없이, 우왕좌왕, 갈팡질팡, 허겁지겁 살아갑니다. 그렇게 사는 사람에게는 하나님의 손길이 보이지 않습니다. 천둥 같은 소리로 말씀하셔도 듣지 못하고, 거대한 벽으로 길을 가로막아도 깨닫지 못합니다. 이야기 속의 종처럼 한 번에 한 걸음씩, 차분히, 마음 모아, 주변을 살피면서 사는 사람에게만 하나님의 손길이 감지됩니다.

우리가 자주 멈추어 기도하고 말씀 읽고 묵상해야 하는 이유는, 하나님의 손길에 내 삶을 맡기고 그 인도하심을 따르기 위함입니다. 그럴 때 나를 통해 다른 사람들도 하나님의 일하심을 깨닫고 그분 뜻에 참여합니다.

선택과 축복

창세기 25장 1~11절

1 아브라함이 다시 아내를 맞아들였는데, 그의 이름은 그두라이다. 2 그와 아브라함 사이에서 시므란과 욕산과 므단과 미디안과 이스박과 수아가 태어났다. 3 욕산은 스바와 드단을 낳았다. 드단의 자손에게서 앗수르 사람과 르두시 사람과 르움미 사람이 갈라져 나왔다. 4 미디안의 아들은 에바와 에벨과 하녹과 아비다와 엘다아인데, 이들은 모두 그두라의 자손이다. 5 아브라함은 자기 재산을 모두 이삭에게 물려 주고, 6 첩들에게서 얻은 아들들에게도 한 몫씩 나누어 주었는데, 그가 죽기 전에 첩들에게서 얻은 아들들을 동쪽 곧 동방 땅으로 보내어서, 자기 아들 이삭과 떨어져서 살게 하였다. 7 아브라함이 누린 햇수는 모두 백일흔다섯 해이다. 8 아브라함은 자기가 받은 목숨대로 다 살고, 아주 늙은 나이에 기운이 다하여서, 숨을 거두고 세상을 떠나, 조상들이 간 길로 갔다. 9 그의 아들 이삭과 이스마엘이 그를 막벨라 굴에 안장하였다. 그 굴은 마므레 근처, 헷 사람 소할의 아들 에브론의 밭에 있다. 10 그 밭은 아브라함이 헷 사람에게서 산 것이다. 바로 그 곳에서 아브라함은 그의 아내 사라와 합장되었다. 11 아브라함이 죽은 뒤에, 하나님은 아브라함의 아들 이삭에게 복을 주셨다. 그 때에 이삭은 브엘라해로이 근처에서 살고 있었다.

저자는 11장에서 시작한 아브라함 이야기를 여기서 끝맺는다.

사라가 죽은 후 아브라함은 40여 년을 더 산다. 그는 그두라라는 여인을 후처로 맞아 여러 아들을 얻고, 그 자손은 번성해 여러 민족의 조상이 된다(2~4절). 자손이 하늘의 별처럼 많아지게 하겠다 하신 하나님의 약속이 성취되어간다.

아브라함은 세상을 떠나기 전 후처의 아들들에게 재산을 주어 분가시키며 아버지로서의 책임과 의무를 다한다. 그리고 이삭에게는 남은 모든 재산을 물려주고서 175년의 파란만장한 생을 마감한다(7~8절). 하나님의 명령을 따라 하란을 떠난 지 100년이 되는 해에 세상을 떠난다.

아브라함이 죽자, 이스마엘이 찾아와 이삭과 함께 장사를 지낸다. 그들은 아브라함이 사 두었던 막벨라 굴에 어머니와 함께 합장한다. 이로써 아브라함에게 임했던 복은 그의 아들 이삭에게로 이어진다(11절).

아브라함이 100세에 이삭을 낳았으니, 그가 죽었을 때 이삭은 75세였다. 이삭이 쌍둥이 아들을 낳았을 때가 60세였으니(25:26), 아브라함은 에서와 야곱이 15세가 될 때까지 살았다. 따라서 시기적으로 보면 아브라함의 죽음 이야기는 훨씬 뒤에 나와야 한다.

저자는 이삭과 두 아들 이야기에 집중하기 위해 아브라함의 죽음 이야기를 앞당겨 기록해 놓았다. 이는 창세기 저자가 필요에 따라 시간 순서를 뛰어넘었다는 사실을 암시한다.

아브라함이 세상을 떠났을 때 이스마엘이 이삭과 함께 장례를 치렀다는 기록이 눈길을 끕니다. 하갈과 이스마엘이 바란 광야에 정착한 지 70년도 넘었을 때의 일입니다. 그들은 사라의 성화로 광야로 쫓겨나 생사의 고비를 넘어야 했습니다. 그 상처를 원한으로 키울 수 있었습니다. 그런데 이스마엘이 이삭과 함께 아버지의 장례를 치렀다는 사실은 그가 아버지와 이삭에게 앙심을 품지 않았음을 보여줍니다. 아버지가 세상을 떠났을 때 이스마엘에게 기별한 것으로 보아 이삭도 계속 관계를 지속하며 살았던 것 같습니다.

우리는 하나님의 선택을 '편애'로 해석하는 경향이 있습니다. 그렇게 되면 선택받지 못한 것은 '버림받음' 혹은 '미움받음'이 됩니다. 그것은 성경 오독입니다.

하나님은 사람들 가운데 특정인을 선택해 당신의 일을 이루십니다. 특정인을 선택하심은 모든 사람을 위한 것입니다. 따라서 선택받지 못했음은 버림받거나 미움받았다는 뜻이 아닙니다. 하나님은 주권적인 섭리 안에서 이스마엘이 아니라 이삭을 택하셨습니다. 그 선택은 이삭만이 아니라 이스마엘과 모든 인류를 위한 것이었습니다. 하나님은 하갈에게도, 이스마엘에게도 사랑과 축복을 베푸셨습니다.

우리는 성경을 읽으며 선택받은 사람에게 주목합니다. 그것이 잘못은 아니지만, 선택받지 못한 사람들을 버림받거나 미움받은 이들로 보는 것은 큰 잘못입니다. 사라만이 아니라 하갈도, 이삭만이 아니라 이스마엘도, 야곱만이 아니라 에서도, 라헬만이 아니라 레아도, 요셉만이 아니라 다른 형제들도 하나님의 사랑과 복을 누렸음을 기억해야 합니다. 그럴 때 주변에서 만나는 소수자들을 따뜻한 눈으로 바라볼 수 있습니다.

만민의 주님

창세기 25장 12~18절

12 사라의 여종인 이집트 사람 하갈과 아브라함 사이에서 태어난 아들 이스마엘의 족보는 이러하다. 13 이스마엘의 아들들의 이름을 태어난 순서를 따라서 적으면, 다음과 같다. 이스마엘의 맏아들은 느바욧이다. 그 아래는 게달과 앗브엘과 밉삼과 14 미스마와 두마와 맛사와 15 하닷과 데마와 여두르와 나비스와 게드마가 있다. 16 이 열둘은 이스마엘이 낳은 아들의 이름이면서, 동시에 마을과 부락의 이름이며, 또한 이 사람들이 세운 열두 지파의 통치자들의 이름이기도 하다. 17 이스마엘은 모두 백서른일곱 해를 누린 뒤에, 기운이 다하여서 숨을 거두고, 세상을 떠나 조상에게로 돌아갔다. 18 그의 자손은 모두 하윌라로부터 수르 지방에 이르는 그 일대에 흩어져서 살았다. 수르는 이집트의 동북쪽 경계 부근 앗시리아로 가는 길에 있다. 그들은 모든 형제들과는 적대감을 가지고 살았다.

이삭의 이야기를 시작하기 전, 저자는 이스마엘 이후의 역사를 족보 형식으로 요약한다. 족보는 이름으로 축약한 역사라고 했다. 저자는 12절에서 "사라의 여종인 이집트 사람 하갈과 아브라함 사이에서 태어난 아들"이라고 소개함으로써 독자들에게 이전의 일들을 기억하게 한다. 이스마엘에게도 열두 아들이 태어나고, 그들은 나중에 열두 지파를 형성한다(13~16절). 야곱을 통해 이스라엘의 열두 지파가 형성된 것처럼, 이스마엘을 통해서도 큰 민족이 형성된다. 여기서 독자는 하갈에게 주셨던 하나님의 약속(16:10, 21:18)이 이루어지고 있음을 본다.

　이스마엘은 137세에 숨을 거두고, 그의 후손은 가나안 남동쪽 광야 지대에서 퍼져 나간다(17~18절). 여기서도 시간순서를 뛰어넘는다. 시간 순으로 기록했다면 이스마엘이 죽은 이야기는 한참 후에 나왔어야 한다. 저자는 이삭과 두 아들 이야기에 집중하기 위해 이스마엘 역사를 간략히 요약했다.

　기독교인 중에는 오늘의 아랍인들이 이스마엘의 후손이

라고 믿는 이들이 있습니다. 그들은 거기서 한 걸음 더 나아가 이스마엘이 하나님의 선택에서 배제되었기에 아랍인들도 하나님의 사랑에서 배제되었다고 여깁니다. 그런 생각 때문에 이스라엘과 아랍인들의 대결 상황에서 믿는 이들은 무조건 이스라엘 편을 들어야 한다고 주장합니다. 그런 태도가 중동 국가들의 갈등 문제를 더욱 악화시킵니다.

이것은 성경에 대한 오독이자 세계정세에 대한 무지입니다. '아랍인'은 '아랍어를 사용하는 사람들'을 가리킵니다. 그들 중 스스로 이스마엘 후손이라고 주장하는 사람들은 극소수입니다. 무슬림들은 그들의 조상이 이스마엘이라고 주장하지만, 그것은 유대-기독교 세력에 대항하기 위해 초기 이슬람 지도자들이 만든 신화입니다.

설사 이스마엘 자손이라고 주장하는 사람이 있다 해도, 우리는 그 사람이 하나님의 사랑에서 배제되어야 한다고 말할 수 없습니다. 이스마엘이 선택되지 않은 것은 하나님의 사랑에서 배제되었다는 뜻이 아니기 때문입니다. 하나님은 이스마엘에게 복을 약속하셨고, 약속대로 큰 민족이 되게 하셨습니다. 또한 조상에게 어떤 일이 일어났다고 해서 그것이 후손의 운명을 결정하는 것이 아닙니다. 아브라함 혈통이라고 해서 무조건 약속의 자손이 되는 것이 아님과 같습니다.

유대인들이 아랍인들을 적대시함은 오랜 역사적 갈등에 뿌리를 두고 있습니다. 하지만 유대인들이 하나님의 섭리와 뜻을 분별한다면 아랍인들을 멸절시키려고 해서는 안 됩니다. 하물며 그리스도인들이 그런 생각을 가지는 것은 큰 잘못입니다.

우리는 베드로처럼 "예수 그리스도는 만민의 주님이십니다"(행 10:36)라고 믿고 고백하는 사람들입니다. 따라서 유대인과 아랍인을 동등하게 대해야 합니다. 무조건 유대인들을 편들 이유가 없습니다. 하나님도 그것을 원치 않으십니다. 어떻게 그것을 아느냐고 물으신다면, 구약의 예언서들을 읽어보시라고 답하겠습니다.

예정이냐 자유냐?

창세기 25장 19~26절

19 다음은 아브라함의 아들 이삭의 족보이다. 아브라함이 이삭을 낳았고, 20 이삭은 마흔 살 때에 리브가와 결혼하였다. 리브가는 밧단아람의 아람 사람인 브두엘의 딸이며, 아람 사람인 라반의 누이이다. 21 이삭은 자기 아내가 임신하지 못하므로, 아내가 아이를 가지게 해 달라고 주님께 기도하였다. 주님께서 이삭의 기도를 들어 주시니, 그의 아내 리브가가 임신하게 되었다. 22 그런데 리브가는 쌍둥이를 배었는데, 그 둘이 태 안에서 서로 싸웠다. 그래서 리브가는 "이렇게 괴로워서야, 내가 어떻게 견디겠는가?" 하면서, 이 일을 알아보려고 주님께로 나아갔다. 23 주님께서 그에게 대답하셨다. "두 민족이 너의 태 안에 들어 있다. 너의 태 안에서 두 백성이 나뉠 것이다. 한 백성이 다른 백성보다 강할 것이다. 형이 동생을 섬길 것이다." 24 달이 차서, 몸을 풀 때가 되었다. 태 안에는 쌍둥이가 들어 있었다. 25 먼저 나온 아이는 살결이 붉은데다가 온몸이 털투성이어서, 이름을 에서라고 하였다. 26 이어서 동생이 나오는데, 그의 손이 에서의 발뒤꿈치를 잡고 있어서, 이름을 야곱이라고 하였다. 리브가가 이 쌍둥이를 낳았을 때에, 이삭의 나이는 예순 살이었다.

저자는 아브라함과 이스마엘의 일생을 요약하고 나서 이삭 이야기를 시작한다.

이삭이 리브가와 결혼할 때의 나이는 40세(아브라함은 140세)였다. 결혼 후 20여 년 동안 이삭과 리브가 사이에 아이가 들어서지 않았다. 사라도 그랬는데, 며느리도 같은 처지가 되었다. 고대 사회에서 자녀 없음은 큰 불행이었다. 게다가 아브라함에게 주신 하나님의 약속이 위태롭게 되었다.

이제나저제나 기다려도 태기가 없자 이삭은 하나님께 간구한다(21절). 본문은 이삭의 기도를 한 문장으로 처리했지만 실제로는 오래도록 기도했을 것이다. 아버지 아브라함에게 주신 약속을 상기시키며 자녀를 달라고 간청했을 것이다.

얼마 후 기도 응답으로 리브가가 임신한다. 결혼한 지 19년 만의 일이다. 임신의 기쁨을 누리기도 전에 리브가는 극심한 임신 통증을 겪는다. 견디다 못한 그는 주님께 호소한다. "주님께로 나아갔다"(22절)는 말은 하나님 앞에 나아갔다는 뜻일 수도 있고 예언자를 찾아갔다는 뜻일 수도 있다. 그러자 하나님은 태중에 두 민족이 있으며 형이 동생을 섬길 것이라고 계시해 주신다.

때가 되어 해산하니 쌍둥이였다. 먼저 나온 아이는 "살결이 붉은데다가 온몸이 털투성이어서"(25절) '털'이라는 뜻의

"에서"라고 이름 짓는다. 이어 둘째가 나오는데 첫째의 발꿈치를 잡고 있었다(26절). 두 아이가 서로 먼저 나오려고 싸웠다고 생각한 리브가는 둘째의 이름을 '발꿈치를 잡다', '속이다'라는 뜻의 "야곱"이라고 지었다. 이때가 이삭이 60세 되는 해였다.

리브가는 두 아이를 키우면서 하나님께 들은 예언의 말씀을 마음에 두고 곰곰이 지켜보았을 것이다.

"인생은 하나님에 의해 결정된 것일까? 아니면 스스로 만들어 가는 것일까?"

이것은 지난 이천 년 동안 신학자들이 끊임없이 논쟁해 온 질문입니다. 하나님에 의해 결정된다는 믿음은 '예정론'(결정론), 각자 만들어 간다는 믿음은 '자유의지론'이라고 부릅니다. 그동안 많은 천재가 이 질문에 결판내고자 시도했지만 아직도 판결이 나지 않았습니다. 어느 한 편으로 판결낼 수 있는 문제가 아니기 때문입니다.

에서와 야곱의 출생 이야기를 보면 하나님의 주권적인 결정과 섭리도 보이고 인간의 선택과 결정도 보입니다. 이삭과 리브가는 하나님이 정하신 대로 움직이는 로봇이 아니었습니다. 그들은 하나님을 믿고 따르면서도 자신의 생각과 판단에 따라 선택하고 결정합니다. 그것만 보면 자유의지론이 맞는 것 같습니다. 하지만 그들의 인생을 계획하고 이끌어 가시는 하나님의 섭리도 보입니다.

리브가에게 주신 하나님의 말씀은 예정론의 증거 본문으로 자주 사용되었습니다. 하지만 이후의 이야기를 읽어 보면 에서와 야곱은 자기 생각에 따라 판단하고 선택합니다. 그들은 인생길을 스스로 개척해 나갔습니다. 하나님은 계획을 이루기 위해 그들을 조종하지 않으셨습니다. 그런데 이야기가 진행될수록 하나님의 계시가 이루어짐을 봅니다. 결국 인생사는 각자 만들어 가는 것도, 하나님이 조종하시는 것도 아니라는 결론에 이릅니다.

하나님은 우리에게 스스로 생각하고 판단하고 선택하며 살아가게 하십니다. 사랑 때문입니다. 동시에 우리의 생각과 판단과 선택을 엮어서 우리 각자와 모두에 대한 당신의 계획을 이루어 가십니다. 사랑 때문입니다. 우리가 하나님을 떠나 욕망대로 살든 그분 뜻을 따라 순명하며 살든, 결국 모든 것은 주의 뜻과 계획대로 이루어집니다.

따라서 가장 좋은 것은 주의 뜻을 따라 순명하며 사는 것입니다. 주를 떠나 욕망대로 사는 삶은 "가시 돋친 채찍을 발길로 차는"(행 26:14) 것과 같습니다. 결국 불행과 고통만을 키울 뿐입니다.

운명을 바꾸고 싶은 열망

창세기 25장 27~34절

27 두 아이가 자라, 에서는 날쌘 사냥꾼이 되어서 들에서 살고, 야곱은 성격이 차분한 사람이 되어서, 주로 집에서 살았다. 28 이삭은 에서가 사냥해 온 고기에 맛을 들이더니 에서를 사랑하였고, 리브가는 야곱을 사랑하였다. 29 한 번은, 야곱이 죽을 끓이고 있는데, 에서가 허기진 채 들에서 돌아와서, 30 야곱에게 말하였다. "그 붉은 죽을 좀 빨리 먹자. 배가 고파 죽겠다." 에서가 '붉은' 죽을 먹고 싶어 하였다고 해서, 에서를 에돔이라고도 한다. 31 야곱이 대답하였다. "형은 먼저, 형이 가진 맏아들의 권리를 나에게 파시오." 32 에서가 말하였다. "이것 봐라, 나는 지금 죽을 지경이다. 지금 나에게 맏아들의 권리가 뭐 그리 대단한 거냐?" 33 야곱이 말하였다. "나에게 맹세부터 하시오." 그러자 에서가 야곱에게 맏아들의 권리를 판다고 맹세하였다. 34 야곱이 빵과 팥죽 얼마를 에서에게 주니, 에서가 먹고 마시고, 일어나서 나갔다. 에서는 이와 같이 맏아들의 권리를 가볍게 여겼다.

성경 이야기들은 샘플링으로 선택한 것들로, 어떤 인물 혹은 어떤 사건의 특징을 가장 잘 반영한 이야기를 골라 기록한 것이다. 창세기 저자는 에서와 야곱이 어떻게 성장했는지 독자들에게 알려 주기 위해 한 가지 이야기를 기록했다.

쌍둥이로 태어난 에서와 야곱은 대조적인 인간형으로 비교가 됐다. 진취적인 성향의 에서는 사냥꾼이 되어 바깥으로 쏘다녔지만, 내향적인 야곱은 가정 일을 돌보았다. "차분한 사람이 되어서"(27절)에 사용된 히브리어 '탐'은 '순전한' 혹은 '선량한'의 의미를 가진다. 겉으로 볼 때 야곱은 누구에게 해를 끼칠 사람이 아니었다.

아버지 이삭은 큰아들이 사냥해 온 고기를 좋아해서 에서를 아꼈고, 어머니 리브가는 야곱을 아꼈다. 편애는 인간에게 자연스러운 일이지만, 그 감정을 방치하면 비극의 원인이 된다.

저자는 두 사람의 인간됨을 극명하게 보여 주는 한 가지 이야기를 전한다. 사냥을 나갔던 에서가 완전히 탈진해 집으로 돌아왔고, 그때 야곱은 음식을 만들고 있었다. 어떤 음식이었는지는 밝히지 않았지만, 30절에 나오는 에서의 말을 제대로 번역하면 "그 붉은 것"이었다. 그래서 과거 우리 성경은 "팥죽"이라고 번역했다. 지금은 그냥 "죽"이라고 번역했는데, "죽"일 수도 있고 "국"일 수도 있다. 중요한 것은 그 음식이 무엇이냐가 아니라 그 음식에 에서가 어떻게 반응했느냐다.

에서가 배고파 죽게 되었으니 음식을 달라고 하자, 야곱은 맏아들의 권리를 양도하면 주겠다고 한다(31절). 고대 사회에서 맏아들은 다른 자녀들에 비해 큰 이익과 특별한 지위를 누렸고, 유산 상속에서도 더 많은 권리를 가졌다. 야곱의 말에서 우리는, 그가 간발의 차이로 상실한 맏아들의 권리를 매우 아쉬워하고 어떻게든 그 권리를 탈취하고 싶어한다는 사실을 알 수 있다. 야곱은 오래도록 이 순간을 기다려 왔을 것이다. 에서가 사냥 후에는 늘 허기진 상태임을 잘 아는 야곱이 일부러 이런 상황을 기획했는지도 모른다.

에서는 자신에게 주어진 맏아들의 권리가 얼마나 귀한 것인지를 깊이 생각하지 않았음이 분명하다. 그래서 동생의 제안을 쉽게 받아들였고, 야곱은 계약의 확실성을 위해 맹세를 요청한다(32~33절). 맹세까지 하자 야곱은 음식을 주었고, 에서는 음식을 급히 먹고 사라진다.

여기서 저자는 네 개의 동사를 연이어 늘어놓음으로써(먹었다, 마셨다, 일어났다, 나갔다) 에서의 경솔한 처신을 강조했다. 그런 다음 "에서는 이와 같이 맏아들의 권리를 가볍게 여겼다"(34절)라고 해설을 달았다.

맏아들의 권리를 두고 야곱과 에서 사이에서 벌어진 흥정은 두 사람의 사고방식과 행동의 패턴을 보여 줍니다. 이 이야기로 두 사람이 어떤 인물로 자랐는지 짐작할 수 있습니다.

 고대 사회에서 큰아들에게 주어진 유형, 무형의 특권이 얼마나 컸는지를 고려하면 쌍둥이의 둘째로 태어난 야곱이 겪었을 억울한 심정을 어느 정도 이해할 수 있습니다. 간발의 차이로 둘째가 되었는데, 그로 인한 손실은 너무 컸습니다. 어떻게든 그 한계를 벗고 싶었습니다. 그런 간절함이 형의 허기를 볼모로 잡아 맏아들의 권리를 빼앗는 비열한 행동을 하게 했습니다.

 두 사람 사이에 이루어진 계약은 사실 아무런 효력이 없습니다. 야곱이 그것을 몰랐을 리 없습니다. 그럼에도 비열한 작전을 실행한 이유는 자신에게 부과된 둘째의 한계와 결핍을 그대로 받아 안을 수가 없었기 때문입니다. 운명의 굴레에 작게라도 저항해 보려 한 것입니다.

 반면 에서는 맏아들의 권리가 그리 대단해 보이지 않았을 것입니다. 맏아들의 권리보다는 책임과 의무를 더 무겁게 느꼈을지 모릅니다. 야곱의 입장이 되어 한 번이라도 생각해 보았다면 그리 가볍게 여기지 않았을 것입니다.

에서의 또 다른 문제는 '즉물적 성향'입니다. 그에게는 육신적인 욕구가 가장 중요했습니다. 지금 당하고 있는 일이 가장 중요했습니다. 다분히 충동적이고 감각적인 그에게 맏아들의 권리는 추상적이었고 미래적이었습니다.

참으로 신비한 일은 이런 과정을 통해 리브가에게 주어진 예언이 서서히 이루어졌다는 사실입니다. 누구도 하나님의 예언을 위해 의식적으로 행동하지 않았습니다. 각자의 성향과 욕망에 따라 판단하고 선택하고 행동했으며, 그로 인해 갈등과 분열, 상처와 아픔이 생겨났습니다. 하나님은 존재하시지 않고 모든 역사가 인간들의 오판과 실수와 악행의 반복처럼 보입니다. 그런데 나중에 보면 하나님이 예고하신 대로 역사가 형성되어 있습니다.

이런 까닭에 우리는 자주 눈을 감고 그분의 큰 그림을 바라봅니다. 눈을 뜨고 보면 미시적인 세계만 보입니다. 눈을 감고 하나님 앞에 설 때 거시적인 세계, 그 영원한 세상이 보입니다. 그리고 그분의 인도하시는 손길에 맡기고 살기를 기도합니다.

밀려난 곳으로
찾아가시는 하나님

창세기 26장 1~25절

1 일찍이 아브라함 때에 그 땅에 흉년이 든 적이 있는데, 이삭 때에도 그 땅에 흉년이 들어서, 이삭이 그랄의 블레셋 왕 아비멜렉에게로 갔다. 2 주님께서 이삭에게 나타나셔서, 말씀하셨다. "이집트로 가지 말아라. 내가 너에게 살라고 한 이 땅에서 살아라. 3 네가 이 땅에서 살아야, 내가 너를 보살피고, 너에게 복을 주겠다. 이 모든 땅을, 내가 너와 너의 자손에게 주겠다. 내가 너의 아버지 아브라함에게 맹세한 약속을 이루어서, 4 너의 자손이 하늘의 별처럼 많아지게 하고, 그들에게 이 땅을 다 주겠다. 이 세상 모든 민족이 네 씨의 덕을 입어서, 복을 받게 하겠다. 5 이것은, 아브라함이 나의 말에 순종하고, 나의 명령과 나의 계명과 나의 율례와 나의 법도를 잘 지켰기 때문이다." 6 그래서 이삭은 그랄에 그대로 머물러 있었다. 7 그 곳 사람들이 이삭의 아내를 보고서, 그에게 물었다. "그 여인이 누구요?" 이삭이 대답하였다. "그는 나의 누이요." 이삭은 "그는 나의 아내요" 하고 말하기가 무서웠다. 이삭은, 리브가가 예쁜 여자이므로, 그 곳 사람들이 리브가를 빼앗으려고 자기를 죽일지도 모른다고 생각하였기 때문이다. 8 이삭이 그 곳에 자리를 잡고 산 지 꽤 오래 된 어느 날, 블레셋 왕 아비멜렉은, 이삭이 그 아내 리브가를 애무하는 것을 우연히 창으로 보게 되었다. 9 아비멜렉은 이삭을 불러들여서 나무랐다. "그는 틀림없이 당신의 아내인데, 어쩌려고 당신은 그를 누이라고 말하였소?" 이삭이 대답하였다. "저 여자 때문에 제가 혹시 목숨을 잃을지도 모른다고 생각하였기 때문입니다." 10 아비멜렉이 말하였다. "어쩌려고 당신이 우리에게

이렇게 하였소? 하마터면, 나의 백성 가운데서 누구인가가 당신의 아내를 건드릴 뻔하지 않았소? 괜히 당신 때문에 우리가 죄인이 될 뻔하였소." 11 아비멜렉은 모든 백성에게 경고를 내렸다. "이 남자와 그 아내를 건드리는 사람은 사형을 받을 것이다." 12 이삭이 그 땅에서 농사를 지어서, 그 해에 백 배의 수확을 거두어들였다. 주님께서 그에게 복을 주셨기 때문이다. 13 그는 부자가 되었다. 재산이 점점 늘어서, 아주 부유하게 되었다. 14 그가 양 떼와 소 떼, 남종과 여종을 많이 거느리게 되니, 블레셋 사람들이 그를 시기하기 시작하였다. 15 그래서 그들은 이삭의 아버지 아브라함 때에 아브라함의 종들이 판 모든 우물을 막고, 흙으로 메워 버렸다. 16 아비멜렉이 이삭에게 말하였다. "우리에게서 떠나가시오. 이제 당신은 우리보다 훨씬 강하오." 17 이삭은 그 곳을 떠나서, 그랄 평원에다가 장막을 치고서, 거기에 자리를 잡고 살았다. 18 이삭은 자기 아버지 아브라함 때에 팠던 우물들을 다시 팠다. 이 우물들은, 아브라함이 죽자, 블레셋 사람들이 메워 버린 것들이다. 이삭은 그 우물들을 그의 아버지 아브라함이 부르던 이름 그대로 불렀다. 19 이삭의 종들이 그랄 평원에서 우물을 파다가, 물이 솟아나는 샘줄기를 찾아냈다. 20 샘이 터지는 바람에, 그랄 지방 목자들이 그 샘줄기를 자기들의 것이라고 주장하면서, 이삭의 목자들과 다투었다. 우물을 두고서 다투었다고 해서, 이삭은 이 우물을 에섹이라고 불렀다. 21 이삭의 종들이 또 다른 우물을 팠는데, 그랄 지방 목자들이 또 시비를 걸었다. 그래서 이삭은 그 우물 이름을 싯나라고 하였다. 22 이삭이 거기에서 옮겨서, 또 다른 우물을 팠는데, 그 때에는 아무도 시비를 걸지 않았다. 그래서 그는 "이제 주님께서 우리가 살 곳을 넓히셨으니, 여기에서 우리가 번성하게 되었다" 하면서, 그 우물 이름을 르호봇이라고 하였다. 23 이삭은 거기에서 브엘세바로 갔다. 24 그 날 밤에 주님께서 그에게 나타나셔서 말씀하셨다. "나는 너의 아버지 아브라함을 보살펴 준 하나님이다. 내가 너와 함께 있으니, 두려워하지 말아라. 내가 나의 종 아브라함을 보아서, 너에게 복을 주고, 너의 자손의 수를 불어나게 하겠다." 25 이삭이 그 곳에 제단을 쌓고, 주님의 이름을 부르며 예배하였다. 그는 거기에 장막을 치고, 그의 종들은 거기에서도 우물을 팠다.

이삭과 그 가족은 브엘라해로이에 살고 있었는데, 그 땅에 큰 흉년이 든다. 아브라함 때에도 같은 일로 이집트에 내려가 잠시 살았던 적이 있다. 당시 이집트가 번영을 구가하고 있었기에 이삭도 그런 생각을 했던 것 같다. 하지만 하나님은 이삭에게 이집트로 가지 말라고 말씀하신다(2절). 데라에게서 시작한 하나님의 구원 계획이 이루어지려면 가나안 땅을 떠나지 말아야 했다. 하나님은 아브라함에게 주신 약속을 말씀하시면서 있는 자리에서 흉년을 견디라고 하신다. 그래서 이삭은 그랄에 머물러 지낸다. 그랄은 나중에 블레셋의 영토가 된다.

이삭은 그랄 사람들에게 아내를 누이로 소개한다(7절). 당시에는 외지인이 들어오면 소돔 사람들처럼 남성을 성적으로 유린하거나 아내를 성폭행하여 길들이곤 했다. 아내로 인해 자신이 살해당할 수 있다는 이삭의 걱정이 현실이었다는 뜻이다.

다행히 작전이 통하여 이삭과 리브가는 별 탈 없이 정착한다. 경계심이 풀린 이삭은 어느 날 아내와 밀회를 나누는데, 그 모습을 아비멜렉에게 들키고 만다(8절). 아비멜렉은 아브라함이 사라를 누이로 속이는 바람에 그를 후처로 들이려다가 하나님께 큰 책망을 들은 적이 있다(20장). 아비멜렉은 이삭을 불러 심하게 꾸중한 후, 그랄 백성에게 아무도 리브가를 건드리지 말라고 엄명을 내린다(9~11절).

그곳에서 이삭은 하나님의 축복을 받아 큰 부자가 된다. 처음에 너그럽게 대하던 블레셋 사람들은 이삭의 재산과 가솔이 늘자 경계하기 시작한다. 그것은 다수자들이 소수자 이주민에게 가지는 전형적인 태도였다. 약자일 때는 동정하지만 강해지면 경계하고 배척한다. 그들은 아브라함 때에 판 모든 우물을 흙으로 메워 버리고, 아비멜렉은 이삭에게 떠나 달라고 요구한다(15~16절). 우물은 유목민들에게 절대적인 요소였다. 우물을 막아 버렸다는 것은 오늘날로 비유하자면 가게 문을 닫아 버린 것과 같다.

이삭은 아비멜렉과 그랄 주민의 부당한 처우에 반항하지 않고 그곳을 떠나 그랄 평원에 자리를 잡는다. 이때 우물을 파던 이삭의 종들이 샘줄기를 발견하는데, 그랄 사람들이 자기 소유라고 주장하며 빼앗아간다. 이삭의 종들이 다른 곳에 가서 우물을 파자, 이번에도 욕심난 사람들이 우물을 빼앗는다(19~21절). 이삭의 종들은 장소를 옮겨 또 우물을 팠는데, 이번에는 빼앗기지 않는다. 이삭은 우물의 이름을 "르호봇"(넓은 곳)이라고 짓는다.

얼마 후 이삭은 브엘세바로 이사한다. 그곳에 장막을 치자 하나님은 그에게 축복의 약속을 확인시켜 주신다. 그는 그곳에 제단을 쌓고 주님께 예배드린 뒤 정착한다.

나이 든 부모에게서 태어난 이삭은 신체적으로나 정신적으로 유약한 사람이었을 것입니다. 게다가 청소년기에 아버지의 손에 죽을 뻔했으니, 평생 기를 펴지 못하고 지냈을지 모릅니다.

　이삭은 세 족장(아브라함, 이삭, 야곱) 중 한 사람이지만, 창세기에 그에 대한 기록은 몇 개 되지 않습니다. 이삭이 홀로 주인공으로 나오는 이야기는 26장이 유일합니다. 나머지에서는 조연 혹은 수동적인 모습으로 등장합니다.

　그러한 이삭의 성품이 그랄 지방에서 있었던 사건을 통해 잘 드러납니다. 살해 위협 때문에 리브가를 누이로 소개한 일은 당시의 야만적인 문화 때문에 생긴 일입니다. 아브라함도 두 번이나 그랬습니다.

　이삭이 그랄 지방에 잘 정착해 재산을 불려가자 사람들이 시기했고, 그로 인해 사람들이 살지 않는 곳으로 밀려납니다. 그곳은 아버지 아브라함이 거주하던 곳입니다. 그곳에서도 그랄 사람들은 이삭을 괴롭힙니다. 광야 지역에서 물줄기를 찾아내는 일은 당시의 기술로 매우 어려운 작업이었습니다. 그토록 어렵게 얻은 우물을 두 번이나 빼앗깁니다. 이삭의 종들이 또다시 물줄기를 찾아내자 사람들은 시비를 더 걸지 않습니다.

이삭이 이렇게 밀려나고 빼앗긴 것은 하나님이 보호해 주신다는 믿음이 있어서 양보한 것이 아니라 유약한 성격 때문일 것입니다. 이스마엘은 싸워서 쟁취하는 강인한 사람이었지만, 이삭은 무력하게 당하고 빼앗기고 밀려나는 사람이었습니다. 그런데 하나님은 그런 그를 찾아가셔서 돌보고 복을 주십니다. 괴롭게 하는 사람들과 악다구니로 싸우지 않고 무력하게, 초라하게 물러서는 이삭을 편들어 주십니다. 이삭은 거듭되는 하나님의 돌보심을 경험하면서 그분이 진실로 살아 계심을 확인합니다. 그랄에서의 고난은 하나님의 살아 계심과 동행하심을 체험하게 했고, 그 후에 예배가 살아났습니다.

우리의 하나님은 이런 분입니다. 응징하고 보복하기를 포기하고 양보하고 손해 보는 사람을 잊지 않으십니다. 이삭과 함께하신 분이 지금 우리가 믿는 하나님이십니다. 그렇다면 우리도 그 하나님을 믿고 이 땅에서 평화를 이루는 삶을 살아야 합니다. 수단과 방법을 가리지 않고 이겨서 성취하는 삶이 아니라, 하나님이 알아서 해 주심을 믿고 양보하고 희생하면서 더불어 사는 삶이 우리의 방식이어야 합니다.

하나님이
함께하시는 증거

창세기 26장 26~33절

26 아비멜렉이 친구 아훗삿과 군사령관 비골을 데리고, 그랄에서 이삭에게로 왔다. 27 이삭이 그들에게 물었다. "당신들이 나를 미워하여 이렇게 쫓아내고서, 무슨 일로 나에게 왔습니까?" 28 그들이 대답하였다. "우리는 주님께서 당신과 함께 계심을 똑똑히 보았습니다. 그래서 우리는, 우리와 당신 사이에 평화조약을 맺어야 하겠다고 생각합니다. 이제 우리와 당신 사이에 언약을 맺읍시다. 29 우리가 당신을 건드리지 않고, 당신을 잘 대하여, 당신을 평안히 가게 한 것처럼, 당신도 우리를 해롭게 하지 마십시오. 당신은 분명히 주님께 복을 받은 사람입니다." 30 이삭은 그들을 맞아서 잔치를 베풀고, 그들과 함께 먹고 마셨다. 31 그들은 다음날 아침에 일찍 일어나서, 서로 맹세하였으며, 그런 다음에, 이삭이 그들을 보내니, 그들이 평안한 마음으로 돌아갔다. 32 그 날, 이삭의 종들이 와서, 그들이 판 우물에서 물이 터져나왔다고 보고하였다. 33 이삭이 그 우물을 세바라고 부르니, 사람들은 오늘날까지 그 우물이 있는 성읍을 브엘세바라고 한다.

그랄 평원으로 밀려난 이삭은 그곳에서 자리를 잡고 번성해 갔다. 너무 척박해 사람들이 살지 않는 곳을 풍요로운 땅으로 바꾸어 놓았다.

여러 해가 지난 뒤, 아비멜렉이 부관들과 함께 그를 찾아온다. 이삭은 그들에게 방문 이유를 묻는다. 그의 질문에는 그들에게서 받은 푸대접의 앙금이 배어 있다. 아비멜렉은 "우리는 주님께서 당신과 함께 계심을 똑똑히 보았습니다"(28절)라며 말문을 연다. 그는 아브라함에게도 비슷한 말을 한 적이 있다(21:22). 여기서는 "주님"으로 되어 있지만, 실은 "당신의 신이 당신과 함께하심을 똑똑히 보았습니다"라고 했을 것이다. 그는 그랄 민족의 신을 섬기고 있었을 터인데, 자신의 신보다 이삭이 믿는 신이 더 강하다고 생각했을 것이다.

그러면서 아브라함에게 제안했던 것처럼 평화조약을 맺자고 제안한다. 이삭의 세력이 커지면 복수할지도 모른다고 염려했던 것이다. 그는 다시 "당신은 분명히 주님께 복을 받은 사람입니다"라고 덧붙인다.

이삭은 제안을 받아들일 뿐만 아니라 그들을 맞아 큰 잔치를 베풀어 주고 돌려보낸다(30~31절). 아브라함은 하지 않았던 일을 이삭은 행한 것이다. 그들이 떠나고 나자 종들이 새로 판 우물에서 물이 터졌다고 알려온다. 이삭은 이 샘의 이름을 "세바"라고 짓는다. 아브라함이 이미 그곳의 이름을 "브엘세바"(맹세의 우물)라고 지어 놓았기 때문이다(21:31). 이런 연유로 브엘세바는 이스라엘 백성에게 유서 깊은 장소가 된다.

아비멜렉이 두 번이나 이삭에게 "당신은 주님께 복을 받은 사람입니다"라고 말한 것은 평화조약을 얻기 위한 아첨이었을 수 있지만, 그가 정말 그렇게 느꼈을 가능성이 더 큽니다. 그렇지 않았다면 무력으로 쫓아내거나 살해할 수도 있었기 때문입니다. 이삭의 세력이 커졌다고 해도 아비멜렉을 대적할 정도는 아니었습니다.

그가 평화조약을 맺기로 마음먹었다는 사실은 아브라함에게서도 느꼈듯이 초월적인 힘이 이삭을 보호하고 있다는 느낌을 부정할 수 없었음을 암시합니다. 버려진 땅에서 그토록 번성했다는 사실은 신이 이삭을 돌보고 있는 증거로 보였을 것입니다.

때로 하나님은 당신을 믿고 의지하는 사람들을 번영하게 하십니다. 손대는 것마다 형통하게 하시고, 죽을병에서 건져 주시며, 사면초가의 상황에서 위로 솟아나게 하십니다. 사람이 살 수 없는 땅에서 아브라함과 이삭이 번성한 것은 분명히 하나님이 돌보셨다는 증거입니다. 그래서 아브라함도, 이삭도 단을 쌓고 예배를 드렸습니다.

하지만 여기서 '하나님은 언제나 믿는 사람들을 복되게 하신다' 혹은 '하나님이 함께하시는 증거는 이 세상에서 번영하고 성공하는 것이다'라고 결론 지어서는 안 됩니다. 그것을 뒤집으면 '세상에서 성공하지 못하고 번영하지 못하면 하나님께 버림받은 것이다'라는 말이 되기 때문입니다.

아닙니다. 하나님이 함께하시는 사람도 실패하고 상처받으며 깊은 질병에 걸릴 수 있습니다. 아브라함과 이삭의 인생에도 그런 일이 많았습니다. 그것은 하나님께 버림받아서가 아니었습니다. 그럴 때 하나님은 더 가까이 계셨고 섬세하게 인도해 주셨습니다.

기복적인 신관을 가지고 있던 아비멜렉은 아브라함과 이삭이 번영해서야 그들의 신이 살아 계심을 알아차렸습니다. 만약 그가 성숙한 사람이었다면 처음부터 그 사실을 알았을 것입니다. 하나님이 함께하심은 번영의 때보다 고난의 때에 더 선명하게 드러나기 때문입니다.

축복을
나누는 삶

창세기 26장 34절~27장 46절

34 에서는, 마흔 살이 되는 해에, 헷 사람 브에리의 딸 유딧과, 헷 사람 엘론의 딸 바스맛을 아내로 맞았다. 35 이 두 여자가 나중에 이삭과 리브가의 근심거리가 된다.

1 이삭이 늙어서, 눈이 어두워 잘 볼 수 없게 된 어느 날, 맏아들 에서를 불렀다. "나의 아들아." 에서가 대답하였다. "예, 제가 여기에 있습니다." 2 이삭이 말하였다. "얘야, 보아라, 너의 아버지가 이제는 늙어서, 언제 죽을지 모르겠구나. 3 그러니 이제 너는 나를 생각해서, 사냥할 때에 쓰는 기구들 곧 화살통과 활을 메고 들로 나가서, 사냥을 해

다가, 4 내가 좋아하는 별미를 만들어서, 나에게 가져 오너라. 내가 그 것을 먹고, 죽기 전에 너에게 마음껏 축복하겠다." 5 이삭이 자기 아들 에서에게 이렇게 말하는 것을 리브가가 엿들었다. 에서가 무엇인가를 잡으려고 들로 사냥을 나가자, 6 리브가는 아들 야곱에게 말하였다. "애야, 나 좀 보자. 너의 아버지가 너의 형에게 하는 말을 내가 들었다. 7 사냥을 해다가, 별미를 만들어서 아버지께 가져 오라고 하시면서, 그것을 잡수시고, 돌아가시기 전에, 주님 앞에서 너의 형에게 축복하겠다고 하시더라. 8 그러니 애야, 너의 어머니가 하는 말을 잘 듣고, 시키는 대로 하여라. 9 염소가 있는 데로 가서, 어린 것으로 통통한 놈 두 마리만 나에게 끌고 오너라. 너의 아버지가 어떤 것을 좋아하시는지 내가 잘 아니까, 아버지가 잡수실 별미를 만들어 줄 터이니, 10 너는 그것을 아버지께 가져다 드려라. 그러면 아버지가 그것을 잡수시고서, 돌아가시기 전에 너에게 축복하여 주실 것이다." 11 야곱이 어머니 리브가에게 말하였다. "형 에서는 털이 많은 사람이고, 나는 이렇게 피부가 매끈한 사람인데, 12 아버지께서 만져 보시면 어떻게 되겠습니까? 아버지를 속인 죄로, 축복은커녕 오히려 저주를 받을 것이 아닙니까?" 13 어머니가 아들에게 말하였다. "아들아, 저주는 이 어미가 받으마. 내가 시키는 대로 하여라. 가서, 두 마리를 끌고 오너라." 14 그가 가서, 두 마리를 붙잡아서 어머니에게 끌고 오니, 그의 어머니가 그것으로 아버지의 입맛에 맞게 별미를 만들었다. 15 그런 다음에 리브가는, 자기가 집에 잘 간직하여 둔 맏아들 에서의 옷 가운데 가장 좋은 것을 꺼내어, 작은 아들 야곱에게 입혔다. 16 리브가는 염소 새끼 가죽을 야곱의 매끈한 손과 목덜미에 둘러 주고 나서, 17 자기가 마련한 별미와 빵을 아들 야곱에게 들려 주었다. 18 야곱이 아버지에게 가서 "아버지!" 하고 불렀다. 그러자 이삭이 "나 여기 있다. 아들아, 너는 누구냐?" 하고 물었다. 19 야곱이 아버지에게 말하였다. "저는 아버지의 맏아들 에서입니다. 아버지께서 말씀하신 그대로 하였습니다. 이제 일어나 앉으셔서, 제가 사냥하여 온 고기를 잡수시고, 저에게 마음껏 축복하여 주시기 바랍니다." 20 이삭이 아들에게 물었다. "애야, 어떻게 그렇게 빨리 사냥거리를 찾았느냐?" 야곱이 대답하였다. "아버지께서 섬기시는 주 하나님이, 일이 잘 되게 저를 도와 주셨습니다." 21 이삭이 야곱에게 말하였다. "애야, 내가 너를 좀 만져 볼 수 있게, 이리 가까이 오너라. 네가 정말로 나의 아들 에서인지, 좀 알아보아야겠다." 22 야곱이 아버지 이삭에게 가까이 가니, 이삭이 아들을 만져 보고서 중얼거렸다. "목소리는 야곱의 목소리인데, 손은 에서의 손이로구나." 23 이삭은, 야곱의 두 손이 저의 형 에서의 손처럼 털이 나 있으므로, 그가 야곱인 줄을 모르고, 그에게 축복하여 주기로 하였다. 24 이삭은 다짐하였다. "네가 정말로 나의 아들 에서냐?" 야곱이 대답하였다. "예, 그렇습니다." 25 이삭이 말하였다. "나의 아들아, 네가 사냥하여 온 것을 나에게 가져 오너라. 내가 그것을 먹고서, 너에게 마음껏 복을 빌어 주겠다." 야곱이 이삭에게 그 요리한 것을 가져다가 주니, 이삭이 그것을 먹었다. 야곱이 또 포도주를 가져다가 따르니, 이삭이 그것을 마셨다. 26 그의 아버지 이삭이 그에게 말하였다. "나의 아들아, 이리 와서, 나에게 입을 맞추어 다오." 27 야곱이 가까이 가서, 그에게 입을 맞추었다. 이삭이 야곱의 옷에서 나는 냄새를 맡고서, 그에게 복을 빌어 주었다. "나의 아들에게서 나는 냄새는 주님께 복받은 밭의 냄새로구나. 28 하나님은 하늘에서 이슬을 내려 주시고, 땅을 기름지게 하시고, 곡식과 새 포도주가 너에게 넉넉하게 하실 것이다. 29 여러 민족이 너를 섬기고, 백성들이 너에게 무릎을 꿇을 것이다. 너는 너의 친척들을 다스리고, 너의 어머니의 자손들이 너에게 무릎을 꿇을 것이다. 너를 저주하는 사람마다 저주를 받고, 너를 축복하는 사람마다 복을 받을 것이다." 30 이삭은 이렇게 야곱에게 축복하여 주었다. 야곱이 아버지 앞에서 막 물러나오는데, 사냥하러 나갔던 그의 형 에서가 돌아왔다. 31 에서도 역시 별미를 만들어서, 그것을 들고 자기 아버지 앞에 가서 말하였다. "아버지, 일어나셔서, 이 아들이 사냥하여 온 고기를 잡수시고, 저에게 마음껏 축복하여 주시기 바랍니다." 32 그의 아버지 이삭이 그에게 물었다. "너는 누구냐?" 에서가 대답하였다. "저는 아버지의 아들, 아버지의 맏아들 에서입니다." 33 이삭이 크게 충격을 받고서, 부들부들 떨면서 말을 더듬거렸다. "그렇다면, 네가 오기 전에 나에게 사냥한 고기를 가져 온 게 누구란 말이냐? 네가 오기 전에, 내가 그것을 이미 다 먹고, 그에게 축복하였으니, 바로 그가 복을 받을 것이다." 34 아버지의 말을 들은 에서는 소리치며 울면서, 아버지에게 애원하였다. "저에게 축복하여 주십시오. 아버지, 저에게도 똑같이 복을 빌어 주십시오." 35 그러나 이삭이 말하였다. "너의 동생이 와서 나를 속이고, 네가 받을 복을 가로챘구나." 36 에서가 말하였다. "그 녀석의 이름이 왜 야곱인지, 이제야 알 것 같습니다. 그 녀석이 이번까지 두 번이나 저를 속였습니다. 지난 번에는 맏아들의 권리를 저에게서 빼앗았고, 이번에는 제가 받을 복까지 빼앗아갔습니다." 에서가 아버지에게 물었다. "저에게 주실 복을 하나도 남겨 두지 않으셨습니까?" 37 이삭이 에서에게 대답하였다. "나는, 그가 너를 다스리도록 하였고, 그의 모든 친척을 그에게 종으로 주었고, 곡식과 새 포도주가 그에게서 떨어지지 않도록 하였다. 그러니, 나의 아들아, 내가 너에게 무엇을 해줄 수 있겠느냐?" 38 에서가 그의 아버지에게 말하였다. "아버지, 아버지께서 비실 수 있는 복이 어디 그 하나뿐입니까? 저에게도 복을 빌어 주십시오, 아버지!" 이 말을 하면서, 에서는 큰소리로 울었다. 39 그의 아버지 이삭이 그에게 대답하였다. "네가 살 곳은 땅이 기름지지 않고, 하늘에서 이슬도 내리지 않는 곳이다. 40 너는 칼을 의지하고 살 것이며, 너의 아우를 섬길 것이다. 그러나 애써 힘을 기르면, 너는, 그가 네 목에 씌운 멍에를 부술 것이다." 41 에서는 아버지에게서 받을 축복을 야곱에게 빼앗긴 것 때문에 야곱에게 원한이 깊어갔다. 그는 혼자서 '아버지를 곡할 날이 머지 않았으니, 그 때가 되면, 동생 야곱을 죽이겠다' 하고 마음을 먹었다. 42 리브가는 맏아들 에서가 하고 다니는 말을 전해 듣고는, 작은 아들을 불러다 놓고서 말하였다. "너의 형 에서가 너를 죽여서, 한을 풀려고 한다. 43 그러니 나의 아들아, 내가 시키는 대로 하여라. 이제 곧 하란에 계시는 라반 외삼촌에게로 가거라. 44 네 형의 분노가 풀릴 때까지, 너는 얼마 동안 외삼촌 집에 머물러라. 45 네 형의 분노가 풀리고, 네가 형에게 한 일을 너의 형이 잊으면, 거기를 떠나서 돌아오라고 전갈을 보내마. 내가 어찌 하루에 자식 둘을 다 잃겠느냐!" 46 리브가가 이삭에게 말하였다. "나는, 헷 사람의 딸들 때문에, 사는 게 아주 넌더리가 납니다. 야곱이 이 땅에 사는 사람들의 딸들 곧 헷 사람의 딸들 가운데서 아내를 맞아들인다고 하면, 내가 살아 있다고는 하지만, 나에게 무슨 사는 재미가 있겠습니까?"

저자는 에서와 야곱의 결별 사건 전에 에서의 결혼을 언급한다. 그는 헷 족속의 두 여인을 아내로 취했는데, 이는 "이삭과 리브가의 근심거리"(26:35)가 되었다. 이는 에서도 이삭처럼 친족 중에서 아내를 찾기 원했다는 뜻이다. 하지만 에서를 향한 이삭의 편애는 달라지지 않았다.

시력을 잃을 정도로 나이가 들었을 때 이삭은 에서를 부른다. 정신이 온전할 때 큰아들을 축복해 주어야겠다고 생각한 것이다. 자신의 생각을 전한 이삭은 에서에게 사냥하여 별미를 만들어 오라고 지시한다(27:2~4).

둘의 대화를 엿들은 리브가는 에서가 사냥을 나간 사이 야곱을 불러 자초지종을 말한다. 그리고 어린 염소로 요리를 해 줄 테니 그 음식을 아버지께 대접하고 대신 축복을 받으라고 한다. 야곱이 주저하자 어머니는 자신만 믿고 따르라고 말한다. 리브가는 야곱에게 에서의 옷을 입혀 변장을 시킨 다음, 준비한 요리를 들고 아버지에게 들여보낸다(15~17절).

야곱이 아버지에게 에서라고 말하자, 이삭은 어떻게 이렇게 빨리 사냥을 할 수 있었느냐고 묻는다. 그러자 야곱은 "아버지께서 섬기시는 주 하나님이, 일이 잘 되게 저를 도와 주셨습니다"(20절)라고 대답한다. 자기 이익을 위해 하나님까지 끌어내어 거짓말한 것이다. 아들의 손을 만지며 에서인지 확인한 이삭은 준비해 온 음식을 먹고는 마음을 다해 장자의 축복을 빌어 준다(25~29절).

야곱이 축복기도를 받고 막 물러나올 때, 에서가 사냥에서 돌아온다. 별미를 만들어 아버지께 가지고 가서야 동생이 자신이 받을 축복을 가로챘다는 사실을 알게 된다. 이삭도 야곱에게 속은 사실을 알고 부들부들 떨 정도로 충격을 받는다. 에서가 남은 복이라도 빌어 달라고 청하자 이삭은 모든 축복을 야곱에게 빌어 주었다고 답한다. 에서가 울면서 간청하자 이삭은 축복의 말을 하려 했으나, 입에서 나온 것은 축복이 아닌 저주의 말이었다(39~40절).

원한이 깊어진 에서는 아버지가 세상을 떠나는 날이 야곱의 제삿날이 될 것이라고 말하며 다닌다. 이 소식을 들은 리브가는 야곱에게, 형의 분노가 풀릴 때까지 하란에 있는 외삼촌 라반의 집으로 피신하라고 지시한다(42~45절). 그런 다음 이삭에게 가서 며느리들에 대한 불평을 쏟아 놓으면서 야곱을 하란으로 보내 친족 중에서 아낫감을 찾게 하자고 제안한다.

이 이야기에서도 이삭은 무력하게 당하는 사람으로 나옵

니다. 리브가는 결혼 과정에서 보인 모습처럼 지혜롭고 민첩하고 결단성 있게 행동합니다. 야곱을 위해 모든 것을 계획하고 실행한 리브가는 하나님의 계시를 위해 그렇게 해야 한다고 생각했는지 모릅니다.

하지만 그것이 일을 더 꼬이게 만듭니다. 하나님의 계획은 인간의 술수와 속임수를 통해 이루어지는 것이 아닙니다. 리브가가 에서와 야곱을 동일하게 사랑하면서 신실하게 살았더라면 하나님의 계획이 아름답게 이루어지는 과정을 보았을 것입니다. 하지만 자신의 술수로 하나님의 계획을 이루려고 한 바람에 가족을 원수로 만들고 아들들을 고생시키며 하나님의 계획이 지연되게 했습니다.

이 이야기를 읽으며 '축복을 빌어 주는 것'에 대해 생각해 봅니다. 믿는 부모라면 누구나 세상을 떠나기 전, 자녀를 위해 마음껏 축복해 주고 싶어 합니다. 하지만 그것을 얻고자 리브가와 야곱이 벌인 사기극은 이해되지 않습니다. 그렇게까지 하면서 가로채야 했을까 싶습니다. 또한 에서가 울면서 자신에게도 축복해 달라고 조를 때, 이삭이 "축복을 다 해 주어서 남은 것이 없다"고 답하는 장면은 더 의아스럽습니다. 우리 같으면 야곱에게 준 축복기도를 무효로 선언하고 다시 기도해 주었을 것입니다.

여기서 우리는 하나님 앞에서 드린 축복기도에 대한 경외감과 무거운 신뢰를 봅니다. 축복기도는 그들의 삶에서 단순한 예식이나 형식이 아닌 매우 중요한 실체였습니다. 그렇기에 함부로 해서도 안 되고, 일단 발설하면 결코 회수할 수 없다고 믿었습니다. 인간적으로 보면 축복기도를 두고 벌이는 가족 간의 싸움이 유치해 보입니다. 그러나 여기서 하나님 앞에서 행한 일에 대한 묵직한 믿음을 봅니다. 이삭은 자신의 기도가 이미 하나님께 올려졌다고 믿었습니다.

이 이야기를 묵상하면서 하나님에 대한 우리의 믿음이 너무 세속화되고 인본주의화 된 것은 아닌지 자문해 봅니다.

부모로서 자녀를 위해 기도해 주는 것은 참으로 거룩한 일입니다. 믿는 사람으로서 다른 사람들을 축복하는 일 또한 아주 귀합니다. 그것은 단순한 말이 아닙니다. 하나님께 들려지는 순간, 실체가 됩니다. 그렇기에 우리 또한 기회가 있을 때마다 겸손히 고개 숙이고 축복의 기도를 받을 줄 알아야 합니다. '축복 집착증'도 문제지만, 하나님의 축복을 배제하고 사는 것도 큰 문제입니다.

거룩한 수동성

창세기 28장 1~9절

1 이삭이 야곱을 불러서, 그에게 복을 빌어 주고 당부하였다. "너는 가나안 사람의 딸들 가운데서 아내를 맞이하지 말아라. 2 이제 곧 밧단아람에 계시는 브두엘 외할아버지 댁으로 가서, 거기에서 너의 외삼촌 라반의 딸들 가운데서 네 아내가 될 사람을 찾아서 결혼하여라. 3 전능하신 하나님이 너에게 복을 주셔서, 너로 생육하고 번성하게 하시고, 마침내 네가 여러 민족을 낳게 하실 것이다. 4 하나님이 아브라함에게 허락하신 복을 너와 네 자손에게도 주셔서, 네가 지금 나그네 살이를 하고 있는 이 땅, 하나님이 아브라함에게 주신 이 땅을, 네가 유산으로 받을 수 있도록 해주시기를 바란다." 5 이렇게 복을 빌어 준 뒤에, 이삭은 야곱을 보냈다. 야곱은 밧단아람으로 가서, 라반에게 이르렀다. 라반은 아람 사람 브두엘의 아들이며, 야곱과 에서의 어머니인 리브가의 오라버니이다. 6 에서는, 이삭이 야곱에게 복을 빌어 주고, 그를 밧단아람으로 보내어, 거기에서 아내감을 찾게 하였다는 것을 알았다. 에서는, 이삭이 야곱에게 복을 빌어 주면서, 가나안 사람의 딸들 가운데서 아내감을 찾아서는 안 된다고 당부하였다는 것과, 7 야곱이 아버지와 어머니의 말에 순종하여, 밧단아람으로 떠났다는 것을 알았다. 8 에서는, 자기 아버지 이삭이 가나안 사람의 딸들을 싫어한다는 것을 알고, 9 이미 결혼하여 아내들이 있는데도, 이스마엘에게 가서, 그의 딸 마할랏을 또다시 아내로 맞이하였다. 마할랏은 느바욧의 누이이며, 아브라함의 손녀이다.

이삭은 아내의 말대로 야곱을 불러 외삼촌 집에 가서 아 낫감을 찾아 결혼하라고 명령한다. 에서에게서 야곱을 떼어 놓으려는 리브가의 계획이 이루어진 것이다.

이삭도 자신을 속인 리브가와 야곱에게 분노했을 것이다. 하지만 그것도 하나님의 섭리라고 받아들이고는 야곱을 불러 다시 한번 복을 빌어 준다(3~4절). 이로써 이삭은 야곱이 아브라함에게서 시작된 언약의 적통임을 인정한다. 아버지의 축복을 받은 야곱은 집을 떠나 밧단아람에 있는 라반의 집에 이른다.

에서는 야곱이 집을 떠나고 나서야 그 사실을 알게 된다(6~7절). 어머니와 동생의 계략에 맏아들의 축복을 빼앗긴 것도 억울한데, 이번에는 아버지까지 야곱을 빼돌리는 일에 가담했음을 알고 격분한다. 에서는 아버지가 가나안 족속의 며느리들을 싫어한다는 것을 알고는 이스마엘의 손녀 마할렛을 데려다가 아내로 삼는다.

그렇게 해서라도 아버지의 마음을 돌리고 싶었지만, 때는 이미 늦었다.

저자는, 리브가와 야곱에게 속았다는 사실을 안 순간 이삭이 "부들부들 떨면서 말을 더듬거렸다"(27:33)고 알려 줍니다. 이삭은 남은 축복이라도 빌어 달라고 사정하는 에서를 부둥켜 안고 같이 울었을 것입니다.

그 일이 있은 후 이삭은 리브가도, 야곱도 대면하고 싶지 않았을 것입니다. 믿고 의지했던 아내가 자신을 감쪽같이 속일 줄 몰랐기 때문입니다. 어머니의 계략대로 행한 야곱에게도 분노가 치밀었을 것입니다. 그는 한동안 미움의 불길로 인해 고통스러웠을 것입니다.

하지만 그는 그 모든 일의 배후에 하나님의 손길이 있었다고 인정하게 됩니다. 그는 평생 다른 사람들에게 휘둘리며 살았습니다. 어렸을 때는 어머니 사라에게, 청소년기에는 아버지 아브라함에게, 결혼하고 나서는 리브가에게, 그랄 지방에 피난했을 때는 아비멜렉에게 휘둘렸습니다. 유약하게 태어난 데다가 어머니의 과보호 때문에 그는 소극적이고 수동적으로 살았습니다. 그는 언제나 누구에게나 '을'이었습니다. 이 현상만 보면 그는 실패한 인생처럼 보입니다. 하지만 나중에 보면 하나님의 뜻이 그를 통해 이루어집니다.

이삭이 아내의 말대로 야곱을 밧단아람으로 보내기로 마음먹은 것은 이런 믿음 때문이었습니다. 피상적으로 보면 리브가와 야곱이 자신을 속인 것이지만, 이삭은 그 배후에 보이지 않는 하나님의 손이 작용했다고 믿었습니다. 지금은 그 까닭을 이해할 수 없지만, 자신이 알 수 없는 하나님의 뜻이 있을 것이라고 믿었습니다. 비록 배신으로 인한 분노의 앙금은 남아 있지만, 이삭은 야곱을 불러 다시 축복해 주고는 떠나보냅니다. 아브라함을 선택하신 하나님의 계획이 형 이스마엘이 아니라 둘째인 자신에게로 이어진 것처럼, 그것이 맏아들 에서가 아니라 야곱에게로 이어짐을 겸허히 받아들인 것입니다.

현대 사조는 우리에게 '당신은 당신 인생의 주인이다. 주도적으로 인생을 계획하고 실행하라'고 가르칩니다. 그렇게 사는 것이 가장 지혜로운 삶이라고 말합니다. 하지만 성경은 다른 방법도 있다고 말합니다. '당신 인생의 주인은 하나님이시다. 그분이 당신의 인생을 계획하고 실행하도록 맡기라'는 것입니다.

이삭의 이야기들은 수동적인 인생이 오히려 하나님의 뜻이 이루어지는 데 더 유익할 수 있음을 알려 줍니다.

인생의 전환점

창세기 28장 10~22절

10 야곱이 브엘세바를 떠나서, 하란으로 가다가, 11 어떤 곳에 이르렀을 때에, 해가 저물었으므로, 거기에서 하룻밤을 지내게 되었다. 그는 돌 하나를 주워서 베개로 삼고, 거기에 누워서 자다가, 12 꿈을 꾸었다. 그가 보니, 땅에 층계가 있고, 그 꼭대기가 하늘에 닿아 있고, 하나님의 천사들이 그 층계를 오르락내리락 하고 있었다. 13 주님께서 그 층계 위에 서서 말씀하셨다. "나는 주, 너의 할아버지 아브라함을 보살펴 준 하나님이요, 너의 아버지 이삭을 보살펴 준 하나님이다. 네가 지금 누워 있는 이 땅을, 내가 너와 너의 자손에게 주겠다. 14 너의 자손이 땅의 티끌처럼 많아질 것이며, 동서 남북 사방으로 퍼질 것이다. 이 땅 위의 모든 백성이 너와 너의 자손 덕에 복을 받게 될 것이다. 15 내가 너와 함께 있어서, 네가 어디로 가든지 너를 지켜 주며, 내가 너를 다시 이 땅으로 데려 오겠다. 내가 너에게 약속한 것을 다 이루기까지, 내가 너를 떠나지 않겠다." 16 야곱은 잠에서 깨어서, 혼자 생각하였다. '주님께서 분명히 이 곳에 계시는데도, 내가 미처 그것을 몰랐구나.' 17 그는 두려워하면서 중얼거렸다. "이 얼마나 두려운 곳인가! 이 곳은 다름아닌 하나님의 집이다. 여기가 바로 하늘로 들어가는 문이다." 18 야곱은 다음날 아침 일찍이 일어나서, 베개 삼아 벤 그 돌을 가져다가 기둥으로 세우고, 그 위에 기름을 붓고, 19 그 곳 이름을 베델이라고 하였다. 그 성의 본래 이름은 루스였다. 20 야곱은 이렇게 서원하였다. "하나님께서 저와 함께 계시고, 제가 가는 이 길에서 저를 지켜 주시고, 먹을 것과 입을 것을 주시고, 21 제가 안전하게 저의 아버지 집으로 돌아가게 해주시면, 주님이 저의 하나님이 되실 것이며, 22 제가 기둥으로 세운 이 돌이 하나님의 집이 될 것이며, 하나님께서 저에게 주신 모든 것에서 열의 하나를 하나님께 드리겠습니다."

저자는 5절에서 야곱이 집을 떠나 하란에 도착했다고 보도하고는, 10절에서 하란으로 가던 길에 있었던 한 가지 사건을 서술한다.

우리는 여기서 잠시 야곱의 심정을 헤아려 볼 필요가 있다. 쌍둥이의 둘째로 태어난 그는 자신에게 주어진 운명적 한계에 억울함을 느꼈다. 그래서 인생 역전을 위해 노력했고, 어머니의 분별력 없는 행동으로 인해 집을 떠나는 상황에 처했다. 외가댁이지만 그는 아무것도 보장받을 수 없는 낯선 광야에 내몰렸다. 하란으로 향하는 그의 발걸음은 무거웠고 복잡한 생각에 두려운 마음이 들었을 것이다.

하란으로 가던 어느 날, 저녁이 되자 야곱은 장막을 펴고 잠을 청한다. 야곱이 돌을 베개 삼았다는 이야기는 유명한데, 학자들은 머리 주변에 여러 개의 돌로 보호막을 치고 잔 것으로 봐야 한다고 해석한다.

야곱은 잠자는 중에 신비한 꿈을 꾼다. 누워 있는 곳에서부터 하늘 끝까지 층계(개역개정에는 "사닥다리"라고 번역해 놓았는데, 새번역처럼 "층계"라고 번역하는 것이 옳다)가 놓여 있고 그 위로 하나님의 천사들이 오르락내리락하고 있었다. 그 층계 꼭대기에서 음성이 들렸는데, 음성은 자신을 "할아버지 아브라함을 보살펴 준 하나님이요, 너의 아버지 이삭을 보살펴 준 하나님"(13절)으로 소개하면서 야곱을 지켜 주고 아브라함과 이삭에게 준 약속을 이루어 주겠다고 했다.

잠에서 깨어난 야곱은 "주님께서 분명히 이 곳에 계시는데도, 내가 미처 그것을 몰랐구나"(16절)라고 탄식하면서 "이 얼마나 두려운 곳인가! 이곳은 다름 아닌 하나님의 집이다. 여기가 바로 하늘로 들어가는 문이다"(17절)라고 고백한다. 처음으로 하나님에 대해 눈 뜬 것이다. 그는 동트기까지 꿈에서 본 광경과 하나님이 들려주신 말씀을 곱씹으며 위로와 용기를 얻었을 것이다. 그 사이 근심과 걱정은 사라지고 평안이 깃들었을 것이다.

동이 트자마자 야곱은 돌 하나를 세워 제단으로 삼고 예배를 드린다. 그곳의 이름은 원래 "루스"였는데, 야곱은 '하나님의 집'이라는 뜻의 "베델"이라고 새롭게 이름 짓는다. 그리고 예배드리면서 하나님께, 앞으로 가는 곳에서 자신을 지켜 주시면 주님을 하나님으로 섬기고 베델에 하나님의 집을 세우며 모든 수입의 십 분의 일을 드리겠다고 약속한다(20~22절). 거래와 흥정의 명수답게 야곱은 하나님께 일종의 흥정을 했다.

하나님을 만났다고 즉시 성자가 되는 것은 아니다. 믿음의 사람으로 빚어지려면 많은 세월이 필요하고 고난의 과정도 거쳐야 한다. 그래서 야곱은 라반의 집에서 많은 일을 겪는다.

야곱은 아버지 집에서 '할아버지의 하나님이요, 아버지의 하나님'을 예배했을 것입니다. 그 하나님은 아버지와 어머니의 하나님이었지 자신의 하나님은 아니었습니다. 어쩌면 쌍둥이의 둘째로 태어나게 한 하나님께 분노와 원망을 품고 있었을지도 모릅니다. 야곱은 자기 인생을 바꿀 수 있는 사람은 자신밖에 없다고 생각했습니다. 그가 예배했던 하나님은 그의 삶에 아무런 영향도 주지 못했습니다. 그는 오직 자신의 술수와 수단으로 맏아들의 권리를 빼앗으려 했습니다. 불행히도 그 노력은 인생을 꼬이게 만들었고 결국 낯선 땅으로 도피해야 했습니다.

　그런 야곱에게 하나님이 오셔서 위로하시고 축복해 주셨다는 사실은 놀라운 일입니다. 야곱이 범한 잘못에는 아무 관심이 없으신 것 같습니다. 야곱과 리브가가 이삭을 속여 탈취한 맏아들의 권리를 그대로 승인하십니다. 하나님의 처사가 우리의 도덕적인 수준에도 못 미치는 것처럼 보입니다. 축복해 주시기 전에 먼저 그의 잘못을 꾸중하고 책임을 물으시는 것이 옳지 않나 싶습니다.

　만일 이렇게 생각했다면 그것은 '큰아들 멘탈리티'에 사로잡혀 있다는 뜻입니다. 예수님이 말씀하신 '탕자의 비유'(눅 15:11~32)에서 아버지는 돌아온 탕자를 무조건 용서하고 받아들였습니다. 그러한 아버지의 행동에 탕자의 형은 격분했습니다. 동생을 받아들인다면 먼저 재산을 탕진하고 거지가 되어 돌아온 잘못에 대해 책망과 벌을 내려야 한다고 생각했습니다.

'큰아들 멘탈리티'는 스스로 의롭다 여기면서 다른 이들의 잘못을 판단하고 정죄하는 태도를 가리킵니다. 이런 사람들은 야곱에 대한 하나님의 처사를 받아들일 수 없습니다.

야곱은 꿈을 통해 하나님이 자신의 하나님이심을 깨달았습니다. 자신에게는 아무 관심이 없으신 줄 알았는데, 지금까지 함께하신 하나님이 앞으로도 함께하신다는 사실을 깨달았습니다. 할아버지와 아버지께 배웠던 하나님을 드디어 자신의 하나님으로 만났습니다. 그로 인해 그는 처음으로 참다운 예배를 드리게 되었습니다.

참된 믿음에 이르기 위해서는 누구에게나 전환점이 필요합니다. '배워 알았던 하나님'을 인격적으로 직접 대면하는 경험 말입니다. 그것이 어떤 사람에게는 황홀한 영적 체험으로 오기도 하고, 어떤 사람에게는 말씀을 읽는 중에 오기도 하며, 어떤 사람에게는 창가에 비치는 햇살을 통해 오기도 합니다. 어떤 방식으로 오든 중요한 것은 하나님께 눈 뜨는 경험입니다. 온 세상에 하나님의 임재가 가득하다는 깨달음, 그리고 내 삶이 그분의 은혜 안에 있다는 사실에 눈뜨는 전환점이 필요합니다.

그럴 때 비로소 낯선 하나님을 "아버지"라고 부를 수 있고, 2천 년 전 유대 땅에 살았던 한 청년을 "주님"이라고 부를 수 있습니다. 하나님의 임재에 눈 뜨면 내가 선 자리가 바로 천국이고 내가 숨 쉬는 곳이 바로 하나님의 면전임을 깨닫습니다. 그런 믿음이 우리 존재를 참되게 변화시킵니다.

하나님 없이 살던 사람이 하나님의 사람으로 변화되기까지는 긴 시간과 많은 훈련이 필요합니다. 하지만 하나님과의 인격적인 만남 없이는 그런 변화가 가능하지 않습니다.

하나님 체험의
의미

창세기 29장 1~14절

1 야곱이 줄곧 길을 걸어서, 드디어 동방 사람들이 사는 땅에 이르렀다. 2 거기 들에 우물이 있는데, 그 곁에 양 떼 세 무리가 엎드려 있는 것이 보였다. 그 곳은 목자들이 양 떼에게 물을 먹이는 우물인데, 그 우물 아귀는 큰 돌로 늘 덮여 있어서, 3 양 떼가 다 모이면 목자들이 우물 아귀에서 그 돌을 굴려내어 양 떼에게 물을 먹이고, 다 먹인 다음에 다시 돌을 굴려서 우물 아귀를 덮고는 하였다. 4 야곱이 그 목자들에게 물었다. "여보십시오, 어디에서 오시는 길입니까?" 그들이 대답하였다. "우리는 하란에서 오는 길입니다." 5 야곱이 그들에게 또 물었다. "나홀이라는 분의 손자인 라반이라는 분을 아십니까?" 그들이 대답하였다. "아, 예, 우리는 그를 잘 압니다." 6 야곱이 또 그들에게 물었다. "그분이 평안하게 지내십니까?" 그들이 대답하였다. "잘 삽니다. 아, 마침, 저기 그의 딸 라헬이 양 떼를 몰고 옵니다." 7 야곱이 말하였다. "아직 해가 한창인데, 아직은 양 떼가 모일 때가 아닌 것 같은데, 양 떼에게 물을 먹이고, 다시 풀을 뜯기러 나가야 하지 않습

니까?" 8 그들이 대답하였다. "그렇지 않습니다. 양 떼가 다 모일 때까지 기다렸다가, 양 떼가 다 모이면, 우물 아귀의 돌을 굴려내고서, 양 떼에게 물을 먹입니다." 9 야곱이 목자들과 말하고 있는 사이에, 라헬이 아버지의 양 떼를 이끌고 왔다. 라헬은 양 떼를 치는 목동이다. 10 야곱이 외삼촌 라반의 딸 라헬과 그가 치는 외삼촌의 양 떼를 보고, 우물 아귀에서 돌을 굴려내어, 외삼촌의 양 떼에게 물을 먹였다. 11 그러고 나서, 야곱은 라헬에게 입을 맞추고, 기쁜 나머지 큰소리로 울면서, 12 라헬의 아버지가 자기의 외삼촌이라는 것과, 자기가 리브가의 아들이라는 것을 라헬에게 말하였다. 라헬이 달려가서, 아버지에게 이 사실을 말하였다. 13 라반은 누이의 아들 야곱이 왔다는 말을 듣고서, 그를 만나러 곧장 달려와, 그를 보자마자 껴안고서, 입을 맞추고, 자기 집으로 데리고 갔다. 야곱은 지금까지 있었던 일들을 라반에게 다 말하였다. 14 말을 듣고 난 라반은 야곱에게 말하였다. "너는 나와 한 피붙이이다." 야곱이 한 달을 라반의 집에 머물러 있을 때에,

베델에서 하나님을 만난 야곱은 다시 하란으로 향한다. "줄곧 길을 걸어서"(1절)라는 표현은 원문의 의미를 제대로 살리지 못했다. 학자들은 히브리어 동사 '나샤'(들었다)에서 새로운 출발 혹은 희망에 찬 발걸음을 전하려는 ("발을 들어서") 저자의 의도를 발견했다. 하나님과의 만남으로 인해 하란으로 향하는 그의 태도가 180도 바뀌었다는 뜻이다.

야곱이 외가댁을 찾으려면 하란에 가서 나홀이나 라반의 이름을 수소문하는 방법밖에 없었다. 하란에 이르렀을 때 야곱은 큰 돌로 입구를 막아 놓은 우물과 양 떼 세 무리를 만난다. 그 우물은 목동들의 공동 우물로, 양 떼가 다 모이면 돌을 굴려 물을 먹이고 나서 다시 닫아 놓았다.

야곱은 양 떼가 모이기를 기다리는 목자들에게 다가가 출신지를 묻는다. 하란이라고 답하자 야곱은 라반을 아느냐고 물었고, 다행히 그들은 라반의 안부를 전해 준다. 그때 라반의 딸 라헬이 양 떼를 몰고 우물에 도착한다. 야곱은 우물 아귀의 돌을 굴려 라헬이 양 떼에게 물을 먹이도록 도와준다(9~10절). 그런 다음 라헬에게 입 맞추어 인사하고 큰 소리로 울면서 자신이 라헬의 고모 리브가의 아들임을 알린다. 이 행동에서 야곱이 얼마나 기뻐했는지를 감지할 수 있다. 라헬 역시 반가움에 즉시 달려가 아버지에게 소식을 알린다.

조카가 왔다는 소식에 라반은 그가 있는 곳으로 달려간다. "곧장 달려와"(13절)라는 표현에서 라반의 반가운 감정을 느낄 수 있다. 아브라함의 종이 리브가를 데리러 왔을 때 라반은 엄청난 선물을 받았다. 그 선물은 재산을 불리는 데 큰 역할을 했을 것이다. 이번에도 그런 선물을 기대했을지 모른다. 하지만 야곱에게서 자초지종을 들은 후 라반은 크게 실망한다. 14절에 기록된 라반의 냉담한 반응에서 실망감을 엿볼 수 있다.

베델에서의 하나님 체험은 야곱의 세계관을 바꾸어 놓았습니다. 여전히 같은 땅에 있고 같은 공기로 호흡했지만, 전에 알던 세상이 아니었습니다. 전날까지 그는 하나님 없는 세상에 살았습니다. 하나님이 '가설'인 세상에 살았습니다. 그 세상에서 자기 인생을 책임질 사람은 자신밖에 없다고 믿었습니다. 땅은 땅이고 하늘을 하늘이라고 생각했습니다. 하지만 하나님을 만나고 나자 세상이 달라 보였습니다. 온 세상은 하나님으로 충만했고, 자신이 선 곳이 곧 하나님의 집이라는 사실을 깨우쳤습니다.

하나님 체험은 하란으로 향하는 야곱의 태도를 바꾸어 놓

있습니다. 전날까지 그의 발걸음은 납덩이처럼 무거웠을 것입니다. 원치 않는 유랑길이었기 때문입니다. 미래에 대한 불안감에 그의 표정은 심하게 일그러져 있었을 것입니다. 하지만 꿈에서 하나님을 만난 후부터 그의 모습은 완전히 달라집니다. 발걸음은 암사슴처럼 가벼웠고, 표정은 알 수 없는 기대감에 빛이 났을 것입니다. 그는 하란까지 하룻길처럼 걸어갔을 것입니다. 하나님의 약속이 어떻게 이루어질지 상상하니 지체할 수가 없었습니다.

하지만 그는 하란에 도착하자마자 외삼촌 라반의 냉대를 경험합니다. 라반은 인생 여정에서 만날 수 있는 최악의 인물 중 하나입니다. 그는 야곱이 빈털터리 도피자로 왔다는 사실을 알고는 차갑게 대합니다. 베델에서 뜨거워졌던 야곱의 마음도 라반의 냉대로 잠시 식었을지 모릅니다.

하나님 체험은 우리를 즉각 천국으로 데려가지 않습니다. 우리를 당장 완전한 존재로 변화시키지 않습니다. 아무리 대단한 체험을 했다 해도 현실은 변하지 않습니다. 오히려 체험 이후에 역경과 고난이 더 심해지는 경향이 있습니다. 그럴 때면 '하나님을 만나서 상황이 더 악화된 것인가?'라는 질문을 하게 됩니다. 진실은 그 반대입니다. 앞으로 당할 어려움과 환난에 준비시키기 위해 은혜를 베풀어 주시는 것입니다. 베델에서의 체험은 야곱이 하란에서 지낼 20년의 고난을 준비시킨 은혜의 선물이었습니다.

건기를 지내는 믿음

창세기 29장 15~30절

15 라반이 그에게 말하였다. "네가 나의 조카이긴 하다만, 나의 일을 거저 할 수는 없지 않느냐? 너에게 어떻게 보수를 주면 좋을지, 너의 말을 좀 들어 보자." 16 라반에게는 두 딸이 있었다. 맏딸의 이름은 레아이고, 둘째 딸의 이름은 라헬이다. 17 레아는 눈매가 부드럽고, 라헬은 몸매가 아름답고 용모도 예뻤다. 18 야곱은 라헬을 더 사랑하였다. 그래서 그는 "제가 칠 년 동안 외삼촌 일을 해 드릴 터이니, 그 때에 가서, 외삼촌의 작은 딸 라헬과 결혼하게 해주십시오" 하고 말하였다. 19 그러자 라반이 말하였다. "그 아이를 다른 사람과 짝지어 주는 것보다, 너에게 짝지어 주는 것이 더 낫겠다. 그러면 여기서 나와 함께 살자." 20 야곱은 라헬을 아내로 맞으려고 칠 년 동안이나 일을 하였지만, 라헬을 사랑하기 때문에, 칠 년이라는 세월을 마치 며칠같이 느꼈다. 21 칠 년이 지난 뒤에, 야곱이 라반에게 말하였다. "약속한 기한이 다 되었습니다. 이제 장가를 들게 해주십시오. 라헬과 결혼하겠습니다." 22 라반이 그 고장 사람들을 다 청해 놓고, 잔치를 베풀었

다. 23 밤이 되었을 때에, 라반은 큰 딸 레아를 데려다가 신방으로 들여보냈는데, 야곱은 그것도 모르고, 레아와 동침하였다. 24 라반은 여종 실바를 자기 딸 레아에게 몸종으로 주었다. 25 아침이 되어서 야곱이 눈을 떠 보니, 레아가 아닌가! 야곱이 라반에게 말하였다. "외삼촌께서 저에게 이러실 수가 있습니까? 제가 그 동안 라헬에게 장가를 들려고 외삼촌 일을 해 드린 것이 아닙니까? 외삼촌께서 왜 저를 속이셨습니까?" 26 라반이 대답하였다. "큰 딸을 두고서 작은 딸부터 시집보내는 것은, 이 고장의 법이 아닐세. 27 그러니 이레 동안 초례 기간을 채우게. 그런 다음에 작은 아이도 자네에게 주겠네. 그 대신에 자네는 또 칠 년 동안 내가 맡기는 일을 해야 하네." 28 야곱은 그렇게 하였다. 그가 레아와 이레 동안 지내고 나니, 라반은 자기 딸 라헬을 그에게 아내로 주었다. 29 라반은 여종 빌하를 자기 딸 라헬에게 몸종으로 주었다. 30 야곱이 라헬과 동침하였다. 야곱은 레아보다, 라헬을 더 사랑하였다. 그는 또다시 칠 년 동안 라반의 일을 하였다.

야곱이 기약 없이 한 달의 시간을 보내자, 라반은 고용 계약을 제안한다. 야곱이 쉽게 돌아갈 것 같지 않았고, 겪어 보니 일도 꽤 잘했다. 라반은 그를 잡아 둘 속셈으로 얼마의 보수를 주면 좋겠느냐고 묻는다.

야곱은 이미 라헬을 사랑하고 있었다. 우물가에서 처음 만났을 때부터 반했는지 모른다. 저자는 큰딸 레아는 "눈매가 부드럽고" 작은딸 라헬은 "몸매가 아름답고 용모도 예뻤다"(16~17절)라고 소개한다. 개역개정은 "레아는 시력이 약하고"라고 번역했다. 히브리어 '라콧'은 '약한' 또는 '부드러운'으로 번역할 수 있다. 남자와 여자의 첫 만남에서 눈빛은 무엇보다 큰 영향을 끼친다. 따라서 부정적으로는 레아의 눈빛이 강렬하지 않았다는 뜻이고, 긍정적으로는 부드러운 눈매가 레아의 장점이었다는 뜻일 수 있다.

야곱은 라헬과 결혼하고 싶었지만 결혼 지참금이 없었다. 그는 7년 동안의 노동이면 지참금을 치르고도 남을 것이라고 생각했다. 라반은 그 제안을 받아들였다. 야곱은 라헬을 너무도 사랑했기에 "칠 년이라는 세월을 마치 며칠같이 느꼈다"(20절)라고 저자는 기록한다.

저자는 곧바로 7년 후의 일을 전한다. "이제 장가를 들게 해주십시오"(21절)를 직역하면 '같이 자게 해주십시오'라는 뜻이다. 라헬을 향한 강렬한 열정을 표현한 말이다. 라반은 날을 잡고 성대한 결혼 잔치를 베푼다. 저녁이 되자 라반은 큰딸 레아를 라헬로 변장시켜 신방으로 들여보낸다. 야곱은 그 사실도 모른 채 초야를 치른다.

아침에 옆에 누워 있는 레아를 발견한 야곱은 라반을 찾아가 항의한다. 라반은 관습을 핑계로 대며, 7년을 더 일하면 라헬까지 아내로 주겠다고 제안한다(26~27절). 라반이 야곱의 머리 꼭대기에 있었던 것이다. 실리를 위해 두 딸을 이용하는 라반이었으니, 조카를 속이고 착취하는 일은 그에게 아무것도 아니었다. 야곱은 어쩔 수 없이 라반의 제안을 받아들이고, 7년의 노예 아닌 노예살이를 계속한다.

야곱는 관습대로 일주일 동안 레아와 지내고, 그 후 라헬을 아내로 맞아들인다. 레아는 아버지의 욕심으로 인해 원치 않는 결혼 생활을 하게 된다.

야곱은 흥정의 명수요, 속임수의 귀재였습니다. 태생적으로 주어진 한계를 극복하기 위해 몸부림치다 보니 흥정 능력과 속임수가 발달한 것입니다. 하지만 그가 발휘한 꼼수는 인생을 역전시키기는커녕 더욱 꼬이게 했습니다. 그는 스스로 판 구덩이에서 벗어나기 위해 원치 않는 길을 떠났는데, 그를 기다리고 있던 것은 더 악하고 교활한 외삼촌이었습니다. 속임수와 꼼수로 외삼촌과 겨뤄 보려 했지만 당해 낼 수가 없었습니다.

첫 7년 동안 야곱은 신나게 살았을 것입니다. 사랑하는 여인을 아내로 맞기 위해 어떤 고생도 달게 받았습니다. 인생이 술술 풀리는 것 같았습니다. 하지만 외삼촌이 처음부터 속여 먹을 계획이었음을 안 뒤에는 통탄해 마지않았을 것입니다. 7년 전에 아버지와 형을 속인 일을 기억하며 회개했을 것입니다.

유대 문헌에 보면, 아침에 야곱이 레아를 발견하고는 "당신이 어떻게 나를 감쪽같이 속일 수가 있습니까? 간밤에 라헬이 맞느냐고 물었을 때 그렇다고 답하지 않았습니까?"라고 물었다고 합니다. 그러자 레아가 "당신이 7년 전에 아버지에게 한 일을 생각해 보십시오. 그때 당신도 아버지께서 에서냐고 물었을 때 그렇다고 거짓말하지 않았습니까?"라고 답했다고 합니다. 그 후로 7년 동안 야곱은 원치 않는 여인을 위해 원치 않는 노동을 계속해야 했습니다.

첫 7년 동안 야곱은 베델에서 만난 하나님이 약속대로 지키고 돌보고 인도하신다고 느꼈을 것입니다. 하지만 라반에게 속아 원치 않는 결혼 생활과 7년의 노동을 계속 할 때는 하나님의 돌보심에 의문이 들었을 것입니다. 악한 자의 마수에 사로잡힌 자신을 하나님이 나 몰라라 하시는 것 같았을 것입니다.

하나님을 믿고 의지하는 삶에는 이렇게 '건기'(dry season)가 있기 마련입니다. 때로는 하나님이 눈에 보이고 손에 만져지는 것 같다가도, 때로는 실체가 전혀 없는 것만 같습니다. 하지만 나중에 돌아보면 하나님은 건기에 더 은밀하게 일하셨음을 깨닫게 됩니다. 하나님의 성품으로 빚어지는 과정은 대개 인생의 건기에 일어납니다.

하나님의 은혜에
눈뜰 때

창세기 29장 31~35절

31 주님께서는, 레아가 남편의 사랑을 받지 못하는 것을 보시고, 레아의 태를 열어주셨다. 라헬은 임신을 하지 못하였으나 32 레아는 마침내 임신을 하여 아들을 낳았다. 그는 속으로 "주님께서 나의 고통을 살피시고, 나에게 아들을 주셨구나. 이제는 남편도 나를 사랑하겠지" 하면서, 아기 이름을 르우벤이라고 하였다. 33 그가 또 임신을 하여 아들을 낳았다. 그는 속으로 "주님께서, 내가 남편의 사랑을 받지 못하여 하소연하는 소리를 들으시고, 이렇게 또 아들을 주셨구나" 하면서, 아이 이름을 시므온이라고 하였다. 34 그가 또 임신을 하여 아들을 낳았다. 그는 속으로 "내가 아들을 셋이나 낳았으니, 이제는 남편도 별 수 없이 나에게 단단히 매이겠지" 하면서, 아이 이름을 레위라고 하였다. 35 그가 또 임신을 하여 아들을 낳았다. 그는 속으로 "이제야말로 내가 주님을 찬양하겠다" 하면서, 아이 이름을 유다라고 하였다. 레아의 출산이 그쳤다.

레아를 볼 때마다 야곱은 복잡한 심정이었을 것이다. 아버지의 계략에 원치 않는 결혼을 한 그의 처지가 애처로우면서도 한편으로 원망하는 마음도 있었을 것이다.

레아는 레아대로 고통스러운 나날을 지내야 했다. 자신을 끼워 파는 상품처럼 취급한 아버지와 자신을 형식적으로만 대하는 남편, 거기에 남편의 사랑을 독차지한 동생으로 인해 삼중고를 겪었다. 그 상황을 주님께서 "보시고"(31절) 그의 태를 열어주셨다. 하갈의 고통을 보신 주님이 레아의 고통도 보신 것이다.

야곱은 최소한의 의무로 가끔씩 레아의 침소를 찾았을 터인데, 그럴 때마다 아이가 들어섰다. 레아는 첫 아이를 "르우벤"이라 이름 짓고, 아들로 인해 남편의 태도가 변화되기를 기대했다. 하지만 그런 일은 일어나지 않았다. 얼마 후에 그는 둘째 아들을 낳고 "시므온"이라고 이름 지었다(33절). 혹시나 바뀔까 기대했지만 야곱은 여전히 무심했다. 셋째 아들 "레위"를 낳았을 때는 아들을 셋이나 낳았으니 이제는 남편의 태도가 달라질 것이라고 기대했다. 하지만 변화는 없었다.

넷째 아들 "유다"를 낳았을 때도 야곱은 보이지 않았다. 아들을 낳을 때마다 레아는 남편의 태도 변화를 기대했다.

하지만 넷째를 낳고 나서는 남편을 언급하지 않는다. 대신에 "이제야말로 내가 주님을 찬양하겠다"(35절)라고 고백한다. 레아가 네 아들을 낳은 사이, 라헬에게는 아이가 들어서지 않는다.

우리는 성경을 읽으면서 무의식적으로 주인공을 주목합니다. 이스마엘과 이삭, 에서와 야곱, 레아와 라헬의 이야기를 읽으면서 이삭과 야곱과 라헬에게 주목합니다. 그렇게 읽으면 조역들(이스마엘, 에서, 레아)이 겪은 고통과 그들에게 임한 하나님의 은혜를 보지 못합니다. 주인공, 조역, 엑스트라를 나누는 것은 우리의 관점입니다. 하나님에게 그들은 역할만 다를 뿐 동일하게 중요한 자녀들이었습니다. 조역과 엑스트라들이 주인공의 그늘에 가려 고통당할 때 주님은 그들의 사정을 보시고 그들의 기도를 들으셨습니다.

사랑 없는 강제 결혼으로 야곱, 레아, 라헬 모두 고통을 겪어야 했습니다. 셋 중에 가장 큰 고통은 레아의 몫이었습니다. 그는 동생의 침소만 찾는 야곱 때문에 모진 고통을 겪어야 했습니다. 어쩌다 자신의 침실을 찾는다 해도 기쁘지 않았습니다. 의무방어전처럼 치르는 남편의 처사로 인해 그는 동침할 때마다 모멸감을 느꼈을 것입니다. 남편이 찾지 않을 때는 외롭고, 찾아온 날이면 혼란스러웠습니다. 그로 인해 수많은 나날을 눈물로 보냈을 것입니다.

하나님은 그의 눈물을 보셨고 한숨 소리를 들으셨습니다. 하갈과 함께하신 하나님은 레아와도 함께하셔서 다산의 축복을 주셨습니다. 레아는 아이가 들어설 때마다 남편의 사랑을 얻지 않을까 하고 기대했습니다. 하지만 야곱은 달라지지 않았습니다. 야곱은 라헬의 눈치를 봐야 했을 것입니다. 언니가 아들을 낳을 때마다 남편의 사랑을 빼앗길까 불안해했으니 말입니다.

그런데 넷째 아이를 낳았을 때 레아의 태도가 달라집니다. 아들을 낳을 때마다 남편의 사랑을 얻으리라는 희망을 표현했던 그는 유다를 낳고 나서 하나님께 감사 기도를 올립니다. "이제야말로 내가"(35절)라는 말에서 그에게 일어난 심적 변화를 감지할 수 있습니다. 이제 레아는 남편에 대한 집착과 갈망을 내려놓았습니다. 자신에게 베풀어 주신 하나님의 은혜로 충분한 만족을 얻었습니다.

이런 변화는 하나님을 인격적으로 만나지 않고는 불가능합니다. 전에는 남편의 부재가 가장 큰 불행이었는데, 하나님의 임재에 눈 뜨자 그 불행은 이제 커 보이지 않았습니다.

진정한 복

창세기 30장 1~24절

1 라헬은 자기와 야곱 사이에 아이가 없으므로, 언니를 시새우며, 야곱에게 말하였다. "나도 아이 좀 낳게 해주서요. 그렇지 않으면, 죽어 버리겠어요." 2 야곱이 라헬에게 화를 내면서 말하였다. "내가 하나님이라도 된단 말이오? 당신이 임신할 수 없게 하신 분이 하나님이신데, 나더러 어떻게 하라는 말이오?" 3 라헬이 말하였다. "나에게 몸종 빌하가 있어요. 빌하와 동침하서요. 그가 아이를 낳아서 나에게 안겨 주면, 빌하의 몸을 빌려서 나도 당신의 집안을 이어나가겠어요." 4 라헬이 자기의 몸종 빌하를 남편에게 주어서 아내로 삼게 하니, 야곱이 빌하와 동침하였다. 5 마침내 빌하가 임신을 하여, 야곱과 빌하 사이에 아들이 태어났다. 6 라헬은 "하나님이 나의 호소를 들으시고, 나의 억울함을 풀어 주시려고, 나에게 아들을 주셨구나!" 하면서, 그 아이 이름을 단이라고 하였다. 7 라헬의 몸종인 빌하가 또 임신을 하여 야곱과의 사이에서 두 번째로 아들을 낳았다. 8 라헬은 "내가 언니와 크게 겨루어서, 마침내 이겼다" 하면서, 그 아이 이름을 납달리라고 하였

다. 9 레아는, 자기가 다시는 더 아기를 낳을 수 없다는 것을 알고서, 자기의 몸종 실바를 데려다가 야곱에게 주어서, 아내로 삼게 하였다. 10 레아의 몸종 실바와 야곱 사이에서, 아들이 태어났다. 11 레아는 "내가 복을 받았구나" 하면서, 그 아이 이름을 갓이라고 하였다. 12 레아의 몸종 실바와 야곱 사이에서 두 번째로 아들이 태어났다. 13 레아는 "행복하구나, 여인들이 나를 행복하다고 말하리라" 하면서, 그 아이 이름을 아셀이라고 하였다. 14 보리를 거두어들일 때에, 르우벤이 들에 나갔다가, 자귀나무를 발견하여, 어머니 레아에게 가져다 주니, 라헬이 레아에게 말하였다. "언니, 아들이 가져온 자귀나무를 조금만 나눠 줘요." 15 레아가 라헬에게 말하였다. "내 남편을 차지한 것만으로는 부족하냐? 그래서 내 아들이 가져온 자귀나무까지 가져 가려는 것이냐?" 라헬이 말하였다. "좋아요. 그럼, 언니 아들이 가져온 자귀나무를 나에게 주어요. 그 대신에 오늘 밤에는 그이가 언니하고 함께 자도록 하지요." 16 그 날 저녁에 야곱이 들에서 돌아올 때에, 레아가 그를 맞으러 나가서 말하였다. "당신은 오늘 밤에는 나의 방으로 드셔야 해요. 나의 아들이 가져온 자귀나무를 라헬에게 주고, 그 대신에 당신이 나의 방으로 드시게 하기로 했어요." 그 날 밤에 야곱은 레아와 함께 갔다. 17 하나님이 레아의 호소를 들어 주셔서, 레아가 임신을 하였고, 야곱과의 사이에서 다섯 번째 아들을 낳았다. 18 레아는 "내가 나의 몸종을 나의 남편에게 준 값을 하나님이 갚아 주셨구나" 하면서, 그 아이 이름을 잇사갈이라고 하였다. 19 레아가 다시 임신을 하여서, 야곱과의 사이에 여섯 번째 아들이 태어났다. 20 레아는 "하나님이 나에게 이렇게 좋은 선물을 주셨구나. 내가 아들을 여섯이나 낳았으니, 이제부터는 나의 남편이 나에게 잘 해주겠지" 하면서, 그 아이 이름을 스불론이라고 하였다. 21 얼마 뒤에 레아가 딸을 낳고, 그 아이 이름을 디나라고 하였다. 22 하나님은 라헬도 기억하셨다. 하나님이 라헬의 호소를 들으시고, 그의 태를 열어주셨다. 23 그가 임신을 하여서 아들을 낳으니, "하나님이 나의 부끄러움을 벗겨 주셨구나" 하고 생각하였다. 24 라헬은 그 아이의 이름을 지을 때에 "주님께서 나에게 또 다른 아들 하나를 더 주시면 좋겠다" 하는 뜻으로, 그 아이 이름을 요셉이라고 하였다.

라헬은 남편의 사랑을 독차지했지만 자식을 얻지 못해 늘 상실감에 빠져 살았다. 자녀들로 인해 언니에게 남편의 사랑을 빼앗기지 않을까 하는 두려움도 있었을 것이다. 라헬은 그 일로 남편에게 짜증을 부리곤 했다. 그럴 때마다 야곱은, 그것은 하나님께 속한 일이니 자신도 어쩔 수 없다고 대답한다. 저자는 "야곱이 라헬에게 화를 내면서 말하였다"(2절)라고 표현함으로써 라헬의 성화가 오래 지속되었음을 암시한다. 그토록 사랑하는 아내에게 화를 터뜨릴 정도로 라헬의 히스테리가 심했다는 뜻이다. 라헬은 자신의 여종을 대리모로 삼아서라도 아들을 얻어야겠다고 생각했다. 시할머니 사라가 그랬으니 문제 될 것 없다고 생각했을 것이다. 라헬의 요청에 야곱은 빌하를 통해 단과 납달리를 얻었다. 그것을 본 레아는 자신의 몸종 실바를 야곱에게 주어 갓과 아셀을 얻었다(9~13절). 자매의 경쟁은 점점 심해졌다.

얼마 뒤, 레아의 아들 르우벤은 들에 갔다가 자귀나무를 발견한다. 자귀나무는 당시 임신 촉진제로 여겨졌다. 그것을 안 라헬이 레아에게, 자귀나무를 자신에게 주면 남편이 언니와 동침하도록 양보하겠다고 흥정을 한다. 그렇게 하여 레아는 야곱과 잠자리를 하여 잇사갈과 스불론을 낳는다. 그 뒤에는 딸을 얻고 디나라고 이름 짓는다.

라헬은 당해낼 수 없는 언니의 생산력에 항복했을 것이다. 인간적인 경쟁으로는 도무지 이길 수 없음을 깨달은 라헬은 하나님께 호소하고, 하나님은 그에게 아들을 주신다. 라헬은 아들 하나를 더 낳기 기대하며 아이의 이름을 요셉이라고 짓는다(22~24절).

앞에서 레아의 심정을 보았으니, 이제 라헬의 심정을 들여다봅니다. 당시에 여성에게는 남편의 능력과 자녀 수가 힘의 척도였습니다. 시편에서는 자녀를 많이 둔 사람을 "화살이 화살통에 가득한 용사"(시 127:5)에 비유했습니다.

남편의 사랑을 차지한 라헬은 더 바랄 것이 없었습니다. 하지만 미래가 걱정이었습니다. 남편이 죽고 자신만 남으면 자신을 지켜 줄 사람이 없었기 때문입니다. 반면 언니는 아들을 넷이나 두었으니 미래가 든든했습니다. 그런 생각이 라헬을 불안하게 만들었습니다. 게다가 남편이 아들들로 인해 언니에게 마음을 두지 않을까 두려웠습니다.

라헬은 미래에 대한 두려움에 히스테리가 늘어갔습니다. 그토록 라헬을 아끼던 야곱이건만 때로 그 히스테리를 견디지 못해 화를 냈습니다. 궁여지책으로 라헬은 몸종을 통해 두 아들을 얻습니다. 하지만 뒤질세라 언니도 몸종을 통해 아들 둘을 더 얻습니다. 르우벤이 자귀나무를 구해 언니에게 주자, 라헬은 남편과의 잠자리를 양보하는 조건으로 자귀나무를 얻습니다. 그런데 닫힌 줄 알았던 레아의 태가 열려 아들 둘과 딸을 더 얻습니다. 이즈음에 라헬은 언니를 이기려는 모든 노력이 헛되다는 사실을 깨달았을 것입니다.

모든 노력이 허사가 된 상황에서 라헬은 하나님께 호소합니다. 언니 탓, 남편 탓만 하던 그가 이제는 하나님께 고개를 돌리고 은혜를 구합니다. 그때 비로소 하나님은 그에게 응답을 주십니다. 레아가 남편의 일관된 무관심의 고통을 통해 하나님을 인격적으로 만난 것처럼, 라헬도 불임의 고통 가운데서 하나님을 만났습니다.

지금 우리는 수천 년도 더 지난 후에 레아와 라헬의 이야기를 읽습니다. 그들은 각각 인생에 필요한 것을 추구하며 살았습니다. 원하는 바를 얻은 것도 있고 얻지 못한 것도 있었습니다. 하지만 레아와 라헬은 모두 인생에서 얻어야 할 가장 중요한 것을 얻었습니다. 영원하신 하나님을 알고 그분의 사랑 안에 들어간 것입니다. 현세에서 얻고 잃은 것들을 따지면 누가 더 복되고 누가 더 불행한지 말할 수 있습니다. 하지만 하나님을 발견했다는 점에서 두 사람은 똑같이 복된 삶을 살았습니다. 인생 여정에서 얻어야 할 최고의 가치는 하나님을 만나는 일임을 여기서 다시금 깨닫습니다.

약자를 편드시는
하나님

창세기 30장 25~43절

25 라헬이 요셉을 낳은 뒤에, 야곱이 라반에게 말하였다. "제가 고향 땅으로 돌아갈 수 있도록, 저를 보내 주십시오. 26 장인 어른의 일을 해 드리고 얻은 저의 처들과 자식들도, 제가 데리고 가게 허락하여 주십시오. 제가 장인 어른의 일을 얼마나 많이 해 드렸는가 하는 것은, 장인 어른께서 잘 아십니다." 27 라반이 그에게 말하였다. "자네가 나를 좋아하면, 여기에 머물러 있기를 바라네. 주님께서 자네를 보시고 나에게 복을 주신 것을, 내가 점을 쳐 보고서 알았네." 28 라반은 또 덧붙였다. "자네의 품삯은 자네가 정하게. 정하는 그대로 주겠네." 29 야곱이 그에게 말하였다. "제가 장인 어른의 일을 어떻게 해 드리고, 장인 어른의 가축 떼를 얼마나 잘 보살폈는지는, 장인 어른께서 잘 아십니다. 30 제가 여기에 오기 전에는 장인 어른의 소유가 얼마 되지 않았으나, 이제 떼가 크게 불어났습니다. 주님께서는, 제가 하는 수고를 보시고서, 장인 어른에게 복을 주셨습니다. 그러나 이제는, 제가 저의 살림을 챙겨야 할 때가 되었다고 봅니다." 31 라반이 물었다. "그러면 내가 자네에게 무엇을 주면 좋겠는가?" 야곱이 대답하였다. "무엇을 달라는 것이 아닙니다. 다만, 저에게 한 가지 일만 허락하여 주시

면, 제가 장인 어른의 가축 떼를 계속 먹이고 돌보겠습니다. 32 오늘, 제가 장인 어른의 가축 떼 사이로 두루 다니면서, 모든 양 떼에서 얼룩진 것들과 점이 있는 것과 모든 검은 새끼 양을 가려내고, 염소 떼에서도 점이 있는 것들과 얼룩진 것들을 가려낼 터이니, 그것들을 저에게 삯으로 주십시오. 33 제가 정직하다는 것은, 훗날 장인 어른께서 저에게 삯으로 주신 가축 떼를 확인하여 보실 때에 증명될 것입니다. 제가 가진 것 가운데서, 얼룩지지 않은 양이나 점이 없는 양이 있든지, 검은 색이 아닌 새끼 양이 있으면, 그것들은 모두 제가 훔친 것이 될 것입니다." 34 라반이 말하였다. "그러세. 자네가 말한 대로 하겠네." 35 그러나 라반은 이렇게 말해 놓고서도, 바로 그 날로 숫염소 가운데서 줄무늬가 있는 것과 점이 있는 것을 가려내고, 또 모든 암염소 가운데서도 흰 바탕에 얼룩이 진 것과 점이 있는 것과 모든 검은 새끼 양을 가려내어, 자기의 아들들에게 주었다. 36 그런 다음에 라반은, 야곱이 있는 데서 사흘 길을 더 나가서, 자기와 야곱 사이의 거리를 그만큼 뜨게 하였다. 야곱은 라반의 나머지 양 떼를 쳤다. 37 야곱은, 미루나무와 감복숭아나무와 플라타너스 나무에서 푸른 가지들을 꺾어서 껍질을 벗긴 다음에, 벗긴 가지에 흰 무늬를 냈다. 38 야곱은, 껍질을 벗긴 그 흰 무늬 가지들을 물 먹이는 구유 안에 똑바로 세워 놓고, 양 떼가 와서 물을 먹을 때에, 바로 눈 앞에 세워 놓은 그 가지들을 볼 수 있게 하였다. 양들은 물을 먹으러 와서, 거기에서 교미를 하였다. 39 양들은, 껍질 벗긴 그 나뭇가지 앞에서 교미를 하고서, 줄무늬가 있거나 얼룩이 지거나 점이 있는 양을 낳았다. 40 야곱은 이런 새끼 양들을 따로 떼어 놓았다. 라반의 가축 떼 가운데서, 줄무늬가 있거나 검은 양들은 다 가려냈다. 야곱은 이렇게 자기 가축 떼를 따로 가려내서, 라반의 가축 떼와 섞이지 않게 하였다. 41 야곱은, 튼튼한 암컷들이 교미할 때에는, 물 먹이는 구유에 껍질 벗긴 가지들을 놓아서, 그 가지 앞에서 교미하도록 하곤 하였다. 42 그러나 약한 것들이 교미할 때에는, 그 가지들을 거기에 놓지 않았다. 그래서 약한 것들은 라반에게로 가게 하고, 튼튼한 것들은 야곱에게로 오게 하였다. 43 이렇게 하여, 야곱은 아주 큰 부자가 되었다. 야곱은 가축 떼뿐만 아니라, 남종과 여종, 낙타와 나귀도 많이 가지게 되었다.

요셉이 태어난 후 야곱은 외삼촌 라반에게 고향으로 돌아가게 해 달라고 청한다. 결혼 조건으로 약속한 7년이 끝나고 있었기 때문이다. 그러나 야곱이 온 후로 재산이 크게 늘어난 라반은 그를 놓아주고 싶지 않았다. 어떻게든 야곱을 더 부리려 했다.

라반은 야곱에게, 무보수 노동 기간이 끝났으니 이제 제대로 보수를 주겠다면서 얼마를 원하는지 제안해 보라고 한다. 야곱은 직답 대신 자신으로 인해 외삼촌의 재산이 얼마나 불어났는지 강조한다. 원하는 것이 무엇인지 재차 묻는 라반에게 야곱은 양과 염소 떼 가운데서 얼룩진 것들을 자기 소유로 인정해 달라고 한다(29~33절).

라반은 이 제안을 즉시 받아들인다. 얼룩진 양과 염소는 많지 않기에 손해 볼 것이 없다고 생각한 것이다. 그러고는 그날 밤 양과 염소 떼 가운데 얼룩지고 홈 있고 검은 것들을 모두 골라 아들들에게 주고, 자신의 가축 떼와 야곱에게 맡긴 가축 떼가 섞이지 않게 했다. 야곱을 붙들어 두려는 속셈이었다. 그런 식으로 대가족을 부양할 재산을 모으려면 상당한 시간이 걸릴 것이 분명했기 때문이다.

하지만 야곱에게도 계획이 있었다. 외삼촌의 교활함과 비열함을 알았기에 나름 치밀하고 정확한 전략을 짜 놓고 제안했던 것이다. 그는 그동안 양 떼와 염소 떼를 돌보면서 얼룩진 새끼들을 나오게 하는 비법을 터득했다. 야곱은 라반과 떨어져 지내면서 자신이 터득한 방식으로 얼룩진 양 떼와 염소 떼를 키워 갔다(37~42절). 결국 몇 년 사이에 야곱은 큰 부를 일구게 된다.

베델에서 하나님을 만난 후, 야곱은 주의 섭리에 자신을 맡기고 살아가고자 힘썼을 것입니다. 하나님은 저 멀리 물러가 지켜보시는 분이 아니라 자신의 삶 속에서 함께 일하시는 분이었습니다. 그래서 야곱은 하나님의 뜻을 따라 선하고 의롭고 거룩하게 살고자 애썼을 것입니다.

하지만 그것은 한순간에 가능하지 않습니다. 하나님 없이 살면서 형성된 사고방식과 행동 방식은 쉽게 고쳐지지 않습니다. 어떤 위기에 봉착하면 보이지 않는 하나님은 멀어 보이고 자신의 주먹은 가까워 보입니다. 그렇기 때문에 자주 죄의 유혹에 흔들리고 넘어집니다. 그렇게 넘어지고 다시 일어서기를 반복하며 점점 하나님의 뜻에 가까워집니다.

라반처럼 자기중심적이고 교활하고 야비한 사람을 매일 대면하는 일은 매우 고통스럽습니다. 야곱은 14년이나 그 어려운 일을 겪어냈습니다. 언젠가 고향으로 돌아갈 생각을 한 야곱은 가족들을 부양할 재산을 모아야 했습니다. 하지만 라반이 그것을 허락할 것 같지 않았습니다. 외삼촌의 방해 없이 재산을 불리는 방법은 무엇일지 여러 날 궁리했을 것입니다. 다행히 그의 계략은 맞아떨어졌고, 고향으로 떠날 수 있는 부를 축적했습니다.

외삼촌의 거대한 악에 맞서는 야곱의 몸부림이 애처롭습니다. 처음에 그는 자신의 계략이 맞아떨어졌다고 생각했습니다. 하지만 나중에 그 모든 것이 하나님의 은혜였음을 고백합니다. 그런 방식으로 대응할 수밖에 없는 자신의 무력한 처지를 보시고 하나님께서 은혜를 베푸셨음을 깨닫습니다.

오늘 우리 사회에도 수많은 '라반'이 있습니다. 자신이 가진 힘(권력, 금력, 유명세 등)으로 다른 사람을 이용하려는 사람들입니다. 그런 사람들이 행하는 비열하고 야만적인 갑질 행태를 자주 봅니다. 그런가 하면 오늘 우리 중에는 '야곱'들이 많습니다. 가진 자들의 폭력에 대항할 힘이 없어 무력하게 당하는 '을'들입니다.

하나님의 마음과 눈길은 언제나 약자와 소수자들을 향해 있다고 성경은 전합니다. 우리의 눈길도 하나님의 시선 있는 곳에 머물고, 그분의 마음이 있는 곳에 우리의 마음도 있기를 기도합니다.

믿음의 훈련장

창세기 31장

1 라반의 아들들이 하는 말이 야곱에게 들렸다. "야곱은 우리 아버지의 재산을 다 빼앗고, 우리 아버지의 재산으로 저처럼 큰 부자가 되었다." 2 야곱이 라반의 안색을 살펴보니, 자기를 대하는 라반의 태도가 이전과 같지 않았다. 3 주님께서 야곱에게 말씀하셨다. "너는 네 조상의 땅, 너의 친족에게로 돌아가거라. 내가 너와 함께 있겠다." 4 야곱이 라헬과 레아에게 심부름꾼을 보내어, 그들을 그의 가축 떼가 있는 들로 불러내서. 5 일렀다. "장인 어른께서 나를 대하시는 것이 전과 같지 않소. 그러나 내 조상의 하나님이 이제껏 나와 함께 계셨소. 6 당신들도 알다시피, 나는 있는 힘을 다해서, 장인 어른의 일을 해 드

렸소. 7 그러나 장인 어른께서는 나에게 주실 품삯을 열 번이나 바꿔 치시면서, 지금까지 나를 속이셨소. 그런데 하나님은, 장인 어른이 나를 해치지는 못하게 하셨소. 8 장인 어른께서 나더러 '점 있는 것들이 자네 품삯이 될 걸세' 하면, 가축 떼가 모두 점 있는 새끼를 낳았고, '줄무늬 있는 것이 자네의 품삯이 될 걸세' 하면, 가축 떼가 모두 줄무늬 있는 새끼를 낳았소. 9 하나님은 이렇게 장인 어른의 가축 떼를 빼앗아서, 나에게 주셨소. 10 가축 떼가 새끼를 밸 때에, 한 번은, 내가 이런 꿈을 꾸었소. 내가 눈을 크게 뜨고 보니, 암컷들과 교미하는 숫염소들도, 줄무늬 있는 것이거나, 점이 있는 것이거나, 얼룩진 것들이었소. 11 그 꿈에서 하나님의 천사가 '야곱아!' 하고 부르시기에 '여기 있습니다' 하고 대답을 하니, 12 그 천사의 말이, '암염소와 교미하는 숫염소가 모두 줄무늬 있는 것들이거나 점이 있는 것들이거나 얼룩진 것들이니, 고개를 들고 똑바로 보아라. 라반이 이제까지 너에게 어떻게 하였는지, 내가 다 보았다. 13 나는 베델의 하나님이다. 네가 거기에서 기둥에 기름을 붓고, 거기에서 나에게 맹세하였다. 이제 너는 곧 이 땅을 떠나서, 네가 태어난 땅으로 돌아가거라' 하고 말씀하셨소."
14 라헬과 레아가 그에게 대답하였다. "이제는 우리가 우리 아버지의 집에서 얻을 분깃이나 유산이 더 있다고는 생각하지 않습니다. 15 아버지께서는 우리를 아주 먼 나라 사람으로 여기십니다. 아버지께서는 우리를 파실 뿐만 아니라, 우리 몫으로 돌아올 것까지 다 가지셨습니다. 16 하나님이 우리 아버지에게서 빼앗으신 것은 다 우리와 우리 자식들의 것입니다. 그러니 하나님이 당신에게 말씀하신 대로 다 하십시오." 17 야곱이 서둘러서 자식들과 아내들을 낙타에 나누어 태우고, 18 그가 얻은 모든 짐승과 그가 밧단아람에서 모은 모든 소유를 다 가지고서, 가나안 땅에 있는 자기 아버지 이삭에게로 돌아갈 채비를 하였다. 19 라헬은, 라반이 양털을 깎으러 나간 틈을 타서, 친정집 수호신의 신상들인 드라빔을 훔쳐 냈다. 20 그뿐만 아니라, 야곱은 도망칠 낌새를 조금도 보이지 않은 채, 아람 사람 라반을 속이고 있다가,

21 모든 재산을 거두어 가지고 도망하였다. 그는 강을 건너서, 길르앗 산간지방 쪽으로 갔다. 22 라반은, 야곱이 도망한 지 사흘 만에야 그 소식을 전해 들었다. 23 라반은 친족을 이끌고 이렛길을 쫓아가서, 길르앗 산간지방에서 야곱이 있는 곳에 이르렀다. 24 그 날 밤에 아람 사람 라반이 꿈을 꾸는데, 하나님이 나타나셔서 "좋은 말이든지 나쁜 말이든지, 야곱에게 아무 말도 하지 않도록 조심하라" 하고 그에게 말씀하셨다. 25 라반이 야곱을 따라잡았을 때에, 야곱이 길르앗 산간지방에다 이미 장막을 쳐 놓았으므로, 라반도 자기 친족과 함께 거기에 장막을 쳤다. 26 라반이 야곱에게 말하였다. "자네가 나를 속이고, 나의 딸들을 전쟁 포로 잡아가듯 하니, 어찌 이럴 수가 있는가? 27 어찌하여 자네는 나를 속이고, 이렇게 몰래 도망쳐 나오는가? 어찌하여 나에게 아무 말도 하지 않았는가? 자네가 간다고 말하였으면, 북과 수금에 맞추어서 노래를 부르며, 자네를 기쁘게 떠나 보내지 않았겠는가? 28 자네는, 내가 나의 손자 손녀들에게 입을 맞출 기회도 주지 않고, 딸들과 석별의 정을 나눌 시간도 주지 않았네. 자네가 한 일이 어리석기 짝이 없네. 29 내가 마음만 먹으면, 자네를 얼마든지 해칠 수 있네. 그러나 어젯밤 꿈에 자네 조상의 하나님이 나타나셔서 나에게 경고하시기를 '좋은 말이든지 나쁜 말이든지, 야곱에게 아무 말도 하지 않도록 조심하여라' 하셨다네. 30 자네가 아버지의 집이 그리워서 돌아가는 것은 당연하지만, 어찌하여 나의 수호신상들을 훔쳤는가?" 31 야곱이 라반에게 대답하였다. "장인 어른께서 저의 처들을 강제로 빼앗으실까 보아 두려웠습니다. 32 그러나 장인 어른 댁 수호신상들을 훔친 사람이 있으면, 그를 죽이셔도 좋습니다. 장인 어른의 물건 가운데서 무엇이든 하나라도 저에게 있는지, 우리의 친족들이 보는 앞에서 찾아보시고, 있거든 가져 가십시오." 야곱은, 라헬이 그 수호신상들을 훔쳤으리라고는, 전혀 생각하지 못하였다. 33 라반은 먼저 야곱의 장막을 뒤졌다. 다음에는 레아의 장막과 두 여종의 장막까지 뒤졌으나, 아무것도 찾아내지 못하였다. 레아의 장막에서 나온 라반은 라헬

의 장막으로 들어갔다. 34 라헬은 그 수호신상들을 낙타 안장 밑에 감추고서, 그 위에 올라타 앉아 있었다. 라반은 장막 안을 샅샅이 뒤졌으나, 아무것도 찾아내지 못하였다. 35 라헬이 자기 아버지에게 말하였다. "아버지, 너무 노여워하지 마십시오. 지금 저는 월경중이므로, 내려서 아버지를 맞이할 수 없습니다." 라반은 두루 찾아보았으나, 끝내 그 수호신상들을 찾지 못하였다. 36 야곱은 화를 내며 라반에게 따졌다. 야곱이 라반에게 물었다. "저의 허물이 무엇입니까? 제가 무슨 죄를 지었다고, 불길처럼 달려들어서, 저를 따라오신 것입니까? 37 장인 어른께서 저의 물건을 다 뒤져 보셨는데, 장인 어른의 물건을 하나라도 찾으셨습니까? 장인 어른의 친족과 저의 친족이 보는 앞에서, 그것을 내놓아 보십시오. 그리고 장인 어른과 저 사이에 누구에게 잘못이 있는지, 이 사람들이 판단할 수 있게 해주십시오. 38 제가 무려 스무 해를 장인 어른과 함께 지냈습니다. 그 동안 장인 어른의 양 떼와 염소 떼가 한 번도 낙태한 일이 없고, 제가 장인 어른의 가축 떼에서 숫양 한 마리도 잡아다가 먹은 일이 없습니다. 39 들짐승에게 찢긴 놈은, 제가 장인 어른께 가져가지 않고, 제것으로 그것을 보충하여 드렸습니다. 낮에 도적을 맞든지 밤에 도적을 맞든지 하면, 장인 어른께서는 저더러 그것을 물어내라고 하셨습니다. 40 낮에는 더위에 시달리고, 밤에는 추위에 떨면서, 눈 붙일 겨를도 없이 지낸 것, 이것이 바로 저의 형편이었습니다. 41 저는 장인 어른의 집에서 스무 해를 한결같이 이렇게 살았습니다. 두 따님을 저의 처로 삼느라고, 십 년 하고도 사 년을 장인 어른의 일을 해 드렸고, 지난 여섯 해 동안은 장인 어른의 양 떼를 돌보았습니다. 그러나 장인 어른께서는 저에게 주셔야 할 품삯을 열 번이나 바꿔치셨습니다. 42 내 조상의 하나님, 곧 아브라함을 보살펴 주신 하나님이시며, 이삭을 지켜 주신 '두려운 분'께서 저와 함께 계시지 않으셨으면, 장인 어른께서는 저를 틀림없이 빈 손으로 돌려보내셨을 것입니다. 그러나 하나님은, 제가 겪은 고난과 제가 한 수고를 몸소 살피시고, 어젯밤에 장인 어른을 꾸짖으셨습니다."

43 라반이 야곱에게 대답하였다. "이 여자들은 나의 딸이요, 이 아이들은 다 나의 손자 손녀요, 이 가축 떼도 다 내 것일세. 자네의 눈 앞에 있는 것이 모두 내 것이 아닌가? 그러나 여기 있는 나의 딸들과 그들이 낳은 나의 손자 손녀를, 이제 내가 어떻게 하겠는가? 44 이리 와서, 자네와 나 사이에 언약을 세우고, 그 언약이 우리 사이에 증거가 되게 하세." 45 그래서 야곱이 돌을 가져 와서 그것으로 기둥을 세우고, 46 또 친족들에게도 돌을 모으게 하니, 그들이 돌을 가져 와서 돌무더기를 만들고, 그 돌무더기 옆에서 잔치를 벌이고, 함께 먹었다. 47 라반은 그 돌무더기를 여갈사하두다라고 하고, 야곱은 그것을 갈르엣이라 하였다. 48 라반이 말하였다. "이 돌무더기가 오늘 자네와 나 사이에 맺은 언약의 증거일세." 갈르엣이란 이름은 바로 여기에서 유래한 것이다. 49 이 돌무더기를 달리 미스바라고도 하는데, 그것은 라반이 "우리가 서로 떨어져 있는 동안에, 주님께서 자네와 나를 감시하시기 바라네" 하고 말하였기 때문이다. 50 "자네가 나의 딸들을 박대하거나, 나의 딸들을 두고서 달리 아내들을 얻으면, 자네와 나 사이에는 아무도 없다고 하더라도, 하나님이 자네와 나 사이에 증인으로 계시다는 것을 명심하게." 51 라반은 야곱에게 또 다짐하였다. "이 돌무더기를 보게. 그리고 내가 자네와 나 사이에다 세운 이 돌기둥을 보게. 52 이 돌무더기가 증거가 되고, 이 돌기둥이 증거가 될 것이니. 내가 이 돌무더기를 넘어 자네 쪽으로 가서 자네를 치지 않을 것이니, 자네도 또한 이 돌무더기와 이 돌기둥을 넘어 내가 있는 쪽으로 와서 나를 치지 말게. 53 아브라함의 하나님, 나홀의 하나님, 그들의 조상의 하나님이 우리 사이를 판가름하여 주시기를 바라네." 그러자 야곱은 그의 아버지 이삭을 지켜 주신 '두려운 분'의 이름으로 맹세하였다. 54 야곱은 거기 산에서 제사를 드리고, 친족들을 식탁에 초대하였다. 그들은 산에서 제사 음식을 함께 먹고, 거기에서 그 날 밤을 보냈다. 55 라반은 다음날 아침 일찍 일어나, 자기 손자 손녀들과 딸들에게 입을 맞추고, 그들에게 축복하고, 길을 떠나서 고향으로 돌아갔다.

야곱의 재산이 불자 라반의 아들들이 시기하기 시작했다. 야곱을 대하는 라반의 태도 역시 점점 차가워졌다. 떠나야 할 때가 되었다고 생각할 즈음에 야곱은 고향 땅으로 돌아가라는 주님의 음성을 듣는다.

야곱은 레아와 라헬을 불러 그동안 얼마나 성실히 일해 왔는지, 라반이 얼마나 자신을 착취했는지 회상하며 자기 고향으로 가자고 제안한다(4~13절). 라헬과 레아는 아버지의 끝없는 탐욕과 비정한 태도를 말하면서 야곱의 뜻을 따르겠다고 말한다. 라반이 순순히 보내주지 않을 것이기에 세 사람은 비밀리에 탈출 준비를 한다. 때가 되었을 때 야곱의 가족은 모든 재산을 가지고 하란을 떠난다(17~21절). 이때 라헬은 아버지 집에서 수호신상을 훔쳐 오는데, 아버지에게 정신적인 타격을 주려는 의도였을 것이다. 그들은 유프라테스 강을 건너 길르앗 산간지방(요단강 동쪽)으로 내달렸다.

라반은 사흘 뒤에야 그 소식을 듣는다. 따라잡기에는 늦은 상태였다. 하지만 라반은 일주일 동안 엄청난 속도로 추격해 야곱의 가족을 따라잡는다. 여기서도 라반의 사람됨이 보인다. 그는 야곱의 모든 재산을 빼앗고 빈손으로 쫓아 버릴 심산이었다. 하지만 야곱을 따라잡기 직전, 하나님이 그에게 나타나셔서 아무런 해도 입히지 말라고 경고하신다.

다음 날 라반은 길르앗 산간지방에 장막을 치고 야곱을 찾아간다. 라반은 저자세를 취하면서 마음에도 없는 거짓말을 늘어놓는다. 그는 하나님께 들은 경고를 전하면서 고향으로 돌아가도록 허락하나, 자신의 수호신상을 훔쳐간 일은 용서할 수 없다고 말한다. 라헬이 훔친 것을 알지 못했던 야곱은 수호신상을 훔친 사람이 나오면 누구든지 죽여도 좋다고 답한다(31~32절). 라반은 종들을 시켜 샅샅이 찾지만 찾지 못한다. 라헬은 수호신상을 낙타 안장 밑에 숨기고 그 위에 앉는다. 그리고 생리 중이어서 내려갈 수 없다고 말하며 위기를 넘긴다. 외삼촌의 의심에 격분한 야곱은 마음에 담고 있던 감정을 쏟아낸다. 14년 동안 종살이하고 6년 동안 보수를 받으며 일했지만 외삼촌은 그 사이 열 번 이상 임금을 바꿔치기했다고, 자신은 밤낮으로 성실히 일했지만 외삼촌은 온갖 수단을 써서 재산 증식을 방해했다고, 하지만 하나님께서 자신의 재산을 키워 주셨다고 토로한다(36~42절). 만일 하나님이 개입하시지 않았다면 가족과 함께 빈손으로 쫓겨날 뻔했다는 말도 덧붙인다.

라반은 야곱을 보내야 하는 현실을 받아들인다. 하지만 자존심이 상한 그는 야곱의 가족과 재산이 법적으로 자기 소유임을 굳이 확인한다. 이어 돌기둥과 돌무더기를 쌓은 뒤 잔치를 베풀고 언약을 맺는다. 라반은 야곱에게 자기 딸들을 선대해 달라고 엄중히 요청하면서 불가침 조약을 맺는다. 야곱은 "아버지 이삭을 지켜 주신 '두려운 분'의 이름으로"(53절) 맹세한다.

마침내 외삼촌 라반의 손에서 완전히 해방된 야곱은 제사를 드리고 잔치를 베푼다. 다음 날, 라반은 딸들과 손주들에게 작별 인사를 하고 밧단아람으로 돌아간다.

베델 이전에 하나님은 야곱에게 하나의 가설이었습니다. 하나님은 아버지 이삭의 하나님일 뿐이었습니다.

베델에서 하나님을 만난 뒤로 야곱은 '나의 하나님'으로 믿고 의지하기 시작합니다. 하지만 아직 자기 삶을 온전히 맡기는 믿음은 없었습니다. '내 인생은 나의 것'이라는 믿음은 변하지 않았습니다. 하나님은 그의 노력을 지켜보며 도와주시는 분이었습니다. 그래서 베델에서 제사를 드리며 "하나님께서 저와 함께 계시고, 제가 가는 이 길에서 저를 지켜 주시고, 먹을 것과 입을 것을 주시고, 제가 안전하게 저의 아버지 집으로 돌아가게 해주시면, 주님이 저의 하나님이 되실 것이며, 제가 기둥으로 세운 이 돌이 하나님의 집이 될 것이며, 하나님께서 저에게 주신 모든 것에서 열의 하나를 하나님께 드리겠습니다"(28:20~22)라고 기도했습니다. 하나님께 일종의 흥정을 한 것입니다. '내 인생은 내가 알아서 할 테니 지켜보면서 필요할 때 도와주십시오. 그렇게만 해 주시면 보답해 드리겠습니다'라는 의미입니다.

이 믿음은 라반의 집에서 지내는 20년 동안 혹독하게 시험당합니다. 야곱은 자신을 착취하는 외삼촌의 악의에 대항해야 했습니다. 그는 자신이 동원할 수 있는 수단과 방법으로 싸우면서 하나님께 도움을 청했을 것입니다. "하나님이 진정으로 도우셨구나!" 감탄할 때도 있었고, "하나님이 정말 계신가?" 하고 의문을 가질 때도 있었습니다. "이러다가 정말 빈손으로 귀향하는 것은 아닐까?" 하고 낙심할 때도 있었습니다. 그렇게 하루씩 인내하고 버텼습니다. 그러다가 어느 날 돌아보니, 자신의 노력과는 비교할 수 없는 하나님의 축복이 임하고 있음을 깨달았습니다. 인생의 진정한 주인은 하나님이심을 인정했습니다.

'베델'이 하나님을 만난 곳이라면, '하란'은 하나님을 의지하는 훈련장이었다고 할 수 있습니다. 훈련은 고통스럽습니다. 하지만 훈련 없이는, 고난 없이는 구습에서 벗어날 수 없습니다. 야곱의 옛사람이 깨지는 데 20년이 걸린 셈입니다. 이 훈련을 통해 비로소 힘을 빼고 하나님을 의지하는 삶의 방법에 눈을 뜹니다. 그러한 방식에 익숙해지자 하나님은 야곱에게 고향으로 돌아가라고 하십니다. 그는 20년 전과는 전혀 다른 사람이 되어 고향으로 돌아갑니다.

저 주시는
하나님

창세기 32장

1 야곱이 길을 떠나서 가는데, 하나님의 천사들이 야곱 앞에 나타났다. 2 야곱이 그들을 알아보고 "이 곳은 하나님의 진이구나!" 하면서, 그 곳 이름을 마하나임이라고 하였다. 3 야곱이 에돔 벌 세일 땅에 사는 형 에서에게, 자기보다 먼저 심부름꾼들을 보내면서 4 지시하였다. "너희는 나의 형님 에서에게 가서, 이렇게 전하여라. '주인의 종 야곱이 이렇게 아룁니다. 저는 그 동안 라반에게 몸붙여 살며, 최근까지도 거기에 머물러 있었습니다. 5 저에게는 소와 나귀, 양 떼와 염소 떼, 남종과 여종이 있습니다. 형님께 이렇게 소식을 전하여 드립니다. 형님께서 저를 너그럽게 보아 주십시오.'" 6 심부름꾼들이 에서에게

갔다가, 야곱에게 돌아와서 말하였다. "주인 어른의 형님인 에서 어른께 다녀왔습니다. 그분은 지금 부하 사백 명을 거느리고, 주인 어른을 치려고 이리로 오고 있습니다." 7 야곱은 너무나 두렵고 걱정이 되어서, 자기 일행과 양 떼와 소 떼와 낙타 떼를 두 패로 나누었다. 8 에서가 와서 한 패를 치면, 나머지 한 패라도 피하게 해야겠다는 속셈이었다. 9 야곱은 기도를 드렸다. "할아버지 아브라함을 보살펴 주신 하나님, 아버지 이삭을 보살펴 주신 하나님, 고향 친족에게로 돌아가면 은혜를 베푸시겠다고 저에게 약속하신 주님, 10 주님께서 주님의 종에게 베푸신 이 모든 은총과 온갖 진실을, 이 종은 감히 받을 자격이 없습니다. 제가 이 요단 강을 건널 때에, 가진 것이라고는 지팡이 하나뿐이었습니다만, 이제 저는 이처럼 두 무리나 이루었습니다. 11 부디, 제 형의 손에서, 에서의 손에서, 저를 건져 주십시오. 형이 와서 저를 치고, 아내들과 자식들까지 죽일까 두렵습니다. 12 주님께서 말씀하시기를 '내가 반드시 너에게 은혜를 베풀어서, 너의 씨가 바다의 모래처럼 셀 수도 없이 많아지게 하겠다' 하시지 않으셨습니까?" 13 그 날 밤에 야곱은 거기에서 묵었다. 야곱은 자기가 가진 것 가운데서, 자기의 형 에서에게 줄 선물을 따로 골라 냈다. 14 암염소 이백 마리와 숫염소 스무 마리, 암양 이백 마리와 숫양 스무 마리, 15 젖을 빨리는 낙타 서른 마리와 거기에 딸린 새끼들, 암소 마흔 마리와 황소 열 마리, 암나귀 스무 마리와 새끼 나귀 열 마리였다. 16 야곱은 이것들을 몇 떼로 나누고, 자기의 종들에게 맡겨서, 자기보다 앞서서 가게 하고, 떼와 떼 사이에 거리를 두게 하라고 일렀다. 17 야곱은 맨 앞에 선 종에게 지시하였다. "나의 형 에서가 너를 만나서, 네가 뉘 집 사람이며, 어디로 가는 길이며, 네가 끌고 가는 이 짐승들이 다 누구의 것이냐고 묻거든, 18 너는 그에게 '이것은 모두 주인의 종 야곱의 것인데, 야곱이 그 형님 에서께 드리는 선물입니다. 야곱은 우리 뒤에 옵니다' 하고 말하여라." 19 야곱은, 둘째 떼를 몰고 떠나는 종과, 셋째 떼를 몰고 떠나는 종과, 나머지 떼를 몰고 떠나는 종들에게도, 똑같은 말로 지시하였다. "너희는 에서 형님을 만나거든, 그에게 똑같이 말하여야 한다. 20 그리고 '주인의 종 야곱은 우리 뒤에 옵니다' 하고 말하는 것을 잊지 않도록 하여라." 야곱이 이렇게 지시한 것은, 자기가 미리 여러 차례 보낸 선물들이 그 형에서의 분노를 서서히 풀어 주고, 마침내 서로 만날 때에는, 형이 자기를 반가이 맞아 주리라고 생각하였기 때문이다. 21 그래서 야곱은 선물을 실은 떼를 앞세워서 보내고, 자기는 그 날 밤에 장막에서 묵었다. 22 그 밤에 야곱은 일어나서, 두 아내와 두 여종과 열한 아들을 데리고, 얍복 나루를 건넜다. 23 야곱은 이렇게 식구들을 인도하여 개울을 건너 보내고, 자기에게 딸린 모든 소유도 건너 보내고 난 다음에, 24 뒤에 홀로 남았는데, 어떤 이가 나타나 야곱을 붙잡고 동이 틀 때까지 씨름을 하였다. 25 그는 도저히 야곱을 이길 수 없다는 것을 알고서, 야곱의 엉덩이뼈를 쳤다. 야곱은 그와 씨름을 하다가 엉덩이뼈를 다쳤다. 26 그가, 날이 새려고 하니 놓아 달라고 하였지만, 야곱은 자기에게 축복해 주지 않으면 보내지 않겠다고 떼를 썼다. 27 그가 야곱에게 물었다. "너의 이름이 무엇이냐?" 야곱이 대답하였다. "야곱입니다." 28 그 사람이 말하였다. "네가 하나님과도 겨루어 이겼고, 사람과도 겨루어 이겼으니, 이제 네 이름은 야곱이 아니라 이스라엘이다." 29 야곱이 말하였다. "당신의 이름이 무엇인지 가르쳐 주십시오." 그러나 그는 "어찌하여 나의 이름을 묻느냐?" 하면서, 그 자리에서 야곱에게 축복하여 주었다. 30 야곱은 "내가 하나님의 얼굴을 직접 뵙고도, 목숨이 이렇게 붙어 있구나!" 하면서, 그 곳 이름을 브니엘이라고 하였다. 31 그가 브니엘을 지날 때에, 해가 솟아올라서 그를 비추었다. 그는, 엉덩이뼈가 어긋났으므로, 절뚝거리며 걸었다. 32 밤에 나타난 그가 야곱의 엉덩이뼈의 힘줄을 쳤으므로, 이스라엘 사람들은 오늘날까지 짐승의 엉덩이뼈의 큰 힘줄을 먹지 않는다.

라반을 떠나보낸 후 야곱은 고향 땅으로 향한다. 그때 하나님의 천사들이 야곱 앞에 나타난다. 하란 땅으로 향할 때 나타나셨던 하나님이 그 땅을 떠날 때 다시 나타나신 것이다. 야곱은 베델에서 그랬던 것처럼 "이 곳은 하나님의 진이구나!"(2절) 하면서 이름을 "마하나임"이라고 짓는다.

야곱은 선발대를 보내 형 에서에게 자신이 가고 있음을 알리면서 형을 "주인"으로, 자신을 "종"으로 부른다. 형에 대한 두려움과 회개의 감정을 그렇게 표현한 것이다. 그는 가축 떼와 노예들을 딸려 보낸다.

하지만 얼마 후 선발대가 헐레벌떡 돌아와, 에서가 사백 명의 사병과 함께 오고 있다고 전한다. 두려움에 사로잡힌 야곱은 가족과 가축을 두 패로 나눠 놓고, 하나님께 보호해 주시기를 간구한다(9~12절).

다음 날, 야곱은 막대한 양의 가축을 여러 떼로 나눈 뒤 시차를 두고 에서에게 보낸다. 선물로 형의 분노가 누그러지기를 기대한 것이다. 야곱은 가축 떼를 이끌고 가는 종들에게 전할 말을 단단히 이른다. 모두 보낸 뒤, 야곱은 가족들과 그곳에서 밤을 맞는데, 한밤중에 일어나 가족들을 얍복 나루 건너로 보내고 홀로 남는다. 염려와 걱정에 잠들 수가 없었던 것이다.

한밤중에 홀로 남았다면 당연히 기도했을 것이다. 두려움에 잠 못 드는 사람이 할 일은 기도밖에 없다. 저자는 야곱이 '어떤 사람과 씨름했다'고 표현한다. 야곱이 환상을 본 것인지, 치열한 기도를 비유적으로 표현한 것인지 알 수 없다. "동이 틀 때까지"(24절) 그 사람을 놓아주지 않았다는 말은 하나님이 응답하실 때까지 기도를 멈추지 않았다는 뜻일지 모른다.

25절의 "엉덩이뼈를 쳤다"라는 표현은 "엉덩이뼈를 만졌다"로 바꿔야 한다. 그로 인해 엉덩이뼈가 위골됐음에도 야곱은 자신을 축복하지 않으면 놓지 않겠다고 고집한다.

그 사람은 야곱에게 이름을 묻는다. 야곱이라고 답하자 그는 "이스라엘"(하나님과 겨루다)이라는 새 이름을 준다(27~28절). 하나님과도 겨뤄 이기고 사람과도 겨뤄 이겼다는 뜻이다. 야곱이 그 사람에게 이름을 묻자, 묻지 말라고 답하고는 복을 베풀어 주고 떠난다. 그제야 야곱은 자신에게 나타났던 분이 하나님임을 깨닫고 그곳 이름을 "브니엘"(하나님의 얼굴)이라고 짓는다.

야곱이 일어나 개울을 건너는데 간밤의 씨름으로 엉덩이뼈가 위골돼 절뚝거려야 했다. 그때 마침 솟아오른 해가 절뚝거리며 걷는 야곱을 비춘다. 이런 연유로 이스라엘 사람들은 엉덩이뼈의 힘줄을 먹지 않게 되었다.

살다 보면 절체절명의 때가 있습니다. 피할 수도, 대면할 수도 없는 갈림길에 설 때가 있습니다. 하나님의 도움이 아니고는 달리 방법이 없을 때가 있습니다.

    야곱은 지금 그러한 갈림길에 놓여 있습니다. 하란으로 돌아갈 수도 없고, 군사들을 대동하고 오는 형을 대면할 수도 없습니다. 자기만이 아니라 사랑하는 아내들과 자녀들까지 모두 죽을지 모른다는 두려움에 잠을 이룰 수가 없었습니다. 그는 그 밤이 지나기 전에 하나님과 담판을 짓기로 마음먹습니다. 이래 죽으나 저래 죽으나 마찬가지라면, 하나님에게 죽겠다는 심정이었을 것입니다.

    저자는, 야곱이 가족들을 떠나보내고 어둠 가운데 홀로 남았을 때 갑자기 어떤 남자와 씨름을 시작한 것처럼 묘사합니다. 하지만 실제는 야곱이 하나님과 담판 짓기 위해 가족을 보내고 혼자 남았을 것입니다. 지금의 위기를 해결할 방법은 하나님께만 있다고 생각했기 때문입니다.

    야곱이 밤새도록 치른 씨름은 그의 치열한 기도를 비유한 것일 수 있고, 그에게 일어난 하나님 체험일 수 있습니다. 야곱은 위기를 해결해 주시든지 자신을 죽이시든지 하라면서 끝까지 싸웁니다. 그리고 결국 이스라엘이라는 새 이름을 얻고 문제를 해결받습니다. 하나님과 겨뤄 이긴 것입니다.

야곱도, 이 이야기를 전한 저자도, 이 이야기를 읽는 우리도 '야곱이 하나님과 겨뤄 이겼다'는 말을 곧이듣지 않습니다. 인간이 하나님을 이길 수는 없기 때문입니다. 하나님은 처음부터 야곱에게 져 주시기 위해 싸우셨습니다. 어린 조카와 씨름하는 삼촌이 일부러 져 주는 것처럼, 하나님은 야곱의 열심을 보시고 일부러 져 주셨습니다.

날이 밝자 야곱은 절뚝거리며 얍복 나루를 건넜습니다. 그때 "해가 솟아올라서 그를 비추었다"(31절)라고 저자는 덧붙입니다. 얍복 나루에서의 치열한 씨름은 신체적 장애를 안겨 주었지만 그 덕에 야곱은 새로운 날을 보게 되었습니다.

용서의 능력

창세기 33장

1 야곱이 고개를 들어 보니, 에서가 장정 사백 명을 거느리고 오고 있었다. 야곱은, 아이들을 레아와 라헬과 두 여종에게 나누어서 맡기고, 2 두 여종과 그들에게서 난 아이들은 앞에 세우고, 레아와 그에게서 난 아이들은 그 뒤에 세우고, 라헬과 요셉은 맨 뒤에 세워서 따라오게 하였다. 3 야곱은 맨 앞으로 나가서 형에게로 가까이 가면서, 일곱 번이나 땅에 엎드려 절을 하였다. 4 그러자 에서가 달려와서, 그를 끌어안았다. 에서는 두 팔을 벌려, 야곱의 목을 끌어안고서, 입을 맞추고, 둘은 함께 울었다. 5 에서가 고개를 들어, 여인들과 아이들을 보면서 물었다. "네가 데리고 온 이 사람들은 누구냐?" 야곱이 대답하였다. "이것들은 하나님이 형님의 못난 아우에게 은혜로 주신 자식들입니다." 6 그러자 두 여종과 그들에게서 난 아이들이 앞으로 나와서, 엎드려 절을 하였다. 7 다음에는 레아와 그에게서 난 아이들이 앞으로 나와서, 엎드려 절을 하였다. 마지막으로 요셉과 라헬이 나와서, 그들도 엎드려 절을 하였다. 8 에서가 물었다. "내가 오는 길에 만난 가축 떼는 모두 웬 것이냐?" 야곱이 대답하였다. "형님께 은혜를 입고 싶어서, 가지고 온 것입니다." 9 에서가 말하였다. "아우야, 나는 넉넉하다. 너의 것은 네가 가져라." 10 야곱이 말하였다. "아닙니다, 형님, 형님께서 저를 좋게 보시면, 제가 드리는 이 선물을 받아 주십시오. 형님께서 저를 이렇게 너그럽게 맞아 주시니, 형님의 얼굴을 뵙는 것이 하나님

의 얼굴을 뵙는 듯합니다. 11 하나님이 저에게 은혜를 베푸시므로, 제가 가진 것도 이렇게 넉넉하게 되었습니다. 그러니 제가 형님께 가지고 온 이 선물을 기꺼이 받아 주시기 바랍니다." 야곱이 간곡히 권하므로, 에서는 그 선물을 받았다. 12 에서가 말하였다. "자, 이제 갈 길을 서두르자. 내가 앞장을 서마." 13 야곱이 그에게 말하였다. "형님께서도 아시다시피, 아이들이 아직 어립니다. 또 저는 새끼 딸린 양 떼와 소 떼를 돌봐야 합니다. 하루만이라도 지나치게 빨리 몰고 가면 다 죽습니다. 14 형님께서는 이 아우보다 앞서서 떠나십시오. 그렇게 하시면, 저는 앞에 가는 이 가축 떼와 아이들을 이끌고, 그들의 걸음에 맞추어 천천히 세일로 가서, 형님께 나가겠습니다." 15 에서가 말하였다. "그렇다면, 내가 나의 부하 몇을 너와 같이 가게 하겠다." 야곱이 말렸다. "그러실 것까지는 없습니다. 형님께서 저를 너그럽게 맞아 주신 것만으로도 만족합니다." 16 그 날로 에서는 길을 떠나 세일로 돌아갔고, 17 야곱은 숙곳으로 갔다. 거기에서 야곱은 자기들이 살 집과 짐승이 바람을 피할 우리를 지었다. 그래서 그 곳 이름이 숙곳이 되었다. 18 야곱이 밧단아람을 떠나, 가나안 땅의 세겜 성에 무사히 이르러서, 그 성 앞에다가 장막을 쳤다. 19 야곱은, 장막을 친 그 밭을, 세겜의 아버지인 하몰의 아들들에게서 은 백 냥을 주고 샀다. 20 야곱은 거기에서 제단을 쌓고, 그 이름을 엘엘로헤이스라엘이라고 하였다.

야곱은 저 멀리서 사병들을 데리고 오는 형의 모습을 본다. 하나님의 약속을 받았으나 야곱에게는 형에 대한 두려움이 남아 있었다. 맨 앞에 선 그는 만약을 대비해 자기 뒤로 두 여종과 그 자녀들, 그 뒤로 레아와 자녀들, 그리고 맨 끝에 라헬과 요셉을 세운다(2절). 형이 다가오자 야곱은 가까이 가서 일곱 번이나 땅에 절을 한다. 그것은 당시 백성이 왕을 알현할 때 행하는 관례였다. 형에게 최대의 존경을 표한 것이다.

에서의 반응은 예상 밖이었다. 달려온 그는 동생을 끌어안고 입을 맞추며 반가움을 표했다. 감격에 겨운 두 사람은 부둥켜안고 울었다. 에서가 야곱을 용서하고 반기러 나온 것인지, 라반처럼 복수하러 오던 중에 하나님의 개입으로 용서하게 되었는지 저자는 말하지 않는다. 사병 400명을 거느리고 왔다는 사실을 감안하면 후자가 더 그럴 법하다.

에서는 왜 자신에게 가축 떼를 미리 보냈느냐고 묻는다. 야곱이 선물이라고 답하니, 에서는 선물을 받을 이유가 없다며 사양한다. 야곱이 간청하자 에서는 마지못해 받아들인다. 대화에서 야곱은 형을 "주인"으로, 자신을 "종"으로 부른다. 하지만 에서는 "아우야"(9절)라고 부름으로써 형제의 우애를 드러낸다.

반가운 해후 뒤에 에서는 야곱에게 세일로 가서 같이 살자고 제안한다. 세일은 에돔 민족이 살던 가나안 땅의 동남부 지방으로, 엄밀히 말하면 아브라함이 약속받은 가나안 땅의 경계 바깥에 있다. 야곱은 가나안 땅에 정착하기 위해 위험을 무릅쓰고 밧단아람으로 온 것이기에 형의 호의를 거절할 수도, 따라갈 수도 없었다.

야곱은 에서의 일행과 같은 속도로 갈 수 없다는 핑계를 대며 형에게 먼저 떠나라고 청한다. 실제로 야곱은 어린 자녀들과 많은 가축 떼를 몰고 가야 했기에 사병들의 행군 속도에 맞출 수 없었다. 에서가 장정 몇 사람을 호위대로 남겨두겠다고 제안하나 야곱은 거절 의사를 밝힌다. 결국 에서는 사병들을 데리고 세일로 돌아간다(15~16절).

에서 일행을 보낸 야곱은 요단강 동편의 숙곳에 잠시 머문다. 그런 다음 가솔을 이끌고 요단강을 건너 세겜에 이른다. 드디어 가나안 땅으로 돌아온 것이다. 야곱은 세겜 성의 성주인 하몰에게 은 백 냥을 주고 땅을 매입한 뒤, 그곳을 "엘 엘로헤이스라엘"(하나님, 이스라엘의 하나님)이라고 명한다.

에서의 상황을 상상해 봅니다. 야곱이 하란에 머물러 사는 20년 동안 그는 분가하여 세일로 이주했습니다. 오늘의 요르단 남부 지방의 옛 이름으로, 페트라 유적으로 유명한 곳입니다. 이삭이 그를 위해 기도하면서 "네가 살 곳은 땅이 기름지지 않고, 하늘에서 이슬도 내리지 않는 곳이다"(27:39)라고 했는데, 예언대로 이루어진 것입니다.

에서는 그곳에서 크게 번성했습니다. 앞에서 거듭 보았지만, 하나님의 선택을 받지 못했다는 말은 그분의 축복에서 배제되었다는 뜻이 아닙니다. 선민으로서의 적통이 야곱으로 이어졌지만, 에서를 향한 하나님의 축복까지 사라진 것이 아닙니다. 야곱이 돌아온다는 소문을 듣고 4백 명의 사병을 이끌고 갈 정도로 세력은 크게 불어났습니다.

야곱을 향한 원한이 어떻게 풀렸는지, 저자는 밝히지 않습니다. 하지만 에서가 사병들을 데리고 세일에서 마하나임까지 달려왔다는 사실은 그의 분노가 아직 풀리지 않았음을 암시합니다. 그는 야곱에게 복수하기 위해 세일을 떠났을 것입니다.

그렇다면 그의 갑작스러운 마음 변화는 어떻게 설명할 수 있을까요?

그 단서를 우리는 앞에 나오는 라반의 이야기에서 찾을 수 있습니다. 하나님의 전격적인 개입으로 라반이 야곱을 선대한 것처럼, 에서도 하나님의 개입으로 야곱을 용서했을 것입니다. 웬만한 분노는 마음을 고쳐먹으면 풀 수 있습니다. 혹은 시간의 흐름 속에서 풀어지기도 합니다. 하지만 마음을 돌리려 할수록 더 커지는 원한도 있습니다. 그런 원한은 세월이 지나도 풀리지 않습니다. 에서가 야곱에게 품었던 원한과 앙심이 그랬을 것입니다. 그런 감정은 하늘의 은혜가 아니면 풀어지지 않습니다.

야곱이 밤새도록 씨름하며 하나님의 축복을 받아낼 때, 하나님은 에서의 마음을 만지시지 않았을까요? 이 상상은 지나친 것일까요?

분노와 원한은 우리를 과거에 붙들려 살게 합니다. 과거의 상처에 붙들리면 현재를 망치고 어두운 미래를 만듭니다. 용서는 용서하는 당사자를 위한 일입니다. 과거의 유령에서 해방되는 일입니다. 야곱에게 받은 상처 때문에 끙끙대며 살았을 에서와, 야곱을 용서하며 품에 안는 에서를 비교해 보면 용서가 얼마나 사람을 놀랍게 바꾸는지 알 수 있습니다.

이주민의 딜레마

창세기 34장

1 레아와 야곱 사이에서 태어난 딸 디나가 그 지방 여자들을 보러 나갔다. 2 히위 사람 하몰에게는 세겜이라는 아들이 있는데, 세겜은 그 지역의 통치자였다. 세겜이 디나를 보자, 데리고 가서 욕을 보였다. 3 그는 야곱의 딸 디나에게 마음을 빼앗겼다. 그는 디나를 사랑하기 때문에, 디나에게 사랑을 고백하였다. 4 세겜은 자기 아버지 하몰에게 말하였다. "이 처녀를 아내로 삼게 해주십시오." 5 야곱이 자기의 딸 디나의 몸을 세겜이 더럽혔다는 말을 들을 때에, 그의 아들들은 가축 떼와 함께 들에 있었다. 야곱은 아들들이 돌아올 때까지 이 일을 입 밖에 내지 않았다. 6 세겜의 아버지 하몰이 청혼을 하려고, 야곱을 만나러 왔다. 7 와서 보니, 야곱의 아들들이 이미 디나에게 일어난 일

을 듣고, 들에서 돌아와 있었다. 세겜이 야곱의 딸을 욕보여서, 이스라엘 사람에게 부끄러운 일 곧 해서는 안 될 일을 하였으므로, 야곱의 아들들은 슬픔과 분노를 억누르지 못하고 있었다. 8 하몰이 그들에게 말하였다. "나의 아들 세겜이 댁의 따님에게 반했습니다. 댁의 따님과 나의 아들을 맺어 주시기 바랍니다. 9 우리 사이에 서로 통혼할 것을 제의합니다. 따님들을 우리 쪽으로 시집보내어 주시고, 우리의 딸들도 며느리로 데려가시기 바랍니다. 10 그리고 우리와 함께 섞여서, 여기에서 같이 살기를 바랍니다. 땅이 여러분 앞에 있습니다. 이 땅에서 자리를 잡고, 여기에서 장사도 하고, 여기에서 재산을 늘리십시오." 11 세겜도 디나의 아버지와 오라버니들에게 간청하였다. "저를 너그러이 보아 주시기 바랍니다. 원하시는 것은 무엇이든지 드리겠습니다. 12 신부를 데려오는 데 치러야 할 값을 정해 주시고, 제가 가져 와야 할 예물의 값도 정해 주시기 바랍니다. 아무리 많이 요구하셔도, 요구하시는 만큼 제가 치르겠습니다. 다만 제가 바라는 것은, 디나를 저의 아내로 주시기를 바라는 것뿐입니다." 13 야곱의 아들들은, 세겜이 그들의 누이 디나를 욕보였으므로, 세겜과 그의 아버지 하몰에게 짐짓 속임수를 썼다. 14 그들은 세겜과 하몰에게 이렇게 말하였다. "우리는 그렇게 할 수 없습니다. 할례를 받지 않은 남자에게 우리의 누이를 줄 수 없습니다. 그렇게 하는 것은 우리에게 부끄러운 일입니다. 15 조건이 하나 있습니다. 당신들 쪽에서 남자들이 우리처럼 모두 할례를 받겠다고 하면, 그 청혼을 받아들이겠습니다. 16 그렇게 하면, 우리가 딸들을 당신들에게로 시집도 보내고, 당신네 딸들을 우리가 며느리로 삼으며, 당신들과 함께 여기에서 살고, 더불어 한 겨레가 되겠습니다. 17 그러나 당신들 쪽에서 할례 받기를 거절하면, 우리는 우리의 누이를 데리고 여기에서 떠나겠습니다." 18 하몰과 그의 아들 세겜은, 야곱의 아들들이 내놓은 제안을 좋게 여겼다. 19 그래서 그 젊은이는 시간을 지체하지 않고, 그들이 제안한 것을 실천으로 옮겼다. 그만큼 그는 야곱의 딸을 좋아하였다. 세겜은 자기 아버지의 집

안에서 가장 존귀한 인물이었다. 20 하몰과 그의 아들 세겜이 성문께로 가서, 그들의 성읍 사람들에게 말하였다. 21 "이 사람들이 우리에게 우호적입니다. 그러니 그들이 우리 땅에서 살면서, 우리와 함께 물건을 서로 사고팔게 합시다. 이 땅은 그들을 받아들일 수 있을 만큼 넓습니다. 우리가 그들의 딸들과 결혼할 수 있게 하고, 그들은 우리의 딸들과 결혼할 수 있게 합시다. 22 그러나 이 사람들이 기꺼이 우리와 한 겨레가 되어서, 우리와 함께 사는 데는, 조건이 하나 있습니다. 그들이 할례를 받는 것처럼, 우리쪽 남자들이 모두 할례를 받아야 한다는 것입니다. 23 그렇게 하면, 그들의 양 떼와 재산과 집짐승이 모두 우리의 것이 되지 않겠습니까? 다만, 그들이 우리에게 요구하는 것은 그대로 합시다. 우리가 그렇게 할례를 받으면, 그들이 우리와 함께 살 것입니다." 24 그 성읍의 모든 장정이, 하몰과 그의 아들 세겜이 제안한 것을 좋게 여겼다. 그래서 그 장정들은 모두 할례를 받았다. 25 사흘 뒤에, 장정 모두가 아직 상처가 아물지 않아서 아파하고 있을 때에, 야곱의 아들들 곧 디나의 친오라버니들인 시므온과 레위가, 칼을 들고 성읍으로 쳐들어가서, 순식간에 남자들을 모조리 죽였다. 26 그들은 하몰과 그의 아들 세겜도 칼로 쳐서 죽이고, 세겜의 집에 있는 디나를 데려왔다. 27 야곱의 다른 아들들은, 죽은 시체에 달려들어서 털고, 그들의 누이가 욕을 본 그 성읍을 약탈하였다. 28 그들은, 양과 소와 나귀와 성 안에 있는 것과 성 바깥들에 있는 것과 29 모든 재산을 빼앗고, 어린 것들과 아낙네들을 사로잡고, 집 안에 있는 물건을 다 약탈하였다. 30 일이 이쯤 되니, 야곱이 시므온과 레위를 나무랐다. "너희는 나를 오히려 더 어렵게 만들었다. 이제 가나안 사람이나, 브리스 사람이나, 이 땅에 사는 모든 사람이, 나를 사귀지도 못할 추한 인간이라고 여길 게 아니냐? 우리는 수가 적은데, 그들이 합세해서, 나를 치고, 나를 죽이면, 나와 나의 집안이 다 몰살당할 수밖에 없지 않느냐?" 31 그들이 대답하였다. "그가 우리 누이를 창녀 다루듯이 하는 데도, 그대로 두라는 말입니까?"

야곱은 가나안 땅에 이르러 세겜이라는 성읍에 정착한다. 토지까지 매입하여 그는 합법적인 주민이 된다. 얼마쯤 지났을 때, 야곱의 딸 디나가 "그 지방 여자들"(1절)을 찾아갔다가 세겜에게 성폭행을 당한다. 이주민은 토착민들에게 종종 이런 폭행을 당하곤 했다. 세겜은 지방 통치자인 하몰의 아들로 대단한 세력을 가지고 있었다. 개역개정의 저자는 네 가지 동사(보다, 데리고 가다, 성폭행을 하다, 욕되게 하다)를 사용해 세겜의 행동이 악했음을 드러낸다(2절). 디나를 범한 후에 더 사랑하게 된 세겜은 디나를 자기 집에 가두어 둔다.

소식을 들은 야곱은 아들들이 돌아올 때까지 아무 말도 하지 않고, 아무 일도 하지 않았다. 그는 딸에 대한 염려와 세겜에 대한 분노로 치를 떨었을 것이다. 딸을 그대로 둘 수도 없고, 전쟁을 불사할 수도 없는 딜레마에 빠졌다.

아들들이 돌아오자 야곱은 딸의 사건을 전하고, 아들들은 크게 분노한다. 바로 이때 하몰과 세겜이 청혼하러 찾아온다. 하몰은 기왕 일이 이렇게 되었으니 둘을 결혼시키고 앞으로 통혼하면서 지내자고 제안한다. 세겜도 사과하면서 어떤 대가든 치를 테니 결혼시켜 달라고 한다(6~12절). 겉으로는 정중한 제안 같아 보이지만, 디나를 가두어 놓고 와서 이렇게 제안하는 것은 야곱 집안을 능멸하는 처사였다.

복수를 계획한 야곱의 아들들은 하몰의 청을 들어줄 것처럼 위장하고 한 가지 조건을 내건다. 할례받지 않은 남자에게는 여동생을 줄 수 없으니 세겜의 모든 남자가 할례를 받으면 청혼을 받아들이겠다고 한다. 이 계약이 성립되면 야곱의 많은 재산을 차지할 수 있다고 여긴 하몰과 세겜은 성읍 사람들을 설득해 모두 한 날에 할례를 받는다(13~24절).

　사흘 뒤 야곱의 아들 중 시므온과 레위(디나의 친오빠들)가 성읍으로 쳐들어가 남자들을 모두 살해하고 갇혀 있던 디나를 구출한다. 그곳 남자들은 할례받은 상처가 아물지 않아 대항조차 못하고 당한다. 다른 아들들은 성읍을 돌아다니며 약탈하고 여자들과 아이들을 포로로 잡는다.

　뒤늦게 이 사실을 안 야곱은 시므온과 레위를 불러 크게 나무란다. 그 일로 자신은 "사귀지도 못할 추한 인간"(30절)으로 알려질 것이며 더 큰 보복이 오리라며 탄식한다. 그러자 두 아들은 여동생이 몹쓸 짓을 당했는데 보고만 있을 수는 없지 않으냐며 저항한다.

　디나의 성폭행 사건은 폭력이 또 다른 폭력을 낳는 전형적인 이야기입니다. 세겜의 행동은 분명 징벌받아야 할 죄였습니다. 나중에 드러나지만 세겜이 디나를 범하고 결혼하려 한 것은 좋아하기 때문이기도 했지만, 새로 이주한 야곱의 가족을 자기 수하에 들어오게 하려는 의도도 있었습니다. 그런데 그 일에 야곱의 아들들이 행한 복수는 더 악했습니다. 그들은 무고한 성읍 사람들을 살육했고 여성들과 어린이들을 유린하고 약탈했습니다.

아버지의 책망에 시므온과 레위가 저항하며 내뱉은 말(31절)은 우리가 자주 대면하는 딜레마를 떠올리게 합니다. 사랑하는 동생이 능욕당하고 사로잡혀 성 노리개가 된 상황에서 가만히 있을 수 없습니다. 그런 악행을 묵인하는 일은 해법이 아닙니다. 그래서 그의 악행을 응징하고 디나를 구해내야 하는데, 그렇게 하려면 애꿎은 사람들까지 다칠 수밖에 없습니다. 이스라엘군이 네 명의 인질을 구출하기 위해 270여 명의 가자 주민을 죽게 한 사건은 세겜 사건의 현대적 재현이라 할 수 있습니다.

야곱이 딸의 폭행 사건을 듣고도 그냥 있었던 이유가 여기 있었을 것입니다. 그는 세겜 땅에 이제 겨우 자리 잡은 이주민입니다. 가족과 종들과 가축들을 거느리고 있었지만, 여전히 소수자였습니다. 딸을 구하기 위해 달려가고 싶었지만, 싸워 이기리라는 보장이 없었습니다. 그렇다고 딸을 그대로 둘 수도 없었습니다. 그는 숨 막힐 듯한 답답함에 가슴을 치며 눈물을 흘렸을 것입니다.

오늘날에도 디나처럼 무력하게 유린당하는 이주민들이 적지 않습니다. 야곱처럼 이주민이라는 약점 때문에 불의한 폭력을 당하면서도 말 한마디 하지 못하는 이들이 있습니다. 그들 중에는 때로 시므온과 레위처럼 분노를 참지 못해 앙갚음하는 사람들도 있습니다. 하지만 그러한 복수는 무고한 사람들에게 피해를 주고, 자신의 불안한 입지를 더 불리하게 만듭니다. 미국에서 남미 이주민들이 자주 당하는 일입니다.

이런 상황에서 하나님의 뜻을 따르는 삶이 무엇인지 깊이 생각해 보아야 합니다. 상황이 복잡하게 얽히고설키면 하나님의 뜻도 분별하기 어렵고 그 뜻을 행하는 일은 더 어렵습니다. 때로 손과 발에 피를 묻히지 않고는 살기 힘든 것이 우리의 인생입니다.

고난은 있다

창세기 35장

1 하나님이 야곱에서 말씀하셨다. "어서 베델로 올라가, 거기에서 살아라. 네가 너의 형에서 앞에서 피해 도망칠 때에, 너에게 나타난 그 하나님께 제단을 쌓아서 바쳐라." 2 야곱은, 자기의 가족과 자기가 거느리고 있는 모든 사람에게 명령하였다. "너희가 가지고 있는 이방 신상들을 다 버려라. 몸을 깨끗이 씻고, 옷을 갈아입어라. 3 이제 우리는 이 곳을 떠나서, 베델로 올라간다. 거기에다 나는, 내가 고생할 때에 나의 간구를 들어 주시고, 내가 가는 길 어디에서나 나와 함께 다니면서 보살펴 주신, 그 하나님께 제단을 쌓아서 바치고자 한다." 4 그들은, 자기들이 가지고 있는 모든 이방 신상과 귀에 걸고 있는 귀고리를 야곱에게 가져 왔다. 야곱은 그것들을 세겜 근처 상수리나무 밑에 묻었다. 5 그런 다음에 그들은 길을 떠났다. 하나님이 사방에 있는 모든 성읍 사람을 두려워 떨게 하셨으므로, 아무도 야곱의 아들들을 추격하지 못하였다. 6 야곱과, 그가 거느린 모든 사람이, 가나안 땅 루스 곧 베델에 이르렀다. 7 야곱이 거기에서 제단을 쌓은 뒤에, 그가 형을 피해서 떠날 때에, 베델에서 하나님이 나타나신 것을 생각하고, 그 곳 이름을 엘베델이라고 하였다. 8 리브가의 유모 드보라가 죽어서, 베델 아래쪽 상수리나무 밑에 묻히니, 사람들이 그 나무 이름을 알론바굿이라고 하였다. 9 야곱이 밧단아람에서 돌아온 뒤에, 하나님이 그에게 다시 나타나셔서 복을 주셨다. 10 하나님이 그에게 말씀하셨다.

"너의 이름이 야곱이었지만, 이제부터 너의 이름은 야곱이 아니라 이스라엘이다." 하나님이 그의 이름을 이스라엘이라고 하셨다. 11 하나님이 그에게 말씀하셨다. "나는 전능한 하나님이다. 너는 생육하고 번성할 것이다. 한 민족과 많은 갈래의 민족이 너에게서 나오고, 너의 자손에게서 왕들이 나올 것이다. 12 내가 아브라함과 이삭에게 준 땅을 너에게 주고, 그 땅을 내가 너의 자손에게도 주겠다." 13 그런 다음에 하나님은 야곱과 말씀하시던 곳을 떠나서 올라가셨다. 14 야곱은 하나님이 자기와 말씀을 나누시던 곳에 기둥 곧 돌기둥을 세우고, 그 위에 부어 드리는 제물을 붓고, 그 위에 기름을 부었다. 15 야곱은 하나님이 자기와 말씀을 나누시던 곳의 이름을 베델이라고 하였다. 16 그들이 베델을 떠나 에브랏에 아직 채 이르기 전에, 라헬이 몸을 풀게 되었는데, 고통이 너무 심하였다. 17 아이를 낳느라고 산고에 시달리는데, 산파가 라헬에게 말하였다. "두려워하지 마셔요. 또 아들을 낳으셨어요." 18 그러나 산모는 숨을 거두고 있었다. 산모는 마지막 숨을 거두면서, 자기가 낳은 아들의 이름을 베노니라고 하였다. 그러나 그 아이의 아버지는 아들의 이름을 베냐민이라고 하였다. 19 라헬이 죽으니, 사람들은 그를 에브랏 곧 베들레헴으로 가는 길 가에다가 묻었다. 20 야곱이 라헬의 무덤 앞에 비석을 세웠는데, 오늘날까지도 이 묘비가 라헬의 무덤을 가리키고 있다. 21 이스라엘이 다시 길을 떠나서, 에델 망대 건너편에 자리를 잡고 장막을 쳤다. 22 이스라엘이 바로 그 지역에서 머물 때에, 르우벤이 아버지의 첩 빌하를 범하였는데, 이스라엘에게 이 소식이 들어갔다. 야곱의 아들은 열둘이다. 23 레아에게서 얻은 아들은 야곱의 맏아들 르우벤과 시므온과 레위와 유다와 잇사갈과 스불론이다. 24 라헬에게서 얻은 아들은, 요셉과 베냐민이다. 25 라헬의 몸종 빌하에게서 얻은 아들은 단과 납달리이다. 26 레아의 몸종 실바에게서 얻은 아들은 갓과 아셀이다. 이들은 모두 야곱이 밧단아람에서 얻은 아들들이다. 27 야곱이 기럇아르바 근처 마므레로 가서, 자기 아버지 이삭에게 이르렀다. 기럇아르바는 아브라함과 이삭이 살던 헤브론이다. 28 이삭의 나이는 백여든 살이었다. 29 이삭은 늙고, 나이가 들어서, 목숨이 다하자, 죽어서 조상들 곁으로 갔다. 아들 에서와 야곱이 그를 안장하였다.

아들들이 벌인 일로 어쩔 줄을 몰라 하던 야곱에게 하나님이 찾아오셔서 베델로 올라가라고 말씀하신다. 그곳은 야곱이 하란으로 도피하던 중에 하나님을 처음 만났던 곳이다. 하나님을 만난 야곱은 자신을 지켜주시면 그곳에 하나님의 집을 짓겠다고 했는데, 그 약속을 잊고 있었다. 그는 베델로 돌아가는 대신 세겜에 정착했다가 끔찍한 사건의 주인공이 되었다. 늦었지만 이제라도 처음 하나님을 만났던 자리로 돌아가라고 말씀해 주신다.

그제야 야곱은 그 모든 일이 영적인 문제임을 깨닫는다. 식구들을 불러 가지고 있는 이방 신상을 모두 버리라고 명령한 야곱은 자녀들이 가져온 온갖 이방 신상과 장신구들을 세겜의 상수리나무 밑에 묻는다. "귀고리"(4절)를 특정한 이유는 신상이 새겨져 있었기 때문이다. 디나의 일로 세겜 사람들을 약탈하는 과정에서 소유했을 것이다. 이어 야곱은 몸을 깨끗이 씻고 옷을 갈아입으라고 명한다(2절). 과거와의 완전한 단절을 요구한 것이다. 가족들은 야곱의 말에 순종했고, 그는 모든 것을 세겜에 묻고 베델로 떠난다.

야곱의 가족과 종, 가축들의 규모를 생각할 때 이것은 대규모의 이동이었을 것이다. 그들은 여러 성읍을 거쳐야 했는데, 그 과정에서 공격받을 수도 있었다. 하지만 하나님의 돌보심으로 안전하게 베델에 도착한다. 야곱은 그곳에서 단을 쌓아 제사를 드리고, 하나님은 다시 나타나 축복해 주신다. 야곱의 이름을 이제는 "이스라엘"로 부르겠다 하시며, 아브라함과 이삭에게 주셨던 축복을 다시 한번 확인시켜 주신다(9~15절).

그즈음 야곱은 세 가지 마음 아픈 일을 겪는다. 하나는 리브가의 유모 드보라를 잃은 일이다(8절). 드보라는 하란에서부터 리브가를 충실히 돌본 유모였다(24:59). 그는 리브가를 따라 이삭의 집으로 와서 같이 살았다. 앞뒤 내용을 보면, 리브가는 이미 세상을 떠난 것 같다. 그 후로 드보라는 이삭에게 아내 역할을, 야곱에게 어머니 역할을 했을 것이다. 야곱이 하란으로 갈 때 드보라가 동행했을지도 모른다. 어쨌거나 야곱은 드보라를 깊이 의지하고 따랐을 것이다. 그런 사람이 세상을 떠났다. 야곱은 드보라를 베델 아래쪽 상수리나무 밑에 장사 지낸다.

얼마 후 야곱은 사랑하는 아내 라헬을 잃는다. 그것은 베델을 떠나 에브랏(베들레헴)에 이르기 전의 일로, 라헬은 이동하는 동안 둘째를 낳고 숨을 거둔다. 그 아들이 베냐민이다(16~18절). 야곱은 라헬을 베들레헴으로 가는 길가에 장사한다.

그 뒤 에델 망대 건너편에 정착하는데, 얼마 후 큰아들 르우벤이 라헬의 몸종 빌하를 범하는 참담한 일이 일어난다.

저자는 "이스라엘에게 이 소식이 들어갔다"(22절)고만 적었는데, 이 일로 야곱이 겪었을 심적 고통이 얼마나 컸을지 짐작할 수 있다. 이 일로 르우벤은 장자의 권리를 상실하고, 시므온과 레위는 디나의 일로 인해 잔인한 살육을 자행한다(49:3~7). 이런 까닭에 장자의 권리가 유다로 넘어오게 된다.

저자는 요셉의 이야기로 전환하기 전, 야곱의 열두 아들을 소개하고, 이삭의 죽음을 전한다.

야곱은 하란으로 가는 길에서 하나님을 만납니다. 그리고 하란에 머무는 20년 동안 믿음의 연단을 경험합니다. 하나님을 인생의 주인으로 섬기는 법을 충분히 익혔을 때, 가나안 땅으로 돌아옵니다.

그 길에서 야곱은 하나님께 새로운 이름과 사명을 받습니다. 형 에서와의 감격스러운 화해를 경험하면서 하나님께서 자신의 인생을 이끌어 가심을 확인합니다.

이 정도면 '고생 끝, 행복 시작'일 것 같습니다. 하지만 세겜에서 그는 일생일대의 불행을 만납니다. 그 일 때문에 더는 세겜에서 발붙이고 살 수 없게 되었습니다. 그때 하나님이 나타나셔서 베델, 곧 하나님을 처음 만났던 곳에 가서 제단을 쌓으라고 하십니다. 베델에서 처음 하나님을 만났을 때 야곱은 그곳에 하나님의 집을 짓겠다고 약속했습니다(28:22). 그 약속을 잊었는지 아니면 미루고 있었는지는 알 수 없습니다. 그는 세겜에서 얻은 모든 것을 땅에 묻고 베델로 올라가 새출발했고, 하나님의 축복의 약속을 다시 확인받습니다.

하지만 그 후에도 야곱은 계속 상실의 아픔을 겪습니다. 어머니처럼 의지했던 유모 드보라를 잃었습니다. 어머니 리브가는 그토록 아꼈던 야곱의 얼굴을 보지 못하고 세상을 떠났습니다. 상실의 아픔이 채 치유되기도 전에 라헬을 잃습니다. 라헬을 향한 그의 사랑이 얼마나 컸는지 기억한다면 상실감이 얼마나 컸을지 짐작할 수 있습니다. 게다가 큰아들 르우벤이 빌하를 범하는 패륜을 행합니다. 이는 곧 아버지의 침상을 더럽혔다는 뜻입니다. 가지 많은 나무에 바람 잘 날 없다고, 야곱의 인생은 참으로 드라마틱합니다.

하나님을 믿고, 하나님을 인격적으로 만나고, 축복의 약속을 받는 일은 인생의 거친 풍상에서 면제된다는 뜻이 아닙니다. 세상에 나 혼자만 산다면 별 문제가 없을 것입니다. 하지만 우리는 굴곡진 세상에서 상처받은 사람들과 더불어 살아야 합니다. 하나님을 인격적으로 만나고 축복을 받았다 해도 다른 사람들과 얽히고설키며 살아야 합니다. 때로 라반이나 세겜 같은 악한 사람들을 만나기도 하고, 가족에게서 심한 상처를 입기도 합니다. 누구도 인생이라는 선물 보따리에 들어있는 생로병사의 불행을 제거할 수 없습니다.

믿음은 하나님께서 내 인생을 포함해 모든 역사를 만들어 가심을 확신하면서 운명의 돌팔매와 화살을 받아들이는 것입니다. 상실의 아픔과 불행 중에도 여전히 하나님을 의지하고 사는 것입니다. 그것이 진정한 '회복 탄력성'(resilience)의 원천입니다.

선민의 의미

창세기 36장

1 에서 곧 에돔의 족보는 다음과 같다. 2 에서는 가나안 여인 세 사람을 아내로 맞아들였다. 아다는 헷 사람 엘론의 딸이다. 오홀리바마는 히위 사람 시브온의 딸 아나에게서 태어났다. 3 바스맛은 이스마엘의 딸이며, 느바욧의 누이이다. 4 아다는 엘리바스를 낳고, 바스맛은 르우엘을 낳고, 5 오홀리바마는 여우스와 얄람과 고라를 낳았다. 이들은 에서의 아들인데, 에서가 가나안 땅에서 얻은 아들들이다. 6 에서는 아내들과 아들들과 딸들과 자기 집의 모든 사람과 집짐승과 또 다른 모든 짐승과 가나안 땅에서 얻은 모든 재산을 이끌고, 아우 야곱과는 좀 떨어진 다른 곳으로 갔다. 7 두 사람은 재산이 너무 많아서, 함께 살 수 없었다. 그들은 특히 집짐승이 많아서, 거기에서 그대로 살 수 없었다. 8 그래서 에서 곧 에돔은 세일 산에 자리를 잡았다. 9 세일 산간지방에 사는 에돔 사람의 조상 에서의 족보는 다음과 같다. 10 에서의 아들들의 이름은 다음과 같다. 에서의 아내 아다가 낳은 아들은 이름이 엘리바스이고, 에서의 아내 바스맛이 낳은 아들은 르우엘이다. 11 엘리바스가 낳은 아들은 데만과 오말과 스보와 가담과 그나스이다. 12 에서의 아들 엘리바스와 그의 첩 딤나 사이에서는 아들 아말

렉이 태어났다. 이들은 에서의 아내 아다가 낳은 자손이다. 13 르우엘이 낳은 아들은, 나핫과 세라와 삼마와 밋사이다. 이들은 에서의 아내 바스맛이 낳은 자손이다. 14 에서의 아내 오홀리바마(시브온의 딸 아나의 소생)가 낳은 아들은 여우스와 얄람과 고라이다. 15 에서에게서 나온 종족들은 다음과 같다. 에서의 맏아들 엘리바스를 조상으로 하는 종족들은 데만과 오말과 스보와 그나스와 16 고라와 가담과 아말렉이다. 이들은 에돔 땅에 있는 엘리바스 종족들이다. 이들은 에서의 아내 아다가 낳은 자손이다. 17 에서의 아들 르우엘을 조상으로 하는 종족들은 나핫과 세라와 삼마와 밋사이다. 이들은 에돔 땅에 있는 르우엘 종족들이다. 이들은 에서의 아내 바스맛이 낳은 자손이다. 18 에서의 아내 오홀리바마의 아들에게서 나온 종족들은 다음과 같다. 여우스와 얄람과 고라이다. 이들은 에서의 아내 오홀리바마(아나의 딸)가 낳은 아들들에게서 나온 종족들이다. 19 이들은 에서 곧 에돔의 아들들이다. 이들이 족장들이 되었다. 20 에돔 땅의 원주민들도 종족별로 갈리는데, 각 종족의 조상들을 거슬러 올라가면, 호리 사람인 세일의 아들들에게로 가서 닿는다. 세일의 자손에게서 나온 종족들은 로단과 소발과 시브온과 아나와 21 디손과 에셀과 디산이다. 이들은 에돔 땅에 있는 세일의 아들들로서, 호리 사람의 종족들이다. 22 로단에게서 나온 종족은 호리와 헤맘과 딤나(로단의 누이)이다. 23 소발에게서 나온 종족은 알완과 마나핫과 에발과 스보와 오남이다. 24 시브온의 아들은 아야와 아나이다. 아버지 시브온의 나귀를 칠 때에, 광야에서 온천을 발견한 사람이 바로 아나이다. 25 아나의 자손은 디손과 오홀리바마(아나의 딸)이다. 26 디손에게서 나온 종족은 헴단과 에스반과 이드란과 그란이다. 27 에셀에게서 나온 종족은 빌한과 사아완과 아간이다. 28 디산에게서 나온 종족은 우스와 아란이다. 29 호리 종족의 조상들은 로단과 소발과 시브온과 아나와 30 디손과 에셀과 디산이다. 이들은 그 갈래를 따라 분류하면, 세일 땅에 사는 호리 종족의 조상들이다. 31 이스라엘에 왕이 아직 없을 때에, 다음과 같은 왕들이 차례로 에돔 땅을 다스렸다. 32 브올의 아들 벨라가 에돔의 왕이 되었다. 그의 도성의 이름은 딘하바이다. 33 벨라가 죽으니, 보스라 사람 세라의 아들 요밥이 그의 뒤를 이어서 왕이 되었다. 34 요밥이 죽으니, 데만 사람의 땅에서 온 후삼이 그의 뒤를 이어서 왕이 되었다. 35 후삼이 죽으니, 브닷의 아들 곧 모압 벌판에서 미디안 사람을 친 하닷이 그의 뒤를 이어서 왕이 되었다. 그의 도성의 이름은 아윗이다. 36 하닷이 죽으니, 마스레가 출신 삼라가 그의 뒤를 이어서 왕이 되었다. 37 삼라가 죽으니, 유프라테스 강 가에 살던 르호봇 사람 사울이 그의 뒤를 이어서 왕이 되었다. 38 사울이 죽으니, 악볼의 아들 바알하난이 그의 뒤를 이어서 왕이 되었다. 39 악볼의 아들 바알하난이 죽으니, 그의 뒤를 이어서 하닷이 왕이 되었다. 그의 도성의 이름은 바우이다. 그의 아내의 이름은 므헤다벨인데, 마드렛의 딸이며, 메사합의 손녀이다. 40 에서에게서 나온 종족들을 가문과 거주지에 따라서 나누면, 각각 다음과 같다. 그 이름은 딤나와 알와와 여뎃과 41 오홀리바마와 엘라와 비논과 42 그나스와 데만과 밉살과 43 막디엘과 이람이다. 이들이 에돔의 종족들이다. 종족들의 이름이 각 종족들이 살던 거주지의 이름이 되었다. 에돔 사람의 조상은 에서이다.

저자는 요셉 이야기 시작 전에, 에서의 역사를 간략히 소개한다. 가나안 여인들을 아내로 맞아들인 에서는 이삭과 리브가의 근심거리가 되었다(26:34~35). 장자의 축복을 빼앗긴 뒤, 부모님이 동생을 하란에 보내 친족 중에서 아내를 얻게 했음을 안 에서는 이스마엘의 딸을 아내로 맞아들인다(28:8~9). 이렇게 하여 세 아내를 둔 그는 여러 자녀를 얻는다. 그는 나중에 에돔의 영토가 된 세일 산으로 이주해 자리를 잡는다.

저자는 에서의 자손이 어떻게 번성했는지를 족보 형식을 빌어 소개한다(9~19절). 족보는 '이름으로 된 역사'다. 역사를 자세히 기록할 수 없을 때 족보로 대신한다. 이어서 저자는 세일 지방 원주민들을 간략히 소개한다(20~30절).

31~43절은 에서의 자손이 에돔이라는 국가를 형성했을 때 그 나라를 다스렸던 왕들에 대한 기록이다. 사울이 이스라엘을 건국하기 전 에돔이 국가로 존재했는데, 다윗이 에돔을 정복하여 솔로몬 시대까지 이스라엘의 속국이 되었다. 솔로몬 이후 남북 왕국으로 분리되자 에돔은 독립했고, 그 뒤로 이두매로 불리면서 주변 열강들에 시달리다가 유대 전쟁(주후 66~70년) 중에 역사 속으로 사라졌다.

예수님이 태어나실 때 유다를 다스렸던 헤롯 안티파테르

가 이두매인이었다. 그는 로마 황실의 환심을 얻어 유대인의 왕이 되었고, 4대에 걸쳐 유대인들을 다스렸다. 야곱의 자손인 유대인들은 에서의 후손이 왕이 되었다는 사실에 심한 수치심과 모욕감을 느껴야 했다.

창세기는 하나님이 어떻게 이스라엘 민족을 선민으로 택하여 제사장 나라로 삼으셨는지 서술하고 있습니다.

아브라함을 선택하신 이유는 모든 민족의 "복의 근원"(12:2)이 되게 하시려는 데 있었습니다. 그렇기 때문에 저자는 선민의 역사를 이어간 사람들(아브라함, 이삭, 야곱, 요셉)을 중심으로 이야기를 이어갑니다. 저자가 그들에게 집중하기에 자연히 관심에서 벗어난 사람들이 있습니다. 하갈과 이스마엘, 에서 그리고 요셉의 열 한 형제가 그렇습니다. 그들은 여러 이유로 선민 역사의 중심축에서 벗어났습니다.

하나님의 역사에서 벗어났다는 말은 저주받았다는 말도 아니고 구원에서 제외되었다는 뜻도 아닙니다. 하나님께서 한 백성을 선택하신 이유는 모든 백성을 구원하시기 위함입니다. 선민은 하나님의 구원을 독점했다는 뜻이 아닙니다. 만민의 구원을 위해 하나님께 특별히 선택되었다는 의미입니다. 이스마엘이 하나님의 계획에 들지는 못했지만 구원에서 제외된 것이 아닌 것처럼, 에서도 비록 장자권을 잃었지만 하나님의 구원에서 제외된 것이 아니었습니다. 그는 선민의 역사와 전통을 지키는 일에 관심이 없었고 이방 민족들과 통혼하면서 살아가기를 선택했습니다. 하나님은 그 선택을 존중하고 축복해 주셨습니다.

누구는 선택되고 누구는 선택되지 않았다 함은 구원과 멸망의 문제도 아니고 행복과 불행의 문제도 아닙니다. 선택받은 사람이 그렇지 못한 사람보다 더 낫다는 뜻도 아닙니다. 하나님은 구원사의 중심축에서 벗어난 이들에게도 같은 관심으로 돌보고 축복해 주십니다. 결국 세상의 모든 민족이 구원의 은혜에 들게 하십니다. 그 은혜가 복음을 통해 우리에게까지 이르렀고, 예수 그리스도의 새 계약을 통해 새로운 이스라엘이 되었습니다.

지금 내게 이른 믿음은 수천수만 대를 거슬러 올라가 아브라함에게까지 이릅니다. 그 장구한 역사의 흐름 가운데 우리가 서 있다고 생각하니 전율이 일어납니다.

고난은
하나님의 손이다

창세기 37장

1 야곱은 자기 아버지가 몸붙여 살던 땅 곧 가나안 땅에서 살았다. 2 야곱의 역사는 이러하다. 열일곱 살 된 소년 요셉이 아버지의 첩들인 빌하와 실바가 낳은 형들과 함께 양을 치는데, 요셉은 형들의 허물을 아버지에게 일러바치곤 하였다. 3 이스라엘은 늘그막에 요셉을 얻었으므로, 다른 아들들보다 요셉을 더 사랑하여서, 그에게 화려한 옷을 지어서 입혔다. 4 형들은 아버지가 그를 자기들보다 더 사랑하는 것을 보고서 요셉을 미워하며, 그에게 말 한 마디도 다정스럽게 하는 법이 없었다. 5 한 번은 요셉이 꿈을 꾸고서 그것을 형들에게 말한 일이

있는데, 그 일이 있은 뒤로부터 형들은 그를 더욱더 미워하였다. 6 요셉이 형들에게 말하였다. "내가 꾼 꿈 이야기를 한 번 들어 보셔요. 7 우리가 밭에서 곡식단을 묶고 있었어요. 그런데 갑자기 내가 묶은 단이 우뚝 일어서고, 형들의 단이 나의 단을 둘러서서 절을 하였어요." 8 형들이 그에게 말하였다. "네가 우리의 왕이라도 될 성싶으냐? 정말로 네가 우리를 다스릴 참이냐?" 형들은 그의 꿈과 그가 한 말 때문에 그를 더욱더 미워하였다. 9 얼마 뒤에 그는 또 다른 꿈을 꾸고, 그것을 형들에게 말하였다. "들어 보셔요. 또 꿈을 꾸었어요. 이번에는 해와 달과 별 열한 개가 나에게 절을 했어요." 10 그가 아버지와 형들에게 이렇게 말할 때에, 그의 아버지가 그를 꾸짖었다. "네가 꾼 그 꿈이 무엇이냐? 그래, 나하고 너의 어머니하고 너의 형들이 함께 너에게로 가서, 땅에 엎드려서, 너에게 절을 할 것이란 말이냐?" 11 그의 형들은 그를 시기하였지만, 아버지는 그 말을 마음에 두었다. 12 그의 형들은 아버지의 양 떼를 치려고, 세겜 근처로 갔다. 13 이스라엘이 요셉에게 말하였다. "네가 알고 있듯이, 너의 형들이 세겜 근처에서 양을 치지 않느냐? 내가 너를 너의 형들에게 좀 보내야겠다." 요셉이 대답하였다. "다녀오겠습니다." 14 이스라엘이 요셉에게 말하였다. "너의 형들이 잘 있는지, 양들도 잘 있는지를 가서 살펴보고, 나에게 와서 소식을 전해 다오." 그의 아버지는 헤브론 골짜기에서 그를 떠나보냈다. 요셉이 세겜에 도착하였다. 15 어떤 사람이 보니, 요셉이 들에서 헤매고 있었다. 그가 요셉에게 물었다. "누구를 찾느냐?" 16 요셉이 대답하였다. "형들을 찾습니다. 우리 형들이 어디에서 양을 치고 있는지, 나에게 일러 주시겠습니까?" 17 그 사람이 대답하였다. "너의 형들은 여기에서 떠났다. '도단으로 가자'고 하는 말을 내가 들었다." 그래서 요셉은 형들을 뒤따라 가서, 도단 근처에서 형들이 있는 곳을 알아냈다. 18 그런데 그의 형들은 멀리서 그를 알아보고서, 그를 죽여 버리려고, 그가 그들에게 가까이 오기 전에 음모를 꾸몄다. 19 그들은 서로 마주보면서 말하였다. "야, 저기 꿈꾸는 녀석이 온다. 20 자, 저 녀석을 죽여서, 아무 구덩이에나 던져 넣고, 사나운 들짐승이 잡아먹었다고 하자. 그리고 그 녀석의 꿈이 어떻게 되나 보자." 21 르우벤이 이 말을 듣고서, 그들의 손에서 요셉을 건져 내려고, 그들에게 이렇게 말하였다.

"목숨만은 해치지 말자. 22 피는 흘리지 말자. 여기 들판에 있는 구덩이에 그 아이를 던져 넣기만 하고, 그 아이에게 손을 대지는 말자." 르우벤은 요셉을 그들에게서 건져 내서 아버지에게 되돌려 보낼 생각으로 이렇게 말한 것이다. 23 요셉이 형들에게로 오자, 그들은 그의 옷 곧 그가 입은 화려한 옷을 벗기고, 24 그를 들어서 구덩이에 던졌다. 그 구덩이는 비어 있고, 그 안에는 물이 없었다. 25 그들이 앉아서 밥을 먹고 있는데, 고개를 들고 보니, 마침 이스마엘 상인 한 떼가 길르앗으로부터 오는 것이 눈에 띄었다. 낙타에다 향품과 유향과 몰약을 싣고, 이집트로 내려가는 길이었다. 26 유다가 형제들에게 말하였다. "우리가 동생을 죽이고 그 아이의 피를 덮는다고 해서, 우리가 얻는 것이 무엇이냐? 27 자, 우리는 그 아이에게 손을 대지는 말고, 차라리 그 아이를 이스마엘 사람들에게 팔아 넘기자. 아무래도 그 아이는 우리의 형제요, 우리의 피붙이이다." 형제들은 유다의 말을 따르기로 하였다. 28 그래서 미디안 상인들이 지나갈 때에, 형제들이 요셉을 구덩이에서 꺼내어, 이스마엘 사람들에게 은 스무 냥에 팔았다. 그들은 그를 이집트로 데리고 갔다. 29 르우벤이 구덩이로 돌아와 보니, 요셉이 거기에 없었다. 그는 슬픈 나머지 옷을 찢고서, 30 형제들에게 돌아와서 말하였다. "그 아이가 없어졌다! 나는 이제 어디로 가야 한단 말이냐?" 31 그들은 숫염소 한 마리를 죽이고, 요셉의 옷을 가지고 가서, 거기에 피를 묻혔다. 32 그들은 피묻은 그 화려한 옷을 아버지에게로 가지고 가서 말하였다. "우리가 이 옷을 주웠습니다. 이것이 아버지의 아들의 옷인지, 잘 살펴보시기 바랍니다." 33 그가 그 옷을 알아보고서 부르짖었다. "내 아들의 옷이다! 사나운 들짐승이 그 아이를 잡아 먹었구나. 요셉은 찢겨서 죽은 것이 틀림없다." 34 야곱은 슬픈 나머지 옷을 찢고, 베옷을 걸치고, 아들을 생각하면서, 여러 날을 울었다. 35 그의 아들딸들이 모두 나서서 그를 위로하였지만, 그는 위로받기를 마다하면서 탄식하였다. "아니다. 내가 울면서, 나의 아들이 있는 스올로 내려가겠다." 아버지는 잃은 자식을 생각하면서 울었다. 36 그리고 미디안 사람들은 이집트에서 요셉을 보디발이라는 사람에게 팔았다. 그는 바로의 신하로서, 경호대장으로 있는 사람이었다.

이제 창세기의 마지막 주인공인 요셉의 이야기가 시작된다. 그는 아버지 야곱에게 가장 사랑받는 아들이었다. 일찍 세상을 떠난 라헬에 대한 사랑 때문이었을 것이다. 아버지의 편애 때문에 요셉은 열일곱 살이 되도록 철이 없었고, 편애는 형제들의 분노를 샀다. 열일곱이나 되었으면 다른 형제들과 함께 일해야 했는데, 요셉은 늘 아버지의 그늘에서 놀고먹었다(1~4절).

그러던 어느 날 요셉은 형들의 곡식단이 자기 곡식단에게 절하는 꿈을 꾼다. 철없는 요셉은 좋아하며 꿈 이야기를 형들에게 전하고, 형들은 그를 미워한다. 얼마 후 그는 또 다른 꿈을 꾸는데, 해와 달과 별 열한 개가 자신에게 절하는 꿈이었다. 이번에는 야곱이 그를 꾸짖는다. 이 일로 형들은 그를 더욱 미워하게 되지만, 야곱은 "그 말을 마음에 두었다"(11절).

얼마 후 야곱의 아들들이 양 떼를 몰고 세겜 근처로 나간다. 세겜이라는 지명이 불길한 느낌을 준다. 유목민들은 목초지를 찾아 때로 장기간 먼 곳으로 가곤 했다. 아들들의 안부가 궁금했던 야곱은 요셉에게 심부름을 시킨다. 세겜에서 양을 치던 형제들은 도단으로 옮겨갔고, 요셉은 물어물어 형들이 있는 곳으로 간다.

요셉이 멀리서 오는 모습을 본 형들은 그를 해치기로 모의한다. 요셉을 죽여서 구덩이에 버리고 아버지에게는 짐승에게 잡아먹혔다고 보고하기로 한다(18~20절). 형들이 요셉을 얼마나 미워했는지 알 수 있는 대목이다.

이때 큰아들 르우벤은 죽이는 대신 깊은 구덩이에 넣어 굶어 죽게 하자고 제안한다. 나중에 그를 구할 생각이었다. 형제들은 그 말에 동의하여 요셉이 다가오자 옷을 벗기고 구덩이에 던져 넣는다.

요셉을 구덩이에 던져 놓고 그 곁에서 밥을 먹는 장면에서 형들의 비정함이 느껴진다. 그때 이집트로 내려가는 한 떼의 상인들이 지나가고 있었는데, 유다는 요셉을 죽이느니 노예로 팔아 몇 푼이라도 건지자고 제안한다(25~27절). 얼마 후 다른 상인들이 지나가자 그들은 은 스무 냥에 요셉을 판다. 은 스무 냥은 남성 성인 노예의 몸값이었다. 이 모든 일은 르우벤이 자리를 뜬 사이에 벌어지고, 뒤늦게 요셉이 사라졌음을 안 그는 옷을 찢으며 형제들에게 화를 낸다.

이후 형제들은 짐승의 피를 묻힌 요셉의 옷을 야곱에게 보여준다. 요셉이 짐승에게 물려 죽었다고 생각한 야곱은 여러 날 동안 슬퍼한다. 온 가족이 그를 위로하지만 그는 "위로받기를 마다하면서"(35절) 슬퍼한다. 한편 이집트로 팔려 간 요셉은 바로(이집트의 왕)의 경호대장인 보디발의 집 노예가 된다.

창세기를 처음 읽는 사람들은 '노예로 팔려간 요셉이 장차 어떻게 될까? 요셉이 꾼 꿈은 일장춘몽에 불과한 것일까? 아니면 실제로 이루어질까?' 하는 궁금증을 품고 다음 장을 넘길 것입니다. 창세기를 이미 읽은 사람은 앞으로 어떤 과정으로 요셉의 꿈이 이루어지는지 잘 압니다.

　요셉의 훗날 이야기를 마음에 담고 이 본문을 읽으면 한 사람의 운명을 만들어 가시는 하나님의 신비를 새삼스레 느낍니다.

　요셉은 형들의 손에 구덩이에 내던져지고 미디안 상인들에게 노예로 팔려 낯선 나라에 종으로 살게 되었을 때 얼마나 낙심하고 절망했을까요? 자신이 꾸었던 꿈은 모두 개꿈처럼 느껴졌을 것입니다. 요셉의 사망 소식을 들은 야곱도 마음에 두었던 그 꿈이 모두 허사였다고 생각했을 것입니다.

　하지만 수많은 고난과 우여곡절 끝에 요셉은 결국 어릴 적 꿈이 이루어지는 것을 봅니다. 요셉은 그 꿈을 이루기 위해 분투하지 않았습니다. 오히려 노예로 팔려 가면서 그 꿈을 잊었을지 모릅니다. 그는 연이어 닥친 고난을 감당하기에 급급했을 것입니다. 그 꿈을 이루어 주신 분은 하나님입니다. 철부지 요셉이 수많은 고난 속에서 충분히 연단되고 준비되었을 때 그 꿈은 이루어졌습니다.

만일 요셉이 아버지 집에서 편애를 받으며 자랐다면 이 꿈은 이루어지지 않았을 것입니다. 혹 이루어졌다 해도 그것은 복이 아니라 재앙이 되었을 것입니다. 요셉은 축복을 감당할 그릇이 아니었기 때문입니다. 지나고서 하는 말이지만, 요셉이 재앙이요 불행이요 고난이라고 생각했던 모든 것이 그를 하나님의 축복을 감당할 만한 그릇으로 만들었습니다.

하나님 안에 있는 한, 불행과 재앙과 고난은 우리에게 유익이 된다는 사실을 다시금 확인합니다. 고난은 하나님께서 우리를 새롭게 빚으시는 손길입니다. 지금은 감당할 수 없는 어떤 일을 위해 지금의 나를 새롭게 빚으시는 것입니다.

역사를 빚어가시는
하나님의 손길

창세기 38장

1 그 무렵에 유다는 형제들에게서 떨어져 나가, 히라라고 하는 아둘람 사람이 사는 곳으로 가서, 그와 함께 살았다. 2 유다는 거기에서 가나안 사람 수아라고 하는 사람의 딸을 만나서 결혼하고, 아내와 동침하였다. 3 그가 임신하여 아들을 낳으니, 유다가 그 아들 이름을 에르라고 하였다. 4 그가 또 임신하여 아들을 낳았다. 이번에는 아이의 어머니가 그 아들 이름을 오난이라고 하였다. 5 그가 또다시 아들을 낳고, 이름을 셀라라고 하였다. 그가 셀라를 낳은 곳은 거십이다. 6 유다가 자기 맏아들 에르를 결혼시켰는데, 그 아내의 이름은 다말이다. 7 유다의 맏아들 에르가 주님께서 보시기에 악하므로, 주님께서 그를 죽게 하셨다. 8 유다가 오난에게 말하였다. "너는 형수와 결혼해서, 시동생으로서의 책임을 다해라. 너는 네 형의 이름을 이을 아들을 낳아야 한다." 9 그러나 오난은 아들을 낳아도 그가 자기 아들이 안 되는 것을 알고 있었으므로, 형수와 동침할 때마다, 형의 이름을 이을 아들을 낳지 않으려고, 정액을 땅바닥에 쏟아 버리곤 하였다. 10 그가 이렇게 한 것이 주님께서 보시기에 악하였다. 그래서 주님께서는 오난도 죽게 하셨다. 11 유다는 자기의 며느리 다말에게 말하였다. "나의 아들 셀라가 다 클 때까지, 너는 네 친정 아버지 집으로 돌아가서, 과부로 살고 있거라." 유다는 셀라를 다말에게 주었다가는, 셀라도 제 형들처럼 죽을지 모른다고 생각하였다. 12 그 뒤에 오랜 세월이 지나서, 수아의 딸 유다의 아내가 죽었다. 곡을 하는 기간이 끝났을 때에,

유다는 친구 아둘람 사람 히라와 함께 자기 양들의 털을 깎으러 딤나로 올라갔다. 13 다말은 "너의 시아버지가 양털을 깎으러 딤나로 올라간다" 하는 말을 전해 듣고서, 14 과부의 옷을 벗고, 너울을 써서 얼굴을 가리고, 딤나로 가는 길에 있는 에나임 어귀에 앉았다. 그것은 막내 아들 셀라가 이미 다 컸는데도, 유다가 자기와 셀라를 짝지어 주지 않았기 때문이다. 15 길을 가던 유다가 그를 보았지만, 얼굴을 가리고 있었으므로, 유다는 그가 창녀인 줄 알았다. 16 그래서 유다는 그가 자기 며느리인 줄도 모르고, 길가에 서 있는 그에게로 가서 말하였다. "너에게 잠시 들렀다 가마. 자, 들어가자." 그 때에 그가 물었다. "저에게 들어오시는 값으로, 저에게 무엇을 주시겠습니까?" 17 유다가 말하였다. "나의 가축 떼에서 새끼 염소 한 마리를 보내마." 그가 물었다. "그것을 보내실 때까지, 어떤 물건이든지 담보물을 주시겠습니까?" 18 유다가 물었다. "내가 너에게 어떤 담보물을 주랴?" 그가 대답하였다. "가지고 계신 도장과 허리끈과 가지고 다니시는 지팡이면 됩니다." 그래서 유다는 그것들을 그에게 맡기고서 그에게 들어갔는데, 다말이 유다의 아이를 임신하게 되었다. 19 다말은 집으로 돌아와서, 너울을 벗고, 도로 과부의 옷을 입었다. 20 한편 유다는 자기 친구 아둘람 사람 편에 새끼 염소 한 마리를 보내고, 그 여인에게서 담보물을 찾아오게 하였으나, 그 친구가 그 여인을 찾지 못하였다. 21 그 친구는 거기에 사는 사람들에게, 에나임으로 가는 길 가에 서 있던 창녀가 어디에 있느냐고 물었다. 그러나 그들의 말이, 거기에는 창녀는 없다고 하였다. 22 그는 유다에게 돌아가서 말하였다. "그 여인을 찾지 못하였네. 그보다도, 거기에 사는 사람들이 그러는데, 거기에는 창녀가 없다고 하네." 23 유다가 말하였다. "가질 테면 가지라지. 잘못하다가는 창피만 당하겠네. 어찌하였든지, 나는 새끼 염소 한 마리를 보냈는데, 다만 자네가 그 여인을 찾지 못한 것뿐일세." 24 석 달쯤 지난 다음에, 유다는 자기의 며느리 다말이 창녀짓을 하여 임신까지 했다는 소문을 들었다. 유다가 명하였다. "그를 끌어내서 화형에 처하여라!" 25 그는 끌려 나오면서, 시아버지에게 전갈을 보냈다. "저는 이 물건 임자의 아이를 배었습니다" 하고 말하였다. 다말은 또 말을 계속하였다. "잘 살펴보십시오. 이 도장과 이 허리끈과 이 지팡이가 누구의 것입니까!" 26 유다는 그 물건들을 알아보았다. "그 아이가 나보다 옳다! 나의 아들 셀라를 그 아이와 결혼시켰어야 했는데" 하고 말하였다. 유다는 그 뒤로 다시는 그를 가까이하지 않았다. 27 다말이 몸을 풀 때가 되었는데, 태 안에는 쌍둥이가 들어 있었다. 28 아기를 막 낳으려고 하는데, 한 아기가 손을 내밀었다. 산파가 진홍색 실을 가져다가, 그 아이의 손목에 감고서 말하였다. "이 아이가 먼저 나온 녀석이다." 29 그러나 그 아이는 손을 안으로 다시 끌어들였다. 그런 다음에 그의 아우가 먼저 나왔다. 산파가 "어찌하여 네가 터뜨리고 나오느냐!" 하고 말하였다. 그래서 이 아이 이름을 베레스라고 하고, 30 그의 형, 곧 진홍색 실로 손목이 묶인 아이가 뒤에 나오니, 아이 이름을 세라라고 하였다.

저자는 요셉 이야기를 잠시 멈추고 유다가 겪은 일을 소개한다. 형제들과 멀리 떨어져 살던 유다는 가나안 여인과 결혼해 아들 셋을 두었다. 큰아들이 다말이라는 여인과 결혼했는데, 자녀를 남기지 못한 채 세상을 떠났다. 그 대목에서 저자는 "유다의 맏아들 에르가 주님께서 보시기에 악하므로, 주님께서 그를 죽게 하셨다"(7절)라고 기록한다.

유다는 당시의 풍습대로 둘째 아들에게 형수 다말과 결혼해 아들을 낳으라고 권한다. 남성 중심의 사회에서 홀로 된 여성이 의지할 것은 자식뿐이었기에 그런 풍습이 생겼다. 하지만 둘째 아들 오난은 아들을 낳아도 형 아들이 되리라 생각해 임신이 되지 않게 한다. 저자는 그것이 "주님께서 보시기에 악하였다. 그래서"(10절) 그를 죽게 하셨다고 말한다.

아들의 죽음을 연거푸 당한 유다는 다말에게 문제가 있다고 판단한다. 과거에도 남편에게 문제가 생기면 며느리에게 그 책임을 묻곤 했다. 남편이 일찍 죽으면 '남편 잡아먹는 여자'라는 소문이 돌기도 했다. 유다도 그렇게 생각한 것이다. 그는 셋째 아들이 아직 어리다는 핑계로, 다말에게 친정에 있다가 막내아들이 장성하면 오라고 한다. 그 기간 동안 다말은 상복을 입고 지내야 한다. 출가한 여인으로서 수치스러운 일을 당한 것이었다.

그로부터 수년이 지나 막내아들이 결혼할 만큼 장성하지만, 유다는 두려움에 다말을 부르지 않는다. 그즈음 유다의 아내가 세상을 떠난다. 그는 아내를 위한 애도를 서둘러 끝내고 친구와 함께 양털을 깎으러 딤나로 올라간다. 유목민들에게 양털 깎는 날은 농부의 추수하는 날과 같다.

한편 다말은 시아버지가 자신을 버렸음을 알고는 분노한다. 그러던 차에 유다가 양털을 깎으러 자신의 마을 근처로 온다는 소문을 듣는다. 그는 성매매 여성으로 변장하고 길목에서 유다를 기다린다(13~14절). 아내의 애도 기간을 끝낸 유다가 정욕을 채울 상대를 찾으리라 짐작했기 때문이다.

다말의 짐작은 정확히 맞는다. 유다는 누구인지 모른 채 다말에게 접근한다. "너에게 잠시 들렀다 가마. 자, 들어가자"(16절)라는 말에서 유다의 충동적인 태도를 엿보게 된다. 다말은 유다와 흥정하며 담보로 '도장과 허리끈과 지팡이'를 맡기라고 요구한다. 그렇게 시아버지와 동침한 다말은 집으로 돌아와 다시 과부의 옷을 입고 기다린다.

잔치에서 돌아온 유다는 친구에게 딤나에서 만난 창녀에게 화대를 전하고 담보물을 찾아오게 한다. 하지만 창녀는 보이지 않았다. 알아보니 딤나에는 창녀가 없었다. 유다는 약속을 지키기 위해 노력한 이상 자신에게는 잘못이 없다고 생각하고 잊어버린다(20~23절).

3개월쯤 지났을 때, 다말이 성매매하여 임신했다는 소식이 들려왔다. 다말이 일부러 그 소문을 퍼뜨렸을 것이다. 소식을 들은 유다는 격분하여 다말을 불태워 죽이라고 명령한다. 며느리는 법적으로 시아버지의 소유였기에, 처분은 유다에게 달려 있었다.

다말은 받아 두었던 담보물을 유다에게 보내면서, 그 담보물의 주인이 아이의 아버지라고 밝힌다. 자기 물건을 알아본 유다는 바로 자신의 잘못을 인정하고 다말을 집으로 데리고 온다. 그는 이후로 며느리를 가까이하지 않았다. 달이 차서 해산하니 쌍둥이였다.

성경은 정직한 책입니다. 인간사회에서 일어날 수 있는 모든 일이 다 들어 있습니다. 유다와 다말 사이에서 일어난 일들은 인간이 얼마나 타락할 수 있는지, 타락의 결과로 얼마나 추하고 끔찍한 일이 일어날 수 있는지 적나라하게 보여 줍니다. 유다의 행적 중에 칭찬받을 일도 적지 않았을 텐데, 왜 이 수치스러운 사건을 굳이 기록했는지 의문이 들 정도입니다.

하지만 우리는 이런 이유로 성경을 더 신뢰하게 됩니다. 성경은 등장인물들을 미화하려는 의도가 전혀 없습니다. 있는 그대로, 일어난 일 그대로 기록합니다. 아니, 미담보다는 부끄러운 이야기들을 더 많이 기록합니다.

이런 이야기들을 읽으며 우리는 두 가지를 생각합니다. 먼저는 인간 본성이 얼마나 타락할 수 있는지를 봅니다. 유다는 동생 요셉을 죽게 하느니 돈이라도 벌자고 제안했던 사람입니다. 저자는 에르와 오난의 죽음을 보도하면서 유다의 반응에는 침묵합니다. 요셉의 죽음 소식에 위로까지 마다하며 슬퍼했던 야곱과 대조를 이룹니다. 유다는 아들들의 사망 원인을 다말에게 뒤집어씌웁니다. 또 아내를 잃은 뒤에는 서둘러 애도를 끝내고 정욕을 채울 상대를 찾았습니다. 자신이 성매매한 것은 문제 삼지 않고 며느리가 성매매했다는 사실에는 화형을 명했습니다.

유다는 죄악에 속속들이 물든 인간형을 보여 줍니다. 그는 특별한 사람이 아닙니다. 누구든 그렇게 될 수 있습니다. 우리는 유다의 이야기를 읽으며 내 안에 얼마나 무서운 죄악의 뿌리가 있는지 보아야 합니다.

다른 하나는, 그럼에도 불구하고 하나님은 그런 사람들을 엮어 당신의 이야기를 만들어 가신다는 점입니다. 악의 화신 같던 유다가 야곱의 열두 아들 중에서 맏아들의 역할을 맡습니다(49:8~12). 다말 사건을 통해 완전히 새사람이 되었기 때문입니다. 요셉 이야기에서 다시 등장한 유다는 전혀 다른 사람으로 말하고 행동합니다(44장). 유다의 후손은 다윗 왕에 이르고, 결국 예수 그리스도에게 이릅니다. 그래서 다말이 유다에게서 얻은 아들 베레스는 예수님의 족보에 들어갔습니다(마 1:3).

메시아 가계에 이렇게 수치스러운 이야기가 포함돼 있다는 사실은 참으로 놀랍습니다. 동시에 소망과 위로를 받습니다. 우리의 부끄러운 일까지 하나님께서 구원 역사를 만드는 씨줄과 날줄로 사용하신다는 사실이 큰 위로가 됩니다. 아무리 극악무도한 악인이었다 해도 새로운 존재로 빚어질 수 있음을 봅니다.

그렇다고 해서 마음 놓고 타락한 본성대로 살아가자는 뜻이 아닙니다. 우리는 최대한 거룩한 삶을 살도록 힘써야 합니다. 때로 넘어지고 처절하게 쓰러진다 해도 하나님의 손길에 의지해 다시 일어나야 합니다. 그럴 때 하나님은 모든 것을 합하여 선을 이루어 내십니다(롬 8:28).

믿음,
일관된 신실함

창세기 39장

1 요셉이 이집트로 끌려갔다. 요셉을 이집트로 끌고 내려간 이스마엘 사람들은, 바로의 신하인 경호대장 이집트 사람 보디발에게 요셉을 팔았다. 2 주님께서 요셉과 함께 계셔서, 앞길이 잘 열리도록 그를 돌보셨다. 요셉은 그 주인 이집트 사람의 집에서 살게 되었다. 3 그 주인은, 주님께서 요셉과 함께 계시며, 요셉이 하는 일마다 잘 되도록 주님께서 돌보신다는 것을 알았다. 4 주인은, 요셉이 눈에 들어서, 그를 심복으로 삼고, 집안 일과 재산을 모두 요셉에게 맡겨 관리하게 하였다. 5 그가 요셉에게 자기의 집안 일과 그 모든 재산을 맡겨서 관리하게 한 그 때부터, 주님께서 요셉을 보시고, 그 이집트 사람의 집에 복을 내리셨다. 주님께서 내리시는 복이, 주인의 집 안에 있는 것이든지, 밭에 있는 것이든지, 그 주인이 가진 모든 것에 미쳤다. 6 그래서 그 주인은, 자기가 가진 모든 것을 요셉에게 맡겨서 관리하게 하고, 자기의 먹거리를 빼고는 아무것도 간섭하지 않았다. 요셉은 용모가 준수하고 잘생긴 미남이었다. 7 일이 이렇게 된 지 얼마 지나지 않아서, 주인의 아내가 요셉에게 눈짓을 하며 "나하고 침실로 가요!" 하고 꾀었다. 8 그러나 요셉은 거절하면서, 주인의 아내에게 말하였다. "주인께서는, 모든 것을 나에게 맡겨 관리하게 하시고, 집안 일에는 아무 간섭도 하지 않으십니다. 주인께서는, 가지신 모든 것을 나에게 맡

기셨으므로, 9 이 집안에서는, 나의 위에는 아무도 없습니다. 나의 주인께서 나의 마음대로 하지 못하게 한 것은 한 가지뿐입니다. 그것은 마님입니다. 마님은 주인 어른의 부인이시기 때문입니다. 그런데 내가 어찌 이런 나쁜 일을 저질러서, 하나님을 거역하는 죄를 지을 수 있겠습니까?" 10 요셉이 이렇게 말하였는데도, 주인의 아내는 날마다 끈질기게 요셉에게 요구해 왔다. 요셉은, 그 여인과 함께 침실로 가지도 않았을 뿐만 아니라, 아예 그 여인과 함께 있지도 않았다. 11 하루는 요셉이 할 일이 있어서 집 안으로 들어갔는데, 그 집 종들이 집 안에 하나도 없었다. 12 여인이 요셉의 옷을 붙잡고 "나하고 침실로 가요!" 하고 졸랐다. 그러나 요셉은, 붙잡힌 자기의 옷을 그의 손에 버려 둔 채, 뿌리치고 집 바깥으로 뛰어나갔다. 13 여인은, 요셉이 그 옷을 자기의 손에 버려 둔 채 집 바깥으로 뛰어나가는 것을 보고, 14 집에서 일하는 종들을 불러다가 말하였다. "이것 좀 보아라. 주인이, 우리를 웃음거리로 만들려고 이 히브리 녀석을 데려다 놓았구나. 그가 나를 욕보이려고 달려들기에, 내가 고함을 질렀더니, 15 그는 내가 고함지르는 소리를 듣고, 제 옷을 여기에 내버리고, 바깥으로 뛰어나갔다." 16 이렇게 말하고, 그 여인은 그 옷을 곁에 놓고, 주인이 집으로 돌아오기를 기다렸다. 17 주인이 돌아오자, 그에게 이렇게 일러바쳤다. "당신이 데려다 놓은 저 히브리 사람이, 나를 농락하려고 나에게 달려들었어요. 18 내가 사람 살리라고 고함을 질렀더니, 옷을 내 앞에 버려 두고, 바깥으로 뛰어나갔어요." 19 주인은 자기 아내에게서 "당신의 종이 나에게 이 같은 행패를 부렸어요" 하는 말을 듣고서, 화가 치밀어올랐다. 20 요셉의 주인은 요셉을 잡아서 감옥에 가두었다. 그 곳은 왕의 죄수들을 가두는 곳이었다. 요셉이 감옥에 갇혔으나, 21 주님께서 그와 함께 계시면서 돌보아 주시고, 그를 한결같이 사랑하셔서, 간수장의 눈에 들게 하셨다. 22 간수장은 감옥 안에 있는 죄수를 모두 요셉에게 맡기고, 감옥 안에서 일어나는 온갖 일을 요셉이 혼자 처리하게 하였다. 23 간수장은 요셉에게 모든 일을 맡기고, 아무것도 간섭하지 않았다. 그렇게 된 것은 주님께서 요셉과 함께 계시기 때문이며, 주님께서 요셉을 돌보셔서, 그가 하는 일은 무엇이나 다 잘 되게 해주셨기 때문이다.

이야기는 다시 요셉에게로 돌아간다. 이집트로 끌려간 요셉은 바로의 경호대장 보디발의 집에 노예로 팔려간다. 여기서 저자는 "주님께서 요셉과 함께 계셔서, 앞길이 잘 열리도록 그를 돌보셨다"(2절)라고 적는다. 그것은 보디발도 느낄 만큼 분명했다. 요셉에게 특별함이 있음을 안 보디발은 그를 신뢰하며 점점 더 많은 일을 맡긴다. 일마다 잘되는 것을 확인한 보디발은 음식 관리 외의 모든 일을 요셉에게 맡긴다. 당시 임금이나 고관들에게 가장 중요한 일은 음식 관리였다. 음식에 독을 타 암살하는 일이 흔했기 때문이다.

이즈음에서 저자는 요셉이 "용모가 준수하고 잘생긴 미남이었다"(6절)는 사실을 밝힌다. 외모도 뛰어났지만, 근면한 생활 자세 때문에 더 멋지게 보였을 것이다. 한편 경호대장인 남편의 장기 외출이 잦자, 보디발의 아내는 외롭게 지내는 날이 많았다. 그러던 차에 요셉이 눈에 들어왔다. 자신의 욕망을 채워줄 안전한 노리갯감으로 보였다.

부인의 도발과 유혹은 거침없었다. 이에 요셉은 주인을 배신함과 동시에 하나님께 죄짓는 일을 할 수 없다고 답한다. 어리석은 사람이라면 그 유혹에 응하는 것이 꿩 먹고 알 먹는 일이라고 생각했을 것이다. 하지만 요셉에게는 육신의 쾌락이나 물질적 이득보다 신의가 훨씬 중요했다. 그래서 요셉은 그와 마주치지 않도록 노력한다.

그러던 어느 날, 집안에 아무도 없을 때 요셉은 부인과 마주친다. 부인은 요셉의 옷을 붙잡고 또다시 유혹한다. 실랑이는 한참 지속됐을 것이다. 요셉은 마침내 질긴 손길을 뿌리치고 달아났는데, 그 바람에 그의 옷이 부인의 손에 남게 되었다. 거부당한 애정은 증오로 변하고 말았다. 부인은 종들을 불러 요셉이 자신을 범하려 했다며 모함한다. "이 히브리 녀석"(14절)이라고 말함으로써 이집트 종들의 인종차별 정서를 자극한다. 그들은 주인의 총애를 받는 요셉에게 시기심을 느끼고 있었을 것이다.

남편이 돌아오자 부인은 요셉의 옷을 보여 주며 동일한 말로 거짓말을 한다. 새번역은 "당신이 데려다 놓은 저 히브리 사람"(17절)이라고 했지만, 실은 "당신이 데려다 놓은 저 히브리 종"이라고 번역해야 옳다. 요셉의 인종과 신분을 강조하면서 남편의 분노를 자극한다. 보디발은 요셉을 단칼에 처형할 수 있었다. 노예가 주인을 성폭행한 죄는 즉결처분에 해당했기 때문이다. 하지만 그는 요셉을 왕의 죄수들을 가두는 감옥으로 보낸다. 아내의 말을 전적으로 믿지 않았다는 뜻이다.

형들에게 죽을 뻔했다가 살아나 노예로 팔려온 요셉의 처지에서 보디발에게 받은 총애와 신뢰는 인생의 반전처럼 보였을 것이다. 그런데 결과는 감옥행이었다. 그러니 이제 생의 의지를 놓아 버릴 만도 했다. 그런데 요셉은 감옥에서도 여전히 신실하게 살아간다. 저자는 여기서 다시 한번 "주님께서 그와 함께 계시면서 돌보아 주시고, 그를 한결같이 사랑하셔서"(21절)라고 적는다. 얼마 후 간수장은 요셉을 신뢰하여 그에게 모든 것을 맡긴다.

저자는 요셉을 '하나님이 함께하시는 사람'으로 소개합니다. 하지만 그는 먼저 '하나님과 함께하는 사람'이었습니다. 그의 삶의 목적은 성공과 번영이 아닌 하나님의 뜻을 따르는 것이었습니다. 아버지의 편애를 등에 업은 천방지축 철부지가 고난의 여정을 통해 전혀 다른 사람이 된 것입니다. 어떻게 이토록 다른 사람이 되었을까요?

이집트로 끌려와 노예로 팔려가기까지 얼마의 시간이 걸렸는지 모르지만, 그동안의 고난이 그를 변화시켰음이 틀림없습니다. 그는 인생의 바닥에 내쳐지면서 많은 눈물로 후회했을 것입니다. 그리고 그 깊은 골짜기에서 하나님을 만났을 것입니다. 그렇지 않으면 사람이 이렇게 달라질 수 없습니다. 고난의 골짜기를 지나면서 오로지 하나님 안에서 그분의 뜻을 따라 사는 일에 인생을 걸었을 것입니다.

그 결과, 보디발에게 신뢰와 총애를 받았습니다. 그러나 성공은 그의 목적이 아니었습니다. 그의 목적은 하나님을 향한 성실이었습니다. 매일 하나님의 법도 안에서 그분의 손길을 경험하며 지내는 것이 그의 삶의 방법이었습니다. 보디발 아내의 집요한 유혹에도 흔들리지 않았던 이유가 여기에 있습니다.

보디발 부인의 모함으로 감옥에 갇혔을 때 매우 억울했을 것입니다. 결백을 주장했지만, 이주민 노예라는 신분 때문에 불의를 감내해야 했습니다. 그는 절망감 속에서 인생을 저주하며 살 수도 있었습니다. 하지만 자신을 추스르고 신실하게 살아갔습니다. 그로 인해 간수장의 마음에 들었고, 신망받는 존재가 되었습니다. 저자는 그 이유를 "주님께서 요셉을 돌보셔서, 그가 하는 일은 무엇이나 다 잘 되게 해주셨기 때문"(23절)이라고 적습니다.

이주민 노예였던 요셉에게 이집트의 사법제도는 아무 소용이 없었습니다. 하지만 그에게는 이집트의 사법제도와 비교할 수 없는 믿음의 대상이 있었습니다. 하나님의 정의가 그것이었습니다. 그는 인생의 깊은 나락에서 하나님을 만난 후, 그분의 정의를 믿고 의지하며 이 땅에서 신실하게 살아가는 법을 배웠습니다. 그는 잘되거나 못 되거나 상관하지 않고 하나님의 정의를 믿고 신실하게 살았습니다. 일관된 신실함, 그것이 믿음의 본질임을 다시 확인합니다.

은밀하게
행하시는 하나님

창세기 40장

1 이런 일들이 있은 지 얼마 뒤에, 이집트 왕에게 술잔을 올리는 시종장과 빵을 구워 올리는 시종장이, 그들의 상전인 이집트 왕에게 잘못을 저지른 일이 있었다. 2 바로가 그 두 시종장 곧 술잔을 올리는 시종장과 빵을 구워 올리는 시종장에게 노하여서, 3 그들을 경호대장의 집 안에 있는 감옥에 가두었는데, 그 곳은 요셉이 갇힌 감옥이었다. 4 경호대장이 요셉을 시켜서 그 시종장들의 시중을 들게 하였으므로, 요셉이 그들을 받들었다. 그들이 갇힌 지 얼마 뒤에, 5 감옥에 갇힌 두 사람 곧 이집트 왕에게 술잔을 올리는 시종장과 빵을 구워 올리는 시종장이, 같은 날 밤에 꿈을 꾸었는데, 꿈의 내용이 저마다 달랐다. 6 다음날 아침에 요셉이 그들에게 갔는데, 요셉은 그들에게 근심스런 빛이 있음을 보았다. 7 그래서 요셉은, 자기 주인의 집에 자기와 함께 갇혀 있는 바로의 두 시종장에게 물었다. "오늘은 안색이 좋아 보이지

않습니다. 왜 그러십니까?" 8 그들이 그에게 대답하였다. "우리가 꿈을 꾸었는데, 해몽할 사람이 없어서 그러네." 요셉이 그들에게 말하였다. "해몽은, 하나님이 하시는 것이 아닙니까? 나에게 말씀하여 보시기 바랍니다." 9 술잔을 올리는 시종장이, 자기가 꾼 꿈 이야기를 요셉에게 하였다. "내가 꿈에 보니, 나의 앞에 포도나무가 있고, 10 그 나무에는 가지가 셋이 있는데, 거기에서 싹이 나더니, 곧 꽃이 피고, 포도송이가 익었네. 11 바로의 잔이 나의 손에 들려 있기에, 내가 포도를 따다가, 바로의 잔에 그 즙을 짜서, 그 잔을 바로의 손에 올렸지." 12 요셉이 그에게 말하였다. "해몽은 이러합니다. 가지 셋은 사흘을 말합니다. 13 앞으로 사흘이 되면, 바로께서 시종장을 불러내서, 직책을 되돌려 주실 것입니다. 시종장께서는 전날 술잔을 받들어 올린 것처럼, 바로의 손에 술잔을 올리게 될 것입니다. 14 시종장께서 잘 되시는 날에, 나를 기억하여 주시고, 나를 따로 생각해 주시기 바랍니다. 그리고 바로에게 나의 사정을 말씀드려서, 나도 이 감옥에서 풀려나게 해주시기 바랍니다. 15 나는 히브리 사람이 사는 땅에서 강제로 끌려온 사람입니다. 그리고 여기에서도 내가 이런 구덩이 감옥에 들어올 만한 일은 하지 않았습니다." 16 빵을 구워 올리는 시종장도 그 해몽을 듣고 보니 좋아서, 요셉에게 말하였다. "나도 한 꿈을 꾸었는데, 나는 빵이 담긴 바구니 세 개를 머리에 이고 있었네. 17 제일 위에 있는 바구니에는, 바로에게 드릴 온갖 구운 빵이 있었는데, 새들이, 내가 이고 있는 바구니 안에서 그것들을 먹었네." 18 요셉이 말하였다. "해몽은 이러합니다. 바구니 셋은 사흘을 말합니다. 19 앞으로 사흘이 되면, 바로께서 시종장을 불러내서, 목을 베고 나무에 매다실 터인데, 새들이 시종장의 주검을 쪼아 먹을 것입니다." 20 그러한 지 사흘째 되는 날, 그 날은 바로의 생일인데, 왕은 신하들을 다 불러모으고 잔치를 베풀었다. 술잔을 올리는 시종장과 빵을 구워 올리는 시종장이, 신하들이 모인 자리에 불려 나갔다. 21 바로에게 술을 따라 올리는 시종장은 직책이 회복되어서, 잔에 술을 따라서 바로의 손에 올리게 되고, 22 빵을 구워 바치는 시종장은 매달려서 처형되니, 요셉이 그들에게 해몽하여 준 대로 되었다. 23 그러나 술잔을 올리는 시종장은 요셉을 기억하지 못하였다. 그는 요셉을 잊고 있었다.

간수장에게 신임받은 요셉이 경호대장의 감옥에서 중요한 역할을 하고 있을 때, 이집트 왕의 두 신하가 투옥된다. 그들은 왕이 먹을 빵을 관장하는 사람과 술을 책임지는 사람이었다. 당시에는 최고 권력자들의 암살 시도가 빈번했기에 왕의 음식을 책임지는 사람은 신뢰받는 사람 중에서 선택되었다. 두 관리가 투옥된 이유는 바로 왕의 암살 음모에 연루되었다는 혐의 때문이었을 것이다.

경호대장은 요셉을 시켜 두 관리의 시중을 들게 했다. 보디발이 요셉에 대한 신뢰를 완전히 거두지 않았음을 확인할 수 있다.

얼마 후, 두 관리가 같은 날 꿈을 꾼다. 고대 이집트인들은 모든 꿈에 의미가 있다고 믿었고, 해몽을 훈련하는 학교도 있었다. 감옥에 갇히기 전 두 관리는 꿈을 꿀 때마다 해몽가를 찾았을 것이다. 그들은 범상치 않은 꿈을 꾸었는데 해몽해 줄 사람이 없어 시무룩해 있었다.

낌새를 알아차린 요셉이 무슨 일이냐고 묻자, 그들은 해몽해 줄 사람이 없어서 그렇다고 대답한다. 요셉은 "해몽은, 하나님의 하시는 것이 아닙니까?"(8절)라며 자신에게 말해 달라고 한다. 꿈의 의미를 풀도록 하나님께서 영감을 주시리라 믿었던 것이다.

먼저 술 맡은 관리가 꿈 내용을 말하자, 요셉은 사흘 후에 암살 누명을 벗고 복권할 것이라고 말한다. 그러면서 복권하면 자신을 기억해 달라고 부탁한다(12~15절). 빵 맡은 관리가 요셉의 해몽을 듣고 솔깃하여 자신의 꿈도 이야기한다. 요셉은 사흘 후 암살 혐의로 처형당할 것이라고 해몽한다(16~19절).

사흘 뒤, 자신의 생일잔치를 연 바로는 두 관리를 불러내 술 맡은 관리는 복직시키고 빵 맡은 관리는 처형한다. 그러나 복권된 관리는 요셉의 청을 까맣게 잊어버린다. 저자는 "기억하지 못하였다"(23절)라 한 뒤 "요셉을 잊고 있었다"라고 재차 강조한다.

하나님이 하시는 일은 가끔, 아주 가끔 획기적이고 극적입니다. 하지만 더 많은 경우, 아니 절대다수의 경우, 하나님이 하시는 일은 점진적이고 느리며 잘 감지되지 않습니다. 그분은 우리의 시간표에 맞춰 행동하지 않으십니다. 당신의 계획과 시간표와 속도로 일하십니다. 그래서 하나님께서 하시는 일이 느려 보이고 답답해 보이며 때로는 무심해 보입니다. 이 때문에 우리는 하나님의 때를 기다리지 못하고 내 힘으로, 내가 원하는 속도로, 내가 바라는 방식으로 일을 성취해 갑니다. 그렇게 하면 더 빨리, 더 크게, 더 좋게 될 것 같습니다. 하지만 그 결과는 반대입니다. 일은 계획대로 되지 않고 결국은 제풀에 지쳐 놓아버립니다.

억울한 누명을 쓰고 감옥에 갇힌 요셉에게 하나님의 손길은 너무 느렸습니다. 마치 그를 잊으신 것 같았습니다. 술 맡은 관리가 복권될 때 요셉은 '드디어 때가 왔구나!' 싶었을 것입니다. 하지만 술 맡은 관리는 그를 까맣게 잊었습니다. 관리는 감옥에서의 시간을 돌아보고 싶지 않았을 것입니다. 요셉은 여전히 "구덩이 감옥"(15절)에 머물러 있어야 했습니다. 저자가 술 맡은 관리가 요셉을 기억하지 못했음을 두 번이나 강조한 것은 하나님께 잊힌 것 같은 요셉의 상황을 암시하는 것처럼 보입니다.

믿음의 여정에서 우리가 기억해야 할 중요한 과제는 하나님의 느린 걸음걸이에 익숙해지고, 그분의 미세한 음성에 예민해지며, 없는 듯이 일하시는 그분의 손길을 의지하는 것입니다. 주님이 하시는 일을 믿고 그분의 시간을 기다리는 것입니다. 그러면서 나에게 주어진 일에 성실히 임하는 것입니다. 믿음 안에서의 성실은 성공에 이르는 가장 분명한 길입니다.

믿는 사람의
존재 가치

창세기 41장

1 그로부터 만 이 년이 지나서, 바로가 꿈을 꾸었다. 그가 나일 강 가에 서 있는데, 2 잘생기고, 살이 찐 암소 일곱 마리가 강에서 올라와서, 갈밭에서 풀을 뜯는다. 3 그 뒤를 이어서, 흉측하고 야윈 다른 암소 일곱 마리가 강에서 올라와서, 먼저 올라온 소들과 함께 강가에 선다. 4 그 흉측하고 야윈 암소들이, 잘생기고 살이 찐 암소들을 잡아먹는다. 바로는 잠에서 깨어났다. 5 그가 다시 잠들어서, 또 꿈을 꾸었다. 이삭 일곱 개가 보인다. 토실토실하고 잘 여문 이삭 일곱 개가 나오는데, 그것들은 모두 한 줄기에서 나와서 자란 것들이다. 6 그 뒤를 이어서, 또 다른 이삭 일곱 개가 피어 나오는데, 열풍이 불어서, 야위고 마른 것들이다. 7 그 야윈 이삭이, 토실토실하게 잘 여문 이삭 일곱 개를 삼킨다. 바로가 깨어나 보니, 꿈이다. 8 아침에 그는 마음이 뒤숭숭하여, 사람을 보내어서 이집트의 마술사와 현인들을 모두 불러들이고, 그가 꾼 꿈 이야기를 그들에게 하였다. 그러나 아무도 그에게 그 꿈을 해몽하여 주는 사람이 없었다. 9 그 때에 술잔을 올리는

시종장이 바로에게 말하였다. "제가 꼭 했어야 할 일을 못한 것이 오늘에야 생각납니다. 10 임금님께서 종들에게 노하셔서, 저와 빵을 구워 올리는 시종장을 경호대장 집 감옥에 가두신 일이 있습니다. 11 저희들이 같은 날 밤에 각각 꿈을 꾸었는데, 두 꿈의 내용이 너무나 달랐습니다. 12 그 때에 그 곳에, 경호대장의 종인 히브리 소년이 저희와 함께 있었습니다. 저희가 꾼 꿈 이야기를 그에게 해주었더니, 그가 그 꿈을 풀었습니다. 저희 두 사람에게 제각기 그 꿈을 해몽하여 주었던 것입니다. 13 그리고 그가 해몽한 대로, 꼭 그대로 되어서, 저는 복직되고, 그 사람은 처형되었습니다." 14 이 말을 듣고서, 바로가 사람을 보내어 요셉을 불러오게 하였고, 사람들은 곧바로 그를 구덩이에서 끌어냈다. 요셉이 수염을 깎고, 옷을 갈아입고, 바로 앞으로 나아가니, 15 바로가 요셉에게 말하였다. "내가 꿈을 하나 꾸었는데, 그것을 해몽할 수 있는 사람이 없다. 나는 네가 꿈 이야기를 들으면 잘 푼다고 들었다. 그래서 너를 불렀다." 16 요셉이 바로에게 대답하였다. "저에게는 그런 능력이 없습니다. 임금님께서 기뻐하실 대답은, 하나님이 해주실 것입니다." 17 바로가 요셉에게 말하였다. "꿈에 내가 나일 강 가에 서 있는데, 18 살이 찌고 잘생긴 암소 일곱 마리가 강에서 올라와서, 갈밭에서 풀을 뜯었다. 19 그것들의 뒤를 이어서, 약하고 아주 흉측하고 야윈 다른 암소 일곱 마리가 올라오는데, 이집트 온 땅에서 내가 일찍이 본 일이 없는 흉측하기 짝이 없는 그런 암소들이었다. 20 그 야위고 흉측한 암소들은 먼저 올라온 기름진 암소 일곱 마리를 잡아먹었다. 21 흉측한 암소들은 살이 찐 암소들을 잡아먹었는데도, 여전히 굶은 암소처럼 흉측하였다. 그리고는 내가 깨어났다. 22 내가 또다시 꿈에 보니, 한 줄기에서 자란 이삭 일곱 개가 있는데, 잘 여물고 실한 것이었다. 23 그것들의 뒤를 이어서, 다른 이삭 일곱 개가 피어 나오는데, 열풍이 불어서, 시들고 야위고 마른 것이었다. 24 그 야윈 이삭이 잘 여문 일곱 이삭을 삼켜 버렸다. 내가 이 꿈 이야기를 마술사와 현인들에게 들려 주었지만, 아무도 나에게 그 꿈을 해몽해 주지 못하였다." 25 요셉이 바로에게 말하였다. "임금님께서 두 번 꾸신 꿈의 내용은 다 같은 것입니다. 임금님께서 장차 하셔야 할 일을 하나님이 보여 주신 것입니다. 26 그 좋은 암소 일곱 마리는 일곱 해를 말하고, 잘 여문 이삭 일곱 개도 일곱 해를 말하는 것입니다. 두 꿈이 다 같은 내용입니다. 27 뒤따라 나온 야위고 흉측한 암소 일곱 마리나, 열풍에 말라 버린 쓸모 없는 이삭 일곱 개도, 역시 일곱 해를 말합니다. 이것들은 흉년 일곱 해를 말하는 것입니다. 28 이제, 제가 임금님께 말씀드린 바와 같이, 임금님께서 앞으로 하셔야 할 일을 하나님이 보여 주신 것입니다. 29 앞으로 올 일곱 해 동안에는, 온 이집트 땅에 큰 풍년이 들 것입니다. 30 그런데 곧 이어서, 일곱 해 동안 흉년이 들 것입니다. 그렇게 되면, 이집트 땅에 언제 풍년이 있었더냐는 듯이, 지나간 일을 다 잊어버리게 될 것입니다. 그리고 기근이 이 땅을 황폐하게 할 것입니다. 31 풍년이 든 다음에 오는 흉년은 너무나도 심하여서, 이집트 땅에서는 아무도 그 전에 풍년이 든 일을 기억하지 못할 것입니다. 32 임금님께서 같은 꿈을 두 번이나 거듭 꾸신 것은, 하나님이 이 일을 하시기로 이미 결정하시고, 그 일을 꼭 그대로 하시겠다는 것을 말씀해 주시는 것입니다. 33 이제 임금님께서는, 명철하고 슬기로운 사람을 책임자로 세우셔서, 이집트 땅을 다스리게 하시는 것이 좋을 듯합니다. 34 임금님께서는 전국에 관리들을 임명하셔서, 풍년이 계속되는 일곱 해 동안에, 이집트 땅에서 거둔 것의 오분의 일을 해마다 받아들이도록 하심이 좋을 듯합니다. 35 앞으로 올 풍년에, 그 관리들은 온갖 먹거리를 거두어들이고, 임금님의 권한 아래, 각 성읍에 곡식을 갈무리하도록 하십시오. 36 이 먹거리는, 이집트 땅에서 일곱 해 동안 이어갈 흉년에 대비해서, 그 때에 이 나라 사람들이 먹을 수 있도록 갈무리해 두셔야 합니다. 그렇게 하시면, 기근이 이 나라를 망하게 하지 못할 것입니다." 37 바로와 모든 신하들은 이 제안을 좋게 여겼다. 38 바로가 신하들에게 말하였다. "하나님의 영이 함께 하는 사람을, 이 사람 말고, 어디에서 또 찾을 수 있겠느냐?" 39 바로가 요셉에게 말하였다. "하나님이 너에게 이 모든 것을 알리셨는데, 너처럼 명철하고 슬기로운 사람이 어디에 또 있겠느냐? 40 네가 나의 집을 다스리는 책임자가 되어라. 나의 모든 백성은 너의 명령을 따를 것이다. 내가 너보다 높다는 것은, 내가 이 자리에 앉아 있다는 것뿐이다." 41 바로가 또 요셉에게 말하였다. "내가 너를 온 이집트 땅의 총리로 세운다." 42 그렇게 말하면서, 바로는 손가락에 끼고 있는 옥새 반지를 빼서 요셉의 손가락에 끼우고, 고운 모시 옷을 입히고, 금목걸이를 목에다 걸어 주었다. 43 그런 다음에, 또 자기의 병거에 버금가는 병거에 요셉을 태우니, 사람들이 "물러나거라!" 하고 외쳤다. 이렇게 해서, 바로는 요셉을 온 이집트 땅의 총리로 세웠다. 44 바로가 요셉에게 말하였다. "나는 바로다. 이집트 온 땅에서, 총리의 허락이 없이는, 어느 누구도 손 하나 발 하나도 움직이지 못한다." 45 바로는 요셉에게 사브낫바네아라는 이름을 지어 주고, 온의 제사장 보디베라의 딸 아스낫과 결혼을 시켰다. 요셉이 이집트 땅을 순찰하러 나섰다. 46 요셉이 이집트 왕 바로를 섬기기 시작할 때에, 그의 나이는 서른 살이었다. 요셉은 바로 앞에서 물러나와서, 이집트 온 땅을 두루 다니면서 살폈다. 47 풍년을 이룬 일곱 해 동안에, 땅에서 생산된 것은 대단히 많았다. 48 요셉은, 이집트 땅에서 일곱 해 동안 이어간 풍년으로 생산된 모든 먹거리를 거두어들여, 여러 성읍에 저장해 두었다. 각 성읍 근처 밭에서 나는 곡식은 각각 그 성읍에 쌓아 두었다. 49 요셉이 저장한 곡식의 양은 엄청나게 많아서, 마치 바다의 모래와 같았다. 그 양이 셀 수 없을 만큼 많아져서, 기록을 중단할 수밖에 없었다. 50 요셉과 온의 제사장 보디베라의 딸 아스낫 사이에서 두 아들이 태어난 것은 흉년이 들기 전이었다. 51 요셉은 "하나님이 나의 온갖 고난과 아버지 집 생각을 다 잊어버리게 하셨다" 하면서, 맏아들의 이름을 므낫세라고 지었다. 52 둘째는 "내가 고생하던 이 땅에서, 하나님이 자손을 번성하게 해주셨다" 하면서, 그 이름을 에브라임이라고 지었다. 53 이집트 땅에서 일곱 해 동안 이어가던 풍년이 지나니, 54 요셉이 말한 대로 일곱 해 동안의 흉년이 시작되었다. 온 세상에 기근이 들지 않은 나라가 없었으나, 이집트 온 땅에는 아직도 먹거리가 있었다. 55 그러나 마침내, 이집트 온 땅의 백성이 굶주림에 빠지자, 그들은 바로에게 먹을 것을 달라고 부르짖었다. 바로는 이집트의 모든 백성에게 "요셉에게로 가서, 그가 시키는 대로 하여라" 하였다. 56 온 땅에 기근이 들었으므로, 요셉은 모든 창고를 열어서, 이집트 사람들에게 곡식을 팔았다. 이집트 땅 모든 곳에 기근이 심하게 들었다. 57 기근이 온 세상을 뒤덮고 있었으므로, 다른 나라 사람들도 요셉에게서 곡식을 사려고 이집트로 왔다.

두 관리가 감옥에서 나간 후 꽉 찬 2년이 흘렀을 때에 바로 왕이 꿈을 꾼다. 저자는 두 개의 꿈을 묘사하면서 현재형 동사를 사용해 생동감을 준다.

바로는 흉측하고 야윈 암소 일곱 마리가 강가에서 풀을 뜯던 살진 암소 일곱 마리를 잡아먹는 꿈을 꾸고는 놀라 깨어난다. 잠시 후 다시 잠자리에 드는데, 이번에는 한 줄기에서 나온 토실하게 잘 여문 이삭 일곱 개가 야위고 마른 이삭 일곱에게 먹히는 꿈을 꾼다(1~7절). 범상한 꿈이 아님을 감지한 바로는 마술사들과 현인들을 불러 꿈을 해몽하게 하지만 신통한 대답이 나오지 않는다.

그때에서야 술 맡은 고관은 요셉을 기억해낸다. 그는 바로에게 2년 전 요셉의 해몽 이야기를 보고하고, 바로는 즉시 요셉을 궁으로 불러들인다. 왕이 자신의 꿈을 해몽할 수 있느냐고 묻자, 요셉은 "저에게는 그런 능력이 없습니다. 임금님께서 기뻐하실 대답은, 하나님이 해주실 것입니다"(16절)라고 대답한다.

바로가 꿈 내용을 말하자, 요셉은 두 가지의 꿈은 같은 의미인데, 먼저 7년의 풍년이 온 후에 7년의 흉년이 온다는 의미라고 풀어준다. 같은 의미의 꿈을 두 번이나 꾼 이유에 대해서는 "하나님이 이 일을 하시기로 이미 결정하시고, 그 일을 꼭 그대로 하시겠다는 것을 말씀해 주시는 것"(32절)이라고 말한다.

요셉은 바로에게 "명철하고 슬기로운 사람"(33절)을 책임자로 세우고 전국에 관리를 두어 7년 동안 곡물을 저장하여 뒤이어 올 가뭄을 대비하는 것이 좋겠다고 제안한다. 모든 신하가 좋게 여기는 것을 본 바로는 요셉을 향해 "하나님의 영이 함께 하는 사람"(38절)이라고 인정하며 '일인지하 만인지상'(一人之下 萬人之上)의 자리에 임명한다. 이어 요셉에게 옥새 반지를 주고 총리에 걸맞은 예우를 해 준다. 요셉에게 전권을 위임하고 '사브낫바네아'라는 이집트식 이름을 지어 준 뒤 궁정 제사장의 딸과 결혼시킨다.

요셉이 총리가 되었을 때 그의 나이는 30세였다. 형들의 손에 노예로 팔린 지 13년의 세월이 지난 후였다. 그의 예언대로 7년 동안 풍년이 이어졌다. 그동안 각 성읍에 곡물 창고를 세워 곡물을 저장했다. 7년 동안 쌓인 곡물의 양은 어마어마했다. 7년이 끝나갈 즈음 요셉은 두 아들 므낫세와 에브라임을 얻었다. 7년이 지나자 요셉의 예언대로 흉년이 시작되었다. 이집트만이 아니라 주변 모든 나라에 심한 가뭄이 들었다(53~54절). 백성들의 곡식이 떨어지자 요셉은 저장해 두었던 곡물을 팔았고, 주변 나라들도 이집트에 와서 곡물을 사가야 했다.

하나님과 함께하기를 힘쓰는 사람에게 하나님은 더 가까이하십니다. 하나님이 함께하시면 그 사람만 복을 누리지 않고 주변 사람들까지 복을 누립니다. 하나님이 아브라함에게 말씀하신 것처럼 "복의 근원" 혹은 "복의 통로"가 되는 것입니다. 어떤 사람은 그로 인해 한 가정이, 어떤 사람은 그로 인해 한 사회가, 또 어떤 사람은 그로 인해 국가가 복을 누립니다. 하나님을 가까이하며 그 뜻을 따라 사는 사람은 때로 주변 사람들과 사회에서 무시를 당하거나 오해와 박해를 받기도 합니다. 알고 보면 그들은 자신들의 '복덩이'를 알아보지 못하고 걷어차고 있는 것입니다.

　요셉을 총리로 임명한 바로는 그 점에서 달랐습니다. 그는 하나님께서 요셉과 함께하신다는 사실을 감지했습니다. 당시 이집트 사람들은, 신은 종족마다 다르다고 믿었습니다. 그는 자신이 믿는 신을 요셉에게 강요하지 않았습니다. 자신은 자신의 신을 믿고 요셉은 그의 신을 믿으면 되는 일이었습니다.

　바로는 요셉이 그가 믿는 신의 특별한 보살핌 가운데 있음을 인정하면서 그를 총리로 등용하는 과감한 결단을 내립니다. 요셉의 행정력 덕분에 바로는 국가 재정을 넉넉히 확보하는 복을 누렸고, 요셉은 7년의 흉년 동안 수많은 사람을 살게 했습니다. 이것이 믿는 사람의 존재 가치입니다.

세상은 때로 믿는 사람들을 무시하고 외면하고 거부하고 박해합니다. 하지만 진실로 하나님을 믿고 따르는 그 한 사람으로 인해 세상은 큰 덕을 입습니다. 하나님께서 당신을 신뢰하고 의지하는 사람을 높여 주시기 때문입니다. "그로부터 만 이 년이 지나서"(1절)라는 말로 서두를 시작함으로써 저자는 하나님이 높여 주시는 때가 있음을 암시합니다. 술 맡은 관리가 복직되었을 때 요셉은 '고생이 이제 끝나는가?' 하고 기대했을 것입니다. 그러나 곧 그 기대를 접어야 했고, 다시 감옥에서의 일상에 충실해야 했습니다. 사람에 대한 기대를 완전히 버리는 시간이 더 필요했던 것 같습니다.

진실하게, 날마다, 하나님을 찾고 그분의 뜻을 행하기 위해 힘쓰는 사람은 그가 속한 공동체를 살아나게 합니다. 믿는 사람들에게 그것은 거룩한 소명이요, 책임입니다. 하나님의 뜻을 따라 신실하게 사는 것이 믿는 우리가 세상을 위해 할 수 있는 최선의 봉사입니다.

용서는 과정이다

창세기 42장

1 야곱은 이집트에 곡식이 있다는 말을 듣고서, 아들들에게 말하였다. "애들아, 왜 서로 얼굴들만 쳐다보고 있느냐?" 2 야곱이 말을 이었다. "듣자 하니, 이집트에 곡식이 있다고 하는구나. 그러니 그리로 가서, 곡식을 좀 사오너라. 그래야 먹고 살지, 가만히 있다가는 굶어 죽겠다." 3 그래서 요셉의 형 열 명이 곡식을 사려고 이집트로 갔다. 4 야곱은 요셉의 아우 베냐민만은 형들에게 딸려 보내지 않았다. 베냐민을 같이 보냈다가, 무슨 변이라도 당할까 보아, 겁이 났기 때문이다. 5 가나안 땅에도 기근이 들었으므로, 이스라엘의 아들들도 곡식을 사러 가는 사람들 틈에 끼었다. 6 그 때에 요셉은 나라의 총리가 되어서, 세상의 모든 백성에게 곡식을 파는 책임을 맡고 있었다. 요셉의 형들

은 거기에 이르러서, 얼굴을 땅에 대고 엎드려, 요셉에게 절을 하였다. 7 요셉은 그들을 보자마자, 곧바로 그들이 형들임을 알았다. 그러나 짐짓 모르는 체하고, 그들에게 엄하게 물었다. "당신들은 어디에서 왔소?" 그들이 대답하였다. "먹거리를 사려고, 가나안 땅에서 왔습니다." 8 요셉은 형들을 알아보았으나, 형들은 요셉을 알아보지 못하였다. 9 그 때에 요셉은 형들을 두고 꾼 꿈을 기억하고, 그들에게 말하였다. "당신들은 첩자들이오. 이 나라의 허술한 곳이 어디인지를 엿보러 온 것이 틀림없소!" 10 그들이 대답하였다. "아닙니다. 총리 어른, 소인들은 그저 먹거리를 사러 왔을 뿐입니다. 11 우리는 한 아버지의 자식들입니다. 소인들은 순진한 백성이며, 첩자가 아닙니다." 12 그가 말하였다. "아니오! 당신들은 이 나라의 허술한 곳이 어디인지를 엿보러 왔소." 13 그들이 대답하였다. "소인들은 형제들입니다. 모두 열둘입니다. 가나안 땅에 사는 한 아버지의 아들들입니다. 막내는 소인들의 아버지와 함께 있고, 또 하나는 잃었습니다." 14 요셉이 그들에게 말하였다. "내 말이 틀림없소. 당신들은 첩자들이오. 15 그러나 당신들이 진실을 증명할 길은 있소. 바로께서 살아 계심을 두고 맹세하오. 당신들이 막내 아우를 이리로 데려오지 않으면, 당신들은 여기에서 한 발자국도 벗어나지 못하오. 16 당신들 가운데서 한 사람을 보내어, 당신들 집에 남아 있는 아우를 이리로 데려오게 하고, 나머지는 감옥에 가두어 두겠소. 나는 이렇게 하여, 당신들이 한 말이 사실인지를 시험해 보겠소. 바로께서 살아 계심을 두고 맹세하오. 당신들이 그렇게 하지 못하면, 당신들은 첩자라는 누명을 벗지 못할 것이오." 17 요셉은 그들을 감옥에 사흘 동안 가두어 두었다. 18 사흘 만에 요셉이 그들에게 말하였다. "나는 하나님을 두려워하오. 당신들은 이렇게 하시오. 그래야 살 수 있소. 19 당신들이 정직한 사람이면, 당신들 형제 가운데서 한 사람만 여기에 갇혀 있고, 나머지는 나가서, 곡식을 가지고 돌아가서, 집안 식구들이 허기를 면하도록 하시오. 20 그러나 당신들은 반드시 막내 아우를 나에게로 데리고 와야 하오. 그래야만 당신들의 말이 사실이라는 것을 증명할 수 있을 것이며, 당신들이 죽음을 면할 것이오." 그들은 그렇게 하기로 하였다. 21 그들이 서로 말하였다. "그렇다! 아우의 일로 벌을 받는 것이 분명하다! 아우가 우리에게 살려 달라고 애원할 때에, 그가 그렇게 괴로워하는 것을 보면서도, 우리가 아우의 애원을 들어 주지 않은 것 때문에, 우리가 이제 이런 괴로움을 당하는구나." 22 르우벤이 그들에게 대답하였다. "그러기에 내가 그 아이에게 못할 짓을 하는 죄를 짓지 말자고 하지 않더냐? 그런데도 너희는 나의 말을 들은 체도 하지 않았다! 이제 우리가 그 아이의 피값을 치르게 되었다." 23 그들은, 요셉이 통역을 세우고 말하였으므로, 자기들끼리 하는 말을 요셉이 알아듣는 줄은 전혀 알지 못하였다. 24 듣다 못한 요셉은, 그들 앞에서 잠시 물러가서 울었다. 다시 돌아온 요셉은 그들과 말을 주고받다가, 그들 가운데서 시므온을 끌어내어서, 그들이 보는 앞에서 끈으로 묶었다. 25 요셉은 사람들을 시켜서, 그들이 가지고 온 통에다가 곡식을 채우게 하고, 각 사람이 낸 돈은 그 사람의 자루에 도로 넣게 하고, 또 길에서 먹을 것은 따로 주게 하였다. 요셉이 시킨 대로 다 되었다. 26 그들은 곡식을 나귀에 싣고, 거기를 떠났다. 27 그들이 하룻밤 묵어갈 곳에 이르렀을 때에, 그들 가운데서 한 사람이 자기 나귀에게 먹이를 주려고 자루를 풀다가, 자루 아귀에 자기의 돈이 그대로 들어 있는 것을 보았다. 28 그는 이것을 자기 형제들에게 알렸다. "내가 낸 돈이 도로 돌아왔다. 나의 자루 속에 돈이 들어 있어!" 이 말을 들은 형제들은, 얼이 빠진 사람처럼 떨면서, 서로 쳐다보며 한탄하였다. "하나님이 어찌하여 우리에게 이런 일을 하셨는가!" 29 그들은 가나안 땅으로 아버지 야곱에게 돌아가서, 그 동안 겪은 일을 자세히 말씀드렸다. 30 "그 나라의 높으신 분이 우리를 보더니, 엄하게 꾸짖고, 우리를 그 나라를 엿보러 간 첩자로 여기는 것입니다. 31 그래서 우리는 그에게 '우리는 정직한 사람입니다. 우리는 첩자가 아닙니다. 32 우리는 모두 한 아버지의 자식들로서 열두 형제입니다. 하나는 잃고, 또 막내는 가나안 땅에 우리 아버지와 함께 있습니다' 하고 말씀을 드렸습니다. 33 그랬더니 그 나라의 높으신 분이 우리에게 이르기를 '어디, 너희가 정말 정직한 사람들인지, 내가 한 번 알아보겠다. 너희 형제 가운데서 한 사람은 여기에 나와 함께 남아 있고, 나머지는 너희 집안 식구들이 굶지 않도록, 곡식을 가지고 돌아가거라. 34 그리고 너희의 막내 아우를 나에게로 데리고 오너라. 그래야만 너희가 첩자가 아니고 정직한 사람이라는 것을 내가 알 수 있겠다. 그런 다음에야, 내가 여기 잡아둔 너희 형제를 풀어 주고, 너희가 이 나라에 드나들면서 장사를 할 수 있게 하겠다' 하였습니다." 35 그들은 자루를 비우다가, 각 사람의 자루에 각자가 치른 그 돈꾸러미가 그대로 들어 있는 것을 보았다. 그들과 그들의 아버지는 그 돈꾸러미를 보고서, 모두들 겁이 났다. 36 아버지 야곱이 아들들에게 말하였다. "너희가 나의 아이들을 다 빼앗아 가는구나. 요셉을 잃었고, 시므온도 잃었다. 그런데 이제 너희는 베냐민마저 빼앗아 가겠다는 거냐? 하나같이 다 나를 괴롭힐 뿐이로구나!" 37 르우벤이 아버지에게 말하였다. "제가 베냐민을 다시 아버지께로 데리고 오지 못한다면, 저의 두 아들을 죽이셔도 좋습니다. 막내를 저에게 맡겨 주십시오. 제가 반드시 아버지께로 다시 데리고 오겠습니다." 38 야곱이 말하였다. "막내를 너희와 함께 그리로 보낼 수는 없다. 그 아이의 형은 죽고, 그 아이만 홀로 남았는데, 그 아이가 너희와 같이 갔다가, 또 무슨 변을 당하기라도 하면 어찌 하겠느냐? 너희는, 백발이 성성한 이 늙은 아버지가 슬퍼하며 죽어서 스올로 내려가는 꼴을 보겠다는 거냐?"

저자는 카메라의 앵글을 야곱의 집으로 돌린다. 7년 동안의 기근은 가나안 땅까지 덮쳤다. 견디다 못한 야곱은 이집트에 곡식이 있다는 이야기를 듣고 막내 베냐민을 제외한 열 명의 아들을 보냈다.

이집트에 도착한 형들은 총리가 된 요셉을 마주하지만, 요셉만 알아볼 뿐 형들은 전혀 눈치채지 못한다(7~8절). 20년이나 흘렀고, 압도하는 두려움에 동생을 알아보지 못했을 것이다. 요셉은 자신 앞에 엎드려 있는 형들을 보면서 어릴 때 꾼 꿈을 기억했다. 그 꿈이 20년 뒤에 그대로 이루어진 것을 보고 요셉은 전율과 함께 신비감을 느꼈을 것이다.

요셉은 형들의 마음 상태를 알고 싶었다. 그래서 그들을 첩자로 몰아세운다. 형들은 결백을 증명하고자 자신들이 어떤 사람들인지를 설명한다. 요셉은 믿을 수 없다며 결백을 증명할 다른 방법을 제시한다. 형제들을 인질로 잡고 있는 동안 한 사람이 가서 막냇동생을 데려오라고 한다(10~16절). 결정을 내리지 못하자 요셉은 형들을 감옥에 가둔다. 그렇게 함으로써 자신을 죽이려 했고 노예로 팔아넘긴 일에 대해 형들이 어떻게 느끼는지 알아보고자 했다.

사흘 뒤, 요셉은 한 사람만 인질로 남고 나머지 형제들은 곡식을 가지고 가서 식구들을 살린 다음 막냇동생을 데리고 오라고 명령한다. 그렇지 않으면 인질로 있는 형제가 죽을 것이라고 위협했다. 형들은 제안을 따르겠다고 한 뒤, 요셉이 알아듣지 못하는 줄 알고 과거에 요셉에게 했던 일을 떠올리며 후회한다(21~22절). 이때 요셉을 살리고자 했던 큰형 르우벤은 동생들을 책망한다.

요셉은 그제야 맏형 르우벤이 자신을 살릴 마음으로 구덩이에 넣자고 제안했음을 알게 된다. 형들의 말을 듣던 요셉은 아무도 없는 곳에 가서 울음을 쏟아 놓는다. 형들의 진실한 뉘우침과 르우벤의 진심을 알고는 마음에 뭉쳐 있던 분노가 녹아내린다.

감정을 추스른 요셉은 시므온을 인질로 삼고 다른 형들에게는 충분한 곡식을 제공한다. 그러면서 종들을 시켜 곡물값으로 받은 돈을 다시 곡식 자루에 넣게 한다. 형들은 이 사실을 하룻길을 간 다음에 알게 되고(26~28절), 두려움에 질린 그들은 집으로 돌아가 야곱에게 자초지종을 다 이야기한다. 그런 다음 곡식 자루를 풀어보니 자루마다 지불한 돈이 그대로 들어있었다. 그들은 영락없이 함정에 빠졌고 첩자의 누명을 벗을 길이 없다고 생각한다. 요셉에 이어 시므온도 잃었다며 슬퍼하던 야곱은 베냐민을 절대 이집트로 데려갈 수 없다고 말한다. 그러자 르우벤이 자기 두 아들의 목숨을 걸면서 베냐민을 꼭 다시 데려오겠다고 약속하지만 야곱은 완강하게 거절한다.

요셉은 20여 년 동안 형들에 대한 분노를 품고 살았습니다. 하지만 인생의 바닥에서 만난 하나님을 통해 원망의 마음을 어느 정도 치유받았을 것입니다. 이집트에서의 모습을 보면 그는 분노에 사로잡힌 상태가 아니었습니다.

    그러나 그도 인간인지라 자신을 죽이려 하다가 노예로 팔아버린 형들에 대한 감정의 앙금이 완전히 사라지지는 않았습니다. 애증의 감정이 있었습니다. 하나님이 치유하실 분노의 분량이 따로 있고, 형들과의 화해를 통해 치유할 분노의 분량이 따로 있었습니다. 형들이 뉘우치는 말을 들었을 때, 맏형 르우벤의 진심을 알았을 때, 요셉에게 있던 분노의 앙금에 동요가 생겼습니다. 참을 수 없었던 그는 조용한 곳에 가서 통곡했습니다. 납덩이처럼 가슴을 짓누르던 분노의 앙금이 눈물과 함께 녹아내렸을 것입니다.

    얽히고설킨 인간관계에서 종종 느끼는 분노는 어쩔 수 없는 일입니다. 문제는 분노를 품고 사는 데 있습니다. 그것은 자신의 숨통을 조이는 일입니다. 자신을 과거의 시간에 묶어놓는 일입니다. 반면 용서는 스스로 조이고 있는 숨통을 풀어주는 일이며, 발목을 잡고 있는 손을 풀어내는 일입니다. 용서하기까지는 시간과 노력이 필요합니다. 그럼에도 용기 내어 첫걸음을 떼는 것이 중요합니다.

용서와 화해

창세기 43장

1 그 땅에 기근이 더욱 심해 갔다. 2 그들이 이집트에서 가지고 온 곡식이 다 떨어졌을 때에, 아버지가 아들들에게 말하였다. "다시 가서, 먹거리를 조금 더 사오너라." 3 유다가 아버지에게 말하였다. "그 사람이 우리에게 엄하게 경고하면서 '너희가 막내 아우를 데리고 오지 않으면, 다시는 나의 얼굴을 못 볼 것이다' 하고 말하였습니다. 4 우리가 막내를 데리고 함께 가게 아버지께서 허락하여 주시면, 다시 가서 아버지께서 잡수실 것을 사오겠습니다. 5 그러나 아버지께서 막내를 보낼 수 없다고 하시면, 우리는 갈 수 없습니다. 그분이 우리에게 말하기를 '너희가 막내 아우를 데리고 오지 않으면, 다시는 나의 얼굴을 못 볼 것이다' 하였기 때문입니다." 6 이스라엘이 자식들을 탓하였다. "어찌하려고 너희는, 아우가 있다는 말을 그 사람에게 해서, 나를 이렇게도 괴롭히느냐?" 7 그들이 대답하였다. "그 사람은 우리와 우리 가족에 관하여서 낱낱이 캐물었습니다. '너희 아버지가 살아 계시냐?' 하고 묻기도 하고, 또 '다른 형제가 더 있느냐?' 하고 묻기도 하였습니다. 우리는 그저, 그가 묻는 대로 대답하였을 뿐입니다. 그가 우리의 아우를 그리로 데리고 오라고 말할 것이라고는 상상도 하지 못하였습니다." 8 유다가 아버지 이스라엘에게 말하였다. "제가 막내를 데리고 가게 해주십시오. 그러면 우리가 곧 떠나겠습니다. 그렇게 하여야, 우리도, 아버지도, 우리의 어린 것들도, 죽지 않고 살 수 있을 것

입니다. 9 제가 그 아이의 안전을 책임지겠습니다. 아버지께서는, 그 아이에 대해서는, 저에게 책임을 물어 주십시오. 제가 그 아이를 아버지께로 다시 데리고 와서 아버지 앞에 세우지 못한다면, 그 죄를 제가 평생 달게 받겠습니다. 10 우리가 이렇게 머뭇거리고 있지 않았으면, 벌써 두 번도 더 다녀왔을 것입니다." 11 아버지 이스라엘이 아들들에게 말하였다. "꼭 그렇게 해야만 한다면, 이렇게 하도록 하여라. 이 땅에서 나는 것 가운데 가장 좋은 토산물을 너희 그릇에 담아 가지고 가서, 그 사람에게 선물로 드리도록 하여라. 유향과 꿀을 얼마쯤 담고, 향품과 몰약과 유향나무 열매와 감복숭아를 담아라. 12 돈도 두 배를 가지고 가거라. 너희 자루 아귀에 담겨 돌아온 돈은 되돌려 주어야 한다. 아마도 그것은 실수였을 것이다. 13 너희 아우를 데리고, 어서 그 사람에게로 가거라. 14 너희들이 그 사람 앞에 설 때에, 전능하신 하나님이 그 사람을 감동시키셔서, 너희에게 자비를 베풀게 해주시기를 빌 뿐이다. 그가 거기에 남아 있는 아이와 베냐민도 너희와 함께 돌려 보내 준다면, 더 바랄 것이 없겠다. 자식들을 잃게 되면 잃는 것이지, 난들 어떻게 하겠느냐?" 15 사람들은 선물을 꾸리고, 돈도 갑절을 지니고, 베냐민을 데리고 급히 이집트로 가서, 요셉 앞에 섰다. 16 요셉은, 베냐민이 그들과 함께 온 것을 보고서, 자기 집 관리인에게 말하였다. "이 사람들을 집으로 데리고 가시오. 짐승을 잡고, 밥상도 준비하시오. 이 사람들은 나와 함께 점심을 먹을 것이오." 17 요셉이 말한 대로, 관리인이 그 사람들을 요셉의 집으로 안내하였다. 18 그 사람들은 요셉의 집으로 안내를 받아 들어가면서, 겁이 났다. 그들은 '지난 번에 여기에 왔을 적에, 우리가 낸 돈이, 알지도 못하는 사이에 우리의 자루 속에 담겨서 되돌아왔는데, 그 돈 때문에 우리가 이리로 끌려온다. 그 일로 그가 우리에게 달려들어서, 우리의 나귀를 빼앗고, 우리를 노예로 삼으려는 것이 틀림없다' 하고 걱정하였다. 19 그래서 그들은 요셉의 집 문 앞에 이르렀을 때에, 요셉의 집 관리인에게 가서 물었다. 20 "우리는 지난번에 여기에서 곡식을 사 간 일이 있습니다. 21 하룻밤 묵어갈 곳에 이르러서 자루를 풀다가, 우리가 치른 돈이, 액수 그대로, 우리 각자의 자루 아귀 안에 고스란히 들어 있는 것을 보았습니다. 그래서 우리가 그것을 다시 가지고 왔습니다. 22 또 우리는 곡식을 살 돈도 따로 더 가지고 왔습니다. 우리는, 누가 그 돈을 우리의 자루 속에 넣었는지 모릅니다." 23 그 관리인이 말하였다. "그 동안 별고 없으셨습니까? 걱정하지 마십시오. 댁들을 돌보시는 하나님, 댁들의 조상을 돌보신 그 하나님이 그 자루에 보물을 넣어 주신 것입니다. 나는 댁들이 낸 돈을 받았습니다." 이렇게 말하면서, 관리인은 시므온을 그들에게로 데리고 왔다. 24 관리인은 그 사람들을 요셉의 집 안으로 안내하고서, 발 씻을 물도 주고, 그들이 끌고 온 나귀에게도 먹이를 주었다. 25 그들은 거기에서 점심을 먹게 된다는 말을 들었으므로, 정오에 올 요셉을 기다리면서, 장만해 온 선물을 정돈하고 있었다. 26 요셉이 집으로 오니, 그들은 집 안으로 가지고 들어온 선물을 요셉 앞에 내놓고, 땅에 엎드려 절을 하였다. 27 요셉은 그들의 안부를 묻고 난 다음에 "전에 그대들이 나에게 말한 그 연세 많으신 아버지도 안녕하시오? 그분이 아직도 살아 계시오?" 하고 물었다. 28 그들은 "총리 어른의 종인 소인들의 아버지는 지금도 살아 있고, 평안합니다" 하고 대답하면서, 몸을 굽혀서 절을 하였다. 29 요셉이 둘러보다가, 자기의 친어머니의 아들, 친동생 베냐민을 보면서 "이 아이가 지난번에 그대들이 나에게 말한 바로 그 막내 아우요?" 하고 물었다. 그러면서 그는 "귀엽구나! 하나님이 너에게 복 주시기를 빈다" 하고 말하였다. 30 요셉은 자기 친동생을 보다가, 마구 치밀어오르는 형제의 정을 누르지 못하여, 급히 울 곳을 찾아 자기의 방으로 들어가서, 한참 동안 울고, 31 얼굴을 씻고 도로 나와서, 그 정을 누르면서, 밥상을 차리라고 명령하였다. 32 밥상을 차리는 사람들은 요셉에게 상을 따로 차려서 올리고, 그의 형제들에게도 따로 차리고, 요셉의 집에서 먹고 사는 이집트 사람들에게도 따로 차렸다. 이집트 사람들은, 히브리 사람들과 같은 상에서 먹으면 부정을 탄다고 생각하기 때문에, 상을 같이 차리지 않은 것이다. 33 요셉의 형제들은 안내를 받아가며, 요셉 앞에 앉았는데, 앉고 보니, 맏아들로부터 막내 아들에 이르기까지 나이 순서를 따라서 앉게 되었다. 그 사람들은 어리둥절하면서 서로 쳐다보았다. 34 각 사람이 먹을 것은, 요셉의 상에서 날라다 주었는데, 베냐민에게는 다른 사람보다 다섯 몫이나 더 주었다. 그들은 요셉과 함께 취하도록 마셨다.

야곱은 이집트에 잡혀 있는 시므온을 포기하고 어떻게든 기근을 견뎌 보려 했으나 곡식은 곧 바닥이 났다. 할 수 없이 아들들에게 다시 곡물을 사 오라고 했다. 그러자 유다는 막냇동생 베냐민을 꼭 데리고 오겠으니 믿어 달라며 아버지를 설득했다.

더는 방법이 없음을 인정한 야곱은 요셉에게 줄 선물을 넉넉히 준비하고 곡물값도 두 배로 쳐 주라고 당부한다. 그는 이제 하나님의 돌보심 외에는 의지할 것이 없었다. 그래서 아들들에게 "너희들이 그 사람 앞에 설 때에, 전능하신 하나님이 그 사람을 감동시키셔서, 너희에게 자비를 베풀게 해 주시기를 빌 뿐이다"(14절)라고 말한다. "자식들을 잃게 되면 잃는 것이지, 난들 어떻게 하겠느냐?"라는 그의 말은 야곱이 처한 절망적인 상황을 보여 준다.

형제들이 베냐민을 데리고 오자, 요셉은 잔치를 준비시킨다. 총리의 사저로 안내받던 형제들은 두려움에 사로잡힌다. 곡물 자루에 있던 돈 때문에 벌하려는 의도라고 오해한 것이다. 그래서 자신들을 인도하던 관리인에게 해명하자, 놀랍게도 그는 곡물값을 다 받았고 자루에 있던 돈은 하나님께서 주신 것이라고 대답한다(23절). 관리인은 시므온을 데리고 와서 형제들과 함께 기다리게 한다.

요셉이 오자 형들은 선물을 내놓으며 절을 한다. 요셉은 아버지의 안부를 물은 뒤, 베냐민을 발견하고는 반가움을 표한다. 친동생을 만난 감격에 압도된 요셉은 자기 방에 들어가 한참을 운다. 아직은 정체를 밝히고 싶지 않았다.

요셉은 흐트러진 모습을 바로 하고 형제들에게로 돌아가 점심 식사를 시작한다. 요셉은 형들을 나이 순서대로 앉혔고, 형들은 그 일을 지켜보며 어리둥절해한다. 형제들은 요셉의 상에서 날라다 주는 음식을 먹었는데, 베냐민은 다섯 배나 많은 음식을 공급받는다. 그들은 요셉과 함께 취하도록 마신다.

요셉은 형들이 동생을 데리고 오기를 기다리며 한편으로 돌아오지 않으면 어쩌나 싶었을 것입니다. 하지만 남아 있는 흉년 기간을 견디려면 다시 올 수밖에 없다는 사실을 곱씹으며 위안 삼았을 것입니다. 그렇게 기다렸기에 다시 왔다는 소식에 들렸을 때 매우 기쁘고 반가웠습니다. 그래서 형들을 집으로 초대해 성대한 잔치를 베풉니다.

하지만 요셉은 여전히 자신의 정체를 밝히지 않습니다. 화해의 강을 건널 준비가 아직 되지 않았던 것입니다.

용서도 어렵지만 화해는 더 어렵습니다. 용서는 혼자서 마음을 풀면 되지만, 화해는 상처를 입힌 사람의 진정한 사과가 있어야 하기 때문입니다. 용서가 씨앗이라면 화해는 열매라 할 수 있습니다. 화해에 이르러야 용서가 완성된다고 할 수 있습니다.

형제들을 대하는 태도를 보면 요셉은 이미 용서한 상태였습니다. 그는 당장 자신의 정체를 밝히고 형제들을 안고 싶었지만 그럴 수가 없었습니다. 이제는 형제들이 도와주어야 했습니다.

용서를 구하는 일은 상처 입은 사람을 분노의 굴레에서 풀어주는 일입니다. 하지만 용서를 구하는 일은 용서하기보다 더 어렵습니다. 자신의 잘못을 인정해야 하기 때문입니다. 잘못을 인정하는 것은 자기를 포기하는 일입니다. 그래서 외면하거나 부정합니다.

이런 점에서 하나님 앞에 정직하게 서는 습관이 필요합니다. 하나님 앞에서 자신을 돌아보는 사람은 다른 사람에게 입힌 상처를 모른 체하거나 부정할 수 없습니다. 예수님이 "네가 제단에 제물을 드리려고 하다가, 네 형제나 자매가 네게 어떤 원한을 품고 있다는 생각이 나거든, 너는 그 제물을 제단 앞에 놓아두고, 먼저 가서 네 형제나 자매와 화해하여라. 그런 다음에 돌아와서 제물을 드려라"(마 5:23~24)라고 말씀하신 이유가 여기에 있습니다.

사람을
고쳐 쓰시는 하나님

창세기 44장

1 요셉이 집 관리인에게 명령하였다. "저 사람들이 가지고 갈 수 있을 만큼 많이, 자루에 곡식을 담으시오. 그들이 가지고 온 돈도 각 사람의 자루 어귀에 넣으시오. 2 그리고 어린 아이의 자루에다가는, 곡식 값으로 가지고 온 돈과 내가 쓰는 은잔을 함께 넣으시오." 관리인은 요셉이 명령한 대로 하였다. 3 다음날 동이 틀 무렵에, 그들은 나귀를 이끌고 길을 나섰다. 4 그들이 아직 그 성읍에서 얼마 가지 않았을 때에, 요셉이 자기 집 관리인에게 말하였다. "빨리 저 사람들의 뒤를 쫓아가시오. 그들을 따라잡거든, 그들에게 '너희는 왜 선을 악으로 갚느냐? 5 어찌하려고 은잔을 훔쳐 가느냐? 그것은 우리 주인께서 마실 때에 쓰는 잔이요, 점을 치실 때에 쓰는 잔인 줄 몰랐느냐? 너희가 이런 일을 저지르다니, 매우 고약하구나!' 하고 호통을 치시오." 6 관리인이

그들을 따라잡고서, 요셉이 시킨 말을 그들에게 그대로 하면서, 호통을 쳤다. 7 그러자 그들이 그에게 말하였다. "어찌하여 그런 말씀을 하십니까? 소인들 가운데는 그런 일을 저지를 사람이 하나도 없습니다. 8 지난번 자루 아귀에서 나온 돈을 되돌려 드리려고, 가나안 땅에서 여기까지 가지고 오지 않았습니까? 그런데 어떻게 우리가 그대의 상전 댁에 있는 은이나 금을 훔친다는 말입니까? 9 소인들 가운데서 어느 누구에게서라도 그것이 나오면, 그를 죽여도 좋습니다. 그리고 나머지 우리는 주인의 종이 되겠습니다." 10 그가 말하였다. "그렇다면 좋소. 당신들이 말한 대로 합시다. 그러나 누구에게서든지 그것이 나오면, 그 사람만이 우리 주인의 종이 되고, 당신들 나머지 사람들에게는 죄가 없소." 11 그들은 얼른 각자의 자루를 땅에 내려놓고서 풀었다. 12 관리인이 맏아들의 자루부터 시작하여 막내 아들의 자루까지 뒤지니, 그 잔이 베냐민의 자루에서 나왔다. 13 이것을 보자, 그들은 슬픔이 북받쳐서 옷을 찢고 울면서, 저마다 나귀에 짐을 다시 싣고, 성으로 되돌아갔다. 14 유다와 그의 형제들이 요셉의 집에 이르니, 요셉이 아직 거기에 있었다. 그들이 요셉 앞에 나아가서, 땅에 엎드리자, 15 요셉이 호통을 쳤다. "당신들이 어찌하여 이런 일을 저질렀소? 나 같은 사람이 점을 쳐서 물건을 찾는 줄을, 당신들은 몰랐소?" 16 유다가 대답하였다. "우리가 주인 어른께 무슨 할 말이 있겠습니까? 무슨 변명을 할 수 있겠습니까? 어찌 우리의 죄없음을 밝힐 수 있겠습니까? 하나님이 소인들의 죄를 들추어내셨으니, 우리와 이 잔을 가지고 간 아이가 모두 주인 어른의 종이 되겠습니다." 17 요셉이 말하였다. "그렇게까지 할 것은 없소. 이 잔을 가지고 있다가 들킨 그 사람만 나의 종이 되고, 나머지는 평안히 당신들의 아버지께로 돌아가시오." 18 유다가 그에게 가까이 가서 간청하였다. "이 종이 주인 어른께 감히 한 말씀 드리는 것을 용서하여 주시기 바랍니다. 어른께서는 바로와 꼭 같은 분이시니, 이 종에게 너무 노여워하지 마시기 바랍니다. 19 이전에 어른께서는 종들에게, 아버지나 아우가 있느냐고 물으셨습니다. 20 그 때에 종들은, 늙은 아버지가 있고, 그가 늘그막에 얻은 아들 하나가 있는데, 그 아이와 한 어머니에게서 난 그의 친형은 죽고, 그 아이만 있기 때문에, 아버지가 그 아이를 무척이나 사랑한다고 말씀드렸습니다. 21 그 때에 어른께서는 종들에게 말씀하시기를, 어른께서 그 아이를 직접 만나보시겠다고, 데리고 오라고 하셨습니다. 22 그래서 종들이 어른께, 그 아이는 제 아버지를 떠날 수 없으며, 그 아이가 아버지 곁을 떠나면, 아버지가 돌아가실 것이라고 말씀드렸습니다. 23 그러나 어른께서는 이 종들에게, 그 막내 아우를 데리고 오지 않으면 어른의 얼굴을 다시는 못 볼 것이라고 말씀하셨습니다. 24 그래서 종들은 어른의 종인 저의 아버지에게 가서, 어른께서 하신 말씀을 다 전하였습니다. 25 얼마 뒤에 종들의 아버지가 종들에게, 다시 가서 먹거리를 조금 사오라고 하였습니다만, 26 종들은, 막내 아우를 우리와 함께 보내시면 가겠지만, 그렇지 않으면 갈 수도 없고 그분 얼굴을 뵐 수도 없다고 말했습니다. 27 그러나 어른의 종인 소인의 아버지는 이 종들에게 '너희도 알지 않느냐? 이 아이의 어머니가 낳은 자식이 둘뿐인데, 28 한 아이는 나가더니, 돌아오지 않는다. 사나운 짐승에게 변을 당한 것이 틀림없다. 그 뒤로 나는 그 아이를 볼 수 없다. 29 그런데 너희가 이 아이마저 나에게서 데리고 갔다가, 이 아이마저 변을 당하기라도 하면, 어찌하겠느냐? 너희는, 백발이 성성한 이 늙은 아버지가, 슬퍼하며 죽어가는 꼴을 보겠다는 거냐?' 하고 걱정하였습니다. 30 아버지의 목숨과 이 아이의 목숨이 이렇게 얽혀 있습니다. 소인이 어른의 종, 저의 아버지에게 되돌아갈 때에, 우리가 이 아이를 데리고 가지 못하거나, 31 소인의 아버지가 이 아이가 없는 것을 알면, 소인의 아버지는 곧바로 숨이 넘어가고 말 것입니다. 일이 이렇게 되면, 어른의 종들은 결국, 백발이 성성한 아버지를 슬퍼하며 돌아가시도록 만든 꼴이 되고 맙니다. 32 어른의 종인 제가 소인의 아버지에게, 그 아이를 안전하게 다시 데리고 오겠다는 책임을 지고 나섰습니다. 만일 이 아이를 아버지에게 다시 데리고 돌아가지 못하면, 소인이 아버지 앞에서 평생 그 죄를 달게 받겠다고 다짐하고 왔습니다. 33 그러니, 저 아이 대신에 소인을 주인 어른의 종으로 삼아 여기에 머물러 있게 해주시고, 저 아이는 그의 형들과 함께 돌려보내 주시기를 바랍니다. 34 저 아이 없이, 제가 어떻게 아버지의 얼굴을 뵙겠습니까? 그럴 수는 없습니다. 저의 아버지에게 닥칠 불행을, 제가 차마 볼 수 없습니다."

요셉은 형제들과 충분히 회포를 푼 후 종들에게 곡식을 내주도록 명령한다. 그러면서 막냇동생 베냐민의 자루에 형들이 곡물값으로 낸 돈과 자신이 아끼는 은잔을 넣게 한다. 형들의 마음을 알아보기 위해서 함정을 판 것이다. 그들이 요셉의 집을 떠나 한나절쯤 갔을 때, 요셉은 관리인에게 형제들을 추격하게 한다.

형제들을 따라잡은 관리인은 요셉의 지시대로 왜 은잔을 훔쳐 갔느냐며 다그친다. 그러자 형제들은 결백을 주장하며 만일 자루를 뒤져서 은잔이 나오면 그 사람은 죽이고 다른 형제들은 모두 종이 되겠다고 말한다(6~9절). 누구도 그런 일을 했을 리가 없다고 확신했던 것이다. 형제들의 곡식 자루를 살피던 관리인은 베냐민의 자루에서 은잔을 발견하고, '이젠 죽었다' 생각한 형제들은 옷을 찢으며 통곡한다.

형제들이 돌아오자 요셉은 그들을 크게 책망한다. 이 지점에서 저자는 "유다와 그의 형제들이…"(14절)라고 쓰면서 유다를 전면에 내세운다. 변명의 여지가 없다고 여긴 유다는 모두 요셉의 종이 되겠다고 한다. 그러자 요셉은 잔을 훔쳐 간 막내만 종이 되고 다른 형제들은 돌아가도 좋다고 말한다. 자신을 죽이려 했던 형제들의 마음을 떠보려 했던 것이다.

상황이 이렇게 되자 유다는 요셉에게 그동안 있었던 일들을 자세히 설명한다. 베냐민이 아버지에게 너무나도 소중한 아들이어서 곡식이 떨어질 때까지 돌아올 수 없었으며, 간신히 아버지를 설득해 막냇동생을 데리고 왔기에 그를 두고 돌아갈 수 없다고 호소한다(18~32절). 유다는 차라리 자신을 종으로 받아 달라면서 막냇동생을 두고 갔을 때 아버지에게 닥칠 불행을 차마 볼 수가 없다며 간청한다.

야곱의 열두 아들은 이스라엘 열두 지파의 조상이 되는데, 그 가운데 유다 지파가 장자 지파가 됩니다. 맏아들 르우벤은 아버지의 첩을 범해 실격되었고, 둘째 시므온과 셋째 레위는 디나의 일로 세겜 주민들을 살육하는 끔찍한 죄를 지어 실격되었습니다.

넷째 아들 유다 역시 장자 지파의 조상이 될 자격이 없었습니다. 그는 요셉을 구덩이에서 굶어 죽게 하느니 노예로 팔아 돈이라도 벌자고 제안했던 사람입니다(37:26~27). 또한 일찍 독립해 가나안 사람들과 살면서 가나안 여인과 혼인했습니다(38:1~2). 그의 두 아들은 하나님께 징벌받아 죽을 정도로 악했는데, 유다는 아들들의 죽음을 며느리 다말에게 뒤집어씌웠습니다. 아내의 애도 기간이 끝나자마자 성매매 여인을 찾을 정도로 '막장' 인생을 살았습니다. 그는 일찌감치 장자 지파의 조상 자격을 잃은 사람이었습니다.

그로부터 10여 년이 지나 다시 등장했을 때 그는 완전 다른 사람이 되어 있었습니다. 그는 두 번째로 곡식을 사러 갈 때 누구보다 아버지 설득에 앞장섰습니다. 문제가 생기면 자신이 모든 책임을 감당하겠다며 설득했습니다(43장). 요셉의 계략에 말려 꼼짝없이 막냇동생을 포기해야 했을 때도 유다가 나서서 막냇동생을 보내 달라며 간곡히 청했습니다. 그 대가로 자신의 인생을 내놓겠다고 제안했습니다. 10여 년 전의 유다였다면 상상할 수도 없는 일이었습니다.

이런 변화는 유다가 다말 사건을 통해 처절하게 깨지고 새로 지어졌기 때문이라는 설명 외에는 달리 해석할 길이 없습니다. 최악의 상황이 새로운 존재로 발돋움하는 계기가 된 것입니다. 그로 인해 유다는 장자 지파의 조상이 되었고, 그의 후손에서 다윗과 메시아가 나왔습니다.

흔히들 "'사람은 고쳐 쓰는 것이 아니다"라고 말합니다. 그것은 사람 사이에서나 통하는 말입니다. 하나님은 사람을 고쳐 쓰십니다. 성경에 그 예가 수두룩한데, 유다는 그중에서도 으뜸입니다. 우리에게 어떤 의미 있는 변화가 일어난다면 그것은 오직 하나님의 손에 붙들릴 때 가능합니다. 그리고 그런 변화는 처절한 실패의 자리에서 일어납니다.

상처가
꽃이 되는 법

창세기 45장

1 요셉은 북받치는 감정을 억누르지 못하고, 자기의 모든 시종들 앞에서 그만 모두들 물러가라고 소리쳤다. 주위 사람들을 물러나게 하고, 요셉은 드디어 자기가 누구인지를 형제들에게 밝히고 나서, 2 한참 동안 울었다. 그 울음 소리가 어찌나 크던지 밖으로 물러난 이집트 사람들에게도 들리고, 바로의 궁에도 들렸다. 3 "내가 요셉입니다! 아버지께서 아직 살아 계시다고요?" 요셉이 형제들에게 이렇게 말하였으나, 놀란 형제들은 어리둥절하여, 요셉 앞에서 입이 얼어붙고 말았다. 4 "이리 가까이 오십시오" 하고 요셉이 형제들에게 말하니, 그제야

그들이 요셉 앞으로 다가왔다. "내가, 형님들이 이집트로 팔아 넘긴 그 아우입니다. 5 그러나 이제는 걱정하지 마십시오. 자책하지도 마십시오. 형님들이 나를 이 곳에 팔아 넘기긴 하였습니다만, 그것은 하나님이, 형님들보다 앞서서 나를 여기에 보내셔서, 우리의 목숨을 살려 주시려고 그렇게 하신 것입니다. 6 이 땅에 흉년이 든 지 이태가 됩니다. 앞으로도 다섯 해 동안은 밭을 갈지도 못하고 거두지도 못합니다. 7 하나님이 나를 형님들보다 앞서서 보내신 것은, 하나님이 크나큰 구원을 베푸셔서 형님들의 목숨을 지켜 주시려는 것이고, 또 형님들의 자손을 이 세상에 살아 남게 하시려는 것입니다. 8 그러므로 실제로 나를 이리로 보낸 것은 형님들이 아니라 하나님이십니다. 하나님이 나를 이리로 보내셔서, 바로의 아버지가 되게 하시고, 바로의 온 집안의 최고의 어른이 되게 하시고, 이집트 온 땅의 통치자로 세우신 것입니다. 9 이제 곧 아버지께로 가서서, 아버지의 아들 요셉이 하는 말이라고 하시고, 이렇게 말씀을 드려 주십시오. '하나님이 저를 이집트 온 나라의 주권자로 삼으셨습니다. 아버지께서는 지체하지 마시고, 저에게로 내려오시기 바랍니다. 10 아버지께서는 고센 지역에 사시면서, 저와 가까이 계실 수 있습니다. 아버지께서는 아버지의 여러 아들과 손자를 거느리시고, 양과 소와 모든 재산을 가지고 오시기 바랍니다. 11 흉년이 아직 다섯 해나 더 계속됩니다. 제가 여기에서 아버지를 모시겠습니다. 아버지와 아버지의 집안과 아버지께 딸린 모든 식구가 아쉬운 것이 없도록 해 드리겠습니다' 하고 여쭈십시오. 12 지금 형님들에게 말을 하고 있는 것이 이 요셉임을 형님들이 직접 보고 계시고, 나의 아우 베냐민도 자기의 눈으로 보고 있습니다. 13 형님들은, 내가 이집트에서 누리고 있는 이 영화와 형님들이 보신 모든 것을, 아버지께 다 말씀드리고, 빨리 모시고 내려오십시오." 14 요셉이 자기 아우 베냐민의 목을 얼싸안고 우니, 베냐민도 울면서 요셉의 목에 매달렸다. 15 요셉이 형들과도 하나하나 다 입을 맞추고, 부둥켜안고 울었다. 그제야 요셉의 형들이 요셉과 말을 주고받았다. 16 요셉의 형제들이 왔다는 소문이 바로의 궁에 전해지자, 바로와 그의 신하들이 기뻐하였다. 17 바로가 요셉에게 말하였다. "그대의 형제들에게 나의 말을 전하시오. 짐승들의 등에 짐을 싣고 가나안 땅으로 돌아가서, 18 그대의 부친과 가족을 내가 있는 곳으로 모시고 오게 하시오. 이집트에서 가장 좋은 땅을 드릴 터이니, 그 기름진 땅에서 나는 것을 누리면서 살 수 있다고 이르시오. 19 그대는 또 이렇게 나의 말을 전하시오. 어린 것들과 부인들을 태우고 와야 하니, 수레도 이집트에서 여러 대를 가지고 올라가도록 하시오. 그대의 아버지도 모셔 오도록 하시오. 20 이집트 온 땅 가운데서도 가장 좋은 땅이 그들의 것이 될 터이니, 가지고 있는 물건들은 미련없이 버리고 오라고 하시오." 21 이스라엘의 아들들은, 바로가 하라는 대로 하였다. 요셉은, 바로가 명령한 대로, 그들에게 수레를 여러 대 내주고, 여행길에 먹을 것도 마련하여 주었다. 22 또 그들에게 새 옷을 한 벌씩 주고, 베냐민에게는 특히 은돈 삼백 세겔과 옷 다섯 벌을 주었다. 23 요셉은 아버지에게 드릴 또 다른 예물을 마련하였다. 이집트에서 나는 귀한 물건을 수나귀 열 마리에 나누어 싣고, 아버지가 이집트로 오는 길에 필요한 곡식과 빵과 다른 먹거리는 암나귀 열 마리에 나누어 실었다. 24 요셉은 자기 형제들을 돌려보냈다. 그들과 헤어지면서, 요셉은 "가시는 길에 서로들 탓하지 마십시오" 하고 형들에게 당부하였다. 25 그들은 이집트에서 나와 가나안 땅으로 들어가서, 아버지 야곱에게 이르렀다. 26 그들이 야곱에게 말하였다. "요셉이 지금까지 살아 있습니다. 이집트 온 나라를 다스리는 총리가 되었습니다." 이 말을 듣고서 야곱은 정신이 나간 듯 어리벙벙하여, 그 말을 곧이들을 수가 없었다. 27 그러나 요셉이 한 말을 아들들에게서 모두 전해 듣고, 또한 요셉이 자기를 데려오라고 보낸 그 수레들을 보고 나서야, 아버지 야곱은 비로소 제정신이 들었다. 28 "이제는 죽어도 한이 없다. 내 아들 요셉이 아직 살아 있다니! 암, 가고말고! 내가 죽기 전에 그 아이를 보아야지!" 하고 이스라엘은 중얼거렸다.

동생과 아버지를 향한 유다의 마음을 확인한 요셉은 북받쳐 오르는 감정을 주체하지 못한다. 그는 모두 물러가게 한 뒤, 형들에게 정체를 밝히고 억눌렸던 감정을 쏟아 놓는다. 20여 년 동안 쌓였던 감정의 봇물이 터지자 눈물이 한없이 흘러내렸다. 그의 울음소리가 바로의 궁에까지 들릴 정도였다(2절). 형들은 요셉의 말을 믿을 수도, 그의 갑작스러운 행동을 이해할 수도 없었다. 자신들이 죽이려 했던 동생이 절대 권력자인 이집트 총리가 되어 앞에 서 있다는 사실이 도무지 믿어지지 않았다. 그것이 믿어진 다음에는 심한 두려움에 빠졌다.

요셉은 형제들을 가까이 오게 한 후 두려워하지 말라고, 자신을 이집트로 보낸 사람은 형들이 아니라 하나님이시라고 말해 준다(4~8절). 이 고백은 그가 이집트로 팔려 온 후에 하나님을 만나고 경험한 진실이었다. 인류 역사는 인간들의 선택과 판단으로 결정되는 것 같지만 그 배후에 하나님의 신비한 섭리가 작동함을 요셉은 잘 알았다. 역사의 주관자이신 하나님은 인간의 악행을 통해서도 당신 뜻을 이루심을 믿었다. 형들이 뉘우치는 모습을 보며 진실로 하나님께서 그 모든 일의 배후에 계셨음을 확신했다.

요셉은 형들에게, 가뭄이 끝나려면 5년이 더 있어야 하니 아버지와 모든 식솔을 데리고 와서 고센 지역에서 살면 자신이 돌봐주겠다고 약속한다(9~13절). 이어 동생 베냐민을 부둥켜안고 통곡한 요셉은 형제들을 한 명씩 끌어안고 입을 맞추며 함께 운다. 그런 뒤에야 형들은 긴장을 풀고 요셉과 이야기를 주고받는다.

요셉의 형제들 소식이 전해지자 바로는 그의 가족에게 필요한 모든 물자를 제공하겠다면서 이집트에서 가장 좋은 땅을 택하라고 한다(16~20절). 요셉은 여러 대의 수레와 넉넉한 양식, 새 옷과 아버지에게 드릴 예물 등을 마련해 주면서 "가시는 길에 서로들 탓하지 마십시오"(24절) 하고 당부한다. 과거사를 나누다가 네 탓 내 탓 하며 다툴 수 있었기 때문이다.

집에 돌아간 형들은 아버지에게 모든 일을 보고한다. 야곱은 그들의 말이 믿기지 않았지만 가져온 양식과 선물들 때문에 믿지 않을 수가 없었다. 야곱은 "이제는 죽어도 한이 없다"(28절)라고 하면서 이집트로 가서 요셉을 볼 날을 고대한다.

요셉의 이야기는 용서와 화해의 교과서라 할 수 있습니다. 인생사에는 때로 해결할 수 없는 심각한 사건(악의, 시기,

질투, 혐오, 배신, 상실, 상해, 살상 등)이 발생하는데, 그 일로 인한 상처는 분노와 원한의 원인이 되고, 상처 입은 사람은 과거에 묶여 한 걸음도 나아가지 못하며, 결국에는 모두에게 불행한 결과를 가져온다는 사실을 보여 줍니다. 악의 순환 고리가 점점 더 강해지고 깊어지는 것이 죄의 속성입니다. 악의 순환 고리는 끊어낼 수 있습니다. 그것은 인간의 의지나 결단으로 되지 않습니다. 상실의 깊은 질곡에서 하나님을 만날 때 가능합니다. 모두에게 버림받은 것 같은 상황에서 여전히 나와 함께하시는 하나님을 만나면 과거의 속박에서 벗어날 수 있습니다. 상처로 인한 분노 쌓기를 멈추고 미래를 바라보며 하루하루 충실히 살아갑니다.

그렇게 살아가다가 잠시 멈추어 걸어온 길을 돌아보면, 하나님께서 신비한 손길로 인도해 오셨음을 깨닫습니다. 그분은 인간의 실수와 악행을 거두어 당신의 뜻을 이루십니다. 이 섭리를 체험하는 만큼 용서할 수 있고 사랑할 수 있습니다.

요셉이 형제들을 용서하고 감동적인 화해의 순간을 만들 수 있었던 것은 하나님의 섭리를 체험했기 때문입니다. 철부지 응석받이로 살던 그가 노예로 팔려가는 끔찍한 시련을 겪으면서 하나님께로 시선을 두었고, 그 후로 인간의 악행까지 하나님의 손에 들려 뜻을 이루는 도구로 쓰인다는 사실을 체험했습니다. 보디발 아내에게 모함받아 감옥에 던져졌을 때 요셉은 하나님이 어떻게 인도하실지 짐작도 못했을 것입니다. 나중에 보니 하나님은 그 악행을 사용해 요셉을 더 높은 길로 인도하셨습니다. 그런 경험을 했기에 고난만 보지 않고 하나님께서 하실 일을 기대했습니다. 그리고 형들과 화해하고 보니, 형들의 악행 역시 선을 만들어 내는 도구로 쓰였음을 알았습니다.

인간의 악의가 하나님의 손에 들려 선한 결과를 만들어 냈다고 해서 죄가 용서되는 것은 아닙니다. 가룟 유다의 배반과 빌라도의 비겁한 선택이 예수 그리스도를 십자가에 못 박히게 했다고 해서 그들의 죄가 용서받은 것이 아닙니다. 따라서 우리는 "악인의 꾀를 따르지 아니하며, 죄인의 길에 서지 아니하며, 오만한 자의 자리에 앉지"(시 1:1) 않도록 조심해야 합니다. 반면 타인의 악의 때문에 고난받을 때는 악의를 사용해 선한 열매를 만드시는 하나님을 바라봐야 합니다. 그러면 고난을 넉넉히 이기고 상처의 질긴 힘에서 벗어날 수 있습니다. 그러면 어느새 상처는 꽃이 되고, 상처의 농(膿)은 꿀과 향기로 변합니다.

하나님의 때,
하나님의 방법

창세기 46장

1 이스라엘이 식구를 거느리고, 그의 모든 재산을 챙겨서 길을 떠났다. 브엘세바에 이르렀을 때에, 그는 아버지 이삭의 하나님께 희생제사를 드렸다. 2 밤에 하나님이 환상 가운데서 "야곱아, 야곱아!" 하고 이스라엘을 부르셨다. 야곱은 "제가 여기 있습니다!" 하고 대답하였다. 3 하나님이 말씀하셨다. "나는 하나님, 곧 너의 아버지의 하나님이다. 이집트로 내려가는 것을 두려워하지 말아라. 내가 거기에서 너를 큰 민족이 되게 하고, 4 나도 너와 함께 이집트로 내려갔다가, 내가 반드시 너를 거기에서 데리고 나오겠다. 요셉이 너의 눈을 직접 감길 것이다." 5 야곱 일행이 브엘세바를 떠날 차비를 하였다. 이스라엘의 아들들은, 자기들의 아버지 야곱과 아이들과 아내들을, 바로가 야곱을 태워 오라고 보낸 수레에 태웠다. 6 야곱과 그의 모든 자손은, 집짐승과 가나안에서 모은 재산을 챙겨서, 이집트를 바라보며 길을 떠났다. 7 이렇게 야곱은 자기 자녀들과 손자들과 손녀들 곧 모든 자손들을 다 거느리고 이집트로 갔다. 8 이집트로 내려간 이스라엘 사람들 곧 야곱과 그의 자손들의 이름은 다음과 같다. 야곱의 맏아들 르우벤, 9 르우벤의 아들들인 하녹과 발루와 헤스론과 갈미, 10 시므온의 아들들인 여무엘과 야민과 오핫과 야긴과 스할, 가나안 여인이 낳은 아들 사울, 11 레위의 아들들인 게르손과 고핫과 므라리, 12 유다의 아들들인

에르와 오난과 셀라와 베레스와 세라, (그런데 에르와 오난은 가나안 땅에 있을 때에 이미 죽었다.) 베레스의 아들들인 헤스론과 하물, 13 잇사갈의 아들들인 돌라와 부와와 욥과 시므론, 14 스불론의 아들들인 세렛과 엘론과 얄르엘, 15 이들은 밧단아람에서 레아와 야곱 사이에서 태어난 자손이다. 이 밖에 딸 디나가 더 있다. 레아가 낳은 아들딸이 모두 서른세 명이다. 16 갓의 아들들인 시본과 학기와 수니와 에스본과 에리와 아로디와 아렐리, 17 아셀의 아들들인 임나와 이스와와 이스위와 브리아와 그들의 누이 세라, 브리아의 아들들인 헤벨과 말기엘, 18 이들은 실바와 야곱 사이에서 태어난 자손이다. 실바는 라반이 자기 딸 레아를 출가시킬 때에 준 몸종이다. 그가 낳은 자손이 모두 열여섯 명이다. 19 야곱의 아내 라헬이 낳은 아들들인 요셉과 베냐민과 20 므낫세와 에브라임, (이 두 아들은 이집트 땅에서 온의 제사장 보디베라의 딸 아스낫과 요셉 사이에서 태어났다.) 21 베냐민의 아들들인 벨라와 베겔과 아스벨과 게라와 나아만과 에히와 로스와 뭅빔과 빔과 아룻, 22 이들은 라헬과 야곱 사이에서 태어난 자손인데, 열네 명이다. 23 단의 아들인 후심, 24 납달리의 아들들인 야스엘과 구니와 예셀과 실렘, 25 이들은 빌하와 야곱 사이에서 태어난 자손이다. 빌하는 라반이 자기 딸 라헬을 출가시킬 때에 준 몸종이다. 그가 낳은 자손은 모두 일곱 명이다. 26 야곱과 함께 이집트로 들어간 사람들은, 며느리들을 뺀 그 직계 자손들이 모두 예순여섯 명이다. 27 이집트에서 요셉이 낳은 아들 둘까지 합하면, 야곱의 집안 식구는 모두 일흔 명이다. 28 이스라엘이 유다를 자기보다 앞세워서 요셉에게로 보내어, 야곱 일행이 고센으로 간다는 것을 알리게 하였다. 일행이 고센 땅에 이르렀을 때에, 29 요셉이 자기 아버지 이스라엘을 맞으려고, 병거를 갖추어서 고센으로 갔다. 요셉이 아버지 이스라엘을 보고서, 목을 껴안고 한참 울다가는, 다시 꼭 껴안았다. 30 이스라엘이 요셉에게 말하였다. "나는 이제 죽어도 여한이 없다. 내가 너의 얼굴을 보다니, 네가 여태까지 살아 있구나!" 31 요셉이 자기의 형들과 아버지의 집안 식구들에게 말하였다. "제가 이제 돌아가서, 바로께 이렇게 말씀드리겠습니다. '가나안 땅에 살던 저의 형제들과 아버지의 집안이 저를 만나보려고 왔습니다. 32 그들은 본래부터 목자이고, 집짐승을 기르는 사람들인데, 그들이 가지고 있는 양과 소와 모든 재산을 챙겨서 이리로 왔습니다.' 이렇게 말씀을 드려 둘 터이니, 33 바로께서 형님들을 부르셔서 '그대들의 생업이 무엇이오?' 하고 물으시거든, 34 '종들은 어렸을 때부터 줄곧 집짐승을 길러온 사람들입니다. 우리와 우리 조상이 다 그러합니다' 하고 대답하셔야 합니다. 그래야 형님들이 고센 땅에 정착하실 수 있습니다. 이집트 사람은 목자라고 하면, 생각할 것도 없이 꺼리기 때문에, 가까이 하지 않습니다."

짐을 챙겨 이집트로 가던 야곱은 브엘세바에서 제사를 드린다. 브엘세바는 할아버지 아브라함이 거주하면서 예배를 드렸던 곳이다(21:33). 야곱은 할아버지가 기근을 피해 이집트로 내려갔다가 겪은 일을 알고 있었을 것이다. 이삭도 기근 때문에 그랄로 이주했다가 곤경을 당했다. 이러한 사정을 알고 있는 야곱으로서는 이집트로 가는 것이 내키지 않았을 것이다. 희생 제사를 드리는 그의 마음은 하란으로 도피할 때의 심정과 같았을 것이다.

그날 밤 환상을 통해 야곱에게 나타나신 하나님은 "이집트로 내려가는 것을 두려워하지 말아라"(3절) 하고 위로하시면서, 그곳에서 큰 민족으로 불어나게 하고 다시 가나안 땅으로 불러내겠다고 약속하신다.

이제 지체할 이유가 없었던 야곱은 바로가 보낸 수레를 타고 이집트로 향한다. 이 지점에서 저자는 야곱의 가족들 이름을 나열한다(8~27절). 지금 우리에게는 낯선 이름이지만, 이스라엘 백성에게는 중요한 이름들이었다. 이집트로 내려간 66명과 이집트에 있던 4명에게서 이스라엘 백성이 자라났기 때문이다.

야곱은 유다를 미리 보내 고센 땅으로 가고 있음을 알린다. 소식을 들은 요셉은 지체 없이 고센으로 가서 아버지와 감격적인 해후를 한다(29~30절). 요셉은 이집트 사람들에게서 가족을 보호하기 위해 변방의 고센 땅을 정착지로 삼는다. 당시 문명이 발전했던 이집트 사람들은 유목민들을 부정하게 여겼기 때문이다. 요셉은 만약을 위해 바로가 직업을 물으면 유목민으로 소개하라고 형제들에게 당부한다(31~34절). 그래야만 가족을 변방에 정착시킨 요셉의 의도가 의심받지 않기 때문이다.

하나님은 가나안을 이스라엘의 정착지로 정하고 아브라함을 불러내셨습니다. 가나안 이곳저곳을 유랑하며 살던 아브라함은 기근을 만났을 때 잠시 이집트로 피신했습니다. 하지만 그곳에서 큰 곤경을 치르고 가나안 땅으로 쫓겨났습니다. 그 일이 있은 뒤로 아브라함은 하나님의 뜻을 이루기 위해 가나안을 지켰습니다. 이삭의 신붓감을 찾을 때도 이삭 대신 종을 하란으로 보냈습니다. 번영한 하란에 갔다가 이삭이 그곳에 정착할 것을 염려했기 때문입니다. 이런 전통이 이어져 야곱도 하란 생활을 청산하고 할아버지의 땅으로 돌아왔습니다.

가나안 땅에 돌아와 여러 어려움을 겪다가 겨우 살만해졌을 때 심한 기근을 만났습니다. 아들들이 곡식을 사러 이집트에 갔다가 죽은 줄 알았던 요셉을 만났고, 총리가 된 요셉은 온 가족이 이민 오도록 초청했습니다. 이 초청에 야곱은 심하게 고민했을 것입니다. 삼 대를 이어 지켜 온 가나안 땅을 떠나는 것이 마음에 걸렸습니다. 할아버지 아브라함이 겪었던 것처럼 큰 어려움을 겪지 않을까 걱정되었습니다. 그래서 브엘세바에 들러 제사를 드렸습니다. 베델에서처럼 야곱은 하나님께서 지켜 주시기를 기도했을 것입니다.

그날 밤 하나님은 환상 중에 나타나셔서 염려하지 말고 이집트로 내려가라고 하셨습니다. 하나님의 응답을 받은 야곱은 가뿐한 마음으로 이집트로 향했습니다.

지나고 나서야 안 일이었지만, 하나님은 아무도 없는 고센 땅에서 이스라엘 백성이 큰 민족으로 자라도록 준비하신 것이었습니다. 가나안 땅에는 다른 민족이 살고 있었기에 큰 백성으로 자라기에 장애들이 있었습니다. 또한 가나안 주민들의 죄가 아직 심판할 정도까지 이르지 않았습니다. 그때가 이르기까지 하나님은 고센 땅에서 이스라엘 백성을 길러 다시 불러내려고 하셨습니다.

이스라엘(야곱)의 후손은 그 후로 4백여 년 동안 그곳에서 살아갑니다. 잠시만 머물다가 돌아갈 마음이었는데 어찌하다 보니 이토록 길어졌습니다. 4백여 년 동안 그들은 처음에는 이주민으로, 나중에는 노예로 고난을 겪어야 했습니다.

고난이 깊어지자 이스라엘 사람들은 왜 이 고난 속에서 버려 두느냐며 하나님을 원망했습니다. 하지만 결과를 보니 하나님은 이집트에 버려두신 것이 아니라 붙들어 두신 것이었습니다. 하나의 국가로 새 출발 할 준비가 되었을 때 하나님은 모세를 불러내셨습니다.

우리의 소견으로는 하나님의 일을 이해할 수 없습니다. 그래서 때로는 변덕을 부리시는 것 같고, 또 때로는 침묵하시는 것 같습니다. 하지만 지나고 보면 왜 그렇게 하셨는지, 왜 하나님의 때가 가장 완벽한 때인지를 깨닫습니다. 이해할 수 없을 때조차 하나님을 의지하고 순종해야 하는 이유가 여기에 있습니다.

아무것도 없으나
모든 것을 가진 사람

창세기 47장 1~12절

1 요셉이 바로에게 가서 아뢰었다. "저의 아버지와 형제들이 소 떼와 양 떼를 몰고, 모든 재산을 챙겨가지고, 가나안 땅을 떠나서, 지금은 고센 땅에 와 있습니다." 2 요셉은 형들 가운데서 다섯 사람을 뽑아서 바로에게 소개하였다. 3 바로가 그 형제들에게 물었다. "그대들은 생업이 무엇이오?" 그들이 바로에게 대답하였다. "임금님의 종들은 목자들입니다. 우리 조상들도 마찬가지였습니다." 4 그들은 또 그에게 말하였다. "소인들은 여기에 잠시 머무르려고 왔습니다. 가나안 땅에는 기근이 심하여, 소 떼가 풀을 뜯을 풀밭이 없습니다. 그러하오니, 소인들이 고센 땅에 머무를 수 있도록 허락하여 주시기를 바랍니다." 5 바로가 요셉에게 대답하였다. "그대의 아버지와 형제들이 그대에게로 왔소. 6 이집트 땅이 그대 앞에 있으니, 그대의 아버지와 형제들이 이 땅에서 가장 좋은 곳에서 살도록 거주지를 마련하시오. 그들이 고

센 땅에서 살도록 주선하시오. 형제들 가운데서, 특별한 능력이 있는 사람들을 그대가 알면, 그들이 나의 짐승을 맡아 돌보도록 하시오." 7 요셉은 자기 아버지 야곱을 모시고 와서, 바로를 만나게 하였다. 야곱이 바로를 축복하고 나니, 8 바로가 야곱에게 말하였다. "어른께서는 연세가 어떻게 되시오?" 9 야곱이 바로에게 대답하였다. "이 세상을 떠돌아다닌 햇수가 백 년 하고도 삼십 년입니다. 저의 조상들이 세상을 떠돌던 햇수에 비하면, 제가 누린 햇수는 얼마 되지 않지만, 험악한 세월을 보냈습니다." 10 야곱이 다시 바로에게 축복하고, 그 앞에서 물러났다. 11 요셉은 자기 아버지와 형제들을 이집트 땅에서 살게 하고, 바로가 지시한 대로, 그 땅에서 가장 좋은 곳인 라암세스 지역을 그들의 소유지로 주었다. 12 요셉은, 자기 아버지와 형제들과 아버지의 온 집안에, 식구 수에 따라서 먹거리를 대어 주었다.

아버지와 해후한 요셉은 형들 중에서 다섯 명을 뽑아 바로에게 인사시킨다. 요셉의 예상대로 바로는 생업이 무엇인지 물었고, 형들은 조상 때부터 유목민으로 살았다고 답하면서 가축을 기르게 해 달라고 청한다. "여기에 잠시 머무르려고 왔습니다"(4절)라는 표현에서 알 수 있듯, 그들은 이집트에 영구 정착할 마음이 없었다. 바로는 청을 허락하면서 자신의 가축까지 길러 달라고 부탁한다.

그런 다음 요셉은 아버지 야곱을 모시고 와서 바로에게 소개하는데, 그 자리에서 야곱은 바로를 축복한다(7절). '축복하다'는 일상적인 인사를 의미하기도 하고 제의적인 축복을 의미하기도 한다. 야곱은 자신이 믿는 하나님을 의지해 그를 축복했을 것이다. 바로가 자신의 가족에게 베푼 호의에 그가 할 수 있는 일은 하나님의 축복을 비는 것뿐이었다.

바로는 야곱을 만나자 다짜고짜 나이를 묻는다. 나이가 궁금할 정도로 겉모습이 늙어 보였기 때문일 것이다. 야곱은 130세라고 답하면서 "험악한 세월을 보냈습니다"(9절)라고 말한다. 성경에 기록된 몇 가지 이야기만으로도 우리는 야곱이 얼마나 많은 우여곡절을 겪었는지 짐작할 수 있다.

이렇게 하여 요셉의 가족은 고센 땅(후에 라암세스로 불림)에 정착한다.

야곱이 바로 앞에 선 모습을 상상합니다. 야곱은 무력한 이주민이고, 바로는 절대 권력자였습니다. 바로의 나이가 얼마였는지 알 수 없지만, 호호백발의 야곱에 비하면 젊고 강했습니다. 바로는 왕의 위엄을 뽐내며 차려입었고, 야곱은 궁정에서 제공한 예복을 입고 있었을 것입니다. 아무것도 없는 야곱은 철저히 무력했고 바로는 모든 것을 가진 전능자였습니다.

    하지만 야곱은 자신에게도 바로에게 줄 것이 있다고 믿었습니다. 바로가 가진 것보다 더 크고 귀한 것이 있다고 믿었습니다. 그것은 하나님의 은혜와 자비였습니다. 바로는 하나님을 믿지 않았지만 하나님의 다스림 아래에 있었습니다. 그가 누리는 모든 것은 하나님의 은혜로 말미암은 것이었습니다.

    인간은 누구나 하나님의 자녀입니다. 다만 아버지 하나님을 인정하느냐 인정하지 않느냐의 차이만 있을 뿐입니다. 하나님의 은총에 의지해 사는 야곱은 그것을 알지 못하는 바로를 측은하게 여겼을 것입니다. 하나님의 영원한 시각에서 보면, 그가 누리는 권력과 권세와 영광은 순식간에 사라져 버릴 것이었기 때문입니다.

    여기서 믿는 사람의 차별성이 드러납니다. 야곱은 아무것도 가지지 않았지만 다 가진 것처럼 말하고 행동했습니다. 영원하고 전능하신 하나님 안에 있었기 때문입니다. 그래서 바로 앞에 선 야곱은 마치 제사장처럼 보입니다. 그는 예의를 갖추어 바로를 대했지만 비굴하지 않았습니다.

바울 사도 역시 이런 믿음으로 살았습니다. 그래서 "아무것도 가지지 않은 사람 같으나 모든 것을 가진 사람"(고후 6:10)이라는 고백을 남겼습니다. 그리스도 안에 살고 있다고 믿었기 때문입니다. 이런 사람을 흔들 수 있는 것은 세상에 없습니다.

선한 의도,
악한 유산

창세기 47장 13~26절

13 기근이 더욱 심해지더니, 온 세상에 먹거리가 떨어지고, 이집트 땅과 가나안 땅에서는 이 기근 때문에 사람들이 야위어 갔다. 14 사람들이 요셉에게 와서, 곡식을 사느라고 돈을 치르니, 이집트 땅과 가나안 땅의 모든 돈이 요셉에게로 몰렸고, 요셉은 그 돈을 바로의 궁으로 가지고 갔다. 15 이집트 땅과 가나안 땅에서 돈마저 떨어지자, 이집트 사람들이 모두 요셉에게 와서 말하였다. "우리에게 먹거리를 주십시오. 돈이 떨어졌다고 하여, 어른께서 보시는 앞에서 죽을 수야 없지 않습니까?" 16 요셉이 말하였다. "그러면, 당신들이 기르는 집짐승

이라도 가지고 오시오. 돈이 떨어졌다니, 집짐승을 받고서 먹거리를 팔겠소." 17 그래서 백성들은 자기들이 기르는 집짐승을 요셉에게로 끌고 왔다. 요셉은 그들이 끌고 온 말과 양 떼와 소 떼와 나귀를 받고서 먹거리를 내주었다. 이렇게 하면서 요셉은, 한 해 동안 내내, 집짐승을 다 받고서 먹거리를 내주었다. 18 그 해가 다 가고, 이듬해가 되자, 백성들이 요셉에게로 와서 말하였다. "돈은 이미 다 떨어지고, 집짐승마저 다 어른의 것이 되었으므로, 이제 어른께 드릴 수 있는 것으로 남은 것이라고는, 우리의 몸뚱아리와 밭뙈기뿐입니다. 어른께 무엇을 더 숨기겠습니까? 19 어른께서 보시는 앞에서, 우리가 밭과 함께 망할 수야 없지 않습니까? 그러니, 우리의 몸과 우리의 밭을 받고서 먹거리를 파십시오. 우리가 밭까지 바쳐서, 바로의 종이 되겠습니다. 우리에게 씨앗을 주십시오. 그러면, 우리가 죽지 않고 살아날 것이며, 밭도 황폐하게 되지 않을 것입니다." 20 요셉은 이집트에 있는 밭을 모두 사서, 바로의 것이 되게 하였다. 이집트 사람들은, 기근이 너무 심하므로, 견딜 수 없어서, 하나같이 그들이 가지고 있는 밭을 요셉에게 팔았다. 그래서 그 땅은 바로의 것이 되었다. 21 요셉은 이집트 이 끝에서 저 끝까지를 여러 성읍으로 나누고, 이집트 전 지역에 사는 백성을 옮겨서 살게 하였다. 22 그러나 요셉은, 제사장들이 가꾸는 밭은 사들이지 않았다. 제사장들은 바로에게서 정기적으로 녹을 받고 있고, 바로가 그들에게 주는 녹 가운데는 먹거리가 넉넉하였으므로, 그들은 땅을 팔 필요가 없었다. 23 요셉이 백성에게 말하였다. "이제, 내가 당신들의 몸과 당신들의 밭을 사서, 바로께 바쳤소. 여기에 씨앗이 있소. 당신들은 이것을 밭에 뿌리시오. 24 곡식을 거둘 때에, 거둔 것에서 오분의 일을 바로께 바치고, 나머지 오분의 사는 당신들이 가지시오. 거기에서 밭에 뿌릴 씨앗을 따로 떼어 놓으면, 그 남는 것이 당신들과 당신들의 집안과 당신들 자식들의 먹거리가 될 것이오." 25 백성들이 말하였다. "어른께서 우리의 목숨을 건져 주셨습니다. 어른께서 우리를 어여삐 보시면, 우리는 기꺼이 바로의 종이 되겠습니다." 26 요셉이 이렇게 이집트의 토지법 곧 밭에서 거둔 것의 오분의 일을 바로에게 바치는 법을 만들었으며, 지금까지도 그 법은 유효하다. 다만, 제사장의 땅만은 바로의 것이 되지 않았다.

이어서 저자는 나머지 흉년 기간에 일어난 일들을 묘사한다. 계속된 가뭄에 가나안과 이집트 주민들은 곡식을 사는 데 모든 돈을 사용했다. 그러자 이제 돈 대신 가축을 내주고 곡물을 받아왔다(13~17절). 마지막 해에 가축마저 떨어진 백성들은 토지를 바치고 노예가 되겠으니 곡물을 내어 달라고 요청한다. 요셉은 조건을 받아들여 전 국토를 국유화시키고 백성들을 바로의 소작농으로 전락시킨다.

전 국토가 국가 소유화되자 요셉은 국토를 재편하고 주민들을 이주시켜 균형적인 발전을 도모한다. 다만 제사장들의 토지는 제외되었다. 그들은 바로에게서 충분한 곡물을 제공받았기에 토지를 내다 팔 필요가 없었다(21~22절). 요셉은 이주한 주민들에게 씨앗을 공급해 농사를 짓게 한 뒤, 수확물의 20%를 소작세로 내도록 했다. 백성들은 그것만으로도 감지덕지라며 받아들인다. 이 법은 이집트의 오랜 전통이 되었고 바로의 전권 통치를 가능하게 했다.

가뭄이 진행되는 동안 정부가 저장해 두었던 곡물을 백성에게 판 일은 정당하다 할 수 있습니다. 하지만 백성이 더 이상 돈을 지불할 수 없는 상황이 되었을 때 가축으로 대신 값을 치르게 한 것은 정당해 보이지 않습니다. 이 정도의 위기 상황에 이르면 정부는 백성을 무상으로 먹여 살려야 마땅합니다. 게다가 모든 토지를 국고로 환수하고 백성들을 소작농으로 만든 것은 국가의 횡포로 보입니다.

요셉이 이렇게 한 이유는 차제에 국토 전체를 재편해 균형적인 발전을 도모하기 위함이었을 것입니다. 하지만 그것은 한시적인 조치로 끝나야 했습니다. 전 국민을 소작농으로 전락시키고 20%의 높은 소작세를 징수하여 그것이 전통으로 지속되게 한 것은 큰 과오였습니다.

선하고 지혜로운 통치자에게 전권이 맡겨지면 백성 전체에게 유익이 돌아가지만, 악하고 어리석은 통치자가 전권을 가지면 엄청난 피해가 가해집니다. 이 정도의 전권 없이는 고대 이집트의 문명은 불가능했을 것입니다. 오늘날의 우리는 피라미드나 스핑크스 같은 어마어마한 문명의 잔해들을 보고 있지만, 그 과정에서 힘없는 민초들이 얼마나 고통을 겪었을지 상상해 보아야 합니다.

가능한 한 정치 권력은 분산되고 더불어 확실한 견제 장치가 마련돼야 합니다. 권력자의 관심은 '얼마나 위대한 일을 이루느냐'가 아닌 '국민들이 얼마나 자유롭고 복되게 살아가느냐'에 있어야 합니다.

"살라!" 하는 명령

창세기 47장 27~31절

27 이스라엘 자손은 이집트의 고센 땅에 자리를 잡았다. 거기에서 그들은 재산을 얻고, 생육하며 번성하였다. 28 야곱이 이집트 땅에서 열일곱 해를 살았으니, 그의 나이가 백마흔일곱 살이었다. 29 이스라엘은 죽을 날을 앞두고, 그의 아들 요셉을 불러 놓고 일렀다. "네가 이 아버지에게 효도를 할 생각이 있으면, 너의 손을 나의 다리 사이에 넣고, 네가 인애와 성심으로 나의 뜻을 받들겠다고 나에게 약속하여라. 나를 이집트에 묻지 말아라. 30 내가 눈을 감고, 조상들에게로 돌아가면, 나를 이집트에서 옮겨서, 조상들께서 누우신 그 곳에 나를 묻어다오." 요셉이 대답하였다. "아버지 말씀대로 하겠습니다." 31 야곱이 다짐하였다. "그러면 이제 나에게 맹세하여라." 요셉이 아버지에게 맹세하니, 이스라엘이 침상 맡에 엎드려서, 하나님께 경배하였다.

저자는 세 족장(아브라함, 이삭, 야곱)의 죽음을 중요하게 다룬다. 아브라함은 175세에 세상을 떠나는데, 이삭과 이스마엘은 어머니 사라의 장례를 위해 아버지가 사두었던 막벨라 굴에 아버지를 안장한다(25:7~11). 180세에 죽은 이삭은 막벨라 굴에 안장되고(35:27~29), 야곱은 이집트에서 17년을 살고 147세에 세상을 떠난다(47:28, 49:29~33).

야곱은 세상을 떠나기 전, 요셉과 바로의 선처 덕분에 고센 땅에 정착한다. 여기서 저자는 "거기에서 그들은 재산을 얻고, 생육하며 번성하였다"(27절)라고 적는다. '생육하고 번성하라'는 첫 사람에게 주어진 하나님의 명령이자(1:22, 28) 홍수 후에 노아와 그 가족에게 주신 명령이며(9:1, 7), 아브라함(17:6, 20)과 야곱(28:3, 35:11)에게 주어진 명령이었다. 그것은 약속이기도 했다. 저자는 그 명령/약속이 이집트 땅에서 이루어졌음을 강조한다.

죽을 날이 가까이 왔음을 감지한 야곱은 요셉을 부른다. 야곱은 요셉에게 모든 예를 갖추어 대했을 것이다. 우리 성경에는 요셉에게 하대하는 말투로 번역했지만, 경어체로 번역하는 것이 더 맞다. "네가 이 아버지에게 효도를 할 생각이 있으면"(29절)은 '총리께서 저를 불쌍히 여기신다면'이라는 뜻이다. 우리 말 번역에는 반영되지 않았지만, 야곱은 요셉에게 말하면서 '부디'라는 말을 세 번이나 사용했다. 손을 다리 사이에 넣는 행동은 엄중한 서약을 의미한다.

　야곱은 요셉에게, 자신이 죽거든 시신을 이집트가 아닌 아브라함과 이삭이 묻힌 곳에 묻어 달라고 청한다. 아브라함에서 시작하신 하나님의 일이 계속 이어지도록 하려는 뜻이었다. 요셉이 그렇게 하겠다고 답하고 맹세하자, 야곱은 침상 맡에 엎드려 경배한다. "하나님께"(31절)라는 말은 원문에 없다. 학자들은 야곱이 요셉에게 감사를 표현한 것일 수도 있다고 본다.

　한자를 풀이하면서 성서의 진리가 한자 안에 들어 있다고 설명하는 사람들이 있습니다. 그 이야기를 듣다 보면 '잘도 꿰맞춘다'라는 생각이 듭니다.

　하지만 전혀 근거 없는 말도 아닙니다. 바울 사도가 말한 대로 하나님의 뜻은 피조 세계와 인간의 이성을 통해서도 알 수 있기 때문입니다. 그것을 '일반 계시'라고 부릅니다. 어느 나라든지 언어가 만들어질 때는 그 안에 우주와 인생과 사물의 이치가 담기는 법입니다. 그러므로 한자 단어에서 성경의 진리가 종종 발견되는 것은 이상한 일이 아닙니다. 순수 우리 말 단어에도 놀라운 진리 인식이 담겨 있습니다.

'생명'(生命)이라는 단어가 대표적인 예입니다. 생명은 말 그대로 '살라는 명령'입니다. 그냥 목숨만 부지하고 살라는 뜻이 아니라 사람답게 살라는 의미입니다. 인생에 주어진 좋은 것들을 누리면서 사람으로서 마땅히 해야 할 일을 행하라는 것입니다. 목숨은 위에 계신 분이 주신 것이기 때문입니다.

이것이 태초에 하나님이 첫 사람에게 주신 "생육하고 번성하여 땅에 충만하라"라는 명령입니다. 하나님은 필요한 모든 환경을 조성하신 뒤에 생명을 창조하셨습니다. 생명의 존재 이유는 주어진 것들을 누리고 즐기는 것입니다. 그것이 곧 창조주의 기쁨입니다. 아이의 즐거움과 행복이 어머니의 기쁨이 되고, 정원의 나무들이 싱싱하게 자랄 때 정원사가 기쁜 것과 같은 이치입니다. 하나님은 노아에게 그리고 족장들에게 이 명령을 거듭 확인시키셨습니다.

이 아름다운 생명 세상에 죄가 들어옴으로 생명의 균형과 조화가 깨졌고, 인간은 자기중심적으로 변해갔습니다. 모두가 충만한 생명을 누리도록 창조된 세상에서 인간은 자기만의 행복을 추구하는 존재로 타락했습니다. 내가 살기 위해 다른 생명을 죽이는 행동을 주저하지 않게 되었습니다. 이로 인해 모든 것을 함께 누리며 축하하는 천국이 서로 더 가지기 위해 투쟁하는 지옥으로 변질하고 말았습니다.

오늘 우리의 과제는 '살라'는 명령을 충실히 지킬 수 있는 세상을 만드는 것입니다. '나 혼자라도 살아남자'가 아니라 '다 같이 살자'라는 마음으로 살아야 합니다. 하나님이 지으신 모든 생명이 충만하게 살도록 세상을 변화시켜야 합니다.

깨어진 세상에서 '살라'는 명령은 '살리라'는 명령이 됩니다. '살라'는 명령은 생명을 향한 경외심의 근거이고, '살리라'는 명령은 이웃에 대한 존경심의 근거입니다. 예수 그리스도를 통해 죄성이 치유되었다면 생명에 대한 태도에서 가장 먼저 변화가 일어나야 합니다.

하나님의 큰 그림

창세기 48장

1 이런 일이 있은 지 얼마 되지 않아서, 요셉은 아버지의 병환 소식을 들었다. 요셉은 두 아들 므낫세와 에브라임을 데리고, 아버지를 뵈러 갔다. 2 야곱 곧 이스라엘은 자기의 아들 요셉이 왔다는 말을 듣고서, 기력을 다하여 침상에서 일어나 앉았다. 3 야곱이 요셉에게 말하였다. "전능하신 하나님이 가나안 땅 루스에서 나에게 나타나셔서, 거기에서 나에게 복을 허락하시면서, 4 나에게 이르시기를 '내가 너에게 수많은 자손을 주고, 그 수가 불어나게 하겠다. 내가 너에게서 여러 백성이 나오게 하고, 이 땅을 너의 자손에게 주어서, 영원한 소유가 되게 하겠다' 하셨다. 5 내가 너를 보려고 여기 이집트로 오기 전에 네가 이집트 땅에서 낳은 두 아이는, 내가 낳은 아들로 삼고 싶다. 르우벤과 시므온이 나의 아들이듯이, 에브라임과 므낫세도 나의 아들이다. 6 이 두 아이 다음에 낳은 자식들은 너의 아들이다. 이 두 아이는 형들과 함께 유산을 상속받게 할 것이다. 7 내가 밧단을 떠나서 고향으로 돌아올 때에, 슬프게도, 너의 어머니 라헬이 가나안 땅에 다 와서, 조금만 더 가면 에브랏에 이를 것인데, 그만 길에서 세상을 떠나고 말았다. 나는 너의 어머니를 에브랏 곧 베들레헴으로 가는 길 옆에 묻었다." 8 이스라엘이 요셉의 아들들을 보면서 물었다. "이 아이들이 누구냐?" 9 요셉이 자기 아버지에게 대답하였다. "이 아이들은 여기에서 하나님이 저에게 주신 자식들입니다." 이스라엘이 말하였다. "아이들을 나에게로 가까이 데리고 오너라. 내가 아이들에게 축복하겠다." 10 이스라엘은 나이가 많았으므로, 눈이 어두워서 앞을 볼 수 없었다. 요셉이 두 아들을 아버지에게로 이끌고 가니, 야곱이 그들에게

입을 맞추고 끌어안았다. 11 이스라엘이 요셉에게 말하였다. "내가 너의 얼굴을 다시 볼 것이라고는 생각도 못하였는데, 이제 하나님은, 내가 너의 자식들까지 볼 수 있도록 허락하셨구나." 12 요셉은 이스라엘의 무릎 사이에서 두 아이들을 물러나게 하고, 땅에 얼굴을 대고 엎드려 절을 하였다. 13 그런 다음에 요셉은 두 아이를 데려다가, 오른손으로 에브라임을 이끌어서 이스라엘의 왼쪽에 서게 하고, 왼손으로 므낫세를 이끌어서 이스라엘의 오른쪽에 서게 하였다. 14 그런데 이스라엘은, 에브라임이 작은 아들인데도 그의 오른손을 에브라임의 머리 위에 얹고, 므낫세는 맏아들인데도 그의 왼손을 므낫세의 머리 위에 얹었다. 야곱이 그의 팔을 엇갈리게 내민 것이다. 15 야곱이 요셉을 축복하였다. "나의 할아버지 아브라함과 아버지 이삭을 보살펴 주신 하나님, 내가 태어난 날로부터 오늘에 이르기까지 나의 목자가 되어주신 하나님, 16 온갖 어려움에서 나를 건져 주신 천사께서 이 아이들에게 복을 내려 주시기를 빕니다. 나의 이름과 할아버지의 이름 아브라함과 아버지의 이름 이삭이 이 아이들에게서 살아 있게 하여 주시기를 빕니다. 이 아이들의 자손이 이 땅에서 크게 불어나게 하여 주시기를 빕니다." 17 요셉은 아버지가 오른손을 에브라임의 머리 위에 얹은 것을 보고서, 못마땅하게 여겼다. 요셉은 아버지의 오른손을 에브라임의 머리에서 므낫세의 머리로 옮기려고, 아버지의 오른손을 잡고 말하였다. 18 "아닙니다, 아버지! 이 아이가 맏아들입니다. 아버지의 오른손을 큰 아이의 머리에 얹으셔야 합니다." 19 그러나 그의 아버지는 거절하면서 대답하였다. "나도 안다. 내 아들아, 나도 안다. 므낫세가 한 겨레를 이루고 크게 되겠지만, 그 아우가 형보다 더 크게 되고, 아우의 자손에게서 여러 겨레가 갈라져 나올 것이다." 20 그 날, 야곱은 이렇게 그들을 축복하였다. "이스라엘 백성이 너희의 이름으로 축복할 것이니 '하나님이 너를 에브라임과 같고 므낫세와 같게 하시기를 빈다'고 할 것이다." 이렇게 야곱은 에브라임을 므낫세보다 앞세웠다. 21 이스라엘이 요셉에게 말하였다. "나는 곧 죽는다. 그러나 하나님이 너희와 함께 계시고, 너희를 조상들의 땅으로 돌아가게 하실 것이다. 22 그리고 네 형제들 위에 군림할 너에게는, 세겜을 더 준다. 세겜은 내가 칼과 활로 아모리 사람의 손에서 빼앗은 것이다."

야곱은 이집트로 이주해서 17년을 더 살았다. 흉년이 끝난 후에도 가나안으로 돌아가지 않았다.

야곱의 병환이 깊어졌다는 소식을 들은 요셉은 두 아들을 데리고 아버지를 찾는다. 당시에는 가장이 제사장 역할을 했기에, 세상을 떠나시기 전에 아버지께 축복 기도를 받는 일은 매우 중요했다. 요셉과 두 손자를 본 야곱은 기력을 다해 일어나 하나님께서 자신에게 주신 언약을 상기시키며 두 손자를 자기 아들로 삼겠다고 말한다(3~5절). 아들로 삼겠다는 말은 유산 상속권을 준다는 의미다. 야곱이 그렇게 한 것은 일찍 세상을 떠난 라헬에 대한 사랑 때문이었다.

야곱은 두 아이에게 입을 맞추고는 하나님께 감사드린다. 죽은 줄 알았던 아들을 다시 만난 것도 감사한데 그의 아들들까지 보게 되니 감사의 정이 북받쳐 오른 것이다(8~11절). 아버지와의 마지막 만남이라고 생각한 요셉은 두 아들과 함께 작별의 절을 드린다. 그런 다음 큰아들 므낫세를 아버지 오른쪽에, 작은아들 에브라임을 왼쪽에 세워 두고는 축복해 달라고 청한다. 그런데 야곱은 두 팔을 교차하여 오른손을 에브라임 머리에, 왼손을 므낫세 머리에 얹고 기도를 시작한다.

야곱은 할아버지 아브라함과 아버지 이삭을 지켜 주신 하나님께서 에브라임과 므낫세를 지켜 주시기를 축복한다. "나의 이름과 할아버지의 이름 아브라함과 아버지의 이름 이삭이 이 아이들에게서 살아 있게 하여 주시기를 빕니다"(16절)라는 기도는 할아버지에게서 이어져 온 믿음의 전통이 대대로 이어지게 해 달라는 뜻이다.

큰아들에게 왼손을 얹고 작은아들에게 오른손을 얹은 아버지를 본 요셉은 못마땅해하며 손을 바꿔 달라고 요청한다(17~18절). 당시 관습에서는 오른편이 우선했기에 마땅히 아버지의 오른손은 큰아들에게 있어야 했다. 요셉은 눈 어두운 아버지가 착각한 줄 알았다. 하지만 야곱은 그 사실을 잘 알고 있었다. 그는 두 손자에게 손을 얹으려는 순간 에브라임을 향한 하나님의 계획이 므낫세보다 크다는 사실을 감지했던 것이다.

축복 기도를 마친 야곱은 요셉에게 때가 되면 가나안 땅으로 돌아가리라고 예언한다. 그리고 자신이 칼과 활로 아모리 사람에게서 빼앗은 세겜을 요셉에게 준다는 유언을 남긴다.

이스라엘의 열두 지파는 야곱의 열두 아들에게서 나왔습니다. 하지만 야곱이 요셉의 두 아들을 자신의 아들로 받아들였기에 열세 지파가 되었습니다. 나중에 이스라엘이 가나안 땅에 정착할 때 레위 지파는 땅을 분배받지 못했습니다. 그로 인해 땅을 분배받은 지파는 열두 지파가 되었습니다. 요셉의 큰아들 므낫세 후손은 요단강 동편에 있는 땅을 분배받았고, 둘째 아들 에브라임 후손은 가나안 땅의 중심부를 분배받았습니다.

그 후 역사의 흐름에서 므낫세 지파가 가장 먼저 사라졌고, 에브라임 지파는 북왕국 이스라엘이 멸망할 때까지 명맥을 유지했습니다. 그래서 예언서에 보면 에브라임이 북왕국 이스라엘의 별명이 되었습니다. 남왕국을 유다라고 부른 것처럼, 북왕국은 에브라임으로 불렸습니다. 북왕국을 형성한 열 지파 중에서 가장 오래도록 살아남은 지파는 에브라임 지파였고, 남왕국을 형성한 두 지파 중에 지금까지 살아남은 지파는 유다 지파였습니다.

야곱은 미래에 일어날 일들을 전혀 모르고 있었습니다. 하지만 하나님의 계획이 인간적인 관습과 계획을 넘어선다는 사실은 경험을 통해 잘 알고 있었습니다. 그는 열심과 노력으로 인생 역전을 이뤄 보려 했지만, 결국 인생과 역사를 결정하시는 이는 하나님이셨습니다.

야곱은 야망과 계획을 이루려는 욕심을 버리고 하나님의 큰 그림을 생각하면서 그분 손길을 따라 움직이려 했습니다. 에브라임과 므낫세에게 축복할 때도 먼저 하나님의 뜻을 찾앉고, 자신도 알 수 없는 이유로 팔을 교차해 뻗었습니다. 야곱은 두 자손에게 무슨 일이 일어날지 까맣게 몰랐으나 하나님의 큰 그림이 어디로 향하는지는 알았습니다.

지금 우리 모두도 알 수 없는 하나님의 큰 그림 안에 있습니다. 하나님은 그 그림을 완성하기 위해 우리 한 사람 한 사람을 이끌고 계십니다. 따라서 우리는 내가 세운 계획과 야망대로 행할 것이 아니라 하나님의 세밀한 음성과 부드러운 손길을 따라 살도록 힘써야 합니다. 그럴 때 지금은 알 수 없는 하나님의 큰 그림이 완성되고, 우리는 그 그림의 한구석에서 내 몫을 다하게 될 것입니다. 하나님의 계획 안에만 있다면 역할이 크든 작든 아무 상관 없습니다.

누가 제사장인가?

창세기 49장 1~28절

1 야곱이 아들들을 불러 놓고서 일렀다. "너희는 모여라. 너희가 뒷날에 겪을 일을, 내가 너희에게 말하겠다. 2 야곱의 아들들아, 너희는 모여서 들어라. 너희의 아버지 이스라엘이 하는 말에 귀를 기울여라. 3 르우벤아, 너는 나의 맏아들이요, 나의 힘, 나의 정력의 첫 열매다. 그 영예가 드높고, 그 힘이 드세다. 4 그러나 거친 파도와 같으므로, 또 네가 아버지의 침상에 올라와서 네 아버지의 침상을 더럽혔으므로, 네가 으뜸이 되지는 못할 것이다. 5 시므온과 레위는 단짝 형제다. 그들이 휘두르는 칼은 난폭한 무기다. 6 나는 그들의 비밀 회담에 들어가지 않으며, 그들의 회의에 끼여들지 않을 것이다. 그들은 화가 난다고 사람을 죽이고, 장난삼아 소의 발목 힘줄을 끊었다. 7 그 노여움이 혹독하고, 그 분노가 맹렬하니, 저주를 받을 것이다. 그들을 야곱 자손 사이에 분산시키고, 이스라엘 백성 사이에 흩어 버릴 것이다. 8 유다야, 너의 형제들이 너를 찬양할 것이다. 너는 원수의 멱살을 잡을 것이다. 너의 아버지의 아들들이 네 앞에 무릎을 꿇을 것이다. 9 유다야, 너는 사자 새끼 같을 것이다. 나의 아들아, 너는 움킨 것을 찢어 먹고, 굴로 되돌아갈 것이다. 엎드리고 웅크리는 모양이 수사자 같기도 하고, 암사자 같기도 하니, 누가 감히 범할 수 있으랴! 10 임금의 지휘봉이 유다를 떠나지 않고, 통치자의 지휘봉이 자손 만대에까지 이를

것이다. 권능으로 그 자리에 앉을 분이 오시면, 만민이 그에게 순종할 것이다. 11 그는 나귀를 포도나무에 매며, 그 암나귀 새끼를 가장 좋은 포도나무 가지에 맬 것이다. 그는 옷을 포도주에다 빨며, 그 겉옷은 포도의 붉은 즙으로 빨 것이다. 12 그의 눈은 포도주 빛보다 진하고, 그의 이는 우유 빛보다 흴 것이다. 13 스불론은 바닷가에 살며, 그 해변은 배가 정박하는 항구가 될 것이다. 그의 영토는 시돈에까지 이를 것이다. 14 잇사갈은 안장 사이에 웅크린, 뼈만 남은 나귀 같을 것이다. 15 살기에 편한 곳을 보거나, 안락한 땅을 만나면, 어깨를 들이밀어서 짐이나 지고, 압제를 받으며, 섬기는 노예가 될 것이다. 16 단은 이스라엘의 한 지파 구실을 톡톡히 하여, 백성을 정의로 다스릴 것이다. 17 단은 길가에 숨은 뱀 같고, 오솔길에서 기다리는 독사 같아서, 말발굽을 물어, 말에 탄 사람을 뒤로 떨어뜨릴 것이다. 18 주님, 제가 주님의 구원을 기다립니다. 19 갓은 적군의 공격을 받을 것이다. 마침내 적군의 뒤통수를 칠 것이다. 20 아셀에게서는 먹거리가 넉넉히 나올 것이니 그가 임금의 수라상을 맡을 것이다. 21 납달리는 풀어 놓은 암사슴이어서, 그 재롱이 귀여울 것이다. 22 요셉은 들망아지, 샘 곁에 있는 들망아지, 언덕 위에 있는 들나귀다. 23 사수들이 잔인하게 활을 쏘며 달려들어도, 사수들이 적개심을 품고서 그를 과녁으로 삼아도, 24 요셉의 활은 그보다 튼튼하고, 그의 팔에는 힘이 넘친다. 야곱이 섬기는 '전능하신 분'의 능력이 그와 함께 하시고, 목자이신 이스라엘의 반석께서 그와 함께 계시고, 25 너의 조상의 하나님이 너를 도우시고, 전능하신 분께서 너에게 복을 베푸시기 때문이다. 위로 하늘에서 내리는 복과, 아래로 깊은 샘에서 솟아오르는 복과, 젖가슴에서 흐르는 복과, 태에서 잉태되는 복을 베푸실 것이다. 26 너의 아버지가 받은 복은 태고적 산맥이 받은 복보다 더 크며, 영원한 언덕이 받은 풍성함보다도 더 크다. 이 모든 복이 요셉에게로 돌아가며, 형제들 가운데서 으뜸이 된 사람에게 돌아갈 것이다. 27 베냐민은 물어뜯는 이리다. 아침에는 빼앗은 것을 삼키고, 저녁에는 움킨 것을 나눌 것이다." 28 이들은 모두 이스라엘의 열두 지파이다. 이것은 그들의 아버지가 그들을 축복할 때에 한 말이다. 그는 아들 하나하나에게 알맞게 축복하였다.

요셉의 두 아들에게 축복 기도를 한 야곱은 열두 아들을 불러 한 명씩 기도해 준다. "너희가 뒷날에 겪을 일을, 내가 너희에게 말하겠다"(1절)라고 했는데, 그의 기도는 예언적인 축복 기도였다. 야곱은 르우벤, 시므온, 레위를 위해 기도하면서 그들이 장자권을 상실한 이유를 밝힌다. 르우벤은 아버지의 첩을 범했기 때문이고, 시므온과 레위는 누이 디나의 일로 세겜 사람들을 살육했기 때문이다(3~7절).

이어 유다에게 한 야곱의 기도는 축복으로 가득 차 있다(8~12절). 장자권은 유다에게로 옮겨질 것이며 그 후손에서 왕들이 나오리라고 예언한다. 예수님에게 일어난 일들을 마음에 두고서 이 기도를 읽으면 메시아에 대한 예언처럼 들린다. 이어서 야곱은 스불론, 잇사갈, 단, 갓, 아셀, 납달리에게 예언의 기도를 해 준다. 요셉에 이르러서는 가장 많은 표현을 써가며 풍성한 복을 빌어 준다(22~26절). 그리고 마지막에 베냐민을 위해 예언의 기도를 드린다.

아브라함, 이삭, 야곱 모두 세상을 떠나기 전에 자녀들을 위한 축복의 기도를 올렸습니다. 제사장 제도가 생겨나기 전에는 가장이 그 역할을 했습니다. 유교의 제사 의식에서 호주가 제주(祭主) 역할을 한 것처럼, 가장의 지도하에 예배를 드렸습니다.

모세가 율법을 따라 아론의 자손을 제사장으로 세운 이후로 가장의 제사장직이 약화되었습니다. 공동체를 위해 제사장을 세우는 일은 필요했지만, 가장의 제사장직을 완전히 망각하게 만든 것은 잘못이었습니다. 가장 작은 신앙 공동체인 가정에서는 가장이 제사장을 맡는 것이 합당하기 때문입니다.

남성 중심의 문화에서는 남성 호주가 곧 가장이었지만, 이제는 그렇게 생각하지 말아야 합니다. 가정 공동체의 가장은 하나님을 신실하게 섬기며 가정에 가장 마음 쓰는 사람이어야 합니다. 그것이 아버지일 수도 있고, 어머니나 자녀일 수도 있습니다. 믿지 않는 가정에서 자녀가 믿게 되었다면, 그가 그 가정의 제사장으로 세워진 것입니다. 가족 모두 신실한 믿음 안에 있다면 구성원 모두가 제사장 역할을 맡은 것입니다.

제사장은 하나님과 공동체 사이에서 중보하는 사람입니다. 하나님 앞에 나아가 공동체를 위해 대변하고, 공동체 앞에 나아가 하나님의 마음을 대변합니다. 그러기 위해 가장 필요한 것은 하나님과의 깊은 사귐과 공동체를 향한 뜨거운 사랑입니다. 때로는 공동체를 위해 간절히 기도하고, 때로는 강력하게 하나님의 뜻을 전합니다. 공동체 안에서 하나님의 계획이 이루어지도록 애를 씁니다. 하나님과 깊은 사귐을 나누고 공동체를 뜨겁게 사랑할 때, 공동체를 위한 기도는 예언이 되고 약속이 됩니다.

야곱의
임종과 장례

창세기 49장 29절~50장 14절

29 야곱이 아들들에게 일렀다. "나는 곧 세상을 떠나서, 나의 조상들에게로 돌아간다. 내가 죽거든, 나의 조상들과 함께 있게 헷 사람 에브론의 밭에 있는 묘실에 묻어라. 30 그 묘실은 가나안 땅 마므레 앞 막벨라 밭에 있다. 그 묘실은 아브라함 어른께서 묘실로 쓰려고, 헷 사람 에브론에게서 밭과 함께 사두신 것이다. 31 거기에는 아브라함과 그분의 아내 사라, 이 두 분이 묻혀 있고, 이삭과 그분의 아내 리브가, 이 두 분도 거기에 묻혀 있다. 나도 너희 어머니 레아를 거기에다 묻었다. 32 밭과 그 안에 있는 묘실은 헷 사람들에게서 산 것이다." 33 야곱은 자기 아들들에게 이렇게 이르고 나서, 침상에 똑바로 누워 숨을 거두고, 조상에게로 돌아갔다.

1 요셉이 아버지의 얼굴에 엎드려서, 울며 입을 맞추고, 2 시의들을 시켜서, 아버지 이스라엘의 시신에 방부제 향 재료를 넣게 하였다. 시의들이 방부제 향 재료를 넣는데, 3 꼬박 사십 일이 걸렸다. 시신이 썩지 않도록 향 재료를 넣는 데는 이만큼 시간이 걸린다. 그리고 이집트 사람들이 그의 죽음을 애도하며, 칠십 일을 곡하였다. 4 곡하는 기간이 지나니, 요셉이 바로의 궁에 알렸다. "그대들이 나를 너그럽게 본다면, 나를 대신하여 바로께 말씀을 전해 주시오. 5 우리 아버지가 운명하시면서 '내가 죽거든, 내가 가나안 땅에다가 준비하여 둔 묘실이 있으니, 거기에 나를 묻어라' 하시고, 우리 아버지가 나에게 맹세하라고

하셔서, 내가 그렇게 하겠다고 맹세하였소. 내가 올라가서 아버지를 장사지내고 올 수 있도록, 허락을 받아 주시오." 6 요셉이 이렇게 간청하니, 고인이 맹세시킨 대로, 올라가서 선친을 장사지내도록 하라는 바로의 허락이 내렸다. 7 요셉이 자기 아버지를 묻으러 올라갈 때에, 바로의 모든 신하와, 그 궁에 있는 원로들과, 이집트 온 나라에 있는 모든 원로와, 8 요셉의 온 집안과, 그 형제들과, 아버지의 집안 사람이, 그들에게 딸린 어린 아이들과 양 떼와 소 떼는 고센 땅에 남겨둔 채로 요셉과 함께 올라가고, 9 거기에다 병거와 기병까지 요셉을 호위하며 올라가니, 그 굉장한 상여 행렬이 볼 만하였다. 10 그들은 요단 강 동쪽 아닷 타작 마당에 이르러서, 크게 애통하며 호곡하였다. 요셉은 아버지를 생각하며, 거기에서 이레 동안 애곡하였다. 11 그들이 타작 마당에서 그렇게 애곡하는 것을 보고, 그 지방에 사는 가나안 사람들은 "이집트 사람들이 이렇게 크게 애곡하고 있구나" 하면서, 그 곳 이름을 아벨미스라임이라고 하였으니, 그 곳은 요단 강 동쪽이다. 12 야곱의 아들들은, 아버지가 명령한 대로 하였다. 13 아들들이 아버지의 시신을 가나안 땅으로 모셔다가, 마므레 앞 막벨라 밭에 있는 굴에 장사하였다. 그 굴과 거기에 딸린 밭은 아브라함이 묘 자리로 쓰려고 헷 사람 에브론에게서 사둔 곳이다. 14 요셉은 아버지의 장례를 치르고 난 다음에, 그의 아버지를 장사지내려고 그와 함께 갔던 형제들과 다른 모든 사람들을 데리고, 이집트로 돌아왔다.

축복 기도를 마친 야곱은 할아버지 아브라함이 구입한 에브론 가족 묘지에 매장해 달라는 유언을 남기고 세상을 떠났다(49:29~33). 아브라함을 시작으로 야곱이 이집트로 이주하기 전까지 270여 년 동안 합법적으로 그들의 소유가 된 땅은 마므레의 막벨라 굴뿐이었다. 가나안에 있는 한 뼘의 땅이었지만, 그곳은 이스라엘의 정신적 원점이 되었다.

요셉은 아버지의 시신에 예를 행한 뒤, 방부제 향 재료를 넣어 미이라로 만들었다. 애도 기간과 매장지인 막벨라 굴까지 가는 기간을 감안하여 방부 처리를 한 것이었다. 시신 처리까지 무려 40일이 걸렸고, 이집트 사람들은 70일 동안 곡을 하며 애도했다(3절). 이집트에서는 왕이나 왕족의 장례가 나면 70일 동안 애도했다. 야곱의 장례가 국상 격으로 치러졌다는 뜻이다.

애도 기간이 끝나자 요셉은 바로의 허락을 받아 막벨라 굴로 향한다. 바로는 이 장례 행렬에 이집트 고관들과 신하들, 백성의 원로들을 참여하게 한다. 여기에 어린아이들을 제외한 야곱의 모든 식솔도 참여하고, 그들을 호위하는 병거와 기병까지 동참한다(7~9절). 긴 상여 행렬은 수 킬로미터에 달했을 것이다.

요단강 동편에 도착한 장례 행렬은 이곳에서 한 주 동안 애곡한 뒤, 강을 건너 막벨라 굴에 이른다. 요셉은 절차에 따라 아버지의 시신을 안장하고 이집트로 돌아온다.

창세기에 기록된 야곱의 이야기들은 147년 동안 일어난 일 중에서 선택된 몇 개의 단편적인 기록일 뿐입니다. 하지만 그 이야기들만 가지고도 야곱이 어떤 인물이며 얼마나 파란만장한 삶을 살았는지 짐작할 수 있습니다. 바로에게 말한 대로 그는 "험악한 세월"(47:9)을 살았습니다.

그는 결코 훌륭한 인물이 아니었습니다. 오히려 결점이 많은 사람입니다. 하지만 하나님은 그를 선택해 계획을 이루어 가셨습니다. 물론 태생 그대로 사용하시지 않았습니다. 수없이 허물고 만지고 빚으셨습니다.

야곱 역시 자신의 허물과 약점을 알기에 하나님께 절박하게 매달렸습니다. 결국 그는 하나님의 구원사에서 중대한 연결 고리가 되었습니다. 갖은 풍상 속에서 빚어진 그였기에 늘그막에는 세상에 초연한 현자와 예언자 같은 모습에 이르렀습니다.

야곱의 인생 이야기는 읽는 이들에게 위로와 용기를 불어 넣어 줍니다. 우리도 야곱처럼 허물과 결점이 많은 존재이기 때문입니다. 하나님께서 야곱을 사용해 당신 뜻을 이루셨다면 우리에게도 희망이 있습니다. 인생의 풍파와 우여곡절 속에서도 하나님만 의지하고 살아가면, 하나님이 알아서 빚어 주시고 우리의 보잘것없는 인생을 사용해 당신의 계획을 이루실 것이기 때문입니다.

그것이 무엇일지 우리는 모릅니다. 야곱도 자신의 인생이 어떻게 사용될지 몰랐습니다. 뭐, 대단한 계획이 아니어도 괜찮습니다. 중요한 것은 그분의 다스림 안에 머무는 것입니다. 오늘 하루 인생의 모든 영역을 하나님께 맡기고 신실하게 살아갈 때, 하나님은 우리 안에서 당신의 뜻을 이루어 가실 것입니다.

누구의 꿈인가?

창세기 50장 15~21절

15 요셉의 형제들은 아버지를 여의고 나서, 요셉이 자기들을 미워하여, 그들에게서 당한 온갖 억울함을 앙갚음하면 어찌하나 하는 생각이 들어서, 16 요셉에게 전갈을 보냈다. "아버지께서 돌아가시기 전에 남기신 유언이 있습니다. 17 아우님에게 전하라고 하시면서 '너의 형들이 너에게 몹쓸 일을 저질렀지만, 이제 이 아버지는 네가 형들의 허물과 죄를 용서하여 주기를 바란다' 하셨습니다. 그러니 아우님은, 우리 아버지께서 섬기신 그 하나님의 종들인 우리가 지은 죄를 용서하여 주시기 바랍니다." 요셉은 이 말을 전해 듣고서 울었다. 18 곧 이어서 요셉의 형들이 직접 와서, 요셉 앞에 엎드려서 말하였다. "우리는 아우님의 종입니다." 19 요셉이 그들에게 말하였다. "두려워하지 마십시오. 내가 하나님을 대신하기라도 하겠습니까? 20 형님들은 나를 해치려고 하였지만, 하나님은 오히려 그것을 선하게 바꾸셔서, 오늘과 같이 수많은 사람의 생명을 구원하셨습니다. 21 그러니 형님들은 두려워하지 마십시오. 내가 형님들을 모시고, 형님들의 자식들을 돌보겠습니다." 이렇게 요셉은 그들을 간곡한 말로 위로하였다.

야곱의 장례를 마치고 일상으로 돌아온 요셉의 형제들은 다시금 불안과 두려움의 소용돌이에 휩싸인다. 효성이 지극한 요셉이 아버지를 생각해 지금까지 자신들에게 복수하지 않았던 것이라고 짐작한 것이다. 만일 그렇다면 언제라도 자신들에게 앙갚음할 것이 분명했다.

그들은 요셉에게 전갈을 보내 다시 용서를 청한다. 아버지께서 요셉에게, 형들이 행한 죄를 용서해 달라는 유언을 남기셨다고 전하면서 용서해 달라고 간청한다(16~17절). 여기에서 죄를 뜻하는 세 단어('페샤', '하타트', '라아')가 모두 동원된다. 이는 자신들이 진정으로 뉘우치고 있음을 전하고자 한 것이다. 요셉은 전갈을 받고 우는데, 그 눈물에는 여러 의미가 담겼을 것이다. 자신을 믿지 못하는 형들의 마음 때문이기도 하고, 과거의 족쇄에서 해방되지 못한 형들에 대한 안타까움도 있었을 것이다.

형들은 전갈만으로 부족하다고 느꼈는지 요셉을 찾아와 "우리는 아우님의 종입니다"(18절)라고 고백한다. 어렸을 적 요셉의 꿈이 생각나는 장면이다. 그러자 요셉은 형들이 행한 악을 하나님께서 선으로 바꾸셔서 많은 사람을 살게 하셨다며 위로한다. 그러니 이제 염려 말라고, 자신이 형들과 그 가족까지 잘 보살피겠다며 안심시킨다.

요셉이 17세에 꾼 두 번의 꿈은 예사롭지 않았습니다. 그래서 야곱은 요셉을 꾸중하면서도 마음에 담아 두었습니다(37:11). 요셉은 신기하게 생각했지만, 마음에 두지는 않았습니다.

정작 그의 꿈을 심각하게 여긴 사람은 형들이었습니다. 요셉의 꿈은 아버지의 편애 때문에 그를 고깝게 보던 형들의 시기심과 질투심에 불을 질렀습니다. 형제들이 그를 "꿈꾸는 녀석"(37:19)이라고 부른 것을 보면 알 수 있습니다. 형제들은 요셉이 출세하여 자신들 앞에서 떵떵거리는 모습을 상상하며 치를 떨었을 것입니다. 그 싹을 싹둑 잘라 버리고 싶었을 것입니다.

요셉이 노예로 팔려가는 순간, 그의 꿈은 모두 일장춘몽, 개꿈이 됩니다. 모두가 그 꿈을 잊었습니다.

그로부터 20여 년이 흘러 꿈이 그대로 이루어졌습니다. 꿈이 실현되지 않게 싹수를 자른 그 행동이 오히려 꿈을 실현시키는 계기가 되었습니다. 요셉은 꿈을 이루어 형제들에게 복수하겠다는 마음으로 살지 않았습니다. 형제들이 찾아와 자신 앞에 엎드렸을 때 비로소 꿈을 기억했을 것입니다.

그의 꿈은 그의 노력으로 성취되지 않았습니다. 하나님께서 이루어 주셨습니다. 그것을 알기에 요셉은 형제들을 용서했습니다. 하나님께서 높은 자리에 올려 주신 이유는 더 많은 사람을 섬기라는 뜻임을 기억하고 있었습니다.

그제야 형제들도 요셉의 꿈을 떠올렸을 것입니다. 꿈 때문에 동생을 미워하고 노예로 판 죄악을 깊이 뉘우쳤을 것입니다. 과거에는 그 꿈을 재앙으로 여겼는데, 이제 보니 그 꿈 때문에 자신들이 살아남았습니다. 과거에는 꿈이 이루어질까 두려웠는데, 그 꿈이 자신들에게 큰 복이 되었음을 깨달았습니다. 아마 하나님이 이루신 일에 놀라움을 금치 못했을 것입니다.

꿈은 내 노력으로 성취하는 것이 아닙니다. 내 노력으로 성취하면 필경 성취한 것을 사용해 욕망을 채우려 합니다. 만일 요셉이 절치부심하여 그 꿈을 이루었다면 가장 먼저 형들을 찾아가 복수했을 것입니다. 진정한 꿈은 하나님이 주시고 하나님이 이루어 가십니다. 하나님의 꿈이 내 삶에서 이루어지는 것, 그것이 우리의 영적 여정입니다.

하나님의 약속

창세기 50장 22~26절

22 요셉이 아버지의 집안과 함께 이집트에 머물렀다. 요셉은 백 년 하고도 십 년을 더 살면서, 23 에브라임의 자손 삼 대를 보았고, 므낫세의 아들 마길에게서 태어난 아이들까지도 요셉이 자기의 자식으로 길렀다. 24 요셉이 자기 친족들에게 말하였다. "나는 곧 죽는다. 그러나 하나님께서 반드시 너희를 돌보시고, 너희를 이 땅에서 인도하여 내셔서, 아브라함과 이삭과 야곱에게 맹세하신 땅에 이르게 하실 것이다." 25 요셉은 이스라엘 자손에게 맹세를 시키면서 일렀다. "하나님께서 반드시 너희를 돌보실 날이 온다. 그 때에 너희는 나의 뼈를 이 곳에서 옮겨서, 그리로 가지고 가야 한다." 26 요셉이 백열 살에 세상을 떠나니, 사람들은 그의 시신에 방부제 향 재료를 넣은 다음에, 이집트에서 그를 입관하였다.

30세에 이집트 총리가 되고 그로부터 10여 년 뒤 온 가족을 고센에 정착시킨 요셉은 60여 년을 더 살고 110세에 세상을 떠났다. 그는 증손에 고손까지 보는 장수의 축복을 누렸다.

임종이 가까워지자 요셉은 가족들을 불러 유언을 남긴다. "자기 친족들"(24절)은 직역하면 "자기 형제들"이 된다. 유언 내용을 봤을 때 형들이 아니라 자손을 불러 모았다.

요셉은 그들에게 때가 되면 반드시 하나님께서 이삭과 야곱에게 약속하신 땅으로 인도하실 것이니, 그때 자신의 뼈를 가나안 땅으로 가져가라고 명령하면서 맹세까지 하게 한다(25절). 그가 운명하자 자녀들은 그의 시신을 미라로 만들어 보관한다.

요셉의 죽음 이야기로 창세기 대단원의 막을 내립니다. 하지만 창세기의 마지막은 또 다른 시작을 준비합니다. 요셉의 시신을 입관했지만 아직 하관 절차가 남아 있습니다. 장례는 하관해야 끝이 납니다.

이집트 땅에 이주한 아브라함의 자손은 언젠가 다시 가나안 땅으로 돌아가야 합니다. 그때가 오기까지 야곱의 자손들은 고센 땅에 머물러 살아야 했습니다. 그 기간이 4백여 년이 될 줄은 아무도 몰랐을 것입니다.

야곱의 자손이 하나의 민족으로 충분히 자랄 때까지, 가나안 주민들의 죄 분량이 심판을 부를 만큼 차오를 때까지 하나님은 그들을 이집트 땅에 두셨습니다. 이스라엘 백성은 4백여 년 동안 이집트에 살면서 아브라함과 이삭과 야곱에게 주신 하나님의 약속을 잊었을지 모릅니다. 하지만 결국 약속은 이루어졌습니다. 그들은 잊었을지 몰라도 하나님은 기억하고 계셨습니다.

하나님은 약속의 주체이시고 우리는 객체입니다. 하나님은 약속을 하고 이루시는 분이고, 우리는 그 약속의 수혜자입니다. 때문에 약속이 어떤 것인지, 언제 어떤 방식으로 누구를 통해 이루어질지, 약속이 성취되면 어떤 일이 일어날지 정확히 알 수 없습니다. 그럼에도 우리는 알 수 없는 것을 알려고 하고, 때로는 알았다고 단정합니다.

우리는 우리를 구원하는 것은 하나님의 신실하심이고, 우리를 향한 사랑임을 알아야 합니다. 성경의 드라마를 읽는 이유는 그것을 확인하기 위해서입니다. 그것을 알면 주께 선한 뜻이 있음을 믿고 하루의 삶을 온전히 그분께 맡기고 삽니다. 시험과 환난이 닥쳐도, 고난의 시간이 길어져도, 속절

없이 모든 것을 포기해야 할 때도 그분을 의지하고 살아갑니다.

우리는 살아도 그분 안에 살 것이며, 죽어서 그분에게로 돌아갈 것입니다. 그것이면 충분합니다.

창세기
묵상을

―

마치며

1.

태초부터 요셉의 죽음에 이르는 대하 드라마를 지나왔습니다. 서두에서 언급한 것처럼, 창세기는 실증주의적 의미의 '역사 기록'이 아니라 창조주 하나님, 우주와 생명의 기원, 창조 질서, 인간 본성, 인간을 향한 하나님의 구원 계획을 전해 주는 '역사 이야기'입니다.

고대 사람들은 실증주의적 역사관(역사란 과거에 일어난 사건에 대한 정확한 기록이라고 보는 입장)을 알지 못했습니다. 그들에게 역사는 지금 살아 있는 사람들에게 교훈과 지침이 되는 이야기를 의미했습니다. 역사의 정확성이 아니라 현재적 의미가 더 중요했습니다.

창세기는 그것을 읽는 독자들에게 중요한 메시지를 던져 주었기 때문에 기록되었습니다. 성서의 다른 역사 이야기들도 마찬가지입니다.

성경 이야기들은 과학자나 역사학자가 다루지 않는 독특한 차원의 진리를 전해 줍니다. 그것을 인정하면 우리는 성서를 읽고 묵상하면서도 과학과 역사를 친구 삼을 수 있습니다. 신실한 과학자들과 역사학자들이 겸손한 태도로 성경을 읽는 이유가 여기에 있습니다. 과학이나 역사 연구로는 채워지지 않는 갈망이 있기 때문입니다. 그 사실을 인정하지 않으면, 과학과 역사를 신앙의 적으로 여기게 됩니다. 그런 경향은 과거에도 있었고 지금도 있습니다.

창세기 이야기들은 먼저 우리가 믿는 하나님이 어떤 분인지를 알려 줍니다. 온 우주와 생명을 창조하고 다스리시는 그분은 시간과 공간이 존재하기 시작한 시점("태초") 이전부터 존재하셨습니다.

여기서 우리는 언어의 한계를 만납니다. '태초 이전'이라는 말이 모순이기 때문입니다. 시간이 생겨나기 전에는 전과 후가 없습니다. 따라서 '태초 이전'을 가리키는 비유 언어가 필요합니다. 그것이 '영원'입니다.

'하나님은 영원하시다'라는 말은, '하나님은 무한대의 시간을 사신다'는 뜻이 아니라 '하나님은 시간을 초월하시는 분'이라는 뜻입니다. 시간을 초월하는 상태가 어떤 것인지 우리는 알지 못합니다. 꿈이나 환상 같은 것을 통해 희미하게 짐작할 뿐입니다. 지금 우리가 경험하는 삼차원의 우주도 태초에 하나님이 창조하신 것입니다. 그분은 삼차원의 공간을 초월해 계신 분입니다.

하나님은 호렙산에서 모세에게 당신의 존재를 드러내셨습니다. 이름을 여쭙는 모세에게 하나님은 "에흐예 아쉐르 에흐예"라고 답하셨습니다. 이것은 이름을 알려 주신 것이 아니라 당신의 이름을 짓지 말라는 뜻입니다. 이것을 개역성경은 "나는 스스로 있는 자이니라"(출 3:14)라고 번역했습니다. 이것은 칠십인역(히브리 성경에 대한 그리스어 번역) 성경의 '에고 에이미 호 온'이라는 번역을 우리 말로 옮긴 것입니다. 새번역은 "나는 곧 나다"라고 번역했고, 영어 성경은 거의 전부가 "I am who I am"으로 번역했습니다.

누구에게 혹은 무엇인가에게 이름을 붙인다는 말은 그 상대를 규정하는 것입니다. 그것은 피조물에게만 가능합니다. 창조주 하나님은 언어로 규정할 수 있는 분이 아닙니다. 인간인 우리가 그분을 다 알 방법이 없습니다. 우주와 모든 생명이 그분 안에서 살고 그분 안에서 숨 쉬고 있습니다(행 17:28). 창세기는 그런 분이 온 우주와 모든 생명을 창조하셨다고 선언합니다.

창세기 이야기들은 하나님의 성품에 대해서도 우리에게 알려 줍니다. 그분이 온 우주와 모든 생명을 창조하신 까닭은 사랑 때문입니다. 그 사랑은 창조 이후의 이야기들을 통해 거듭 증명됩니다. 아담과 하와가 그분의 뜻을 어기고 선악과를 먹은 때부터 요셉의 이야기까지 하나님은 반복되고 때로 악화되는 인간의 죄성에 쩔쩔매십니다. 피조물과의 관계에서 영원한 '갑'이심에도 인간 앞에서 '을'이 되어 어쩔 줄을 몰라 하십니다. 때로 징계와 심판의 팔을 들기도 하시지만 결국에는 다시 몸을 낮추어 죄에서 돌이키라고 애걸하십니다. 아담과 하와에게 그러셨고, 가인에게도 그러셨으며, 노아와 족장들에게도 그러셨습니다.

그것을 통해 우리는 우주와 생명을 창조하신 것이 사랑 때문이었음을 깨닫습니다. 창조의 동기도 사랑이었고, 원리도 사랑이었으며, 목적도 사랑이었습니다. 더 많이 사랑하는 쪽이 을이 되는 것, 그것이 관계의 원리입니다.

2.

창세기 이야기들은 인류가 왜 지금과 같은 실존 상황에 처했으며 그 문제를 해결하기 위해 하나님께서 무엇을 하셨는지 말해 줍니다.

인류의 현 상황은 하나님의 선하고 아름다운 창조 질서가 인간의 죄로 인해 깨어졌기 때문에 일어난 일입니다. "하나님 보시기에 좋았다"라는 후렴구(1:4, 10, 12, 18, 21, 25, 31)는 하나님의 원창조가 지복의 상태에 있었음을 강조합니다. 창조의 정점에서 인간을 창조하신 하나님은 위로는 하나님을 모시고 아래로는 다른 피조물을 보살피며 옆으로는 이웃을 사랑하며 살도록 지으셨습니다.

인간의 죄는 이 아름다운 질서를 깨뜨렸습니다. 피조 세계의 균형과 조화는 망가졌고, 이기심에 사로잡힌 인간은 이웃을 도구로 삼으려 했습니다. 인간의 죄성은 세대를 거치면서 점점 악화되어 기회만 있으면 세를 결집해 신이 되고자 했습니다. 마침내 인간의 죄악은 하나님의 전면적인 심판을 불러올 만큼 극한의 한계에 도달했습니다.

홍수 심판은 인간의 타락한 본성을 변화시키지 못했습니다. 다시 불어난 인류는 절대 왕국을 세워 신 행세를 하거나, 인간을 신으로 세워 자신들의 욕망을 만족시키려 했습니다. 신의 자리에까지 이르려는 권력욕이 가장 악하게 표출된 사건이 바벨탑입니다. 바벨탑은 그 이후의 역사에서 끊임없이 반복돼 나타난 절대 왕국의 원형이라 할 수 있습니다.

바벨탑 사건 후 인류를 흩으신 하나님은 한 민족을 세워 모든 민족을 구원하려는 계획을 시작하셨습니다. 하나님은 데라를 불러내셨고, 그의 사명은 아들 아브람에게서 이루어집니다. 그 뒤로 이어진 족장들 이야기는 하나님께서 한 민족을 키워 내시는 이야기입니다.

이주민 소수자였던 그들은 가나안 땅을 유랑하며 살아갔습니다. 아브라함부터 야곱에 이르기까지 3대 족장들은 가나안에서 3백 년 가까운 세월을 살았지만, 아브라함이 묘지 터로 사들인 막벨라 굴 외에는 한 뼘의 땅도 소유하지 못한 채 이집트로 이주했습니다. 하나님의 부름을 받고 시작한 3백 년 유랑의 삶은 이집트 이주라는 실망스러운 결말로 이어졌습니다.

족장들 이야기에서 하나님의 말씀과 행동은 자주 이해하기 어렵습니다. 그분이 이끄시는 길은 형통한 길이 아니라 불통한 길이었습니다. 때로는 도저히 행할 수 없는 명령을 내리기도 하시고, 또 때로는 매우 냉담하고 야속하게 행동하셨습니다. 그러다가도 가끔 찾지도 않았는데 찾아오시고, 구하지도 않았는데 주셨습니다. 무엇인가를 기대하고 예측하면 어김없이 빗나갔고, 포기하고 살다 보면 어느새 곁에 와 계셨습니다. 하나님은 그렇게 족장들을 다루시면서 하나님을 의지하는 삶이 어떤 것인지 보여 주셨습니다.

창세기에 나오는 그 어떤 인물도 하나님과의 관계를 통해 완벽한 성인(聖人)이 되지 못했습니다. 주연과 조연으로 등장한 사람들은 모두 함량 미달이었고 약점투성이였습니다. 하나님을 믿은 지 백여 년이 넘어도 여전히 흠결은 사라지지 않았습니다. 믿음의 최종 목적은 성인이 되는 것이 아니라는 뜻입니다.

어떤 상황에도 하나님을 믿는 것이 믿음입니다. 말장난 같지만, 믿음이 믿음의 목적입니다. 그분의 처사가 아무리 이상해 보여도 선한 계획이 있음을 믿고 그분 안에서 살다가 그분 안에서 죽는 것이 믿음입니다.

3.

창세기 1장의 장엄하고 화려한 시작에 비하면, 50장에 나오는 야곱 가족의 이집트 피신과 요셉의 죽음은 초라한 결말처럼 보입니다. 아브라함의 등장과 함께 시작된 선민의 역사가 실패로 돌아간 것처럼 보입니다. 하지만 그로부터 4백여 년이 지난 후 하나님은 모세를 불러 새로운 일을 시작하셨습니다. 하나님이 행하시는 일은 우리의 눈에는 이토록 느리게 보이지만 결국은 이루어집니다.

그 후 하나님은 이스라엘을 제사장의 나라로 세우시고 그들을 통해 만민을 구원하는 계획을 이끌어 가셨습니다. 하지만 그 계획도 역시 이스라엘 백성의 고집스러운 죄악 때문에 좌절되고 말았습니다. 선민을 통한 구원 계획은 유다의 멸망과 함께 다시 5백여 년의 공백기에 들어갔습니다. 다윗 때

정점에 이르렀던 선민의 역사가 실패한 것처럼 보였습니다.

모든 것이 깨지고 하나님이 침묵하는 것 같던 5백여 년의 공백기가 지난 뒤, 하나님은 예수 그리스도를 보내셔서 구원의 역사를 이어가셨습니다. 선지자들에게 예언하신 대로 새로운 언약을 맺으셨고 새로운 선민을 세우셔서 새로운 역사를 이루어 가셨습니다.

지금 우리는 예수 그리스도를 통해 시작된 새로운 구원의 역사에 부름을 받았습니다. 창세기의 등장인물들처럼 하나님의 구원 계획을 믿고 날마다 그분의 신실하심을 의지하고 그분 뜻을 따라 살기에 힘씁니다. 그럴 때 하나님은 구원 계획을 완성하실 것입니다. 하나님은 그 완성의 날을 환상을 통해 요한에게 계시하셨습니다.

창세기 이야기는 이후로 이어진 64권의 책들을 관통하여 마지막 책인 요한계시록에서 완결됩니다. 이것이 성서의 큰 신비 중에 하나입니다. 구약성서는 유대인들에 의해 집대성되었고, 신약성서는 후에 그리스도인들에 의해 형성되었습니다. 고대 교회는 유대인들이 경전으로 인정한 39권의 책들과 신약 27권을 묶어 성경전서로 묶었습니다. 수세기에 걸쳐 다양한 사람들이 쓴 책을 한 권으로 묶었는데, 창세기에서 시작된 이야기가 요한계시록에서 완결된 것입니다. 66권의 성경전서가 구원 이야기의 기승전결을 담고 있습니다.

창세기의 처음 4장과 요한계시록의 마지막 5장은 완벽한 교차 대칭 구조로 수미쌍관을 이룹니다. 이는 히브리인들이 자주 사용했던 문학 기법인데, 정경 형성 과정에서 보이지 않는 손이 작용하여 그렇게 구성한 것처럼 보입니다. 그래서 우리는 '성서의 실제 저자는 성령이시다'라고 고백합니다.

창세기 1~2장	하나님의 원창조
창세기 3장	원죄와 타락
요한계시록 20장	심판과 회복
요한계시록 21~22장	원창조의 회복: 새 하늘과 새 땅

이것이 성경 전체가 우리에게 들려주는 궁극의 메타 내러티브(meta narrative)입니다. 창세기는 거대한 하나님의 메타 내러티브가 어떻게 시작되었는지 보여 줍니다.

하나님의 거대한 구원 이야기 안에 우리가 살고 있습니다. 우리의 초라한 존재는 하나님의 메타 내러티브 안에서 새로운 의미를 가지고 영원에 잇대어집니다. 그것이 우리가 누리는 구원입니다.

말/숨/삶 시리즈
창세기

발행일	2025년 3월 5일
지은이	김영봉
발행인	김정석
편집인	김정수
발행처	도서출판kmc 서울특별시 종로구 세종대로 149 감리회관 16층 (재)기독교대한감리회 도서출판kmc 전화 02-399-2008 팩스 02-399-2085 www.kmcpress.co.kr
디자인·인쇄	디자인통

ⓒ 김영봉, 2025
ISBN 978-89-8430-942-5 03230

- 값은 뒤표지에 있습니다.
- 파본은 구입처에서 교환해 드립니다.
- 이 책 내용의 전부 또는 일부를 이용하려면 반드시 저작권자와 출판사의 서면동의를 받아야 합니다.